ドキュメント平成政治史5

安倍「超長期政権」の終焉

ドキュメント
平成政治史
5

安倍
「超長期政権」
の終焉

Goto Kenji
後藤謙次

岩波書店

平成政治史5

目　次

目次

写真提供＝共同通信社（一七七、三六九頁を除く）

装丁＝間村俊一

序　章

二〇二〇年九月一六日、憲政史上最長の通算在職日数三一八八日を記録した首相安倍晋三が、通い慣れた首相官邸を後にした。広い官邸の玄関ホールを官房長官菅義偉、首相補佐官兼首席秘書官の今井尚哉《たかや》ら安倍を支えた近習が埋め尽くしていた。首相に返り咲いた二〇一二年一二月二六日からの連続在職日数二八二二日も歴代最長記録だった。安倍は退陣を決断した直接の理由について持病の潰瘍性大腸炎の悪化を挙げた。八月二八日の記者会見でもそのことに触れた。

「病気と治療を抱え、体力が万全でない苦痛の中では、大切な政治判断を誤る。首相の地位にあり続けるべきではないと判断した。首相の職を辞することとする」

しかし、約七年九カ月に及んだ長期政権は既に多くの歪み、矛盾を抱え込み、政権の推進力が急速に衰えつつあったことも否定できなかった。安倍は首相在任中に首相の大権である衆議院解散権を二度にわたって行使した。この間に三年ごとに巡って来る参院選も三回も采配を振るった。小刻みに繰り返された国政選挙は野党から再生・復活のエネルギーを奪い去った。自民党内も安倍が握った選挙の公認権と閣僚の登用など人事権の前に沈黙した。霞が関の巨大官僚組織も内閣人事局の設置により、官邸に人事権を握られ、蛇に睨まれた蛙の如き従順な組織に変容した。いつしか「安倍一強」なる言葉が定着した。

しかし、どんなに強靱な組織も自ずと時間とともに〝金属疲労〟から逃れることができない。しかも「安倍一強」は安倍が敷いた路線に躓きや過誤があったとしても容易に政策、政治判断に変更がきかないという弊害も目に見えていた。その点では「安倍一強」がむしろ政治全体のブレーキ役となってしまう状況が生まれていた。

当然のことだが、安倍長期政権にも分水嶺があった。直線を引いてここが分水嶺という断定はできないが、おのずとピークアウトした時期は浮かび上がって来る。内政、外交とも安倍の絶頂期は二〇一六年の五月から八月の四カ月間だったのではないか。安倍は日本開催の主要国首脳会議(伊勢志摩サミット　五月二六、二七日)の議長を務め、米大統領のオバマの被爆地広島訪問(五月二七日)を実現、参院選(七月一〇日投開票)も大勝に導いた。

とりわけ自民党にとって大きかったのは一九八九年の参院選惨敗で失った参院過半数を回復したことだった。それだけでなく自民、公明、おおさか維新、日本のこころのいわゆる「改憲勢力」は参院で一六一議席を占め、憲法改正の国会発議に必要な三分の二の議席を衆参両院で確保した。一六年参院選の自民大勝は一参院選の結果以上に大きな意味をもった。まさに安倍の絶頂期と言えた。

ところが、参院選後には息つく間もなく大きな出来事が次々と生起した。ざっと振り返っても自民党幹事長谷垣禎一が自転車の転倒事故で頸髄損傷の重傷を負った(七月一六日)。後任の幹事長には総務会長の二階俊博が就任して、政権の骨格が大きく変わることになった。七月三一日の東京都知事選で自民党東京都連と対立して立候補した元防衛相の小池百合子が自公推薦候補の元総務相増田寛也に圧勝した。二階とも近い小池は総理総裁への意欲を隠さず、陰に陽に安倍政権の不安定要因であり続けた。政府自民党に反旗を翻した都知事と政権与党の幹事長が気脈を通じるという複雑な状況が生まれた。

安倍は八月三日に第三次安倍再改造内閣を発足させ自民党側も二階の幹事長に加え総務会長細田博之(二〇二三年没)、政調会長茂木敏充、選挙対策委員長古屋圭司の執行部体制を固め、新たなスタート台に立った。

その政治が揺れ動く中で衝撃的な「天皇陛下の退位」が報じられた(七月一三日)。そして八月八日になって天皇陛下ご自身がビデオメッセージで国民に向かって退位のお気持ちを表明されたのだった。これにより安倍は前例のない天皇陛下の退位をめぐる法整備と退位に伴う代替わりへの準備に追われることになる。

海外からも大ニュースが伝えられた。英国の欧州連合(EU)離脱を受けて首相キャメロン(現外相)が辞任、新首相に女性のテリーザ・メイが就任(七月一三日)、フランスの革命記念日の七月一四日にフランスのニースで群衆に、暴走した大型トラックが突っ込み、八〇人以上が死亡した。日本国内では二六日未明、神奈川県相模原市の知的障がい者施設で入所者一九人が侵入した男に刃物で殺されるという忌まわしい事件が起きた。

既に第二次安倍政権発足から三年半が経過しており、それまでのような上昇気流に乗ることは考えられなくなっていた。安倍自身が当事者となった大阪の学校法人森友学園をめぐる国有地払い下げ問題は、財務省を巻き込んだ公文書改竄、財務省幹部による国会虚偽答弁を誘発した。改竄の過程では良心の呵責の果てに近畿財務局の職員が自ら命を絶つ悲劇を生んだ。さらに安倍の友人が運営する加計学園をめぐる獣医学部新設問題、安倍が主催した「桜を見る会」への多数の安倍後援会員の招待という公私混同問題が表面化するなど安倍のトップリーダーとしての見識が問われる事態が続いた。

安倍が掲げた「戦後外交の総決算」に関しては、その核心でもあるロシアとの北方領土交渉、安倍が首相の座に駆け上がる契機となった北朝鮮による拉致問題、いずれも解決を見ることなく今も展望が開けずにいる。

そして何よりも二〇二〇年一月、新型コロナウイルスによる感染症問題が安倍政権を襲った。政権の危機管理能力が問われ、安倍が引き寄せた二〇二〇年夏に開催が決まっていた東京五輪・パラリンピックは聖火の国内リレー開始直前になって一年間の延期を余儀なくされた。

この間に、二〇一九年一一月二〇日、安倍は第一次内閣を合わせた通算在職日数が二八八七日となり、戦前の桂太郎を超えて歴代最長となった。さらに二〇年八月二四日、連続在職記録でも佐藤栄作の二七九八日を抜いて単独一位となった。ここで安倍は目標を失ったかのように八月二八日、健康上の問題を理由に首相退陣を表明した。

この間に安倍内閣によって二〇一九年四月一日、平成に代わる新元号の「令和」が発表された。代替わりは一カ月後の五月一日。この日から令和の時代が始まった。

安倍は退陣後も自民党最大派閥の「清和政策研究会」(現安倍派)を率いて、安倍を継いだ菅義偉、さらに岸田文雄の両内閣に影響力を行使した。しかし、二〇二二年七月八日、安倍は参院選の遊説中に凶弾に斃れ命を絶たれた。まだ六七歳。政界最大の実力者が忽然と姿を消した。なお本文中の敬称は略させていただいた。

第一章
第三次安倍再改造内閣
（二〇一六年八月～一二月）

米ハワイ・真珠湾で演説する安倍首相．左はオバマ米大統領
（2016 年 12 月 27 日）

1　長期政権の折り返し

小池劇場つづく

安倍長期政権の折り返し点は自民党が勝利を収めた二〇一六年七月の参院選だった。これを境としての政治の激変ぶりは目を見張るものがあったことは序章でも触れた。

この参院選後から安倍の総裁任期延長問題が動き出した。確かにこの問題は政治の流れに多大の影響を与えることになるが、国民の関心はそれほど高くはなかった。むしろ二〇一六年のこの時期に政治の主役を演じたのは東京都知事に就任した小池百合子だった。安倍が八月三日に第三次再改造内閣を発足させる前に先手を取った。早々にメディアジャックして永田町の外から安倍を揺さぶった。

小池は東京都知事選(七月三一日投開票)の選挙期間中から得意のメディア戦略で旋風を巻き起こしてきた。小池の戦略は極めてシンプルだった。自民党都連や東京都庁を古い価値観や慣習にとらわれた「ブラックボックス」「伏魔殿」と断じて、小池自身はその旧体制を打破する「ジャンヌダルク」のような存在であることを強くアピールした。首相になった小泉純一郎が最大派閥の旧橋本派(現茂木派)を抵抗勢力と呼んで弱体化させた手法そっくりだった。

「過去の慣例にとらわれることなく、効率、効果、透明性を重視する」

小池は当選翌日の八月一日から公約に掲げた政策や都政運営方針の実現に着手することを矢継ぎ早に表明した。まず口にしたのは都政の透明化に向けた「利権追及チーム」の設置。次いで東京五輪・パラリンピックのコスト削減、東京・中央区築地の中央卸売市場の移転問題の再検討を挙げ、「東京大改革は都民との約束。しっかり実行していく」と語った。さらに後に小池のキャッチフレーズとなる「都民ファースト、都民が第一」を強調した。米大統領選で大旋風を巻き起こしていた共和党のドナルド・トランプの「アメリカファースト」に影響を受けたとはいえ、小池のパフォーマンスは政治の流れを一気に変えるほどの勢いがあった。

五輪旗を引き継ぐセレモニーのためリオデジャネイロ五輪の閉会式に出席するに当たって「都民の目線もあるので、飛行機はビジネスクラスを使う」と語り、公私混同で知事辞職に追い込まれた前知事の舛添要一を当てこすった。

小池の初登庁は八月二日。当選証書を受け取ると、あいさつのため東京都議会へ向かった。都知事選で激しく自民党都連と戦っただけに都議会には緊張感が漂った。小池の来訪を待っていたかのように自民党出身の都議会議長の川井重勇は小池にジャブを放った。

「議会と知事は（車の）両輪なので、一輪車にならないように」

小池は反発することなくにこやかな表情で「よろしくお願いします」と受け流した。その後、小池は都議会各会派の部屋を回った。各会派はトップの幹事長が応対する中で自民党だけ総務会長の高橋信博が小池を迎えた。

「自分はたまたまいただけ。会派で招集はかかっておらず、他の議員が来ない理由は聞いていない」

この間、約三〇秒。やり取りすべてをテレビカメラが捉えて放送された。小池の思う壺と言ってよかった。自民党都連側は小池に冷たく対応すればするほど劣勢に追い込まれていった。自民党内でも新幹事長の二階俊博は早々に「撃ち方止め」を宣言、安倍側近の官房副長官萩生田光一はBSフジの報道番組で「（敗北を）謙虚に受け止める。（対立の）第二ラウンドは望まない」と述べるなど和睦の道を求める声を発した。

安倍も八月四日朝、首相官邸で小池の訪問を受け「きつい一本を取られました」と笑顔で話し掛け、〝手打ち〟をアピールした。

しかし、小池の方は矛を収めることをしなかった。むしろ小池が口にしたのは〝戦闘継続宣言〟だった。東京都は二〇〇一年に東京都中央卸売市場(築地市場)が老朽化し手狭になったとして江東区豊洲の東京ガス工場跡地への移転を決めていたが、予定地の土壌から高濃度のベンゼンなどの有害物質が見つかり、都は土壌汚染対策を実施した上で移転時期を二〇一六年一一月に延期していた。ところが、小池は都知事に就任すると、移転をさらに延期することを表明したのだった。

「豊洲への移転については延期します。一一月二日に予定されております築地市場の閉鎖、解体工事も延期とさせていただきます。いったん立ち止まり、市場関係者の話を聞く時間を設けたい」

小池は八月三一日の記者会見で移転延期の理由について①豊洲新市場の安全性の懸念②建設費用の増大③情報公開の不足、の三点を指摘した。

「小池都政におきましては、『既定路線』『一度決めたんだから、造ってしまったんだから何も考えなくてよい』という考え方は採りません」

再び〝敵役〟に仕立て上げられた自民党東京都連幹部は小池に「敵意」をむき出しにした。

「小池さんは新しい対立軸をつくって都議会の主導権を握ろうとしているのではないか。来年には都議選が予定されていて、都連が強力な反対には出ないとタカを括っているとしか思えない」(都連幹部)

しかし、移転を見込んで豊洲に設備投資した業者らに不安と懸念が広がった。水産卸売七社でつくる業界団体「東京都水産物卸売業者協会」は一カ月間で約四億円の損失が出ると推計した。小池は翌年二月の都議会定例会に業者への損失補償のため、総額五〇億円の補正予算案を提出した。

豊洲の開場延期による影響は業者だけの問題にとどまらなかった。築地移転と二〇二〇年の東京五輪開催が密接に絡み合っていたからだった。五輪を目標に築地の対岸にある中央区晴海と都心部を結ぶ「環状2号線」の建設が予定されていた。晴海には選手村の建設が決まっており、「環状2号線」は五輪の運営には欠かせない基幹道路と位置づけられた。その2号線の一部用地が移転後の築地市場の跡地だった。小池が豊洲市場の「安全宣言」を出したのは一八年七月、豊洲市場の開場は当初の予定から約二年ずれ込んで同年一〇月になった。結果として一年延期された東京五輪の開会（二〇二一年）までに道路建設は間に合わなかった。

小池はその五輪開催をめぐっても物言いを付けた。東京五輪・パラリンピックの大会組織委員会の会長は、元首相森喜朗。五輪招致の実現を受けて二〇一四年一月、会長に就任していた。森は首相当時に安倍を官房副長官に抜擢。この人事によって安倍が首相への道を切り開くことに繋がったとみてよかった。森が五輪招致に尽力してきたこともあって「森組織委員会会長」は安倍が事実上の指名権を行使した人事だった。ただし、政治家としての森と小池は微妙な関係にあった。微妙というより対極にあったと言った方が正確だろう。

懸念された通り、東京五輪の会場や競技場に関しても小池は再検討を指示するなど、森らと衝突を繰り返すことになる。五輪のメーン会場となる新国立競技場についても、一度は決まったものの総工費が嵩むとして一五年七月に安倍が白紙撤回を表明し、設計が変更されるという異例の経過をたどっていた。会場施設だけでなく大会のシンボルマークとなる公式エンブレムも白紙撤回されるなど、トラブル続きだった。そこに「小池ファクター」が加わった。

都知事就任から一カ月後の九月一日、小池は五輪開催費用を検証する調査チームを設置した。その結果、「ボート、カヌー・スプリント」「水泳」「バレーボール」の三会場の建設中止を含めた見直しが提案された。最終的に国際オリンピック委員会(IOC)、大会組織委員会、東京都、政府の四者による作業部会で結論を出すことになるが、東京五輪開催はその後もコロナ禍による一年間の延期開催を含めて大会終了まで混迷、混乱は収まることはなかった。その一方で小池はIOCの会長バッハと良好な関係を築き、森や官房長官の菅義偉との駆け引きでは優位な立ち位置を確保したのだった。

外交三昧

小池劇場が活況を呈していたころ、安倍は参院選期間中の穴を埋めるように「地球儀を俯瞰する外交」を展開した。安倍は七月一四日午後、モンゴルの首都ウランバートルに向かった。一五日から始まるアジア欧州会議(ASEM)首脳会議に出席するためだった。ウランバートルでは韓国大統領の朴《パク》槿《ク》恵《ネ》と中国首相李克強らと相次いで個別の首脳会談を行った。

そして長い夏休みを取った後、外遊ラッシュが始まった。

八月二五日からのアフリカ開発会議(TICAD＝ケニア)出席に始まり、東方経済フォーラム(ロシア・ウラジオストク)、G20首脳会合(中国・杭州)、東アジア・サミット(ラオス・ビエンチャン)、最後は国連総会(ニューヨーク)を経て、キューバ訪問で長期外遊を締めくくった。この間に安倍が立ち話を含めて会談した首脳は二〇人を超えた。

このうちキューバ訪問は日本の首相として初めて。中国が中南米やカリブ海諸国で影響力を増してきたことが訪問の大きな理由だった。前年の二〇一五年には米大統領のオバマがキューバとの歴史的な国交回復を終えており、日本政府には「バスに乗り遅れるな」との焦りがあった。ニューヨークでのクリントンおよびバイデンとの会談は民主党のオバマが現職の大統領であることに加え、日本政府内には次期大統領も共和党のトランプではなく、民主党のクリントンとの見方が大勢だったことを示していた。

一連の外国訪問で安倍が最も重きを置いたのはウラジオストクでのロシア大統領プーチンとの会談だった。北方領土をめぐる日ロ交渉に手ごたえを感じていたに違いなかった。この年の夏休みにそのことを示すヒントがあった。地元山口県入りした安倍は下関市内の自宅だけでなく、長門市の老舗旅館「大谷山荘」に夫人の昭恵とともに宿泊した。プーチンとの日ロ首脳会談の舞台に予定されていたからだ。実際に首脳会談が行われたのはこの年の一二月。既に約四カ月前に安倍自身が〝下見〟をしていたことになる。

そもそもプーチンの来日は二〇一四年二月、ロシアのソチで開かれた首脳会談で合意したものだったが、延び延びになっていた。安倍が冬季ソチ五輪の開会式にオバマら西側首脳がロシアの人権問題を理由に欠席する中で敢えて出席したのはプーチンとの間で北方領土交渉を進める思惑があったからだ。この安倍の開会式出席にプーチンは謝意を表明した。

「(安倍が)ソチ冬季五輪の開会式に参加したことを大変重視しており、感謝している」

これを受けて安倍は会談後の記者会見で明言した。

「プーチン氏が秋(一四年)に日本を訪問することで一致した。今年は日ロ関係を一段と飛躍させる年にしたい」

この時の会談は第二次安倍内閣が発足してから早くも五回目の安倍・プーチン会談だった。会談の行き詰まりを打ち破るには首脳同士の信頼関係を基礎にしたトップダウンによる決着しかないとの考えを固めていた。ソチ五輪開会式への参加もプーチンの譲歩を引き出すための環境整備の一環だった。ところがプーチンはソチ五輪の閉会を待つかのようにウクライナ南部のクリミアにロシア軍の部隊を展開、クリミアのロシアへの併合を宣言した。これによりこの年にソチで予定されていた主要国(G8)首脳会議は開会を見合わせ、G7としてオランダ・ハーグで緊急首脳会議を開催した。以来ロシアの復帰はなくG7はロシアに対する経済制裁を発動した。日本もG7の一員として参加せざるを得ず、プーチン来日に暗雲が垂れ込めた。結局、一四年中はおろか一五年中の来日も実現しなかった。その膠着状態の日ロ関係を動かしたのが一六年五月の安倍・プーチン会談だった。

首脳会談に先立って四月一五日に東京・飯倉公館で外相岸田文雄とロシア外相のラブロフによる日ロ外相会談が行われた。ただこの会談でラブロフが口にしたロシアの基本的立場はその後の日本側にとって日ロ交渉の大きな壁であり続けることになる。

「(北方領土問題に関し)第二次大戦の結果を確認しないといけない、というロシアの立場は変わらない」

岸田は強く反論した。

「ロシアの主張は断じて受け入れられない。北方領土は日本に帰属している」

日本政府は①旧ソ連は一九四五年当時、日ソ中立条約を無視して北方領土に侵攻した②米英ソが結んだ同年のヤルタ協定に日本は参加しておらず、領有の根拠にできない、との立場にあるからだ。外相会談の結果、安倍はますますプーチンの政治決断を引き出すことに力点を置くことになった。

ラブロフが岸田に「第二次大戦の結果」を持ち出した時点でロシア側の本気度に疑問符が付いてはいたが、安倍サイドは対話の継続と、外相会談で合意した「経済、安全保障などの分野での交流活発化」によって活路を見いだせるとの楽観的な見通しを変えることはなかった。そこで外相会談の「対話継続」を受けて日ロ首脳会談が五月六日に設定された。会談場所はロシアのソチにある大統領公邸。安倍は北方領土問題に関し、新たな発想で交渉を進めることを提案した。これがその後の首脳会談の土台を形成した「新しいアプローチ」だった。具体的にはロシアの極東地方の産業振興やエネルギー開発など八項目の協力案を提示した。

ただし、この日の会談でも〝遅刻常習者〟のプーチンは約一時間遅れで会談場所に現れた。プーチンの問題解決に向けた本気度に改めて疑問符がついた。この場でプーチンは安倍を九月に極東ウラジオストクで開く「東方経済フォーラム」に招待することを表明し、安倍も同意した。さらに安倍が提案したのが年内のプーチン来日だった。

このソチでの首脳会談をめぐって日本政府は対ロ外交の推進に当たる陣立てを大きく変えた。伝統的な外務省主導型から官邸主導型への転換だった。その中心にいたのが首席秘書官の今井尚哉だ。経産省のエネルギー問題の専門家だった今井は「北のサウジアラビア」と言われる資源大国のロシアの最大関心事のエネルギー問題と領土交渉を絡めたのである。

安倍は一六年一月、対ロシア外交を担当する政府代表を新設し、前駐ロシア大使の原田親仁を起用した。原田は外務省欧州局長などを経て二〇一一年から一六年一月まで駐ロ大使を務めた外務省きっての対ロ交渉のエキスパート。さらに北方領土問題解決がライフワークの鈴木宗男が安倍と面会を重ねるようになった。安倍は地元・山口県での日ロ首脳会談実現に向けて動き始めた。

この後、第二次安倍政権発足以来の安倍外交を支えてきた外務事務次官の斎木昭隆が米大統領オバマの広島訪問を花道に退任し、後任の事務次官、杉山晋輔（後の駐米大使）に日ロ交渉も託されることになった。

東方経済フォーラム

二〇一六年九月二日、安倍は政府専用機で極東ロシアのウラジオストク国際空港に到着した。直ちに五月以来のプーチンとの会談に臨んだ。安倍がプーチンとの個人的なつながりを重視したのは、プーチンがロシア国内で圧倒的な権力を握っていたためだったことは言うまでもない。会談後、安倍は記者団にこう説明した。

「大統領と二人だけでかなり突っ込んだ議論を行うことができた。（五月に合意した）新しいアプローチに基づく交渉を今後、具体的に進めていく。その道筋が見えてきた。その手応えを強く感じ取ることができた会談だった」

その上で安倍はプーチン来日について明言した。

「一二月一五日に山口県にお迎えして、首脳会談を行うことで合意をした。私の地元である長門市において、ゆっくりと静かな雰囲気の中で、平和条約締結交渉を加速させていく、そういう会談にしていきたい」

一四年二月のソチ冬季五輪の際の首脳会談でプーチン来日が話題になってから実に二年半以上の時間が経っていた。この事実をもってしてもプーチンには領土問題を前進させる気はさらさらないことが伝わってきた。それでも安倍はあきらめることなくプーチンとの会談を重ねていく。しかし、この時、既に対ロ交渉の政府代表に指名した原田の姿はなかった。交渉の行き詰まりを暗示する出来事だった。

「新しいアプローチ」を提唱した安倍は、それを裏付けるように経済産業相世耕弘成に「ロシア経済分野協力担当相」の職責を新たに付与した。明らかに何らかの経済支援をロシアに対して行う用意のあることを示したと言ってよかった。自民党内には過去にプーチンが発した「引き分け」の意味が不明確な中で対ロシア経済協力に踏み出すことへの警戒感が広がった。

日米関係への影響を懸念する声も根強かった。それまで北方領土問題が前進しなかった背景には、旧ソ連時代を通じて米国のロシアに対する強い牽制があったからだ。さらにプーチンと米大統領のオバマとの冷たい関係はだれも否定できなかった。

この二〇一六年は、日本が主要七カ国首脳会議（G7）の議長国として対ロシア制裁の実効を上げる責任があった。このため安倍が日ロ関係を前進させることを国際社会にどう説明するのかが問われていた。こうしたロシア側の〝逃げ腰〟の姿勢がより鮮明になったのは二〇一六年一一月一九日午後（日本時間二〇日午前）、「長門会談」を控えてペルーの首都リマで行われた安倍・プーチン会談だった。安倍は会談後、珍しく弱音を吐露した。

「平和条約問題は七〇年間できなかった。そう簡単な課題ではない。一歩一歩山を越えていく必要がある」

リマ会談は約一時間一〇分。うち約三五分間は通訳を除く二人だけで行われた。安倍・プーチン会談は第一次政権時代から数えて一五回目。プーチンは「領土より経済」の思惑を前面に出してきた。長門会談に向け最後の詰めとみられていたリマ会談は成果がないまま終わった。むしろ安倍が敢えて

「一歩一歩」と語ったのは長門会談への期待感の高まりをトーンダウンさせる狙いがあったとみるべきだった。

IR国会

懸案のプーチン来日に目途が立ったとはいえその間にも越えなければならない課題が安倍政権の前に次々に押し寄せてきた。参院選後初めての本格的な論戦の舞台となった第一九二臨時国会が九月二六日に召集された。その召集日の衆院本会議場で特異な光景が目に飛び込んで来た。

「今この瞬間も、海上保安庁、警察、自衛隊の諸君が、任務に当たっています。（中略）その彼らに対し、今この場所から、心からの敬意を表そうではありませんか」

首相安倍晋三が所信表明演説でこう述べた直後に自民党議員が総立ちになって首相に拍手を送ったのだった。米国議会の大統領演説の際に見られるスタンディングオベーションが衆院本会議場で展開された。自民党は当初「自然発生的なもの」と釈明していたが、自民党農林部会長の小泉進次郎は「ちょっとおかしい。自然じゃない」と苦言を呈した。

米議会の場合は与野党を超えた個々の議員の気持ちの発露が背景にあるとされる。そこが米国議会での大統領演説のスタンディングオベーションとは決定的に異なる点だった。

国会で繰り広げられた安倍への「総立ち拍手」は「安倍一強」を具現化する〝セレモニー〟に見えた。確かに安倍は一六年七月の参院選で大勝し、自民党が失った単独過半数を二七年ぶりに回復させた。政権復帰を果たした二〇一二年一二月の衆院選挙以来、国政選挙は衆参合わせて四戦全勝。これに二〇一五年の統一地方選挙を加えると、負け知らずの五連勝。ますます「一強」の足場が強化され、自民党総裁としての任期延長も現実のものになりつつあった。ただしこの時期の政界全体の関心は早くも安倍の自民党総裁任期延長論と絡んでの衆院解散のタイミングにあった。自民党幹事長の二階俊博は繰り返し、衆院解散に触れ、公明党代表の山口那津男も九月二八日の東京都内での講演で強調した。

「ここから先は、いつあってもおかしくない（解散まで）余りある時間があるわけではない」

ただ衆院議員は任期を二年余り残しており、二階発言は総裁任期延長をめぐる消極派への牽制の意味が濃厚だった。ところが意外な政治家が解散に触れた。官房長官の菅義偉だった。

「解散風というのは偏西風みたいなもので一年間吹きっぱなしだ。いま私たちにとって大事なのは、補正予算の成立など経済対策を一つ一つ着実に実現していくことだ」

このころから菅は安倍内閣を支える〝大番頭〟の立ち位置に加え、政治家菅義偉としての独自性を発揮する〝変身〟が始まった。その象徴がカジノを含む統合型リゾート施設（ＩＲ）の整備推進法の実現だった。当時の法制度では禁じられていたカジノを合法化することで、滞在型の観光事業による地域経済の振興を図る狙いがあった。菅はその先頭に立っていた。超党派の議員連盟が法案をまとめ、自民党などが二〇一三年に議員立法で国会に提出した。しかし、一四年の衆院解散で廃案、一五年に再提出したものの継続審議となり、この臨時国会での成立を目指していた。二〇二〇年東京五輪・パラリンピック終了後の外国人観光客誘致や経済浮揚策と位置付けられていた。

能動的な国会対策

ところが、ギャンブル依存症の増加や、治安悪化への懸念から法制化には慎重論が根強く存在した。

刑法の賭博罪との整合性が明らかでないことに加え、マネーロンダリング（資金洗浄）への不安、犯罪の温床になりかねないなどの懸念も指摘された。このため法案審議が思わぬ事態を招いた。法案成立の責任を担ったのが観光行政を担当する国土交通相。このポストは公明党の指定席。最初に答弁責任者になったのは前代表の太田昭宏だったが、二〇一五年一〇月の内閣改造で石井啓一にバトンタッチされていた。その石井の足元の公明党が法案への賛否をめぐって真っ二つに割れたのだった。この国会での成立を強硬に主張する自民党に追従すべきかどうかを巡って公明党内の議論はまとまらず、一二月六日の衆院本会議での採決では党内意見が集約できずに自主投票に追い込まれた。公明党所属の衆院議員は計三五人。出張などで採決に加わらなかった二人を除く三三人のうち、賛成二二人、反対一一人に割れた。さらに驚きは執行部の対応だった。賛成に回ったのは太田昭宏や中央幹事会会長漆原良夫ら。反対は幹事長井上義久、国対委員長大口善徳ら。自民党の前防衛相・中谷元も採決に加わらなかった。

その後、参院の審議を経て推進法は一二月一五日に衆院本会議で可決され、成立した。衆院内閣委員会での審議開始は一一月二九日。わずか二週間のスピード審議は「安倍一強」の負の側面がむき出しになった。国会の見識も問われた審議だった。

一一月二二日、衆議院議長大島理森が長く開かれなかった議長の諮問機関である議会制度協議会を招集した。カジノ法の審議に象徴される自民党の国会運営に我慢がならなかったからだ。

「（カジノ法のような）議員立法は、提出者が各会派に十分な説明を行った上で理解を得る努力が必要だ」

抽象的な物言いながらも大島の不満の矛先は安倍に向かっていた。安倍も大島や衆議院議院運営委員長の佐藤勉に対して強い不満を周辺に漏らした。

「議長と議運委員長は受け身の公平な議事運営をしなければならないのに、『能動的な国会対策』に乗り出した」

安倍が口にした「能動的な国会対策」とは、行司役の議長が野党寄りの采配を振るったと受け止めたからだ。この国会での大きな焦点だったＴＰＰ協定承認案件をめぐっても採決日程を大島らが先送りしたことへの反発があった。

自公関係に溝

そしてより注目すべきは安倍一強による軋轢が与党内にも及んでいた点だ。自民党と公明党が連立を組んだのは一九九九年一〇月。以来、野党時代も苦楽を共にしてきた自公関係に深い溝が生まれた。それも国会と東京都議会の二カ所で同時進行中だった。前述の通り国会ではカジノ法の賛否を巡って公明党は自主投票を決めた。

「亡国の法案」と切り捨てた弁護士で熱血漢の幹事長代理富田茂之はこう漏らしていた。

「創価学会の婦人部の反対が強い。このままでは（二〇一七年七月の）都議会議員選挙は戦えない」

富田の危惧は現実のものとなった。一二月一四日午後、都議会公明党幹事長東村邦浩が突如として自民との絶縁を宣言したのだった。

「自公連立で一貫してやってきたが、自民党との信義は完全に崩れた。独自で改革をやっていく」

直接のきっかけは議員報酬の二割カットをめぐる自公間の意見の対立にあったが、真相は「創価学会婦人部の突き上げ」（自民党都連の幹部）とみられた。

「小池百合子都知事にヤジを飛ばす自民党といつまで一緒にやっているんだという厳しい声がある」

もともと都議会では公明抜きでは過半数に届かなかった自民党は、公明党の絶縁宣言の結果、小池との力関係は激変した。

国政も同じ。自民党幹事長の二階俊博と公明党幹事長の井上との関係がしっくり行かずにいた。自公連立と言っても「安倍―太田」、「二階―漆原」という二本柱が主軸で、公明党執行部の「山口・井上」は中心から外れたところに位置していた。

さらに官房長官菅義偉が介在する「維新ファクター」も公明党の足元を揺さぶった。日本維新の会が参院選後、急速に「与党化」に向けて舵を切ったからだ。臨時国会ではTPP協定承認、年金制度改革法、カジノ法という三つの重要法案のすべてに賛成した。

自民党が衆参とも二七年ぶりに単独過半数を回復したことは視点を変えると、安倍は公明以外の連立のパートナーの選択権を手中に収めたことを意味した。カジノ法をめぐっては大阪府知事の松井一郎が大阪の夢洲万博（大阪・関西万博）の誘致とワンセットでIRの建設を目論んだ。一方の菅の地元横浜市もIR建設の最有力候補だった。菅と松井の長い個人的な関係に加えて、カジノが繋ぐ特別な連携が生まれた。かつて大平正芳が自民党幹事長の時に予算や特定の法案・政策ごとに連携する「パーシャル連合」という枠組みを指向したことがあったが、安倍政権は公明と維新を使い分ける「変型パーシャル連合」を模索していたと見ることもできた。

ただし後に横浜へのIR誘致で菅は手痛い挫折を経験することになる。首相時代の二〇二一年八月の横浜市長選でIR誘致反対の元横浜市大教授の山中竹春に菅が推した菅内閣の国家公安委員長だった小此木八郎が惨敗、菅の首相退陣の引き金になった。

カジノ法案の審議をめぐっては野党第一党の民進党も厳しい状況にあった。民進党代表に蓮舫が就任して初めて迎えた臨時国会で早くも崩壊の兆しが見えてきたからだ。「採決棄権」を選択したのだった。党内意見が集約すらできずもはや政党の体を成さなくなっていた。民進党の参院執行部は蓮舫の意向を無視する形で自民党と法案の修正で合意した。修正合意は円満成立とイコールだったが、蓮舫は安倍内閣不信任決議案を提出した。意味のない〝最後の抵抗〟と言ってよかった。

カジノ法の成立

まともな議論を飛ばして無理やり成立させた結果、ＩＲをめぐる政治的混乱、混迷は後々まで続いた。この時の内閣委員長は自民党の秋元司。二〇一七年になってＩＲを担当する国土交通副大臣に就任した。ところが、二〇一九年、秋元はＩＲ事業への参入を目指していた中国の企業関係者から講演料名目などで多額の賄賂を受け取ったとして逮捕され、翌年には起訴される事件にまで発展した。その一方でカジノ法の成立は「観光のドン」と呼ばれた二階と菅との関係をさらに強化させた。また二〇二五年開催が決まった大阪関西万博を推進する日本維新の会と菅との政治的思惑も合致させ、一層双方の距離を縮める効果を生んだ。

ＩＲは菅が目指した観光立国構想の一部に過ぎない。外国人観光客誘致を成長戦略の柱と位置付け、「二〇二〇年に訪日外国人旅行客四〇〇〇万人」の目標を掲げた。このため国賓の接遇や首脳外交の舞台となる東京・元赤坂の迎賓館の一般開放に踏み切るなど観光資源の発掘に力を注いだのも菅だった。政府観光局の調査によると、二〇一七年の訪日外国人数は約二八七〇万人。前年比約二〇％増の過去最多。目標達成は時間の問題とみられた。しかし、二〇二〇年の新型コロナウイルスの感染拡大によって「観光立国」の推進は立ち往生した。むしろ外国人観光客の急増に合わせて投入した設備投資などが逆に大きな負担となって観光業に多大のダメージを与えることになる。

2　急展開する天皇退位問題

有識者会議始動

天皇陛下が「退位」のご意向をにじませたビデオメッセージが公開されたのは二〇一六年八月八日午後三時。異例のこととはいえ、天皇陛下ご自身が強い覚悟と決意を示されたという事実は重かった。天皇陛下の退位はメディアの報道が先行した。このため、お気持ちの表明に先立って国民の間には既に「退位」を受け入れる大きな流れが生まれていた。共同通信の緊急電話世論調査でも八五・七％が「退位できるようにした方が良い」というものだった。天皇陛下がビデオを通じて国民に語り掛けられたことで退位はほぼ固まったと言ってよかった。ただし政府は「象徴天皇」とは何かというこれまで真正面から議論されたことがない憲法と密接に絡む領域で答えを出す必要に迫られることになった。しかも、天皇陛下の発言から退位の期限がにじみ出ていたことも政権への負荷を極めて大きいものにした。

天皇陛下はメッセージの冒頭でこう述べられた。

「戦後七〇年という大きな節目を過ぎ、二年後には、平成三〇年を迎えます」

この発言から誰もが同じ思いを抱いた。

「平成の時代は三〇年で幕を閉じる」（政権幹部）――。しかし、天皇をめぐる憲法、皇室典範を始めとする法制度はすべて「終身在位」を前提にしていた。この制度が立ちはだかる中で天皇陛下のお気持ちを反映させ、なおかつ国民世論が納得する解決法は何か。しかも歴史の評価に耐えられるものでなくてはならなかった。安倍は『回顧録』で、退位報道については「驚きました」と述懐しながら同時に「もちろん報道される前に陛下のお気持ちは、私は存じ上げていました」と語っている。つまり不意の退位表明ではなく限られた関係者だけとはいえ、あらかじめ想定された事態であった。安倍も退位をめぐる法制化の検討を始めていたことを認めていた。しかし、退位は憲法とも絡む重大かつ複雑な課題、そしてあまりに難しい問題を内在していた。

天皇に関しては憲法第一条がこう規定する。

天皇は、日本国の象徴であり日本国民統合の象徴であつて、この地位は、主権の存する日本国民の総意に基く。

天皇が「統合の象徴」であり続けるには何よりも国民の支持と理解がなければならない。天皇陛下（現上皇陛下）も二〇一九年二月二四日に行われた「天皇在位三〇年式典」でこう述べられた。

「天皇として即位して以来今日まで、日々国の安寧と人々の幸せを祈り、象徴としていかにあるべきかを考えつつ過ごしてきました。しかし憲法で定められた象徴としての天皇像を模索する道は果てしなく遠く、これから先、私を継いでいく人たちが、次の時代、更に次の時代と象徴のあるべき姿を求め、先立つこの時代の象徴像を補い続けていってくれることを願っています」

前例のない難題への対処で何よりも重要なのは決定プロセスが民主的で国民の納得が得られるものでなければならなかったことだった。最終的には天皇退位と一体化せざるを得ない新天皇の即位及び新元号の制定まで切れ目ない調整、検討という気が遠くなるような準備が必要だった。

この重責を担ったのが官房長官の菅義偉とそれを事務方のトップとして支えた官房副長官の杉田和博だった。警察庁出身の杉田は中曽根康弘内閣の官房長官後藤田正晴に秘書官として仕えた経験があった。中曽根の首相在任中に昭和天皇が外科手術を受けられ、当時の皇太子殿下(現上皇陛下)が、昭和天皇の国事行為を全面的に臨時代行されたことがあった。杉田は宮内庁との連絡役を担った。皇宮警察の存在もあって天皇及び皇室をめぐる問題に関してはエキスパートと言ってよかった。安倍が語ったように天皇陛下の退位に関しては首相官邸と宮内庁との間では早い段階から連絡を取り合っており、この年の六月には杉田をトップにした極秘の準備室が設置されていた。八月二一日、菅はNHKの番組で法整備に向けた有識者会議を設置する考えを示した。

天皇の退位問題の浮上に伴い、皇族減少という差し迫った課題をめぐって思考停止状態にあった女性・女系天皇の容認や女性宮家創設に関しても議論すべきとの意見も浮上した。自民党幹事長の二階俊博は八月二五日、BS朝日の番組収録で、女性天皇を容認すべきだとの認識を示した。

「女性尊重の時代に、天皇陛下だけが女性は適当でないというのはおかしい。時代遅れだ。国民にも違和感はないのではないか」

ただ二階も党内に協議機関を設け、積極的に論議する可能性は否定した。これに対して安倍は天皇陛下一代に限りの退位を認める特別措置法の制定を先行させ、恒久的な退位制度や「女性宮家」創設などを含む皇室典範の抜本改正は、その後の議論とする「二段階論」にこだわった。安倍の支持基盤の保守層に根強い、女性・女系天皇の容認や女性宮家創設を含む皇室典範の抜本改正への反対意見に対する配慮があったとみられている。

安倍は九月八日になって訪問中のラオスの首都ビエンチャンで同行記者団に有識者会議の設置の意向を表明した。同時に「静かに議論を進めていくようにしたい」と述べ、「静かな議論」を強調した。

「予断なく、専門の方を中心にご意見を伺うことが重要だ」

安倍は有識者会議の設置を急いだ。天皇陛下のビデオメッセージを契機に退位をめぐって甲論乙駁、賛否両論が飛び交い、そのまま放置すれば意見集約どころか社会的混乱を招きかねなかったからだ。

早くも九月二三日に有識者会議が設置された。正式名称は「天皇の公務の負担軽減等に関する有識者会議」。象徴天皇制を定める憲法や皇室典範には退位の規定がなく、その是非も含めて幅広く議論する必要があった。退位の時期、退位後の天皇陛下の身分や呼称、住居なども議論の対象となった。

メンバーは以下の六人が起用された。

経団連名誉会長　今井敬▽東大名誉教授（政治学）　御厨貴▽上智大大学院教授（行政法）　小幡純子▽慶応義塾長　清家篤▽千葉商科大教授（元キャスター）　宮崎緑▽東大名誉教授（歴史学）　山内昌之

官房長官の菅義偉は会見で会議の設置目的に関してこう説明した。

「天皇の公務の負担軽減などについて予断を持つことなく、議論を進めていく場だ。課題や問題点を整理して国民に伝え、さらに議論を深める。国民の幅広い意見を反映した提言を取りまとめていただく」

座長には今井、座長代理には御厨が就任した。今井は安倍の政務秘書官今井尚哉の叔父でもあった。当時天皇陛下が八二歳の高齢という事情もあって二〇一七年の通常国会での法制化を目指した。一〇月一七日の初会合後、今井は記者会見で「問題の取りまとめには国民の理解が不可欠だ。国民理解がより深まるよう努めていきたい」と述べ、「国民の理解」を繰り返し強調した。

首相官邸で開かれた初会合では整理する論点として八項目を提示した。①憲法上の天皇の役割②国事行為や公的行為など公務の在り方③高齢となった場合の負担軽減策④国事行為を代行する「摂政」の是非⑤国事行為の臨時代行の是非⑥退位の是非⑦退位の恒久化の是非⑧退位後の「身位（身分・地位）」や活動の在り方――。

また初会合で女性・女系天皇の容認や「女性宮家」創設は議題に含まれないことになった。安倍は初会合でこう挨拶した。

「国家の基本に関わる極めて重要な事柄だ。予断を持つことなく十分にご審議いただき、国民のさまざまな意見も踏まえて提言をまとめるようお願いしたい」

今井は会議で意見聴取を一一月に三回、計十数人から非公開で実施する方針を示した。聴取結果を反映した論点整理を年明けにも国会に示し、与野党の意見を踏まえて春ごろ最終的な提言をまとめることになった。政府は国会で幅広い賛同を得て、早期の法整備を図る方向で固まりつつあった。

ただし、この時点で民進、共産両党などは特別法ではなく皇室典範の改正で対応するよう訴えており、合意形成をどう図るかも焦点となった。天皇陛下の退位について国民の関心は高く、議事概要は毎回、官邸ホームページで公開されることになった。これにも国民の理解を得ながら進めるというメッセージが込められていた。

共同通信が報じた初会合で出た発言には次のようなものがあった。

「陛下の高齢を鑑みて、慎重さはもちろんだがスピード感を持って検討することが重要だ」

「天皇は国民統合の象徴であり、その地位は国民の総意に基づく。国民の一人としてさまざまな専門家の意見を伺いたい。さまざまな方策の長所も短所も、虚心に検討することが必要だ」

初会合を受けて菅は一〇月一九日の衆院内閣委員会で、退位に向けた法案について予定通り一七年の通常国会提出を目指す意向を表明した。そして一〇月二七日の第二回会合で意見聴取する専門家一六人を選任した。

元官房副長官　石原信雄▽帝京大特任教授　今谷明▽ジャーナリスト　岩井克己▽京大大学院教授　大石眞▽国学院大名誉教授　大原康男▽慶応大教授　笠原英彦▽ジャーナリスト　櫻井よしこ▽元最高裁判事　園部逸夫▽東大名誉教授　高橋和之▽京都産業大名誉教授　所功▽東大名誉教授　平川祐弘▽日本大学教授　古川隆久▽ノンフィクション作家　保阪正康▽国士舘大大学院客員教授　百地章▽麗沢大教授　八木秀次▽上智大名誉教授　渡部昇一

選任された一六人に関して官房副長官の萩生田光一は「関係の深い分野で専門的知見を持つ方々から幅広く意見が聞けるように、バランスの取れた人選が行われた」との認識を示したが、首相安倍晋三に近い保守派の論客を中心に選任された印象は否めなかった。

意見聴取では予想以上に賛否が交錯した。一一月一五日に公表された一一月七日の議事録を見ても専門家の思いが伝わった。議事録はＡ４サイズで四〇ページ。菅は「有識者の判断を尊重するとともに、聴取内容の情報発信に努めたい」と説明した。

東京大名誉教授の平川祐弘は退位に明確に反対論を展開した。

「天皇の『おことば』だから、それでスピード感を持って超法規的に近い措置をとるようなことは、マスコミや世間には受けるかもしれませんが、日本の将来のために、また、皇室の将来のためにいかがかと思います」

国学院大名誉教授大原康男も退位に否定的な見解を示した。

「世論は、陛下を楽にさせたいという心情が先行している。空気だけで判断していいのか疑問だ。天皇の制度自体が基本的人権の例外で、その例外の中で考える必要がある」

天皇陛下のお気持ちに沿った方途を探るべきとしたのは京都産業大名誉教授所功だった。

「現行の皇室典範には譲位の規定がありませんので、関係者も対応に苦慮されてきたのかと思われます。しかし、間もなく満八三歳になられる陛下は、御高齢の進行を予見されて、まだ元気なうちに皇位を譲ること、つまり『高齢譲位』の道を開いてほしい、と念願しておられるのでありますから、政府も国民もその問題提起を真摯に受けとめて、その御意向に沿った現実的な法整備に努めなければならないと思います」

保阪正康は現行の皇室典範が旧皇室典範を追随しているように見えるとし、新しい「皇室法」の〝制定〟に触れた。

「皇室典範の改正を前提としつつ特例法を条文化する」

意見聴取は非公開で、一一月三〇日まで計三回行われ、専門家一六人からの聴き取りを終えた。聴取の結果、退位について九人が条件付きも含む賛成・容認、七人が慎重・反対となった。容認派の中で五人は、退位を一代限りとする特別法を支持した。

一代限りの特別法

着々と有識者会議を舞台に天皇陛下の退位をめぐる合意形成のための手順が踏まれてはいたが、最終的に形にするのは国会だった。それも憲法第一章の象徴天皇に関わる問題を多数決で決めるわけにはいかなかった。しかし、野党側は皇室典範改正による退位を主張、「女性宮家」創設や女性・女系天皇を対象外とする政府の意向に反対する姿勢を見せていた。その与野党間の調整の要が衆院議長大島理森だった。大島は一〇月三〇日、青森市での講演で自ら積極的に対処する意向を示した。

「日本の国のかたちが、政治に投げ掛けられている。国権の最高機関である立法府はどう対応したらよいか悩ましい。他の政策論争とは違う」

また秋篠宮さま（現皇嗣殿下）が一一月三〇日、五一歳の誕生日に際して、紀子さまと共に記者会見を行い天皇陛下の退位に関してご自身の考えを示された。この中で秋篠宮さまは天皇陛下がかなり以前から退位のご意思を固めていたことを明らかにした。

「いつだったかという、はっきりしたこの時という記憶はありません。ただ折々にそういう考えがあるということを伺っておりました。そのようなことから今回のお話になったわけですが、そのお気持ちをできるだけ多くの国民にも知ってもらいたいという考えを持っておられましたが、その一方でやはりこれは憲法にも関係することですし、非常に慎重な対応をしないといけないわけです。宮内庁長官をはじめごく限られた人たちで、随分そのことについて相談をされ、そして内閣の了解も得てお気持ちを表されるということに至ったと私は理解しております」

天皇陛下のメッセージの公表後、初めての皇位継承資格者による感想の吐露だった。有識者会議でのヒアリングでは退位に否定的な意見も出ていただけに秋篠宮さまの記者会見の意味は大きかった。最終的に有識者会議は退位を容認する方向となり、制度の恒久化に関しても一代限りとすることが大勢を占めた。その根拠は次のようなことだった。

「時代により国民意識や社会情勢も変わり得る。将来にわたる制度化は無理がある」

「制度化した場合は硬直的なものとなり、恣《し》意的な退位や強制的な退位が可能となる」

ご自身の退位問題の検討が佳境に入る中で天皇陛下は一二月二三日、八三歳の誕生日を迎えられた。これに先立ち皇居・宮殿で記者会見した。

「多くの人々が耳を傾け、おのおのの立場で親身に考えてくれていることに深く感謝しています」

天皇陛下がメッセージ公表後、退位問題に関して公の場で心境を語られたのは初めてだった。

「天皇としての自らの歩みを振り返り、この先の在り方、務めについて、ここ数年考えてきたこと」

天皇陛下のビデオメッセージの公表については違憲論が存在したのも事実だった。そのことが念頭にあったのかこう付け加えられた。

「内閣とも相談しながら表明しました」

退位の表現は使われなかったが、ご意思の固さは誰もが認めざるを得なかった。官房長官の菅は一代限りの特別法に関して「違憲の疑いを生じさせる」との民進党の指摘について「憲法に抵触しているかどうかは、内閣法制局などに相談しながら（法整備を）進める」と述べ、慎重に対応する考えを示したが否定することはなかった。こうして天皇陛下の退位問題は、天皇陛下一代限りの特別法を軸とする制度設計案に収斂していく。

3　米大統領にトランプ登場

地滑り的勝利

「欧州情勢は複雑怪奇なり」――。太平洋戦争突入の二年前、一九三九年八月、首相平沼騏一郎は歴史に残る言葉を口にして内閣総辞職した。日本が頼みとしたドイツが日本の仮想敵国であったソ連と「独ソ不可侵条約」を結んだことに強い衝撃を受けたからだ。日本政府は国際情勢を見誤り的確な判断ができず、取り返しのつかない結果を招いた。これが戦前の日本外交と言っていい。

二〇一六年の国際情勢も混沌を極めた。予期せぬ出来事が連続。まさしく「国際情勢は複雑怪奇なり」――。英国の欧州連合（EU）離脱に始まり大統領朴槿恵をめぐる「青瓦台スキャンダル」が吹き荒れた韓国。そして究極のビッグニュースは超大国米国の次期大統領として実業家のドナルド・トランプ（共和党）が登場したことだった。

日本の選挙報道で言えば「地滑り的勝利」ということになるだろう。米大統領選の開票は二〇一六年一一月八日夜（日本時間九日午前）から始まった。開票速報を伝えるテレビ番組の米国の地図は次々に共和党のカラーである赤で染められていった。日本政府にとっては〝悪夢〟のような光景だったに違いない。選挙戦終盤になって元米国務長官ヒラリー・クリントン（民主党）へのトランプの猛追が明らかになると、外務省幹部は願望を込めて英国の元首相ウィンストン・チャーチルの言葉を口にした。

「アメリカ人はいろいろなことがあっても最後は常識的な判断を下す」

しかし、現実は「未知との遭遇」ともいえる「トランプ大統領」の誕生だった。トランプの人物像も含めて周辺人脈、政策、政治手法などすべてが未知数。手探りの対米外交が始まった。無論、外務省が「トランプ研究」を怠っていたわけではない。折に触れてトランプ周辺の人物との接触を重ねていた。例えば一〇月上旬に来日したマイケル・フリンはその一人だった。元米国防情報局長で一時はトランプの副大統領候補としても名前が挙がったことがあるトランプの外交ブレーン。トランプが勝利演説の中で選挙での功労者の一人として名前を挙げた人物だった。トランプ政権の中で要職に就くのは間違いないと見られていた。

ただし、政府として大っぴらにフリンと会ったわけではない。自民党で開かれたサイバー問題の委員会で行う講演のため来日したフリンに政府関係者がアプローチして、朝食を取りながら日本の立場を説明したに過ぎなかった。官房長官の菅義偉もフリンと密かに会談した。この会談には外務省北米局長の森健良(後の事務次官)も同席していた。外務省を中心にしたトランプへの接触もどうしても力が入らなかった。政府関係者はこんな本音を口にした。

「まさかトランプが勝つとは思っていなかったので、クリントンに気兼ねをして動きが鈍ったのも事実だった」

首相安倍晋三も九月の国連総会に出席した際、ニューヨークで会ったのはヒラリー・クリントンだけ。しかし開票速報が始まると、安倍は結果が出ない早い段階で首相補佐官の河井克行を首相官邸の執務室に呼んだ。河井は補佐官に就任以来、十数回にわたって訪米してトランプが所属する共和党の議員を中心に人脈を築いてきたからだった。そのこともあって安倍は河井に一一月一四日からの訪米を指示した。

河井はトランプ大統領の誕生は安倍にとって決してマイナスではなく、むしろ国際的な評価は高まるのではないかとみていた。

「安倍総理は自由世界の指導者の中で政治経験の豊富さと国内政治の安定度はナンバーワンではないか。意外にトランプのようなタイプの政治家と安倍総理はウマが合うはずだ」

河井のミッションの中には、なるべく早く安倍とトランプとの会談の実現を探ることが含まれていた。トランプのような唯我独尊タイプの政治家はいくら周辺人物とのパイプを太くしてもあまり効果的ではない。安倍との個人的信頼関係を築くことが唯一の選択肢と言ってよかった。「安倍がトランプを直接説得する」。これしかなかった。

米国の分断が生んだトランプ

それにしても一年半以上にわたって続けられた大統領選を通じて浮かび上がった米国社会の変貌ぶりは想像を超えた。選挙結果を示す赤(共和党)と青(民主党)の色分けをした米国地図がそのことを如実に物語った。青く染まっていたのは太平洋と大西洋の沿岸部。海に面しない州のほとんどが赤色で埋まった。その地図が分断された米国社会を明確に示した。日本政府関係者も嘆息した。

「この地図は United States of America ではなく Divided States ということを示す。これが Reunited にできるかどうか」

米国社会は一九八〇年代から始まった国際化の流れの中で生産工場は海外に移転、ただでさえ小さくなった雇用の場に入ってきたのは移民労働者たち。こうして職を奪われた白人中間層と若年労働者が抱えた不満が「トランプ劇場」を牽引した。トランプはこの構造変化を見逃さなかった。トランプが掲げた最大の政治的メッセージは「反グローバリズム」。

「言いたくてもモノを言えなかった白人中間層や若者が爆発した」（外務省幹部）

まさしく「アンチ・エスタブリッシュメント」（政府高官）がこの大統領選挙を貫いた核心だった。たしかに大統領選で怨嗟の的になったのは「ワシントン・インサイダー」と呼ばれる首都ワシントンの政治家や官僚、ニューヨークの「ウォール街」、そしてクリントン寄りと見られても仕方がない報道を続けた「大手メディア」だった。それらを敵とみなし暴言や差別用語を乱発しながら巧みに有権者の心の中に入り込んだのがトランプだった。「米国第一主義」「保護主義」「孤立主義」「人種差別」――。その都度、表現や言い回しは変わってもトランプの口から吐き出されたどぎつい言葉に多くの支持者が熱狂した。知米派の商社マンは「トランプは商売上手な中古車ディーラーのおやじを連想させる」と解説した。戦後七〇年以上にわたって連綿と続いた日米関係は経験したことがない事態に直面した。大統領選の見通しに関しては前述したように日本政府の大勢は元国務長官ヒラリー・クリントンが優位との見方を取っていた。ただ安倍は若干の疑念を抱いていたようだ。

「トランプの集会の盛り上がりは尋常ではない」

安倍は知人を通じてこんな情報を耳にしていた。九月一九日にニューヨークでクリントンと会談した際、同時にトランプとの接触を模索していた。この安倍サイドの申し入れに対してトランプから返事が届く。

「遊説の都合で今はニューヨークに行けない。またの機会にして欲しい」

安倍がトランプ当選直後に活用したのがこのルートだったという。確実にトランプとの連絡が取れることが確認できたからだ。当時を知る政府関係者によると、このルートの中心にいたのは当時の駐米大使の佐々江賢一郎とされる。佐々江はトランプの娘イバンカと夫のジャレッド・クシュナーとの関係を構築していた。

こうした事前の仕込みが奏功したのだろう。一一月一七日（日本時間同一八日）のニューヨークでの安倍・トランプ会談が実現する。この会談の設定自体が一一月一〇日朝の安倍とトランプとの初めてのトップ同士による電話会談中に固まるという異例の経過をたどった。

安倍は当時の主要国のリーダーの中でドイツの首相メルケルに次いで在任期間が長かった。しかも自民党の党則改正により二〇二一年九月まで首相の座にいる可能性が出てきていた。安倍が日米同盟の継続・発展に強い自信と自負を持っていたのもこのためだった。

初顔合わせ

一一月一七日、首相安倍晋三は次期米大統領のトランプと会談するためニューヨークに向けて政府専用機で羽田空港を出発した。出発に先立ち、羽田空港で記者団に決意を語った。

「世界の首脳に先駆けてトランプ氏と会談できることを大変光栄に思う。未来に向けてお互いの夢を語り合う会談をしたい」

会談場所はトランプの住居があるニューヨーク・マンハッタンのトランプタワー。安倍はゴルフ好きのトランプのために日本のメーカーのゴルフクラブを機内に持ち込んだ。トランプが大統領選後、外国首脳と会談するのは初めてで、会談にはトランプの娘イバンカと夫のクシュナー、元国防情報局長フリンが同席した。日本側は通訳を除いて安倍だけ。会談は予定の四〇分を大きく超えて一時間半に及んだ。新大統領就任前に日本の首相が会談するのはもちろん前例がなかった。

「信頼できる指導者」（安倍）

「素晴らしい友人関係を始められた」（トランプ）

互いに会談の成果を強調して相手を持ち上げた。安倍自身が皮膚感覚でトランプの人となりを知った意味は大きかった。少なくとも米大統領が交代すると、必ず話題になる「いつ会うことができるのか」という雑音に晒されることはなくなった。しかし、同時にトランプが一筋縄ではいかない人物であることは日を追うごとに明らかになってきていた。

トランプは大統領選挙中の演説で「反グローバリズム」「米国第一主義」「孤立主義」を訴えて白人中間層の票を取り込むことに成功して、勝利を手繰り寄せた。その具体的な政策の柱の一つが「ＴＰＰからの撤退」だった。トランプは「大統領に就任したその日に決める」とまで言い切った。

これに対して安倍はＴＰＰに対する強い思い入れを抱いていた。自ら交渉参加を決断、ようやく参加一二カ国の合意にまで漕ぎつけたからだ。トランプのＴＰＰ撤退発言は日本の政治を大きく揺さぶった。ＴＰＰの承認案件と関連法案をめぐる衆院での大詰めの審議と大統領選が重なった。

野党側は米国が批准しなければ協定の発効はできず、承認案件の国会審議そのものが意味を失ったとして強い抵抗姿勢を示した。政府与党は二〇一六年一一月一〇日の衆院本会議での採決に持ち込み、衆院を通過させた。まさに大統領選の直後だった。かろうじて事実上のＴＰＰの批准を達成した。

安倍の外交戦略について政府高官はこんな指摘をしていた。

「トランプを説得するには日本自身が批准を終えていることが重要な〝武器〟になる」

安倍も「風前の灯火」に見えたＴＰＰ協定の発効に向けて粘り強くトランプに働きかける考えを周辺に漏らしていた。外務省幹部も「ＴＰＰは死んでいない」とした。安倍が世界のリーダーの中で真っ先にトランプとのトップ会談を決めた背景にもＴＰＰの成就に対する強い執念があったとみられた。

それにしても安倍・トランプ会談は異例ずくめだった。会談そのものが非公式だとして発言内容の公表はなかった。政権移行期で人事をめぐる混乱も報道されるトランプ側が、公表に難色を示したとの見方があった。会談場所にニューヨークのトランプタワー内にある私邸が使われたことも世界を驚かせた。会談後安倍は「中身を話すのは差し控えたい」と述べ、会話や議題の紹介を避けた。安倍が首相に返り咲いて以降、カウンターパートだった現職大統領のオバマへの配慮もあったようだ。

トランプのＴＰＰ離脱予告

ニューヨークでトランプとの初会談を終えた安倍は、そのままアジア太平洋経済協力会議（ＡＰＥＣ）首脳会合が開かれるペルーのリマに飛んだ。安倍は一一月一八日午後（日本時間一九日午前）、ペルーの大統領クチンスキと首都リマの大統領府で会談し、ＴＰＰの参加国として早期発効に向けた協力を強化する方針で一致した。

「アジア太平洋地域全体の安定や繁栄に重要な恩恵をもたらす」

リマで安倍は現職の米大統領オバマとは短時間の立ち話をしただけだった。安倍は日米同盟強化に向けたオバマのリーダーシップを高く評価し、謝意を述べた。ＴＰＰに関しても連携を確認した。

翌年一月にトランプ政権が発足するため、安倍とオバマの対話はこれが最後になると見られていたが、後に触れる大きなドラマが待っていた。

リマでの一連の日程を終えた安倍はアルゼンチンのブエノスアイレスを訪問した。ここで行った記者会見で安倍は改めてＴＰＰの重要性を強調した上でトランプの翻意を促した。

「米国抜きでは意味がない」

この安倍発言に反応したのか、トランプは二一日にビデオメッセージを公開した。

「(TPPは)われわれの国にとって潜在的な災難となる。大統領就任初日に脱退の意思を(他の参加国に)通知する」

もともと実業家のトランプは「マルチ(複数)交渉を好まない。一対一が基本」(政府関係者)とされた。この一事をもってもトランプとの外交の難しさが浮かび上がった。当時、政府高官はこう語っていた。

「トランプをTPPに引き戻すとなると、相当の代償を求められるのは確実だ」

従来の日米同盟を基本に組み上げる日本外交の戦略見直しは必至となった。トランプという予期せぬ〝触媒〟が他の外交にも〝化学変化〟を起こす兆しが見え始めた。中でも日本政府の気掛かりはオバマとの確執を続けたロシア大統領のプーチンが北方領土交渉をめぐってどう出て来るのかということにあった。当時、政府与党内に二つの見方があった。一つは米ロ対立を背景に日ロ関係の前進に難色を示してきた米国の圧力がなくなり、交渉がやりやすい環境が生まれるとの見方だ。長く北方領土問題に関わってきた新党大地代表の鈴木宗男もその一人だった。

「ヒラリー・クリントンが当選していたら相当圧力を掛けてきたはず。その障害がなくなるので交渉は円滑に進む」

その一方で、米ロ関係が厳しいからこそ日本が介在する余地があり、トランプとプーチンによる米ロ関係の改善が進めば日本の価値が相対的に低下するとの見方が存在した。

安倍・プーチン会談

一一月一九日、リマで安倍はそのプーチンとの首脳会談を行った。年末のプーチン来日の前哨戦とも言えた安倍・プーチン会談はとりわけ重要な意味を持った。この年だけでも、五月のロシア南部ソチ、九月のウラジオストクに続き、三回目。しかし、老獪なプーチンは安倍を翻弄し続けた。北方領土交渉をめぐって徐々に後ずさりしながら日本との距離を取るような雰囲気を醸し出したのだった。

プーチンは会談で、日本側が示した八項目の経済協力案の作業計画を評価する一方、両国間の貿易高が今年前半、前年同期比で三六％減ったと不満を表明した。日本側がロシアの要求、意向を汲みながら一歩でも前に進めようとしてもプーチンはまた新たな難題を提示してくるというパターンがはっきりと見えてきた。「首脳間の個人的な信頼関係」で打開を図るという安倍の計算が揺らぎ始めたと言ってもよかった。

会談後の安倍発言からも焦りが伝わってきた。安倍は疲れ切った表情で記者団の質問に答えた。共同通信の配信記事に安倍の苦悩が浮かび上がった。

「今日は平和条約（締結交渉）問題も含めて議論した。平和条約は七〇年間締結できなかったわけで、そう簡単な課題ではない。解決に向けた道筋が見えてきてはいるが、一歩一歩、ヤマを越えていく必要がある。大きな一歩を進めることは簡単ではないが、着実に一歩一歩前進していきたい」

安倍はこの会談に備えて経済産業相世耕弘成に対ロシア経済協力プランをまとめさせていた。ところがカウンターパートナーのロシアの経済発展担当相ウリュカエフが巨額収賄容疑で身柄を拘束され、刑事訴追される事態が持ち上がった。首脳会談直前の担当閣僚の訴追はロシア側に領土交渉進展の意思なしとみるのが自然だった。首相秘書官今井尚哉を軸に進められてきた経済産業省主導の外交の限界が露呈したと言ってよかった。

「プーチンが手ぶらで来日することはないだろう。手ぶらでは安倍総理との関係が崩れてしまう」

（政権幹部）との見方もあったが、経済先行の日ロ外交の危うさは隠しようがなかった。日ロ外交の要諦は政治対話と経済協力バランスをどうとるかにあったが、したたかなロシアを相手にして何度も煮え湯を飲まされてきた過去の教訓が生かされないまま時間を空費した。

この間に外務省の日露関係担当政府代表の原田親仁は全くの蚊帳の外に置かれた。外務省で事前段階から協議に参画していたのは今井に近い外務事務次官の杉山晋輔と政治担当の外務審議官の秋葉剛男（現国家安全保障局長）ぐらい。経済先行による〝ロシアの食い逃げ〟の懸念が膨らんだ。

リメンバー、パールハーバー

「おめでとうございます」

首相安倍晋三の前に出された白い皿にはチョコレートでお祝いのメッセージが書かれていた。一二月五日夜、東京・銀座のステーキ店「銀座ひらやま」。安倍は扇形のカウンター席の真ん中に座っていた。安倍はこの日、第一次政権を含めて在任日数が一八〇七日に到達した。元首相中曽根康弘を抜いて戦後の歴代首相では第四位になった記念日でもあった。安倍は中曽根からお祝いとしてコチョウランの鉢植えを贈られたことを自身のフェイスブック（FB）で明らかにした。

この席を設定したのが安倍と同じ山口県選出の衆院議員で元官房長官河村建夫。やや遅れて到着した安倍は「記者発表をしていたので時間がかかってしまった」と遅参を詫びたが、終始高揚した気分に包まれていたという。この記者発表こそが現職首相としては初めての米ハワイ・真珠湾（パールハーバー）訪問だったからだ。

「真珠湾訪問は突然決めたのですか」との質問が飛ぶと、「してやったり」の表情でこう答えた。

「前々から訪問の機会についてタイミングを窺っていた」

たしかに安倍は前年四月の米議会演説や戦後七〇年談話、そしてこの年五月の米大統領バラク・オバマの被爆地広島訪問など終戦から日米間に積み残されてきた様々な問題、懸案について区切りをつけることを重ねてきた。その中で残された最も大きな懸案の一つに真珠湾訪問があった。しかし、それを実現するには日本国内の反対派の存在など多くの障害があった。大きなきっかけになったのは一一月二〇日（日本時間二一日）のペルーのリマで行われた安倍・オバマ会談。なぜ、この会談だったのか。それは米次期大統領に実業家のドナルド・トランプが決まり、しかも安倍が世界のどの国のリーダーよりも早くトランプと会談したことと無縁ではなかった。

政権幹部は安倍・トランプ会談にホワイトハウスが強く反発したと証言する。ニューヨークのトランプタワーでトランプと会談後、リマに向かった安倍を迎える米側の対応は極めて冷ややかだった。アジア太平洋経済協力会議（APEC）という多国間協議で、個別の首脳会談の設定にはおのずと制約があったにしても米側は当初予定されたソファに座っての日米首脳会談から「数分間の立ち話」に変更してきた。ホワイトハウスの不快感の反映とみて間違いなかった。そこで安倍が持ち出したのが、オバマのハワイ滞在中を狙っての真珠湾訪問だった。

政府高官もそのことを裏付けた。

「総理の真珠湾訪問はずっとあった話だったが、決まったのはAPECの時だ」

これが最後とみられていたオバマとの「気まずい日米首脳会談」と、展望が開けない日ロ交渉――。その挟間で浮上したのが真珠湾訪問と言ってよかった。発表のタイミングも絶妙だった。外相岸田文雄が訪ロして、プーチンおよびロシア外相ラブロフとの会談を終えての帰国直後。プーチン来日の際の日ロ首脳会談の輪郭がほぼ見えてきており、安倍なりのイメージが固まったとみてよかった。プーチンの「多少のリップサービス」(外務省筋)があるにせよ驚くような進展の見通しはなく、それを超える成果が期待できるサプライズ・カードが真珠湾訪問だった。

日ロ交渉は駆け引きが絡み合い、成果の予測の確定は困難だが、真珠湾にオバマとともに訪れることに関しては成功がほぼ約束されたビッグ・イベントと言えた。しかも付加価値も想定された。プーチンや中国の国家主席習近平に対する強い牽制効果だ。加えて真珠湾訪問はオバマから「トランプのアメリカ」への移行に向けての助走路の役割を果たすとの思惑も働いた。

ただしこのステーキ店で開かれた会合の顔ぶれは別の憶測を呼んだ。衆院選挙を仕切る中枢幹部たちが一堂に会したからだ。

自民党副総裁高村正彦、幹事長二階俊博、幹事長代理林幹雄《もとお》、選挙対策委員長古屋圭司、前経済再生担当相甘利明——。日ロ、日米の連続首脳会談という戦後の日本外交でも極めて異例の重要外交の舞台の幕が上がった。

4 プーチン来日

プーチンの投げたビーンボール

第一九二臨時国会は一二月一四日、会期末を迎えた。年金支給額の抑制を柱とした年金制度改革法も参院本会議で成立した。カジノ法は自民党がギャンブル依存症防止策の強化を明記した文言などを加えた修正案が一四日の参院本会議で可決後に衆院に送られ、一五日に成立した。国会自体は大きな波乱もなく閉幕を迎えたが安倍にとって最大の懸案は国会閉幕後に予定されたロシア大統領プーチンの来日だった。

安倍がプーチンを地元・山口県に招待した背景には、都会から離れた静かな場所で本音を語り合うことで、北方領土問題解決への糸口を探る狙いがあった。現地の老舗旅館「大谷山荘」を借り切り、会談は「ノーネクタイ」方式とする構えで臨むことになった。安倍が参考にしたとみられたのは、一九九八年に静岡県伊東市川奈で開かれた日ロ首脳会談だ。当時の首相橋本龍太郎がロシア大統領ボリス・エリツィンと海釣りなどを楽しみながら「北方四島の帰属を認めれば、返還時期にはこだわらない」と提案し、前向きな姿勢を引き出したことがあったからだ。

プーチンとの信頼関係強化に努める安倍が、エリツィンと「ボリス・リュウ」関係と呼ばれるほどの蜜月関係を築いた橋本の対ロ外交を意識していたのは間違いなかった。

ところが、プーチン来日という日ロ外交のクライマックスが迫る直前になってプーチンは再び〝ビーンボール〟を投げ込んできた。野球の試合なら打者がマウンドに駆け寄って猛抗議し、場合によっては試合放棄につながってもおかしくない事態だった。プーチンが来日直前のタイミングで日本のメディアの長時間インタビューに応じたのである。「応じた」というより「仕掛けた」と言った方が正確だろう。プーチンが選んだメディアは読売新聞と読売新聞系列の日本テレビ。読売は発行部数では国内第一位の新聞、日本テレビは視聴率競争でトップを走り続けていた。活字と電波媒体トップを介することで日本国民へのメッセージを送る狙いがあったと見ていいだろう。読売新聞によると、インタビュー時間は同時通訳で八〇分間。破格の対応と言ってよかった。プーチンは日本側から贈られた秋田犬の「ゆめ」を伴ってインタビューの場に現れ、〝親日家〟をアピールした。しかし、内容は安倍の期待感を粉々に粉砕するものだった。発言要旨を引用させてもらう。

「ロシアは平和条約締結を目指す。平和条約がないのは、時代錯誤だ。だが日ロが適切な関係を築く基礎はまだない」

「ロシアは日本と話し合う用意がある。ただ日ソ共同宣言は平和条約締結後、歯舞、色丹の二島が日本に返されると記している。四島返還(の議論)はこの宣言の枠を超えている。全く別の話で、別の問題提起だ」

「(ロシアのクリミア併合に関し)日本は対ロ制裁を続けたままで、ロシアとの関係を正常化できるのか。日ロは広い意味で、貿易・経済関係を改善する必要がある」

このインタビューが報道されたのは一二月一三日。翌々日の一五日にプーチンの来日が決まっており、ギリギリのタイミングで放たれた揺さぶりだった。もはや日本側が望んだ交渉の前進はこの時点で消えたのも同然だった。そして当日の一五日のプーチンの不誠実な対応によってプーチンの「やる気」のなさが再び浮かび上がった。外交上の最低限のマナーを無視する不誠実なものだったからだ。

安倍は午前中に政府専用機で山口宇部空港に到着、午後一時前には日ロ首脳会談が行われる長門市の旅館「大谷山荘」に着いていた。安倍には外相岸田文雄、ロシア経済分野協力担当相の世耕弘成らが同行、旅館では自民党副総裁高村正彦ら山口県関係国会議員と合流した。安倍はプーチンが到着するまでの時間を利用して父晋太郎の墓参りを済ませた。晋太郎も外相として領土交渉に情熱を注いだ政治家だった。亡くなる直前に病軀を押して来日したゴルバチョフと会談したこともあった。安倍は自らの決意を亡父に誓ったのだろう。

しかし、プーチンが山口宇部空港に到着したのは予定より三時間遅れ。大谷山荘に入ったのはとっぷりと日が暮れた午後六時過ぎになっていた。玄関には安倍夫人の昭恵をはじめ日本側が勢揃いしてプーチンを出迎え、ようやく首脳会談が始まった。安倍・プーチン会談はワーキングディナーを含めて約五時間。安倍がプーチンとの会談を根気強く重ねてきたのはこの日のためと言ってもよかった。第一次内閣を含めると一六回目の会談だった。

会談のテーマは北方領土での「共同経済活動」の具体化だった。安倍が「(日ロどちらでもない)特別な制度の下」での実施を主張したのに対し、プーチンは「ロシアの法律に従って行う」として平行線をたどった。というよりプーチンには端から領土返還に繋がるような答えを用意する気はなかったに違いない。日本側は名湯として知られる大谷山荘の温泉につかりながら「裸の付き合い」を想定したが、それも見事に肩透かしをくらった。ちなみに大谷山荘の源泉は元自民党副総裁、山崎拓の母方の祖父で「炭鉱王」と呼ばれた山口慶八がボーリングして掘り当てたとされる。

プレゼントの交換でも両首脳の熱意の相違が際立った。安倍は一八五五年の日露通好条約にまつわる日本画「プチャーチン来航図」の複製品を贈った。条約交渉のため幕末の日本を訪れた帝政ロシアの提督プチャーチンの乗った軍艦ディアナ号は安政の東海大地震(マグニチュード八クラス)による津波で大破した。そのプチャーチンのために西伊豆・戸田村(現静岡県沼津市戸田)の船大工が建造したのが初の洋式船「戸田《へだ》号」。プチャーチンはこれで帰国を果たした。この建造の様子を描いたのが「来航図」。安倍は日ロ友好の新時代を切り開くとの思いを込めた。

これに対してプーチンはロシア伝統の湯沸かし器「サモワール」と雪のモスクワ市内を走る馬車を描いた油絵を持参した。どう好意的に見ても日ロ友好にとって意味ある代物とは言えなかった。

両首脳は翌日場所を東京に移して二日目の会談が行われたこともあって長門会談の重みは一気に失

われた。自民党幹事長の二階俊博は辛辣だった。

「国民の大半ががっかりしていると、われわれも心に刻む必要がある」

二階の目にも会談は失敗に映ったのだろう。党本部で記者団にこう語った。元島民の墓参手続き簡素化などの成果は評価しつつも「この程度のことで喜ぶのではなく、真の平和と友好の方向に進むことを切に願っている」。

プーチンは記者会見で、平和条約締結後に歯舞、色丹二島を引き渡すとした五六年の日ソ共同宣言に触れて、領土問題解決よりも平和条約締結が先行するとの認識を強調した。日本政府の基本方針である「領土問題を解決した上での平和条約締結」との隔たりはあまりに大きかった。

日本政府もほどなくプーチン来日に成果がなかったことを政府人事で認めることになった。ロシアとの交渉に当たる外務省の布陣を刷新したのだった。年が変わるのを待って日露関係担当政府代表の原田親仁が退任し、外務省の欧州局長とロシア課長も交代した。領土問題の進展に向け、交渉を仕切り直す狙いがあったが、ロシア側に手玉に取られている印象はぬぐい切れなかった。

最後の安倍・オバマ会談

二〇一六年一二月二六日、首相安倍晋三は第二次政権に返り咲いてから満四年を迎えた。この日、安倍は旧日本軍による真珠湾攻撃の犠牲者を慰霊するため、政府専用機で米ハワイへ向かった。安倍は出発に先立って記者団に真珠湾訪問の意義を語った。

「戦争の惨禍は二度と繰り返してはならない。この未来への思い、誓い、そして和解の価値をオバマ氏と共に世界に発信したい」

安倍には外相岸田文雄、防衛相稲田朋美も同行した。歴代首相では一九五〇年代に吉田茂、鳩山一郎、岸信介の三人が在任中、真珠湾の米軍司令部などを訪問しているが、日米の両首脳が揃って慰霊のために訪れたのは初めてだった。

オバマはこの年の五月、歴代米大統領として初めて被爆地広島を訪問、安倍とともに「核なき世界」を誓った。一二月二七日午前（日本時間二八日朝）、両首脳はそろってアリゾナ記念館での慰霊セレモニーに臨んだ。米戦艦アリゾナは旧日本軍の真珠湾攻撃で沈没。一〇〇〇人を超える戦死者を出した。今も海底に眠り、その真上に建設された慰霊施設がアリゾナ記念館。両首脳は献花し、黙禱。そして海に沈む戦艦アリゾナに花びらをまいて戦死者を追悼した。

日米首脳の真珠湾訪問は戦勝国と敗戦国による和解をアピールし、歴史認識問題に区切りを付ける狙いがあった。安倍は追悼後の演説で日本の戦後復興を支えてくれたのは「米国の寛容」だったと謝意を表明した。ただ先の大戦への「謝罪」の文言を盛り込まなかった。オバマも広島で原爆投下について謝罪をしていなかった。

確かに日米両国の最高指導者による、「献花外交」の意味は小さくない。しかし、中韓両国をはじめ、安倍外交に欠けていた先の大戦をめぐる近隣諸国との和解はなお道半ばだった。むしろ軋轢は一層強くなりつつあった。一方、米欧のメディアは高い関心を示し、CNNテレビは並んで献花する様子を放映し、BBCは演説を生中継した。AP通信は両首脳の発言を速報した。

献花に先立って安倍とオバマはハワイ・ホノルルの米太平洋軍司令部で最後の首脳会談を行った。安倍とオバマは「波長が合わない」（外務省幹部）とされながら正式な首脳会談を八回行い、この真珠湾での三〇分間の会談で九回目となった。オバマが在任中の二〇一四年、米大統領として初めて沖縄県・尖閣諸島について日本防衛義務を定めた日米安全保障条約第五条の適用対象だと明言したことに深い謝意を伝えた。安倍は自ら掲げた「積極的平和主義」と、オバマのアジア重視戦略「リバランス」との連携が日米同盟の強化につながったと高く評価した。

七年後の二〇二三年六月、広島市の平和記念公園と米ハワイ州のパールハーバー国立記念公園を「姉妹公園」とする協定が締結された。ただ被爆者団体からは「原爆投下を正当化する側の主張を認めることになる」として反対の声が上がっている。

この日米首脳が慰霊した直後のことだった。復興相の今村雅弘が二八日午後、靖国神社（東京・九段北）を参拝した。今村は参拝後、記者団に「首相の真珠湾訪問とはたまたま重なった。偶然だ。首相の真珠湾訪問のことも（お参りで）報告した」と述べた。今村の参拝に関して中国外務省副報道局長の華春瑩は非難の言葉を口にした。

「日本が過去の侵略の歴史を正視し、深く反省するよう改めて求める。日本が責任ある態度で問題を適切に処理し、実際の行動でアジアの隣国の信頼を得るよう望む」

いずれにしてもハワイの慰霊外交で丸四年の「安倍・オバマの日米」は終わりを告げた。それから六年後の二〇二二年七月八日、安倍は凶弾に斃れ、この世を去った。オバマはツイッター（現X）で哀悼の意を示した。

「大統領在任時に（被爆地）広島と（ハワイの）真珠湾を一緒に訪れた感動的な経験を忘れない」

日米首脳による真珠湾訪問を終えた時点では来るべき「トランプ時代」への対応は全くの未知数のまま。米ギャラップ社が行った世論調査の結果、次期大統領トランプが進める閣僚人事などの政権移行作業について、「支持する」と答えた米国民は四八％にとどまった。

ロシアとの領土交渉には暗雲が垂れ込め、日米は不透明、さらに近隣外交も行き詰まりをみせ、安倍外交は厳しい二〇一七年を迎えることになった。

第二章 見え始めた政権の「陰り」

（二〇一七年一月〜五月）

証人喚問で発言する籠池泰典(左)と参院予算委で答弁する
財務省の佐川宣寿理財局長(右，当時)

1　拡大した森友問題

第一九三通常国会は二〇一七年一月二〇日に召集され、安倍晋三による施政方針演説が衆参両院の本会議で行われた。まず冒頭で安倍が触れたのは天皇陛下の退位問題だった。

「現在、有識者会議で検討を進めており、近々論点整理が行われる予定です。静かな環境の中で、国民的な理解の下に成案を得る考えであります」

二〇一九年をもって「平成」が幕を下ろして次の時代へと代替わりされることが、ますます現実味を帯びてきた。

ただし、この代替わりを自らの手で行うためには安倍は二つの任期を越えなければならなかった。一つは二〇一八年九月に迎える自民党総裁としての任期切れ。そして衆議院議員の任期が同じ二〇一八年一二月に満了を迎えることだった。

総裁任期に関しては幹事長の二階俊博の采配で二〇一七年三月の党大会で「二期六年」から「三期九年」に党則変更が行われることが決まっていた。あとは安倍が立候補して三選を確定すればよかった。さらに安倍には二〇二〇年七月開催が決まっている東京五輪・パラリンピックを現職首相として迎えるという願望があった。そのためにはどこかのタイミングで衆院の解散権を行使して衆院選を勝ち抜かなければならなかった。天皇陛下の退位問題をめぐる法制化が終わる通常国会閉幕後はいつ解散があってもおかしくない状況が生まれた。

自民党の参院幹事長吉田博美が国会召集日に国会内で明言した。

「（夏に東京）都議選がある。秋には衆院解散・総選挙があるのではないかと推測している。一致結束して取り組んでいきたい」

吉田は旧竹下派（現茂木派）の幹部でありながら山口県出身で安倍とも近い実力者でその発言は多大な影響力があった。安倍の片言隻句と重ね合わせると、「二〇一七年秋解散」の信憑性は相当高いものがあった。

その一方で「安倍一強」と言われ、向かうところ敵なしのような権力を手にした安倍の奢り、慢心からくる綻びが随所に見え始めていた。安倍自身も一月二〇日に国会内で開かれた自民党両院議員総会でこう語っていた。

「私自身が戒めていることは、慣れからくる油断だ。ここでもう一度、初心を思い返す必要がある」

ところが、その直後の施政方針演説が物議を醸した。

「ただ批判に明け暮れたり、言論の府である国会の中でプラカードを掲げても、何も生まれません」

名指しはしなかったものの野党の民進党を念頭に置いていたことは明らかだった。その後、民進党は衆院議院運営委員会理事会で抗議。自民党も安倍発言は不適切だったとして、安倍に注意すると回答した。

千代田区長選大敗

国会では「一強」の安倍もウイークポイントがあった。東京都知事小池百合子の存在だ。二〇一六年七月の東京都知事選で自民党は小池に完敗した。小池の勝ちパターンは一つしかない。敵を作り、巧みなワンフレーズによって〝敵〟を有権者と挟み撃ちにすることだ。知事選では自民党東京都連を

「ブラックボックス」と切り捨て、その象徴的な存在だった自民党都連幹事長で「都連のドン」と呼ばれた内田茂(二〇二二年没)と徹底的に対峙した。その後も二〇二〇年の東京五輪の主導権争いを演じた相手は元首相で東京五輪組織委員会会長の森喜朗と、いずれも老練な実力者ばかり。〝ジャンヌダルク〟が登場するにはうってつけの状況だった。

再び首都東京の、そのまた中心地である千代田区で東京都知事小池百合子による〝小池旋風〟が吹き荒れた。二月五日投開票の千代田区長選だった。千代田区の都議の定数は一。その一議席を有していたのが内田だった。内田と現職区長の石川雅己が確執を続けていた。内田が候補者を立てれば小池と内田の代理戦争と言われるのは目に見えていた。このため自民党内には「不戦敗も選択肢」(選対幹部)の声もあった。しかし、内田は自身とも親交が深かった元官房長官与謝野馨の甥である与謝野信を擁立した。小池にとって思うツボだったのだろう。小池は選挙期間中の応援演説で自ら自民党を挑発した。

「代理選挙などと言われているが、その通りだ」

投票率は前回選挙より一〇ポイント以上アップした。上昇分が小池の推す石川の投票に向かったとみられ、石川は与謝野を大差で退けた。さらに石川の勝因は自民党支持層の多くを取り込んだことだった。小池は都議会自民党とは対立したが、首相官邸や党執行部との衝突は回避した。

小池に抜かりはなかった。小池は自身の〝親衛隊〟とも言える「都民ファーストの会」を発足させ、七月二日投開票の都議選に向けて踏み出していたからだ。小池にとってこの千代田区長選圧勝の意味は大きかった。小池は常々こう語っていた。

「都議会の過半数を制するためにはあらゆる手段を排除しない」

聞きようによっては「小池新党」の結成への意欲とも受け取れた。区長選の結果、自民党を離党せずに都議会の会派だけ自民党を離れた現職都議も出てきた。

こうなると東京都選出の自民党所属国会議員の気持ちも揺れ動いた。都知事選に続き千代田区長選で小池支持の立場で石川を支援した衆院議員の若狭勝に対して自民党は「厳重注意」の処分を出しただけで処分問題は幕引きとなった。その後も小池と自民党との水面下での神経戦は続いた。

「マー・ア・ラゴ」での厚遇

ただし、この頃の安倍にとって千代田区長選挙は些事だったのかもしれない。米大統領ドナルド・トランプとの初めての日米首脳会談が迫っていたからだ。誰であっても交代直後の米大統領との会談は日米外交の最重要イベントであることは不変の鉄則と言っていい。しかし、多くの歴代大統領の中でもトランプの型破りの言動は全てにおいて「規格外」(外務省幹部)。その個性豊かなトランプと安倍がどこまで個人的な信頼関係を確立できるかが最大の焦点だった。

安倍は二月九日夕(日本時間一〇日午前)、政府専用機で米ワシントン郊外のアンドルーズ空軍基地に到着した。安倍には夫人の昭恵、副総理兼財務相の麻生太郎、外相の岸田文雄、官房副長官萩生田光一、国家安全保障局長谷内正太郎らが同行した。トランプが大統領就任後に会談した外国首脳では英首相のテリーザ・メイに次いで二人目。安倍はトランプと他国の首脳に先駆けて非公式に会談したこともあって、接遇の仕方も異例だった。

両首脳はホワイトハウスで会談後、大統領専用機「エアフォースワン」に同乗してトランプの別荘のある南部フロリダ州パームビーチに移動。そこでトランプ所有の別荘「マー・ア・ラゴ」で二泊し、ゴルフや夫人を交えた会食もセットされた。

ホワイトハウスでの首脳会談では経済関係強化のため、経済対話のための枠組み新設で合意した。安倍は年内の日本公式訪問を招請、トランプも応じた。沖縄県・尖閣諸島が日米安全保障条約第五条の適用対象と確認、共同声明も発表した。

パームビーチでは大統領の別荘近くの二つのゴルフ場の計二七ホールを回り、約五時間にわたり「ゴルフ外交」を展開した。プレー後は別荘で夕食を共にした。一〇日に続いて二夜連続でそれぞれの夫人の昭恵、メラニアも同席した。トランプは一一日、安倍とグリーン上でハイタッチしている写真をツイッターに投稿した。ホワイトハウスも声明を出した。

「リラックスでき、実り多いものだった」

このゴルフ会談を含む「異例の厚遇」はその後の安倍・トランプ関係を決定づけることになった。それだけでなくG7の中で欧州各国とトランプとの意見の齟齬が生じると安倍が仲介に入る場面が頻発した。

金正恩の揺さぶり

安倍・トランプ関係がいよいよ始まるというタイミングで北朝鮮から予期せぬ〝横やり〟が投げ込まれた。そのニュースは二月一一日夜(日本時間一二日朝)、突然飛び込んできた。北朝鮮が、弾道ミサイルを発射したのだった。ミサイルは約五〇〇キロ飛行して日本海に落下した。朝鮮中央通信は新型の中距離弾道ミサイル「北極星2」の発射実験に成功したと報じた。韓国の聯合ニュースによると、射程は二五〇〇～三〇〇〇キロに及ぶと推定された。

発射時間は安倍とトランプが米南部フロリダ州パームビーチにあるトランプの別荘内のレストランで夕食を共にした時間と重なった。北朝鮮に、ミサイル技術の向上の誇示と米国への揺さぶりの意図があったことは明らかだった。

共同通信電によると、両首脳はミサイル発射の約八時間前、日本時間一二日午前零時(現地時間一一日午前一〇時)すぎ、ゴルフのプレイを開始。ホールアウトは午前六時(同午後四時)過ぎだった。約二時間後の午前七時五五分ごろ、ミサイル発射が確認された。この時、安倍はトランプの別荘での夕食会に備えていたとみられた。

日本で留守を預かっていた官房長官の菅は午前九時すぎに首相官邸入りした。官邸にはこの日の午前四時半ごろに帰国したばかりの外相岸田文雄、防衛相稲田朋美らが駆け付けた。安倍とトランプはその場で協議をして共同会見を行った。

安倍がトランプと記者発表に並んで立ったのは午後零時四〇分ごろだった。

「トランプ氏は、米国は常に一〇〇パーセント、日本と共にあると明言した。その意思を示すために私の隣に立っている」

米メディアは両首脳が一般客の面前で対応を協議していたことを報じた。レストランにいたとみられる人物のフェイスブックには、安倍の前にかざされた文書を米側スタッフがスマートフォンのライトで照らし、日本政府関係者がそれをのぞき込んでいる写真が掲載された。米CNNは「別荘が危機管理室になった」と報じた。

結果として、このミサイル発射の政治的影響は極めて大きかった。その後のトランプの北朝鮮外交への傾斜ぶりをみると、就任早々のこのミサイル発射によって触発された可能性は十分考えられるからだ。さらに安倍と対応を協議したことで、安倍の北朝鮮に関する豊富な知識、経験に触れ、トランプが安倍に頼るようになったこともこのフロリダの体験が大きかったのではないか。

ただし、この最初の安倍・トランプによる日米首脳会談の成果については評価が分かれた。会談前から日本政府内にあった危惧する事態が米国から伝わってきたからだ。

「メディアは私に感謝しないが、少なくとも日本は(私に)感謝している」

首脳会談直後の二月一八日、トランプは南部フロリダ州で行った演説で日本に言及した。トランプが持ち出したのは安倍と行った日米首脳会談でのエピソードだった。トランプが言うにはトランプが米航空機会社ロッキード・マーティン社との交渉で最新鋭ステルス戦闘機F35を値下げさせたことに安倍が感謝したというものだった。

「あなたはF35を数百万ドルも下げてくれた」

安倍が口にしたというフレーズまで紹介した。実はこのフロリダ演説に象徴されるような事態が現実のものとなりつつあった。いわゆる「トランプ・リスク」だった。

F35の話題がどこで交わされたのかは不明だったが、トランプに国際的な首脳外交の作法や慣例は通じなかった。メディアを「フェイク(偽)ニュース」と批判しながら自身の発言の真偽については一切お構いなしに一方的に発信した。この日は演説の中での言及だったが、トランプの代名詞になっているツイッターの発信でも〝暴露話〟がいつ出てきてもおかしくなかった。

安倍は大統領選挙に当選したトランプと最初に会談した際、トランプの印象について「信頼に足る指導者」と持ち上げた。ところが安倍が「信頼に足る」と太鼓判を押したトランプは足元が定まらないまま。大統領就任式後一カ月以上を経ても政権は機能しなかった。むしろ混乱に拍車がかかった。

日本政府にとって最大の誤算は国家安全保障担当補佐官マイケル・フリンが突如として辞任に追い込まれたことだった。フリンは官房長官菅義偉と大統領選前に極秘に会談するなど、首相官邸とホワイトハウスを繋ぐキーマンと見られていた。前オバマ政権時代の補佐官スーザン・ライスとの関係がギクシャクしていただけに〝喪失感〟はより大きかった。

「総理が復権して最初に訪米した時にライス補佐官が通告してきた首脳会談の時間は四五分間。最終的には一時間になったが、こんな（冷たい）対応だった」

菅がこう振り返ったように、その後もオバマ政権とは常にすきま風が吹いているようなところがあった。それを埋める以上の親日的な橋渡しをしたのがフリンだった。

この期待も早々に崩れ始めた。中でも衝撃的だったのはトランプがイスラエル首相のネタニヤフとの首脳会談後の記者会見で、パレスチナ問題をめぐりイスラエル寄りの姿勢を鮮明にしたことだった。中東和平交渉はパレスチナ国家を樹立してイスラエルとの共存を目指す「二国家共存」を前提に動いてきた。トランプはこの方針にこだわらない考えを示したのだった。

「双方が望むなら、二国家共存でも一国家でも、どちらでも構わない」

アラブ世界の反発は必至とみられた。外務省幹部は「大統領の中東政策はまだ固まっていない。そこは冷静にみるべき」と語った。同時に日本にとって見逃せない点があった。トランプ発言の背後に「米国のエネルギー政策の転換」（日本政府筋）が見え隠れしていたことだ。経産省幹部もそれを否定しなかった。

「米国はシェール革命によって石油輸出国に転じている。相対的に中東への依存は減っていく」

トランプは国務長官に石油メジャーのエクソンモービル前会長のレックス・ティラーソンを起用。

さらに環境保護局長官にはオバマが導入した環境規制に強く反対してきたスコット・プルイットが就任した。米国の環境政策の大転換が行われる可能性が高まった。日本のエネルギー政策への影響も避けられなかった。それ以上に日本政府内に生まれた懸念、不安はトランプ発言の振幅の大きさだった。長く日米外交に関わった外交官OBはこう語った。

「トランプ発言はブレが大きすぎる。誤差を計算に入れる必要がある」

たしかにトランプは就任後、情報機関とメディアを敵に回して追い込まれているように見えた。失言、暴言も目立った。トランプは就任後も大統領選を継続しているように見えた。記者会見より演説を重視していた。アンチ・ワシントンの支持者に向けて「オレはやってるぜ」と言わんばかりの発信をし続けた。就任後一〇〇日間はメディアが新政権の批判を控えるという「ハネムーンの一〇〇日」は有名無実化した。

「未だにアメリカ丸は岸壁に係留されたままで、まだ出航できずにいる」(政権幹部)。トランプの迷走が続いた。ただ日本外交にとっては安倍・トランプ関係がスムーズにスタートしたことは大きかった。

兄、金正男の殺害

日米首脳会談を終えた安倍は帰国の途中だった。北朝鮮をめぐってミサイル発射に続き衝撃のニュースがもたらされた。まるで映画の007シリーズを観ているような事件が起きた。二月一三日午前九時ごろ、マレーシアのクアラルンプール国際空港で北朝鮮の朝鮮労働党委員長金正恩の異母兄、金正男(当時四五歳)が殺害されたのだった。女二人が毒物を使って犯行に及んだのである。中距離弾道ミサイル「北極星２」の発射翌日。二日連続の北朝鮮による国際社会への挑戦とも言える暴挙に韓国政府高官は「全く予測不能な政権」と断じた。当時韓国では大統領朴槿恵をめぐるスキャンダルで混乱が続き、事実上の権力不在の状態にあった。

北朝鮮が国外で想像を絶する犯罪行為に手を染めたのはこの時が初めてではない。多くの日本人の拉致事件は今も日本外交の最大の課題として残る。

ただ金正男殺害は全く次元を異にした。金正恩の独裁体制の確立という極めて個人的な思いに動機があるように見えたからだ。金正恩は義理の叔父で、政権ナンバーツーだった張成沢《チャンソンテク》を二〇一三年一二月に処刑しており、「血の粛清」は行き着くところまで行き着いた印象だった。日本のインテリジェンスの専門家も「あり得る事態が起きたに過ぎない」と指摘した。ただしこの殺害事件については金正恩体制のしたたかな計算が働いていると見る専門家は多かった。なぜこのタイミングかという点だ。韓国の政治空白に加え、米国のトランプ新政権は陣容が固まらず北朝鮮には手が回らない。日韓は元慰安婦をめぐる少女像問題で日本政府は駐韓大使の長嶺安政（現最高裁判事）を帰国させたままだった。中国も秋の共産党大会での人事をめぐる国内政治に目が向いていた。国際社会に生じたいわば一瞬の〝空白〟とも言える隙を突いたタイミングだった。

ここまでは外交戦略として理解できたが、分からないのがミサイル発射と金正男殺害の関連だった。これについて日本政府内には諸説が存在した。一つはミサイル発射をきっかけに中朝関係に何らかの動きがあり、それを契機に金正男殺害を実行したというものだった。

他の見方について安全保障問題に関わる政府関係者の一人はこう分析した。「いよいよ中国が北朝鮮に対して何か強く言ってきている可能性がある。そこで身の危険を感じた金正恩が中国の手にあった『金正男カード』をなきものにしたのではないか」。

国連制裁に象徴される国際社会の厳しい目が注がれる中で、北朝鮮が核・ミサイルの開発に邁進できるのは中国の〝甘い対応〟があったことは否定できなかった。とりわけトランプ政権発足後の米中関係の不安定ぶりが北朝鮮を利していたことは間違いないだろう。

「中国からすると、北朝鮮はバッファーゾーン（緩衝地帯）だ。北朝鮮が崩壊すれば、中国は在韓米軍と直接向き合うことになる。結果として北朝鮮は気に入らなくても潰せない」

日本政府高官は米国を睨んだ中朝関係の難しさをこう分析した。現に度重なる国連安保理の対北朝鮮制裁決議にかかわらず北朝鮮のダメージは限定的とみられていた。民間の調査機関の調査でも中国の北朝鮮への石炭輸出はほとんど減っていなかった。経済制裁に「生活必需品を除く」という例外規定があるからだ。石炭に限らず抜け道はいくらでもある。しかし、さすがの中国も高性能な新型ミサイルの発射に堪忍袋の緒が切れて北朝鮮に圧力を強めてきたのがこの殺害事件に繋がったというわけだった。

その一方で金正恩政権にとって金正日の生誕七五周年の記念日であった二月一六日までには後継者問題で最終的な決着を図っておく必要があり、たまたま金正男が中国の監視の目が届きにくいマレーシアに入国した機会が狙われたというのだ。

事件はその後、実行犯として殺人罪でベトナム人とインドネシア人の女二人が起訴された。犯行時の模様は防犯カメラに記録され日本国内でも何度もテレビで映像が流された。金正男は襲われた後に体調不良を訴え、一五〜二〇分後に死亡した。マレーシア警察は遺体から猛毒の神経剤ＶＸを検出したと発表した。

女二人は北朝鮮の工作員によって事情を知らされずに犯行に及んだものとみられている。マレーシア警察は在マレーシア北朝鮮大使館の二等書記官と北朝鮮国営高麗航空職員ら三人に対する事情聴取を要請したが、指示役とみられた北朝鮮国籍の男らは事件直後に出国した。マレーシア、北朝鮮の両国はそれぞれの大使を国外追放した。犯行動機など真相は今も解明されていない。

火が付いた森友学園問題

派手な国際ニュースの陰で通常国会の審議は盛り上がりを欠いていた。スキャンダルの追及も文部科学省の元局長が早稲田大学への天下りをした問題を野党側が追及したぐらいで与野党が激突する状況にはならなかった。ところが、安倍が訪米を終えて帰国するのを待っていたかのように安倍の進退問題にも発展しかねない火の手が上がった。

大阪の学校法人「森友学園」をめぐる国有地売却問題だ。もともと森友学園にスポットライトが当たったのは、法人が経営する「塚本幼稚園」のユニークな教育方針にあった。小さな園児たちが教育勅語を暗唱する映像がテレビの報道番組で放送されたのをきっかけに全国的に知られる存在になった。塚本幼稚園のホームページなどによると、理事長の籠池泰典の妻の父が一九五〇年代に幼稚園を開設したのが始まり。籠池は元奈良県職員で、九五年に義父が死去した後に理事長となった。

その塚本幼稚園が中心になって創設される小学校を舞台にした一大スキャンダルが表面化した。小学校の正式名称は「瑞穂の國記念小學院」。名誉校長には安倍の夫人昭恵が就任予定だった。それだけなら安倍の考え方に近い小学校が一校創設されるぐらいの話題で終わっていたかもしれない。

ところが、建設予定地の国有地が大幅に値引きされていたことが判明した。しかも、小学校建設資金の寄付を募る振込用紙が提示され、そこには「安倍晋三記念小学校」と書かれていたこともあって安倍が「渦中の人」となった。

安倍が、「一強」と言われる強固な政権基盤を築くことができた背景には選挙の強さに加えて安倍個人にまつわるスキャンダルがなかったことがあった。第二次政権を担って以来、多くの閣僚が「政治とカネ」の問題をめぐって辞任に追い込まれていたが安倍自身は全くの無傷だった。安倍にとっては初めての「政治とカネ」が絡むスキャンダルと言ってよかった。

国有地払い下げがクローズアップされたのは二〇一七年二月一七日の衆院予算委員会。委員長は安倍と当選同期の浜田靖一。質問者は民進党の福島伸享《のぶゆき》。福島が質問の中で妻の昭恵が、森友学園の理事長籠池泰典の教育に対する熱い思いに感銘を受けて名誉校長に就任した経緯に触れた。「この事実、総理は御存じでしょうか」と問うたことから事態は思わぬ方向に向かった。衆院の議事録を確認すると、詳細なやり取りが残る。

「昭恵が、妻が名誉校長になっているということについては承知をしておりますし、妻から森友学園の先生の教育に対する熱意はすばらしいという話を聞いております」

ここまでなら違和感はなかったが、安倍は問わず語りに想定外の答弁に向かった。

「私や妻がこの認可あるいは国有地払い下げに、もちろん事務所も含めて、一切関わっていないということは明確にさせていただきたいと思います。もし関わっていたのであれば、これはもう私は総理大臣をやめるということでありますから、それははっきりと申し上げたい、このように思います」

安倍はしばしば野党議員の質問に感情をむき出しにして予算委員会でも総理大臣席からヤジを飛ばすこともあったが、それとも違う反応だった。取り乱したかのような印象を与え、逆に事の重大さを暗示した。中でも「総理大臣をやめる」とのフレーズは、首相官邸はもとより国有地売却の当事者だった財務省を大きく揺さぶった。

この予算委員会に先立って二月一〇日、財務省が民進党議員団に森友学園をめぐる国有地売却に関する資料を提出した。それによると、森友学園が大阪府豊中市の国有地を小学校開校のため随意契約で取得したのが二〇一六年六月。面積は八七七〇平方メートル。ところが、売却金額について国は開示せず、豊中市議が国に非開示決定の取り消しを求め大阪地裁に提訴したことで、実際の売却額が一億三四〇〇万円だったことが明らかになった。

資料によると、交渉を進めていた近畿財務局の依頼を受け、大阪市内の不動産鑑定士事務所が一六年五月、更地の状態で査定した評価額は九億五六〇〇万円。ただし、売却国有地の地中に生活ごみや廃材などが埋まっていたとして、実際の売却額はこの撤去にかかる費用など八億円余りを差し引いたものだった。

しかも近畿財務局は売却額を非開示にしていた。その理由について財務省は学園側から「地下ごみの存在が知られると、風評のリスクが懸念される」との要請があったため、と説明した。これだけでも何とも不可解な取引だったことを窺わせたが、一七日の安倍答弁で森友問題は安倍の夫人の昭恵、学園理事長の籠池のキャラクターも相まって急速に政治問題化した。

予算委員会で国有財産を管理する財務省や、もともと売却された国有地を管理していた国土交通省大阪航空局が適正な売却だったことを繰り返し答弁したことも問題を拡大させた。何を聞かれても淀みなく答える財務省理財局長の佐川宣寿《のぶひさ》は一躍〝時の人〟になった。二月二四日の衆院予算委員会はさらに疑念が強まる舞台となった。質問者は前回と同じ民進党の福島伸享。

質問に答える形で安倍はまず四月に開校予定の小学校に関し、昭恵が名誉校長を辞任したことを明らかにした。昭恵の名誉校長就任の経緯についてこう説明した。

「当初断ったが講演の場で拍手をされ、その場で『お引き受けできない』と言うことができなかった」

また安倍は学園側が「安倍晋三記念小学校」名目での寄付金を集めていたことについて「学園に抗議し、謝罪があった」とも説明した。福島は続けて疑問点を安倍にぶつけ、畳みかけた。

「この案件についても一切政治家の口ききはなかったと断言できますか。どうですか」

安倍は一七日と同じ答えを発した。

「私と家内、あるいは安倍晋三事務所も一切かかわっていないというふうに申し上げました。それにもしかかわっているということであれば私は政治家として責任をとる、そう明言したわけでありますから、これはその通りでございます」

そして佐川は関係文書の存在について廃棄処分したことを明言したのだった。

「財務省の行政文書管理規則に基づき、（記録の）廃棄時期は事案の終了という取り扱いをしている。本件は売買契約締結をもって事案終了しているので記録は残っていない」

ところが三月一日になって事態は思わぬ方向に流れていく。自民党参議院議員の鴻池祥肇《よしただ》（二〇一八年没）が突然記者会見を行い籠池と面会していた事実を明らかにしたのだった。その際の模様について鴻池は「紙に入ったものを差し出された」と語っている。親分肌で伝法な物言いで知られた鴻池は身振り手振りを交えてこう付け加えた。

「一瞬でカネだと分かったので、無礼者。政治家をカネではたくのは教育者とは違う。帰れと言った」

その上で鴻池は安倍の立場を気遣ったのだろう。擁護の言葉を口にした。

「安倍さんも奥さん（昭恵）も気の毒や、乗せられてたんや」

三月二日付の産経新聞によると、籠池は持参したのはカネではなく商品券、また「小学校の話はしていない」と取材に答えている。真相はますます分からなくなってきた。テレビのワイドショーは連日にわたって森友問題を取り上げた。学園理事長の籠池泰典は三月一〇日、小学校の設置認可申請を取り下げ、退任を表明した。そして財務省が交渉や面会記録などの公文書を廃棄したことは民主主義の根幹にも触れる問題として徐々に安倍政権を追い込んでいくことになる。共同通信社が三月一一、一二の両日実施した全国電話世論調査によると、森友学園問題について、八六・五％が「適切だと思わない」と回答し、「適切だと思う」の六・六％を大きく上回った。

盤石だった「安倍一強」が軋み始めた。弱り目に祟り目。三月九日には内閣政務官の務台俊介が防災担当相松本純に辞表を提出、受理された。何とも情けない辞任劇だった。前年の九月に岩手県で起きた台風災害で、務台は被災地を視察した際、長靴を持参せず、政府職員に背負われ水たまりを渡り顰蹙を買っていた。ところが、三月八日に開いた自身のパーティーでとんでもない発言を行った。

「（自身の問題をきっかけに）政府が持つ長靴が、えらい整備されたと聞いている。長靴業界は、だいぶ、もうかったんじゃないか」

東日本大震災から六年目の三・一一が巡って来ることが更迭を急いだ要因でもあったが、政権の緩みとしか言いようがなかった。

総裁任期延長

厳しい政治状況の中で安倍は節目の日を迎えた。二〇一七年三月五日、自民党大会が開かれた。名実ともに「安倍一強時代」を確定する一大セレモニーと言ってよかった。これまでの「総裁任期は二期六年まで」が党則変更により「三期九年」に延長された。安倍にその意志があれば、二〇二一年九月まで総裁の座にとどまることが可能となった。もちろん九年を〝完投〟するには総裁再選を果たすことに加えて一八年一二月の任期満了までに必ず実施される衆院選挙で勝利するという条件をクリアしなければならなかった。

このうち総裁選に関して言えば安倍に対抗できる総裁候補は見当たらず。むしろ安倍を支える副総理兼財務相の麻生太郎や「ポスト安倍は安倍」と公言してはばからない自民党幹事長二階俊博が派閥膨張作戦を推進しており、〝安倍応援団〟の方が増強されていたのが現実だった。

一二年の総裁選で党員投票では安倍を凌駕しながら国会議員だけの決選投票で敗れた石破茂。その石破は捲土重来を期してはいたが、思うように突破口を見つけられずにいた。第二次安倍政権の発足以来、外相という重職を担う岸田派(宏池会)会長でもある岸田文雄も微妙なスタンスを取った。

「安倍さんが出ない総裁選に立候補したい」

つまり安倍との激突を回避し、いわゆる「禅譲狙い」に主眼を置いた。しかし、自民党総裁選の歴史を紐解くと、「総理総裁の座は戦って勝ち取るもの」というのが常道だ。安倍自身も再起をかけた二〇一二年の総裁選では確証がないまま立候補に踏み切った。ただし安倍には菅義偉がいた。菅は立候補を躊躇する安倍を押したというより、崖から突き落とすように決断を迫った。

「総裁選で敗れても一年以内にある衆院選挙で安倍さんに応援に来て欲しいという声はどんどん広

がるじゃないですか。今やらないとだめです。とにかく自分を信じなさい」

自民党内には菅のような参謀役の存在と言えば二階しかいなかった。この二人ががっちりと手を組んでいる限り、党内で安倍の足元を揺るがす候補が出てくる隙がなかった。

二〇一七年三月は総裁任期の延長を手にしたのと同時に安倍長期政権の価値に拭い難い大きな傷をつけた森友学園問題の発覚、拡大が交差した時期だった。

その後、大阪地検特捜部は、籠池への補助金適正化法違反容疑と、財務省近畿財務局の担当者に対する背任容疑の告発状を受理、捜査に着手した。国会でも野党側の厳しい追及が行われ、財務省は理財局長だった佐川宣寿の国会答弁に合わせるため、理財局の指示で近畿財務局に決裁文書を書き換えさせた事実が発覚、近畿財務局の職員赤木俊夫が上からの指示で「書き換えをさせられた」とのメモを残し自殺する痛ましい事態にまで突き進んだ。

決裁文書の改竄をめぐっては昭恵の名前や「特例的な内容」といった表現を削除するなど一四件の文書で判明した。また森友との交渉記録も廃棄されるなど前代未聞の不祥事となって安倍を追い詰めて行く。

ただし、安倍は『回顧録』の中で驚くようなコメントを残している。

「私は密かに疑っているのですが、森友学園の国有地売却問題は、私の足を掬うための財務省の策略の可能性がゼロではない」

既に安倍はこの世になく真意を確認することはできないが、元大蔵事務次官の斎藤次郎が雑誌『文藝春秋』二〇二三年五月号で強く反論するなど、今なお疑問を残したままだ。自殺した赤木俊夫の妻は国に損害賠償を求める訴訟を提起した。国側は請求の棄却を求めていたが二〇二一年一二月、いきなり請求を受け入れ、賠償責任を認めた。「認諾」と呼ばれ、確定判決と同じ効果を生じるが、それは国が一方的に真相解明の道を閉ざすことを意味した。問題発覚以降の国側の不誠実な対応を象徴した。

2　近づく衆院解散の足音

森友問題が急転

まさしく「本丸から火を出す」との喩え通り、政権の中枢中の中枢である「安倍家」が火元という森友学園問題が拡大を続けた。テレビを通じて流れた映像ですっかり有名になった森友学園が運営する塚本幼稚園。運動会の選手宣誓では園児たちが「安倍首相がんばれ」を連呼した。戦前回帰の特異な教育で知られていた森友学園の理事長籠池泰典と安倍夫妻がある面で価値観を共有していたことを窺わせた。ところが問題が表面化すると安倍は突如として籠池を「しつこい人」とこき下ろした。この国有地払い下げ問題は籠池が幼稚園や保育園では飽き足らず、小学校開設に向かったことが発端と見ていい。籠池には小学校開設認可と用地取得の両面で「安倍ブランド」が必要だったのではないか。そこに「他人を疑うことを知らない」(政府高官)昭恵が取り込まれてしまったというのが問題の大まかな構図だろう。結果として籠池は思惑通り大阪・豊中の国有地を格安の価格で手に入れることに〝成功〟する。

さらに籠池の不可解な土地取得の背景として、「安倍一強」という政治状況があった可能性は否定できない。与党内も、霞が関も安倍の気持ちを先回りする、いわゆる「忖度政治」が蔓延していたからだ。安倍にも一強故の慢心があったのではないか。それが安倍の取り返しのつかない発言に繋がったのではないか。

「(土地取引に)私や妻、事務所が関わっていれば、首相も国会議員も辞める」

ここから森友問題と「首相の進退」というとんでもない事柄との絡み合いが始まった。しかも安倍は自身だけでなく「妻、事務所」と対象範囲を広げたことで問題への対処の難易度は格段に上がった。昭恵をめぐる「首相夫人は公人か私人か」の議論も事態をより複雑にした。ついには政府の答弁書を閣議決定する事態にまでに及ぶ。答弁書で首相夫人は公務員としての発令を必要としない点を根拠に「私人」と認定した。これも森友スキャンダルと昭恵の切り離しを狙ったものとみられるが、昭恵には外務、経済産業の両省から夫人付きの政府職員が五人もいることが明らかになり、逆に昭恵の「公人性」が浮かび上がった。「私人」ならば五人は何のために付いていたのか。政府の説明は「夫人による首相の公務を補助する活動の連絡調整のため」というものだ。しかし、首相夫人の役割の大きさはそれをはるかに超える。後に首相となった岸田文雄の夫人裕子は米大統領バイデンの夫人ジルの招待でホワイトハウスを訪ねている。立派な「日米外交」の一翼を担う役割を果たしている。

森友学園が運営する塚本幼稚園に昭恵が講演に出向いた際に昭恵付の公務員が同行したことも、安倍の「公務の補助」と解される余地を生んだ。この公務員こそが土地売買をめぐり籠池と土地を売却した財務省との連絡役として登場した無名のノンキャリの女性公務員だった。

事態が大きく変わったのは三月一六日。参院予算委員会のメンバーが問題の土地を視察に訪れ、籠池が対応した。ここで籠池は「安倍首相からの寄付金」に言及した。この後、籠池は豊中市の自宅で民進、共産両党など野党四党の代表者と会い、一連の問題について国会で説明したいとの意向を示した。これに強く反応したのが自民党国対委員長の竹下亘だった。

「総理に対する侮辱だ。しっかりと受け止めなければならない」

籠池の証人喚問が実現に向かった。証人喚問となれば証言次第で偽証罪に問われることになる。籠池を国会の場に引っ張り出すことで籠池発言の修正を迫る狙いが潜んでいた。あるいは偽証による刑事訴追も視野に入れた相当荒っぽい選択だった。自民党は一気に籠池を証人喚問することを決定した。

三月二三日に籠池に対する証人喚問が行われた。そこで籠池は昭恵付の女性公務員が籠池に送ったファクス文書の存在を明らかにした。文書は「内閣総理大臣夫人付」の肩書で作成されていた。文書には「財務省本省に問い合わせ、国有財産審理室長から回答を得ました」「なお、本件は昭恵夫人にもすでに報告させていただいております」などと記されていた。

財務省は問題の土地に関する交渉経過について一貫して「文書」の存在を否定してきただけにファクス文書の発覚の意味は極めて重かった。籠池と財務省を結ぶ初めての〝物証〟と言ってよかった。ファクス文書が官邸にいかに大きな衝撃を与えたのか。いつもは冷静沈着で知られた官房長官菅義偉が喚問終了後にいきなりファクス文書を記者会見で配布した。ところが女性公務員の氏名はもとより携帯電話番号など個人情報もそのまま公表してしまい、その後慌ててその部分については黒塗りにするほどの狼狽ぶりだった。

証人喚問での籠池証言はこれだけにとどまらなかった。籠池は安倍や昭恵の名前を連発。安倍との近さを繰り返した。

「小学校の建設については安倍晋三首相、昭恵夫人、大阪府議会など多くの方々の理解をいただき、感謝している」

「平成二七(二〇一五)年九月五日、来園された昭恵夫人は人払いをされて二人きりの状態で寄付として封筒に入った一〇〇万円をいただきました」

二三日の夜になって昭恵は反論コメントをフェイスブックで公表した。しかし、官僚らの衆知を集めても否定できなかったのが、昭恵付の女性公務員の存在だった。自民党内にも懸念が広がった。

「首相夫人は守られて、ノンキャリの公務員にすべてを押し付ける。政治家や高級官僚が責任逃れをしている印象を与えたら政権の土台はボロボロになる」(非主流派幹部)

国民の森友問題への関心の高さを示したのがテレビの視聴率だった。三月二三日に行われた参院予算委員会の証人喚問中継は平日の午前中にもかかわらずＮＨＫだけで視聴率一六・一%、他の民放を合わせると二〇%を超えた。普段の予算委員会中継は一〜二%台とされるだけに、いかに「お化け番組」だったかということが分かる。

この視聴率がメディアと安倍政権との関係にも影響を与え始めた。民放のワイドショーが連日のように大きく取り上げた。必然的に話題は昭恵に集中した。喚問翌日の在京の全紙の一面に「昭恵」の活字が躍った。安倍は翌日の参院予算委員会で「籠池の嘘」を繰り返し強調したが、偽証罪のリスクを背負って証言した籠池発言を否定するだけの説得力は乏しかった。

喚問直後に日本経済新聞と共同通信が実施した世論調査で、「政府の説明に納得できない」との答えが日経で七四%、共同は六三%。国民のほとんどが安倍に批判的だった。

激動の国際情勢

通常国会は予期せぬ森友問題の浮上で一気に視界不良となった。それに呼応するように首相官邸からしきりに流れてきたのが「四月解散説」だった。森友問題の拡大という流れを転換させる狙いがあったとみてよかった。ただ森友問題はあったとはいえ、安倍の内閣支持率は依然として高く、籠池の証人喚問直後でも内閣支持率は五二・四％（共同通信）だった。これに対して野党第一党民進党の支持率は低迷していた。さらに七月二日に予定された東京都議選をめぐっては東京都知事小池百合子が主導権を握りつつあったことも解散論を後押しした。しかし、それだけの理由で首相の大権を行使するには根拠が薄かったのも事実だった。それ以上に連立を組む公明党への配慮からも、四月解散は考えにくかった。

「都議選は公明党にとって衆院選以上に重要な意味を持つ」（公明党幹部）からだ。さらに四月解散説が説得力を欠いた背景に極めて流動的な国際情勢があった。北朝鮮が金正男殺害事件、ミサイル発射など常軌を逸した動きを見せる一方で、隣国の韓国は大統領不在が招いた政治の空洞化が続いた。韓国大統領の朴槿恵は親友の崔順実《チェスンシル》と共謀しサムスングループから多額の賄賂を受け取ったとして「収賄容疑者」と認定されていた。ソウル中心部の光化門広場には朴の罷免を求める市民たちが手にろうそくを持って大規模な抗議集会を続けた。筆者も週末を利用してソウルに足を運んだ。そのソウルの空気からも行き着く先が見えたように思えた。韓国憲法裁判所は三月一〇日、国会で弾劾訴追された朴槿恵大統領を罷免する決定を裁判官八人全員一致で言い渡した。その後、朴は逮捕、起訴された。韓国は激動の政治の季節を迎えていた。

この韓国の政治的混乱を受けて外相岸田文雄は四月三日、韓国の釜山の慰安婦少女像設置への対抗措置として一時帰国させた駐韓大使長嶺安政と釜山総領事の森本康敬を帰任させると発表した。韓国大統領選が行われることになり、新政権発足を睨んでの判断だった。

欧州に目を転じても政治の季節を迎えていた。フランスの大統領選(四月〜五月)が始まった。さらに日本にとって大きな意味を持ったのは英国の欧州連合(EU)からの離脱だった。前年の六月、英国は国民投票の結果、僅差でEUからの離脱を決めていたが、その離脱の方法が問題となっていた。これに関連して英首相テリーザ・メイは明快に言い切った。

「部分的にEUのメンバーになるような中途半端なことはしない」

英国の Britain と離脱の Exit を組み合わせた「Brexit」(ブレグジット)の言葉が生まれ、一般用語として定着していた。そのやり方については「ソフトブレグジット」と「ハードブレグジット」があったが、メイの発言はハードブレグジットを意味した。日本は外交戦略を根本から練り直さなければならなくなった。

英国は日本企業にとって「欧州へのゲートウェイ」とされた。英国に企業展開すれば「シングルパスポートルール(単一免許制度)」によって欧州全体の市場を手に入れることができたからだ。英国はまさしく英語が母国語。フランス語、ドイツ語、イタリア語など日本人には難しい言葉を使わずにビジネスができ、気候が似通っていることも日本企業にとって大きな魅力だった。

メイは三月二九日、EU大統領トゥスク宛に離脱を文書で通告した。

英国駐在の日本企業各社はEUでの生き残りの道を模索することになる。そこに新たな重荷が加わった。米国の新大統領ドナルド・トランプの乱入だった。トランプはメイにエールを送った。

「ドイツが多数の難民を受け入れたことは破滅的な過ち。メイの決断は称賛に価する」

安定的な国内の政治基盤が国際的な発言力に繋がる——。これが政治の鉄則だ。解散総選挙によって自民党が議席を減らせば、国内政治の流動化を招きかねない。衆院解散は安倍の選択肢から消えていった。ちなみにEUを離脱した英国は巡り巡って二〇二三年七月、環太平洋連携協定(TPP)に加盟した。

手続き進む天皇陛下の退位

衆院解散に関してはさらに大きな制約要因があった。一六年八月の天皇陛下のビデオメッセージに端を発した退位問題が横たわっていた。これを受けた政府・自民党内の共通認識があった。

「この先、一年は静かな環境で次の時代への手はず、段取りを整えなければならない」(自民党幹事長二階俊博)

こうした考えに沿って天皇陛下の退位をめぐって政府は有識者会議を設置し、法整備をはじめ具体的な方途の検討を開始した。一〇月の初会合以来、九回の会合を重ね、この間に計一六人の専門家から意見聴取していた。その結果、一七年一月二三日、有識者会議の論点整理を公表した。

それによると、退位を容認する積極的意見を明記した上で「陛下一代限り」が有力とする内容。将来にわたって全ての天皇を対象とする退位の恒久制度化には異論を列挙することによって、困難視する立場を示した。公表された論点整理は全体として退位を容認し、特別法制定を目指す政府方針を実質的に後押しした内容となった。

この論点整理の公表に先立って一月一九日、衆参両院の正副議長と八党、二会派の幹事長らによる合同会合が国会内で開催された。衆院議長は大島理森、参院議長は伊達忠一。副議長はそれぞれ川端達夫と郡司彰。このうち天皇陛下の退位問題で中心的な役割を果たしたのが大島だった。大島は二〇一七年一〇月の衆院選挙後も議長に留まり法整備を完遂させた。大島が議員定数是正で実績を残し、国会運営でも安倍の〝暴走〟をたしなめるなど野党側の信頼を得ていたことも「大島采配」に説得力を与えていた。

議長側は第一回目の会合で各党派から個別に意見聴取の上、三月上中旬をめどに国会としての見解をまとめる方針を示し、大筋で了承された。

そして三月一七日、各党派の全体会議を参院議長公邸で開き、天皇陛下一代限りの特例法制定を柱とする国会見解を正式決定した。ポイントは、皇室典範付則に特例法と典範の関係を示す規定を明示して、双方は「一体」と位置付け、将来の天皇が退位する際の先例とするところにあった。その上で政府に対して直ちに法案の立案に着手し、事前に各党派に説明しつつ、速やかな国会提出を強く求めるとした。

衆参両院議長から見解を受け取った安倍は「総意を厳粛に受け止め、直ちに法案の立案に取り掛かる」と述べ、特例法案を五月上旬にも国会提出する方向となった。また国会見解の決定を受けて政府の有識者会議は三月二二日に再開する運びになった。天皇陛下の退位に向けての法整備は急ピッチで動き出した。法整備が整えば退位に向けての具体的な様々な準備が始まる。

一方で法整備ができるまでは解散権は事実上封印されることを意味した。さらに衆院小選挙区定数「〇増六減」に伴う、新たな区割り改定案を盛り込んだ公職選挙法改正案も提出、成立させなければならなかった。改定案で影響を受ける選挙区は全国一〇〇以上に及ぶ。直ちに選挙と言われても準備が間に合わなかった。

「逆風三点セット」

天皇陛下の退位問題をめぐる課題への取り組みが着実に進む中で政府・自民党は森友問題に加えて二つの問題に直面していた。この国会で最大の与野党激突法案になりつつあったテロ等準備罪の創設を柱とする国際組織犯罪防止法案。この法案は通常国会の提出は予定されておらず、国会召集後に「国会審議と並行して走りながら法制化が進められた」(法務省幹部)曰くつきの法案。さらに法相金田勝年の迷走答弁が法案の信頼感を削ぐ大きな要因になった。政府は「テロ対策強化」と説明していたが、与党に示した条文案に「テロ」の表記はなかったからだ。

そして南スーダンで国連平和維持活動(ＰＫＯ)を展開中だった陸上自衛隊の現地部隊の日報問題がくすぶり続け、それを担当する防衛相稲田朋美が安倍にとって頭の痛い存在として浮上した。稲田は二〇〇五年の郵政解散の際、自民党幹事長代理だった安倍が直々にスカウトした「秘蔵っ子」と言っていい存在。二〇一七年時点では衆院当選四回にすぎなかったが、二度入閣し、自民党政調会長も経験していた。安倍から異例の厚遇を受けた稲田も森友問題で登場した。一時期、学園顧問弁護士を務め、籠池の原告代理人として法廷に立ったこともあったが、国会で追及された稲田は全面否定した。

「籠池氏の事件を受任し顧問弁護士だったということはない。裁判を行ったこともない」

ところが翌日になって裁判所が作成した記録が残っていたことが報道され、訂正、謝罪に追い込まれた。加えて稲田には南スーダンのＰＫＯ部隊が作成した日報問題が重くのしかかった。この日報問題の流れは極めて単純だった。

スーダンの内戦後、二〇一一年に分離独立した南スーダンの支援が目的で、一二年一月からインフラ整備を任務とする陸上自衛隊が派遣された。日本が参加する唯一の国連平和維持活動(ＰＫＯ)部隊だった。一六年七月、政府軍と反政府勢力がぶつかり、治安情勢の悪化が懸念される中、同年一二月には新たに制定された安全保障関連法に基づく「駆け付け警護」などの新任務の運用が始まっていた。

　こうした中で一六年七月の治安悪化時に現地部隊が作成した日報についてフリージャーナリストから防衛省に情報公開請求が出された。防衛省は同年一〇月にこれを受理したが、同一二月二日になって「日報は廃棄済み」を理由に不開示を決定、通知した。ところが、同一二月二六日になって同省統合幕僚監部に電子データが保管されていることが判明したとのことだった。しかも二〇一七年二月になるまでその事実を隠していた。さらに稲田への報告も一カ月近く遅れた。

　政府は一貫して南スーダンの首都ジュバでの情勢に関して政府軍と反政府勢力の争いを「武力衝突」と説明していたが、日報では「戦闘」と表現されており、その整合性が問題となった。ＰＫＯに関しては厳格な「派遣五原則」がある。その第一項目は「紛争当事者間で停戦合意が成立していること」。日報が、大規模な武力紛争を「戦闘」と表記していた問題は、現地情報に基づくＰＫＯ派遣の延長の判断に重大な疑義を生じさせた。「戦闘」を意図的に「武力衝突」だと解釈してＰＫＯ派遣五原則にも抵触しないと認定したのではないか。そんな疑念が浮上した。

　派遣決定の前に日報の内容が明らかになっていれば、国会での議論も異なったものになっていたに違いなかった。

　政府は三月一〇日、当初の方針を切り上げて五月末を目途に部隊を撤収させる方針を表明した。防衛省内には大臣就任当初から稲田に対する冷ややかな空気が流れていたが、一連の問題での稲田の国会答弁がさらに不信感を増幅させた。政権中枢の実力者も稲田の対応に批判的だった。

「弁護士出身だからなのか。質問をいったん腹の中に収めて答えればいいものをすぐ反応するから大怪我につながる」

しかも稲田に対しては自民党内から〝援軍〟が来ない。自民党幹事長の二階俊博は「永田町は嫉妬の海だから」と稲田に理解を示す数少ない実力者だったが、稲田の言動が政権にとって〝お荷物〟になりつつあったのは間違いなかった。「森友、ＰＫＯ日報、テロ等準備罪」はいつしか「逆風三点セット」と呼ばれるようになった。

復興相辞任

しかし、政権の綻びは「三点」では収まりきらなくなっていた。政権発足から四年余。家屋にたとえるなら老朽化に伴い雨漏りが次々に始まり、漏れた水滴を受ける洗面器やバケツが足らなくなったのと同じと言ってよかった。それほどの頻度で閣僚らの失言、不祥事が続発した。

まず閣僚辞任にまで追い込まれたのが復興相の今村雅弘。最初は四月四日の記者会見。東京電力福島第一原発事故に伴う自主避難者への国の責任を質問した記者への暴言だった。自主避難者はこの年の三月末で住宅支援を打ち切られており、記者は重ねて国の対応について質問を重ねた。これに今村が強く反発した。

「なんて君は無礼なことを言うんだ。（発言を）撤回しなさい。出ていきなさい」

今村はその後、記者団に謝罪した。

「感情的になった。今後こうしたことがないよう対応したい」

官房長官菅義偉は同日の記者会見で、今村から電話で釈明があったことを明らかにした。

「『感情的になってしまった。一部冷静なやりとりができなかった』との報告があった。（今後のことは）今村氏が適切に対応する」

ところが、東日本大震災の被災地から厳しい声が上がる中で今村は再び取り返しのつかない暴言を吐いてしまう。四月二五日、ホテルニューオータニで開かれた今村が所属する自民党二階派パーティーでのことだった。

「これがまだ東北で、あっちの方だったから良かったけど、これがもっと首都圏に近かったりすると莫大《ばくだい》な、甚大な被害があったと思っている」

もはやこの時点で今村の進退は窮まっていたはずだった。ところが今村にはその自覚はなかったようだ。記者団から辞任について聞かれても「そこまではまだ及んでいない」と答えていた。むしろ慌てたのは二階派の幹部たちだった。来賓としてパーティーに出席した首相安倍晋三が挨拶の冒頭で出席者に陳謝したからだ。

「東北の方々を傷つける極めて不適切な発言があった。首相としてまずもってお詫びさせていただきたい」

安倍はいきなり壇上から異例の〝更迭勧告〟をしたのだった。パーティーの中締めと同時に会場に隣接する小部屋が用意され二階派幹部が顔を揃えた。会長の二階を始め会長代行の河村建夫、中曽根弘文、副会長林幹雄ら。

「総理があそこまで言った以上、職に止まるのは無理だろう。今村大臣も皆さんにお任せすると言っている」

出席者の発言を受けて二階が命じた。

「総理を探せ」

安倍と連絡が取れると、二階は電話で告げた。

「今村大臣を辞任させます」

この後、二階は官房長官の菅とも連絡を取った。安倍が〝強権発動〟に踏み切った背景に過去の苦い経験があった。安倍が初めて五二歳で首相に就任したのは二〇〇六年九月。だが、政権担当はわずか一年で終わった。短命の背景には相次ぐ閣僚のスキャンダル、問題発言があった。しかし、安倍は閣僚更迭に逡巡する。これがあだとなって政権が体力を消耗し、参院選の敗退に直結。結局は自らも体調を崩して退陣に追い込まれたのが第一次政権だった。この今村辞任の直前にも政権内の弛緩し切った空気を反映する事態が続いていた。四月一八日には経済産業政務官の中川俊直が辞任した。理由は週刊誌に報じられた女性問題。中川は安倍が復活を果たした二〇一二年の衆院選挙で初当選したいわゆる「安倍チルドレン」の一人。既に「長靴業界は、だいぶもうかったんじゃないか」との失言で辞任した復興政務官務台俊介も当選同期で「魔の二回生」という言葉が生まれた。

さらに四月二三日投開票の沖縄県うるま市長選をめぐって自民党選対委員長の古屋圭司がフェイスブックに書き込んだ野党系候補の学校給食費無料化をめぐる公約に関するコメントが物議を呼んだ。

「何でも反対、全く財源の裏付けのない無責任な公約や、空虚なキャッチで市民への詐欺行為にも等しい沖縄特有のいつもの戦術」

野党側は強く反発した。自由党幹事長の玉城デニー（現沖縄県知事）が怒りをあらわにした。

「沖縄県民を愚弄した」

市長選そのものは自民、公明の与党が推薦した現職が三選を果たしたが、後味の悪い選挙になった。東日本大震災の被災地や広大な在日米軍基地を抱える沖縄県について「寄り添う」という言葉を連発する一方で、安倍政権内に広がる奢りが浮かび上がった。

公明党代表の山口那津男は四月一九日の党の会合で政府・自民党を厳しく批判した。

「閣僚や政務官の言動が国民に不信を与えている。緊張感がないと受け取られるようでは、政権の安定はかなわない。著しく緊張感を欠いている」

時を同じくして四月一九日、外相の岸田文雄が会長を務める党内第三派閥の岸田派（宏池会）が「宏池会六〇周年」のパーティーを盛大に開催した。このパーティーで、岸田文雄が前提付きながら初めて総裁選出馬の意欲を明確にした。

「安倍時代の後はいつか来る。宏池会として今から考えなければならない」

またポスト安倍に向けて準備を続ける元幹事長の石破茂は四月一七日、『日本列島創生論』（新潮新書）を出版した。政治の師と仰いだ元首相田中角栄が「天下取り」を目指した際に世に問うた「日本列島改造論」と重ね合わせていたことは明白だった。

一八年九月の総裁選を視野に入れた蠢きが表面化しつつあった。

四月一九日には衆院選挙区画定審議会は小選挙区定数を「〇増六減」し「一票の格差」を是正する区割り改定案を安倍に勧告した。これによりまた一つ衆院解散に向けた制約が除去された。

また九三年の自民党の野党転落以来の離合集散の歴史にピリオドを打つ決定がなされた。「政界随一の政策通」と言われた与謝野馨が四月三〇日、自民党に復党した。与謝野は自民党政権で蔵相、官房長官など数々の要職をこなしたが、二〇一〇年、「たちあがれ日本」の設立に参加して除名されていた。しかも民主党政権でも経済財政担当相を務め、社会保障と税の一体改革法の成立では先頭に立った。自民党の内規で復党基準は「除名から原則十年」としていたが、復党を決めた党紀委員長の山東昭子は「政治家としての功績や本人の希望、党都連の要望も加味した判断だ」と説明した。与謝野は復党の直後、五月二一日に死去した。

自民党の離党者では衆議院議長経験者の綿貫民輔、元幹事長の野中広務の復党を一六年に決定しており、与謝野が最後の大物だった。一連の復党の流れをつくったのが自身も自民党を離党した経験がある二階だった。二階の発想には驚くものがあった。綿貫の復党に際して自民党議員全員から同意の署名を取ったのである。「前例がなければ作ればいい」。これが二階の動機だった。ちなみに与謝野の八回にわたる閣僚時代のうち、七回も政務秘書官を務めたのが経済産業省出身の嶋田隆。後に嶋田は経済産業事務次官となり、二〇二一年一〇月の岸田内閣発足と同時に首席秘書官に就任している。

3　憲法改正への〝奇手〟

「読売新聞を熟読してほしい」

二〇一七年五月三日の憲法記念日は読売新聞の朝刊に驚かされた。一面のトップ記事は首相安倍晋三の単独インタビュー。ぶち抜きの大見出しが躍った。

「憲法改正　二〇年施行目標」

脇見出しは「九条に自衛隊明記」と「教育無償化前向き」の二本。さらに安倍はこの日開催された民間の憲法改正を訴える「第一九回公開憲法フォーラム」にビデオメッセージを寄せた。当の安倍自身は午前中、東京・富ケ谷の私邸で過ごした後、山梨県鳴沢村の別荘に向かい宿泊した。姿を見せない安倍が憲法改正論議を仕掛けるという異例の憲法記念日になった。

「二〇二〇年を新しい憲法が施行される年にしたい」

「憲法九条一項、二項を残しつつ自衛隊を明文で書き込む考え方は国民的議論に値する」

五月八日の衆院予算委員会で民進党の長妻昭が安倍の真意を質した。安倍は首相ではなく自民党総裁として議論を活性化するためにインタビューに応じたことを繰り返して、こう言い放った。

「読売新聞を熟読してほしい」

委員会室はヤジと怒号に包まれた。国会軽視とも受け取られかねない発言に委員長の浜田靖一（自民党）も「不適切なので気を付けていただきたい」と安倍をたしなめた。衆院の議事録にもヤジを思わせる「発言する者あり」との記述が残る。長妻は最後に匙を投げたように安倍を咎める言葉を浴びせた。

「私も長年国会で質問をしたけれども、自分の発言は読売新聞を読めというような答弁というのは初めてだ。ちょっとどうなのかなというふうに思う」

安倍の一連の発言は荒っぽいように見えながら実は綿密、周到に計算した跡が窺えた。新聞各紙が伝えた「首相動静」によると、読売新聞のインタビューが行われたのは四月二六日午後三時過ぎ。この二日前の二四日の夜には憲法改正が持論の読売新聞グループ本社主筆の渡辺恒雄と会食している。どちらが持ち掛けたのかは判然としないが、突然の改憲シナリオの表明の背景には安倍と渡辺との連携があったことを推察させた。

周到な段取りは国会の審議日程づくりからも浮かび上がった。安倍の改憲論を補強するように仕組まれていたからだ。自民党があっさりと連休明けの八、九の二日間を使って衆参の予算委員会を受け入れたのもその一環と見られた。森友問題で安倍が矢面に立っており、あえて野党側を予算委員会に誘い込んで改憲論議に火を点ける高等戦術と解釈することも可能だった。現に流れは安倍の思惑通りの展開を見せた。九日の参院予算委員会では憲法九条への自衛隊の根拠規定の追加を最優先にする考えを示し、一気に改憲の焦点を九条問題に当てることに成功した。それではなぜ安倍はこのタイミングで改憲を持ち出したのか。政権幹部の解説は明快だった。

「今のままでは何も動かない。一六年の参院選で勝ったことで衆参ともに憲法改正に必要な三分の二以上の議席を改憲勢力で持っている。自民党総裁としてのある意味で挑戦の気持ちの表れだ」

確かに「憲法改正原案、改正の発議」を審議するために設置された衆参両院の憲法審査会の審議は遅々として進んでいなかった。一七年になって衆院側で開会されたのは四回だけ。参院側は一度もなかった。

安倍自身も一〇日の政府与党連絡会議で自らの思いを吐露した。

「国会における議論の活性化や国民的議論の深まりを期待したものだ。憲法審査会において政党間の議論を深めてまいりたい」

この発言から見えてくるのは審査会への強い不満だ。審査会はその前身とも言える憲法調査会以来から引き継がれる「中山学校」の精神がある。会長だった元外相の中山太郎は徹底した機会均等主義を貫いた。党の大小にかかわらず発言時間、回数に制限を加えない。「議論を重ねる中で落としどころが見えてくる」(元法相の保岡興治)という「与野党協調主義」が徹底された。つまり安倍発言の先には「熟議の上にも熟議を重ねる」(自民党幹部)という現審査会の〝解体〟があるとみてよかった。具体的には通常国会閉幕後に想定される内閣改造・党役員人事の中での審査会メンバーの大幅な刷新だった。これを契機に審査会を安倍の影響下に置くという狙いがあったとしてもおかしくはなかった。

加えて安倍の狙いは自民党の憲法改正草案を事実上なきものにすることにあった。草案は二〇一二年に野党時代の総裁谷垣禎一の下でまとめられ、安倍は終始距離を置いてきた。平たく言えば、安倍にとって愛着の薄い草案と言ってもよかった。その草案の核心は「憲法九条」の改正にある。とりわけ「戦力不保持」や「交戦権の否定」を謳う第二項については換骨奪胎した上で、「九条の二」を設け、「国防軍」の創設を盛り込んでいる。この時の安倍提案は第二項に手を付けず、新たに第三項を付け加えて、自衛隊の憲法上の位置付けを明確にするとしていた。これは事実上の憲法改正草案の廃棄と同義と言ってよかった。

このため安倍は国会の憲法審査会と一体となっている自民党の憲法改正推進本部(本部長・保岡興治)とは別の新たな「特命委員会」を党内に設置することを目指していた。改憲の中身も改憲を達成するための仕組みも陣容も、すべて「安倍カラー」に一新することを狙う大胆な戦略が浮かび上がった。

やや遅れてだが憲法改正推進本部は二〇二一年の岸田政権発足と同時に「憲法改正実現本部」に改組され、本部長に安倍側近で推進本部の本部長代行だった古屋圭司が就任している。その出発点がこの安倍のメッセージと言ってよかった。

ところが、これだけの大方針転換にもかかわらず党内は沈黙した。否定的な声を挙げたのはたった二人だけ。元幹事長の石破茂と憲法審査会の前会長船田元だ。このうち石破は「党内でこういう議論は一回もしていない。長い議論の積み重ねを全く無視していいとはならない」と述べた。石破は谷垣の憲法草案に政調会長として深くかかわっており、一歩も譲る訳にはいかなかった。官房副長官の萩生田光一は一一日の衆院議院運営委員会理事会で釈明した。

「総理は国会を軽視するつもりはなかった。今後も言葉を尽くし、国会への説明責任を十分に果たしたい」

衆院議院運営委員長の佐藤勉(自民党)は、精査した過去の政府答弁に類似例はなかったと指摘。萩生田に対し「丁寧な答弁を心掛けてもらいたいとの思いは与野党で一致している」と苦言を呈した。

一方、メディア側からは安倍と読売新聞との〝連携プレー〟と言われても仕方がない事態にもかかわらず強い異論が出ることはなかった。ただ、当事者とも言える読売新聞は五月一三日付朝刊に「憲法改正報道は重要な使命」と題した溝口烈・東京本社編集局長名の見解を掲載した。

「(首相の考えを)取材し、広く伝えることは、国民の関心に応えることであり、本紙の大きな使命であると考えた」とした上で、「数か月前から申し込み、粘り強く交渉した結果、実現した」と説明した。安倍との〝連携プレー〟ではなくあくまでも安倍への取材を要請して実現したことを強調した。また一面トップの大きな扱いをしたことに関しては、「憲法九条の一項、二項を維持した上で自衛隊を合憲の存在として明文化したい」との安倍の発言が、「極めてニュース価値の高いことは誰の目にも明らかであり、憲法記念日に合わせて詳細に報道することを決定した」とした。

この読売新聞の見解表明から二日後の五月一五日、戦後の改憲論を牽引してきた元首相中曽根康弘の白寿(九九歳)を祝う会が東京・永田町のザ・キャピトルホテル東急で開かれた。安倍は、挨拶の中で中曽根が所長を務めるシンクタンクが改憲を訴える本を出版することに触れた。「私は『読売新聞を熟読せよ』と言って怒られたが、この本は熟読したい」と述べ、改めて憲法改正への意欲を表明した。

この祝賀会では読売新聞グループ本社主筆の渡辺恒雄も出席して、挨拶した。

「中曽根氏の夢が、安倍首相の下でいよいよ実現しようとしている」

安倍と渡辺が率いる読売新聞との近さは否定しようがなかった。

安倍の発想、行動様式は往々にして地道な説得と議論を経て結果を導き出すのではなく、数の力を背景に一足飛びに結論に辿り着こうとする姿勢がにじみ出た。「読売新聞を熟読して欲しい」も二〇一三年に憲法九六条改正を目論んで長嶋茂雄、松井秀喜に国民栄誉賞を授与したことと通ずるところがあった。

揺れる安倍一強

中曽根の白寿を祝う会があった同じ五月一五日、副総理兼財務相の麻生太郎が自ら率いる麻生派を拡大する新派閥を結成した。翌年に予定される自民党総裁選を睨んで影響力を強化させる狙いだった。夕方になって麻生は東京・港区虎ノ門のホテルオークラに現れた。麻生派(為公会)の〝膨張作戦〟の総仕上げだった。それまでの麻生派は四四人。そこに元参院副議長の山東昭子(後に参院議長)が率いる山東派「番町政策研究所」(一一人)と衆院議院運営委員長の佐藤勉が率いるグループ「天元会」(六人)が合流して「拡大麻生派」の結成について三人が最終合意し、その署名式が行われた。勢力は約六〇人。麻生派は自民党第二派閥の額賀派(平成研究会、五五人)を抜いて党内第二派閥に躍り出ることになった。

山東派の源流は元首相三木武夫が結成した三木派。党内リベラル派の筆頭格で安倍とは対極に位置する流れにあったが、河本派を引き継いだ大島理森(後の衆院議長)の会長当時に実施された二〇一二年の総裁選を機に立ち位置が大きく変わった。劣勢が伝えられた安倍を大島が麻生とともに支援したからだった。大島を引き継いだ高村正彦を安倍が副総裁として重用したことで「三木派離れ」は一層鮮明になった。

天元会は、元総裁の谷垣禎一を中心にした「谷垣グループ」から離脱した佐藤や元科学技術担当相棚橋泰文らがメンバーだった。この佐藤の合流によってかつて麻生、谷垣が属した宏池会(岸田派)との再結集が取り沙汰されることになる。これがいわゆる今に続く「大宏池会構想」だった。もっともこの時点で宏池会の本家である岸田派は大宏池会構想に関しては極めて冷ややかで「麻生派には総裁候補がいない」(岸田派幹部)として距離を置いていた。合流が決まった後の記者会見で麻生は新派閥の意義を強調した。

「きちんとした政策を立案しうる政策集団として研鑽していく。国益に資するために一緒になる。数合わせではない」

しかし、それはあくまでも建前に過ぎなかった。迫りつつあった衆院解散と翌年の総裁選での影響力の発揮を視野に入れた麻生の「数の論理」の追求としか考えられなかった。

書き換えられた安倍の親書

二〇一七年の大型連休明けには外交でも、静かだが大きな動きがあった。五月一六日からの幹事長二階俊博の訪中だ。二階は北京の釣魚台迎賓館で中国国家主席の習近平と会談した。その際、習は日中の関係改善に前向きな姿勢を示したのだった。この年は日中の国交正常化から満四五年という節目に当たり、双方の対話が重ねられていた。三月一八日には安倍側近の官房副長官萩生田光一と中国の外務次官補孔鉉佑が北京で会談した。官房副長官の外国訪問は異例で、安倍の関係改善に向けてのメッセージと受け取られた。その後も岸田文雄と王毅の日中外相会談(四月一八日)が行われ、習・二階会談につながった。その背景には米中関係の改善があり、日本が置いてけぼりになる懸念があった。そこで重要な役割を果たしたのが、二階が習に手渡した安倍の親書だった。

親書はそれまで安倍が距離を置き、否定的だった中国主導のアジアインフラ投資銀行（ＡＩＩＢ）について理解を示すものだった。安倍は親書で相互訪問を呼び掛けた。それを習が歓迎したというものだった。

しかし、この二階の訪中に至るまではかなり複雑な経過を辿った。まず、アクションを起こしたのは中国側だった。習とは旧知の二階に招待状を出した。これに対して二階は中国訪問を即答した。ところが二階側近の林幹雄によると、官邸側から二階に「行かないでもらいたい」と要請があった。しかし、二階は訪中の方針を変えることはなかった。そこに経団連会長の榊原定征《さだゆき》が同行することが決まると、官邸側は首席秘書官の今井尚哉の同行を二階に要請してきたという。この結果、二階訪中団は政財界全体で構成されることになった。

そして今井が起草したとされるのが、二階が携行した安倍の親書だった。この親書の中身に関して安倍の外交ブレーンでもあった国家安全保障局長の谷内正太郎の知らぬところで書かれたとして官邸内の確執を誘発することになった。安倍が発出する外交に密接に絡む親書はすべて谷内が目を通すことになっていた。その原則が踏みにじられた。政権の長期化による〝金属疲労〟とも言えた。谷内は今井に「なぜ書き換えた」と詰め寄り、「こんなことじゃ、やってられない」と局長辞任まで申し出たという。

二階は二〇一六年八月に自民党の幹事長に就任して以来、自民党の総裁任期の延長など党運営で辣腕ぶりを発揮してきた。安倍は二階に対して日中外交でも一目置かざるをえなくなった。この訪中でも二階らしいエピソードが残る。いよいよ北京での習との会談前日になって中国側は「同席者を絞ってもらいたい」と要請してきたという。「椅子が五脚しかない」というのがその理由だった。これに二階は「どう絞っても一三人です。座れないのは立たせますから」と返した。翌日、会談する部屋に行くと日本側全員分の一三脚の椅子が用意されていた。

この習・二階会談は、この年の七月八日、ドイツで開かれた二〇カ国・地域（G20）首脳会合の際、安倍・習の日中首脳会談に繫がった。

衝撃の眞子さまご婚約

毎年のことだが、大型連休が終わると通常国会の会期末が目の前に迫ってくる。このため政治ドラマの多くはこの時期に集中する。二〇一七年は首相安倍晋三をめぐる森友問題の広がりなど与野党の攻防が一段と激しさを増していた。加えて、これまでの日本の政治が経験したことがない天皇陛下の退位のための法整備があった。会期末は六月一八日。懸案、課題が目白押しだった。その中で天皇陛下退位に関する特例法案の審議は何よりも優先された。前年の天皇陛下の退位のご意向の表明後、急ピッチで検討を進めてきた政府の有識者会議は四月二一日の第一四回会合を首相官邸で開き、最終報告を了承し、安倍に提出した。

報告書によると、天皇陛下の退位は特例法による一代限りとした上で退位後の呼称（称号）を「上皇」とし、象徴としての行為を新天皇に全て譲るとした。秋篠宮さまは宮号を維持した上で皇位継承順位一位の「皇嗣《こうし》」と位置付けられた。ただ退位の是非や一代限りとする理由への言及はなかった。皇后さまには上皇の后《きさき》を意味する「上皇后《じょうこうごう》」の呼称を新設するとした。

皇族減少対策については「一層先延ばしのできない課題」であり、「速やかに検討する必要がある」として、政府に議論を求める内容となった。
この最終報告書を受けて政府は五月一〇日、天皇陛下の退位に関する特例法案要綱を各党派の全体会議で示した。一二日には与党に法案全文を提示し、政府は五月一九日の閣議で「天皇の退位等に関する皇室典範特例法案」を決定した。皇位継承を定めた皇室典範の特例として、陛下の退位と皇太子さまの即位を実現する旨を明記。対象を陛下一代に限る一方、将来の先例となる形がとられた。最大の特徴は第一条に法案制定の経緯が書き込まれたことだ。過去にも九・一一米中枢同時多発テロを受けて制定された「テロ特措法」も法律名そのものが一二二字に及んだ。落語に準えて〝寿限無法〟とも評された。他の法令との整合性などひと言で表記するのが難しかったからだ。退位特措法も同様の背景があった。異例の長い条文は以下の通りだ。

第一条　この法律は、天皇陛下が、昭和六十四年一月七日の御即位以来二十八年を超える長期にわたり、国事行為のほか、全国各地への御訪問、被災地のお見舞いをはじめとする象徴としての公的な御活動に精励してこられた中、八十三歳と御高齢になられ、今後これらの御活動を天皇として自ら続けられることが困難となることを深く案じておられること、これに対し、国民は、御高齢に至るまでこれらの御活動に精励されている天皇陛下を深く敬愛し、この天皇陛下のお気持ちを理解し、これに共感していること、さらに、皇嗣である皇太子殿下は、五十七歳となられ、これまで国事行為の臨時代行等の御公務に長期にわたり精勤されておられることという現下の状況に鑑み、皇室典範（昭和二十二年法律第三号）第四条の規定の特例として、天皇陛下の退位及び皇嗣の即位を実現するとともに、天皇陛下の退位後の地位その他の退位に伴い必要となる事項を定めるものとする。

ただし、この条文の中で天皇陛下のお気持ちに対する国民の理解に触れた点に憲法上の疑義が生じると指摘する声も出た。「お気持ち」が間接的に天皇陛下の意思を盛り込んでいると受け取れるからだ。この点に関し、官房長官の菅はあくまで国民の「受け止め」を説明したもので、天皇陛下のお言葉とは直接関係せず、憲法上の問題はないとした。

法案そのものは与野党合意があり、対決法案とは言えなかったが、法案成立と同時に行われる付帯決議の中身が問題となった。付帯決議には法的拘束力はないものの、立法府としての意思の表明であり政府は尊重しなければならない。この付帯決議をめぐって自民党と民進党が真正面からぶつかり合った。民進党は皇族の人数減少に伴う「安定的な皇位継承」のため「女性宮家の創設」を求める付帯決議案を自民党に提示した。

ところが協議が始まろうというタイミングで想定外の事態が起きたのだった。五月一六日午後六時五九分、NHKのニュース速報が流れた。

「秋篠宮さまの長女眞子さまご婚約」

NHKはそのまま午後七時からの「ニュース7」に直結して大々的に報じた。前年の天皇陛下の退位をめぐる報道と流れは全く同じだった。眞子さまのご婚約は再び女性宮家創設問題に火を点けることになった。首相の安倍晋三は一貫して「女性宮家創設」に強い難色を示していた。女性宮家創設は将来の「女性天皇」に道を開く可能性が出てくることへの強い警戒感があった。安倍は皇室典範第一条が規定する「皇位は、皇統に属する男系の男子が、これを継承する」との皇位継承者の条件の維持に強烈なこだわりを見せた。イギリスが王室典範を改正して王位継承順位の第一位を、男女を問わず第一子とした際、筆者は安倍に直接感想を聞いたことがあるが、安倍から「日本とイギリスでは伝統の長さが違う」と一蹴された。こんな安倍の思いを無視するかのように流れた眞子さまのご婚約報道に首相官邸と宮内庁の間に気まずい空気が流れた。

特例法の制定をめぐる与党案では「安定的な皇位継承を確保するための諸課題」とするだけで女性宮家への言及はない。これに対して民進党は女性宮家創設について付帯決議への盛り込みを提案した。幹事長の野田佳彦は首相在任当時、女性宮家創設に関して論点整理を公表したことがあった。それだけに強い思い入れがあった。安倍官邸が「宮内庁の影」を意識したとしても不思議はなかった。特例法案は成立に向けた最終局面で思わぬ障害に直面した。ちなみに眞子さまは紆余曲折を経て二〇二一年一〇月二六日に婚約者の小室圭とご結婚して皇籍を離れ、米国のニューヨークで生活している。

結局、付帯決議の調整はつかないまま法案は閣議決定、衆院に提出された。最終的に衆院議院運営委員長の佐藤勉（自民党）が各党派に案を示し、民進党が受け入れ決着した。合意した付帯決議案は政府に女性宮家創設の検討を求めるものでこう記した。

「政府は、安定的な皇位継承を確保するための諸課題、女性宮家の創設等について、皇族方の御年齢からしても先延ばしすることはできない重要な課題であることに鑑み、本法施行後速やかに、皇族方の御事情等を踏まえ、全体として整合性が取れるよう検討を行い、その結果を、速やかに国会に報告すること」

「女性宮家」創設を明記はしたものの、検討開始は「法施行後速やかに」と記述するにとどめ、国会報告期限も明示しなかった。これにより退位特例法案は六月二日に衆院を通過し九日に成立した。衆参両院の正副議長は退位特例法が成立したのを受け、そろって国会内で記者会見した。衆院議長大島理森は付帯決議の趣旨を真摯《しんし》に受け止め、対応するよう政府に強く要請した。

「退位が実現した後、可能な限り早く検討し、国会に報告するよう求める。陛下の退位と皇太子さまの即位を滞りなく進めるよう求める。祝意の中で、新天皇をお迎えできるよう、遺漏なきを望む」

安倍も肩の荷を下ろしたように感想を語った。

「光格天皇以来、実に二〇〇年ぶりに退位を実現するものであり、この問題が国家の基本、長い歴史、未来に関わる重要な課題であることを改めて実感した。政府としては国会における議論、(衆参両院の)委員会の付帯決議を尊重しながら、遺漏なきよう、しっかりと施行に向けて準備を進めていく」

これにより一九八九年一月から始まった「平成」は幕引きに向けて動きを早めることになった。特例法は六月一六日に公布された。これを受けて三年以内に、退位の日となる施行日を定めるとされた。明治以来の天皇の終身在位の例外が生まれ、近代天皇制は大きな転機を迎えた。ところが、特例法の付帯決議に盛り込まれた「法施行後速やかに安定的な皇位継承策を検討する」は放置状態が続いた。安倍が二〇年一一月の秋篠宮さまの「立皇嗣の礼」終了まで議論を進めない方針を取ったことが大きい。安倍政権下で議論はほとんど進まず、後任の首相菅義偉が二一年三月に「安定的な皇位継承策を議論する有識者会議」を設置したが、大きな進展はないまま今に至る。二〇二三年一〇月三〇日、首相岸田文雄が衆院予算委員会で、自民党内に安定的な皇位継承策を議論する総裁直轄の新組織を設置する方針をようやく示したにすぎない。

第三章
政権揺るがす「小池新党」
（二〇一七年六月〜一二月）

「希望の党」を設立し，記念撮影で笑顔を見せる小池百合子東京都知事(中央)．左は細野豪志，右は若狭勝(2017 年 9 月 27 日)

1　拡大する「モリカケ」

前川前文部科学事務次官に対する異例の読売報道

天皇陛下の退位をめぐる法整備という、前例のない、極めて困難な問題が大詰めを迎えた中で、安倍自身にまつわる新たなスキャンダルに火がついた。大阪の学校法人森友学園問題に続き、岡山県の学校法人加計《かけ》学園の獣医学部新設計画をめぐって再び安倍に絡む「忖度政治」がクローズアップされた。加えて首相官邸と前文部科学事務次官、前川喜平とのバトルが勃発、問題は拡大の一途をたどった。

加計学園の理事長加計孝太郎は安倍自身が認めた「腹心の友」。この加計学園に地域限定で規制緩和を認める「国家戦略特区」の事業として愛媛県今治市に獣医学部の新設を認可したのだった。しかも三七億円の敷地が無償で譲渡され、さらに運営費に充てる資金九六億円を愛媛県と今治市が支出することが決まった。森友問題が表面化した時から加計学園に関しても安倍との特別な関係がささやかれていた。文科省から流出したとされる「内部文書」によって一気に決定過程の不透明さに対する追及の声が燃え広がった。この問題を最初に報じたのはＮＨＫの二〇一七年五月一五日深夜のニュース番組「ニュースチェック11」。ただし扱い方は雑報と言っていいような短時間ニュースだった。それが一七日付朝刊の朝日新聞が大きく報じたことで一気にクローズアップされた。記事は一面トップで報道され、関連する「内部文書」も同時に報じられた。タイミングが重なった秋篠宮家の長女眞子さまの婚約記事は紙面左上に追いやられた。民進党も国会で取り上げ、問題は拡大した。朝日が報じた文書には加計学園に決まる経過に関連して「総理のご意向だと聞いている」「官邸の最高レベル」などの記述があり、安倍の存在を強く感じさせる内容だった。この点を問われた官房長官の菅義偉はこれを一蹴した。

「こんな意味不明のものをいちいち政府が答えることはない」

菅は文書に日付も名前もないことから「怪文書」と断じた。ところが朝日新聞は翌一八日朝刊で菅に反論するかのように日付と担当者の氏名が印字された文書を掲載した。

文書の流失に関して官邸側は前文科次官の前川喜平に疑いの目を注いだようだ。前川は年初に表面化した文科省の再就職斡旋問題の責任を取らされる形で次官退任に追い込まれていたからだ。その「意趣返し」というのが官邸側の見方と言ってよかった。因果関係は不明だが、二二日付の読売新聞朝刊の社会面にあまりお目にかかったことがない記事が載った。見出しは三段という破格の扱い。

「前川前次官出会い系バー通い　文科省在職中、平日夜」

記事中には店の料金システムまで事細かに記述されていた。最大の発行部数を誇る全国紙の記事としては違和感をぬぐえなかった。前川も黙っていなかった。五月二五日発売の『週刊文春』と同日付の朝日新聞に前川の単独インタビューが掲載された。その中で前川は「行政はゆがめられた」と語った。首相官邸に対する前川の「宣戦布告」と言ってよかった。

国有地の払い下げをめぐって問題化していた森友学園問題で、所管の財務省が「関係書類は廃棄した」として逃げ切る構えを崩さないなか、再び公文書管理の問題に焦点が当たった。加計問題では文科省内から文書が流出し続け、加計学園に獣医学部新設を認めた際の文科官僚のトップが公の場で〝舞台裏〟を語るという異例の展開を見せた。安倍に猛烈な逆風が吹き始めた。

その一方で文科省をめぐってはこの年の三月に大量処分者を出した天下り問題があった。それに対する文科官僚たちの〝敵討ち説〟が囁かれた。前川は六月一日、国家戦略特区を活用した加計学園の獣医学部新設計画に関し、新たな文書を報道各社に送付した。前年八月に内閣官房参与から働き掛けを受けたとの内容だった。菅も前川に関して周辺に吐き捨てた。

「政治を馬鹿にした最低の官僚だ」

時を同じくして、韓国・釜山総領事の森本康敬が任期約一年で交代となる異例の人事が発表された。日本政府は総領事館前の慰安婦像設置に対する韓国への抗議から森本を一時帰国させたが、この対応を森本が私的な会合で批判したとされた。「政権の方針に合わなければ交代は仕方ないのだろう」と政権幹部は漏らした。官邸の人事権の前に完全に抑え込まれていた誇り高い官僚たちの不満は溜まりに溜まっていたに違いない。政権内の軋みが浮き彫りになった。

国会審議でも安倍と菅はなりふり構わず前川を集中攻撃した。文科省の組織的天下り問題で辞任した中心人物と印象付けることによって疑惑を回避する思惑が透けた。安倍は六月五日の衆院決算行政監視委員会、参院決算委員会でも前川を厳しく〝口撃〟した。

「(天下り問題で)責任を取って辞めざるを得なくなった方が、今になって急になぜ言うのか、当惑している」

社民党参院議員の又市征治(二〇二三年没)は安倍をこう追及した。

「前川氏は『総理の意向』の記載がある文書を本物と証言している」

安倍は語気を強めた。

「前川氏は伝聞の伝聞の伝聞だ」

官房長官の菅義偉は前川が「出会い系バー」に出入りしていたとの報道に触れながらさらに激しい表現を使って前川を論《あげつら》った。

「売春や援助交際の温床になりかねないと指摘されている店に頻繁に通い、女性に小遣いを渡した」
「前川氏は自ら進退を示さず、定年まで次官を続けたいと言っていた。だから私は（先の記者会見で）『（地位に）恋々としている』と言った」

安倍は委員会審議で野党議員のやじにも敏感に反応した。

「皆さん、ちょっとやじは、私どもが誠意を持って、宮崎（岳志）さんもやじはやめてくださいよ、西村（智奈美）さんもやじはやめていただけますか。国民の皆さん、こうやって、私が答弁をしようとすると、やじで妨害をするんですよ。それはぜひやめていただきたい。時間がないんですから、もうやじるのはやめましょうよ、お互いに」

時として自ら自席からやじを飛ばし、また質問とは直接関係のない話に切り替えて時間を稼いでいくのも安倍の答弁スタイルとしてパターン化した。身内や親しい知人が攻撃対象になると、色をなして切り返し、民進党批判を織り交ぜた反論を繰り返した。

民進党はこの六月五日の衆参両院の質問者六人全員が加計問題一本に絞る作戦に出た。しかし、決定打はなく堂々めぐりの押し問答が続いた。

森友問題では国有地が安く払い下げられた背景に安倍夫人の昭恵の存在があった。このため払い下げを受けた籠池と昭恵の関係がクローズアップされることになった。この過程で昭恵を〝私人〟としたのも昭恵との関係をいかに遮断するかということに財務省が血道を上げることになったからだ。結果としてこのことが公文書の改竄に繋がっていく。一方の加計問題は極めて巧妙な政治的な思惑が潜んだスキャンダルと言えた。過去半世紀以上にわたって認められてこなかった大学の獣医学部の新設が、国家戦略特別区域法に基づいて加計学園に認められた。表向きの手続きは法に則っており、違法ではない。しかし、合法は必ずしも公正であるとは限らない。なぜ安倍が「腹心の友」と公言する加計が選定されたのか。前川証言はそこをついていた。菅が、前川が示した文書を「怪文書」と断じざるを得なかったのも納得が得られる説明ができなかったことの裏返しとも言えた。

公文書管理

森友学園問題に続く加計学園問題の拡大により、この頃から安倍をめぐる二つのスキャンダルはいつしか一括りにして「モリカケ」と呼ばれるようになった。さらに防衛省でも南スーダンに派遣された国連平和維持活動(ＰＫＯ)部隊の日報について改竄、廃棄問題が発覚した。共通したのは杜撰な公文書管理だった。森友学園をめぐる国有地払下げ問題で、払い下げ価格が大幅に引き下げられた経過についての記録の開示要求に財務省は木で鼻を括ったような答弁を繰り返した。

「廃棄処分にしているので分からない」

こうした状況に沈黙を守っていた元首相の福田康夫が強い警告を発した。

「今の官僚はどこを向いて仕事をしているのか。役人は政治的に中立でなければならない」

福田は二〇〇七年に表面化した「消えた年金記録」の反省から首相に就任すると、公文書管理法の制定を主導した。杜撰な公文書の管理を法制化によって厳格にするためだった。公文書がきちんと管理されていれば、事後に政策決定過程が検証できる。そのことは現在進行形の政策決定の透明化を促すことにもなるからだ。

一連の事態は、公文書管理法の趣旨を大きく逸脱している実態を浮き彫りにした。それを可能にしたのが各省庁の「文書管理規則」だ。この規則によって「保存期間一年未満」となれば、短期間の廃棄は違法ではなくなる。しかし、どの公文書が「保存期間一年未満」でいいのかは各省庁の判断に委ねられている。いわば「お手盛りルール」で国民の共有財産である公文書が扱われていることになる。

憲法第一五条第二項はこう規定する。

「すべて公務員は、全体の奉仕者であつて、一部の奉仕者ではない」

福田は公文書管理法を制定した目的を「民主主義の基本は国民に正しい情報、事実を伝えることにある」と語った。公文書を管理、保存するために制定された法律が、逆に廃棄処分に根拠を与えているのが現実だ。福田は廃棄に当たっての二つの基準を示した。

「会計検査院の検査を受けたものしか廃棄できない、もしくは廃棄するには衆参両院の決算委員会の了解を取る」

しかし、公文書をめぐる杜撰な処理は今もって改善したとは言えない状況が続く。

禁じ手の「中間報告」

「モリカケ」への野党側の集中砲火が日を追うごとに激しさを増す中で、六月一八日の会期末が迫ってきた。ところが重要法案とされた共謀罪法案の成立の目途が立たずにいた。これは二〇二〇年に開催される東京五輪に向けたテロ対策を理由に、共謀罪の趣旨を盛り込んだ「テロ等準備罪」を組織犯罪処罰法に新設するもので、与党側は衆院を強行突破し、参院へ送付したが、会期内成立は絶望的と言ってよかった。しかも六月二三日には東京都知事小池百合子と自民党が公明党を巻き込んで激突する東京都議会議員選挙の告示が予定された。共謀罪法案の成立を確実なものにするためには国会の大幅延長は避けられなかった。

ところが自民、公明の両党は思いもよらぬ奇策を行使した。委員会の採決を飛ばす「中間報告」だった。たしかに中間報告は国会法で定められた手続きではあったが、緊急避難的に使われる非常手段。例えば委員長ポストを法案に反対する野党側が握り、委員会採決の見通しが全く立たないなどのケースなどがある。その場合は委員会採決を省略して、中間報告を経て本会議で採決が行われる仕組みだ。過去には一九九七年の通常国会で脳死移植を認める二つの臓器移植法案の採決で中間報告が行われた例があった。脳死の判定は各議員個人の死生観、倫理観が問われるため、全議員に賛否を問う必要があると判断された。この結果、法案を付託された衆院厚生労働委員会での採決を見送り中間報告の手続きがとられたのだった。

しかし、共謀罪法案の採決は強いて中間報告による採決を行う理由がなかった。会期を延長しさえすれば何の支障もなかったからだ。むしろ共謀罪法案の適用範囲があいまいで捜査当局の恣意的な運用や監視社会になりかねない懸念、危惧が指摘され、熟議こそが国会に求められていた。それをなぜ突然審議打ち切りの挙に出たのか。加計学園問題の拡大を封じ込めるための会期延長回避しか理由が見つからなかった。

共謀罪法案を中間報告で可決成立させるシナリオは、官邸と自民党参院執行部の間で綿密に練られていた。その中心にいたのが安倍とも近い自民党参院幹事長の吉田博美だった。吉田は韓国の新大統領文在寅《ムンジェイン》との会談のため韓国訪問中の幹事長二階俊博の早期帰国を要請した。六月一三日夜、二階に中間報告の考えを説明し、了承を得ていた。この夜、安倍は東京・赤坂の中国料理店「榮林」で経済産業相の世耕弘成、自民党総裁特別補佐・西村康稔、元参院議員荒井広幸ら側近たちと食事をしながら懇談していた。ここで安倍はこう漏らしている。

「明日からは平身低頭、言葉を慎む……」

安倍が発した「平身低頭」の裏には既に自民党執行部が「参院強行突破」の方針を固めていたことがあったとみてよかった。

翌一四日朝、ホテルオークラで二階と吉田は公明党幹事長の井上義久ら幹部に中間報告実行の方針を説明した。この後、自民党の参院国対委員長松山政司は民進党の参院国対委員長榛葉賀津也に中間報告を提案したが決裂。野党側は内閣不信任決議案を提出して法案成立阻止の手段を繰り出したが一五日未明の不信任決議案否決で万策は尽きた。

一五日朝、自公は参院法務委員会の採決を省略するため、「中間報告」の動議を提出する異例の手続きで参院本会議での採決を強行した。本会議採決では日本維新の会も賛成に回った。投票総数二三五、賛成一六五、反対七〇だった。民進党代表の蓮舫は採決前の討論で共謀罪法を厳しく批判した。

「権力に国民の内心の自由を侵されるのではないか」

同法は適用犯罪を二七七とし、対象をテロ組織や暴力団などの「組織的犯罪集団」と規定した。構成員が二人以上で犯罪を計画し、うち少なくとも一人が現場の下見や資金調達などの「準備行為」をすれば、計画に合意した全員が処罰されることになった。犯罪の実行後の処罰を原則としてきた日本の刑法体系を大きく変える内容で、国会審議では民進、共産などから「適用対象の定義があいまいで恣《し》意《い》的な運用の恐れがある」との批判が噴出していた。首相安倍晋三は法成立の意義を強調した。

「二〇年東京五輪・パラリンピックを控え、一日も早く国際組織犯罪防止条約を締結しテロを未然に防ぐため、国際社会としっかり連携していきたい」

しかし、五月の共同通信世論調査では「政府の説明が十分だと思わない」との回答は七七・二％に上っていた。「数の論理」がまかり通った審議は議会史に大きな禍根を残した。

この日、文部科学相の松野博一は加計学園の獣医学部新設計画を巡り、特区担当の内閣府とのやりとりなどを記録したとされる一九の文書のうち一四の文書が省内にあったとの再調査結果を公表した。

これまで再調査に関しては曖昧な対応を繰り返してきた政府が公表に踏み切った背景には共謀罪法成立のタイミングで一気に問題を処理する狙いがあったとしか考えられなかった。このほかこの通常国会では六月九日の参院本会議で改正公選法が成立した。衆院の「一票の格差」是正のための小選挙区定数を六県（青森、岩手、三重、奈良、熊本、鹿児島）で各一減、六県を含む一九都道府県の九七選挙区で区割りが改定された。比例代表も東北、北関東、近畿、九州の四ブロックの定数がそれぞれ一減となった。この結果、小選挙区定数が二九五から二八九、比例代表は一八〇から一七六に減り、計四六五の戦後最少の議席数となった。これにより最高裁の違憲判決を受けた衆院解散の制約が除去された。衆院の任期切れは翌年、二〇一八年一二月。安倍がいつ解散権を行使するかが現実的な政治日程として浮上してきた。

一方、隣国の韓国で失脚した朴槿恵に代わって革新系の最大野党「共に民主党」の文在寅が新大統領に就任した。安倍は就任式には出席せず特使として二階をソウルに送った。二階は青瓦台（大統領官邸）での文との会談で北朝鮮問題での連携を求める首相の親書を手渡した。

文は「制裁が必要だと共感するが、制裁だけでは問題は終わらない」と述べ、微妙な温度差をにじませた。また慰安婦問題では、その後、悪化の一途を辿る日韓関係を暗示するような発言を残した。

「(二〇一五年の日韓合意は)韓国国民と、誰よりも元慰安婦は受け入れられない。日本が韓国国民の心情をくみ取ろうとする努力が重要だ」

韓国に先立って行われた五月七日のフランス大統領選で中道系候補のマクロンが史上最年少の三九歳で極右、国民戦線のルペンを退け新大統領に当選した。五年後の二〇二二年の大統領選もマクロン、ルペンの決選投票となりマクロンが再選を果たしている。米国大統領にトランプが就任して世界のトップリーダーの交代が続いた年でもあった。

2　「都民ファースト」旋風

自民への宣戦布告

首相安倍晋三が「モリカケ」で〝火だるま〟状態になっているのを尻目に再び蠢動し始めたのが東京都知事の小池百合子だった。加計問題が拡大すると、小池の動きは早かった。小池は自ら特別顧問を務めていた地域政党の「都民ファーストの会」の代表就任を宣言したのだった。

六月一日午前、小池はまず自民党に離党届を提出し、夕刻に開かれた決起大会に臨んだ。一連の動きは自民党に対する「宣戦布告」でもあった。政治家小池をよく知る自民党幹部はこう解説した。

「小池さんが今考えていることは都議選にとって何が有利か、そのことだけだ。これまでは潮目が変わるのをじっと待っていた」

小池が都民ファの代表に就任したのをきっかけに自民党の優位が続いていた都議選情勢に異変が起きた。それまでは都知事としての小池人気と都民ファの支持率のギャップがあまりに大きかった。それが瞬く間に縮小したのだった。小池の思惑通りの展開と言ってよかった。さらに畳みかけるように小池は二の矢を放つ。東京・築地市場の豊洲への移転問題だ。小池は知事就任後、判断を先送りしてきており、自民党は都議選を視野に「決断できない知事」との批判を展開してきた。

これについても小池は一気に舵を切った。六月九日の定例会見で都議選前にも市場問題で決断することをにじませたのだった。この日は文科相松野博一が加計問題の「総理の意向」などの記載された関連文書の存否について再調査の方針を表明した日でもあった。小池の戦略は自民党側からの「決断できない知事」との批判をかわすと同時に「豊洲への移転問題」の争点化を目論んでいた自民党の攻撃目標を奪うことでもあった。

小池による「劇場型政治」は民進党にも痛烈な打撃を与えた。都議選で民進党の公認が決まっていた一六人が都民ファから公認もしくは推薦を受けたからだ。このうち二人は離党届の提出が都議選直前だったため除名処分となった。除名とされた一人は民進党衆院議員の柿沢未途(後の自民党衆院議員)の妻で、柿沢は党の役員室長の役職を辞任した。

通常国会では安倍に強気の矛先を向けていた代表の蓮舫だが、自身の足元でもある都議選の結果次第では進退問題にも直結しかねない状況に追い込まれた。

一方、公明党は三月の段階で都民ファと都議選で候補者を相互推薦する選挙協力に合意していた。「衆院選より大事」(公明党幹部)とされる都議選を前にしたたかに立ち位置を変えた。自民党と別れて都民ファとの選挙協力に突き進んだ公明党は一息ついた格好だった。

公明党幹部も「先の展望が見えてきた」と語った。有権者が一〇〇〇万人に達する東京都議選はしばしば国政の行方にも直結してきた。自民党の二度にわたる野党転落に際しても都議選が先行指標となった。二〇二一年の都議選でも自民党は振るわず首相菅義偉の退陣の前触れとなった。

小池の動向には自民党も強い危機感を抱いた。六月一九日、通常国会閉会を受けて記者会見に臨んだ首相安倍晋三が最初に口にしたのは「反省の弁」だった。

「つい強い口調で反論してしまう私の姿勢が、結果として政策論争以外の話を盛り上げてしまった。深く反省している」

さらに翌二〇日の自民党役員会で自らを戒めるようにこう語った。

「築城三年、落城一日」――

そしてこうも付け加えた。

「国民の信頼が得られるよう、丁寧に説明する努力を積み重ねる原点に立ち返り、政権政党として責任を果たしていかなければならない」

強気一辺倒の安倍が低姿勢に転じたのは一斉に報じられた新聞各紙の世論調査の結果としか考えられなかった。内閣支持率の下落幅はほぼ一〇ポイント前後の急落だった。

安倍が二〇一二年一二月に政権復帰してから約四年半。この間に二度、支持率の急落を経験している。特定秘密保護法（一三年）と安全保障法制の制定（一五年）の直後。いずれも個別具体的な政策をめぐる世論の反発が急落の要因だった。しかし、一七年通常国会は全く質が異なっていた。共謀罪法の成立に至るまでの強引な国会運営など「一強の驕り」「安倍の手法」が国民の反発、失望の背景にあったとみられた。それだけに即効性のある対処法は見当たらなかった。

その国政への影響が注目された東京都議選（七月二日投開票、定数一二七）は六月二三日に告示された。共同通信社が二四、二五の両日、都内の有権者約一〇〇〇人を対象に実施した電話世論調査によると、投票先は、小池が率いる地域政党「都民ファーストの会」と自民党が二〇％台半ばで拮抗した。

最大の焦点は都議会第一党の座を自民が維持するのか、それとも「小池新党」と呼んでもいい都民ファが奪い取るのか。自民党は「守りの選挙」を強いられていた。

衆院解散への布石

それでも安倍は衆院解散の機を窺っていた。

「一日たりとも選挙のことを考えなかった日はない」――。

常々こう語っていた安倍は衆院解散への布石を打つことを忘れなかった。都議選告示の翌日、六月二四日、安倍は神戸市で行った講演で憲法改正問題をめぐって一気にアクセルを踏んだ。

「来るべき臨時国会が終わる前に、衆参の憲法審査会に自民党案を提出したい」

従来の自民党案の提出時期についてのスケジュール観は、二〇一七年の内に党内の意見を集約、一八年一月召集の通常国会に自民党案の国会提出というものだった。それを大幅に前倒しするというわけだった。

しかし、計りに計った改憲案前倒しには自民党内からも異論が飛び出した。中でも安倍の出身派閥でもある細田派会長で自民党総務会長の細田博之が苦言を呈したことにより党内にさざ波が立った。

「国会や党の意向もある。スケジュールありきはいけない。内容で合意が成立しなければならない」

「安倍一強」の中で細田が異を唱えた意味は小さくなかったが、安倍にとっては衆院解散・総選挙の際に憲法を争点化するためにも〝頭出し〟をする必要があったのではないか。衆院議員の任期満了は一八年一二月一三日。しかし一八年は天皇陛下の退位をめぐる一連の皇室行事が想定された。さらに九月には自民党総裁選が予定された。年が替わると安倍が解散権を行使する余地はほとんどなくなる。宮内庁関係者に懸念が膨らんだ。

「衆院解散は総理の専権事項でとやかく言うことはできないが、ご退位の関連で解散の時期がいつになるかはとても気になる」

つまり安倍が解散権行使についてフリーハンドを握れる時期はどんなに先延ばししても一八年の前半まで。それまでに解散のタイミングを逃すと「追い込まれ解散」の道を辿らざるを得ない。安倍が選択肢を増やすとなれば解散権行使のための〝土俵〟は手前に広げるしかなかった。臨時国会での改憲案提出は解散の大義名分づくりでもあった。

都民ファーストの躍進

ところが都議選が告示されるのを待っていたかのように、自民党議員の暴言、失言報道が止まらなくなった。『週刊新潮』が報じた衆院議員豊田真由子（埼玉四区）の政策秘書に対するパワハラはその音声とともに国民が広く知ることとなった。豊田は安倍が政権復帰を果たした二〇一二年一二月の衆院選で初当選したいわゆる〝安倍チルドレン〟。当時は当選二回で「魔の二回生」と呼ばれるほど一二年初当選組のスキャンダルが続発した。豊田は自民党を離党した。

そして六月二七日には安倍の〝秘蔵っ子〟と言ってよかった防衛相の稲田朋美が信じられないような言動で止めを刺した。

「本当に大変だからお願いしたい。防衛省、自衛隊、防衛大臣、自民党としてお願いしたい」

東京都議選の自民党公認候補の応援演説でのことだ。官房長官の菅が稲田の発言撤回を指示した。

稲田は深夜になって「誤解を招きかねず撤回したい」と語ったが、謝罪はなかった。稲田発言が政権内部に広がる驕り、慢心を浮き彫りにした。もはや投票日を迎える前から都議選の勝敗は決していた。

安倍は選挙戦最終日の七月一日、初めて街頭に立った。大型選挙では恒例となったJR秋葉原駅前での演説を行った。周辺は異様な空気に包まれていた。安倍の到着前から抗議のプラカードを持った聴衆らが集まり、一部の聴衆から「帰れ」コールが巻き起こった。警察官と聴衆がもみくちゃになる不穏な状況に安倍も声を張り上げた。

「演説を邪魔するような行為を自民党は絶対にしない。こんな人たちに私たちは負けるわけにはいかない」

安倍が口にした「こんな人たち」は敵と味方を峻別して進める安倍の政権運営を象徴する言葉として残り続けることになった。この演説場所には「森友学園」の前理事長籠池泰典も安倍の演説を聞くために姿を見せた。籠池は安倍夫人の昭恵から受け取ったと主張した寄付金一〇〇万円を持参した。報道陣に「機会があれば直接渡したい」と語った。異様な選挙となった。一方の小池は本拠地とも言えるJR池袋駅前で演説を締めくくった。緑色のペンライトやタオルを持った支持者が小池にエールを送った。午後八時、都議選は終了のホイッスルが鳴った。自民党の劣勢は明白だった。

七月二日に投開票が行われた選挙結果は、小池百合子が率いる地域政党「都民ファーストの会」が四九議席と自民党に代わり第一党。後に無所属当選の六人が追加公認され都民ファは五五人の勢力を確保した。都民ファと共闘した公明党は二三人全員が当選した。小池の支持勢力は過半数(六四)を制し圧勝した。

自民党は現有五七議席から二三議席に減らし、過去最低だった三八議席を大幅に下回って歴史的な惨敗を喫した。共産党は現有から二議席増で一九議席。民進党は二議席減で五議席だった。確定投票率は五一・二八％で、前回の四三・五〇％を七・七八ポイント上回り、選挙への関心の高さを証明した。

圧勝した小池は「都民が新しい議会を求めた。感動した」と勝利をかみ締めた。一方大敗した自民党都連会長の下村博文は会長を辞任する意向を表明した。安倍は二日夜、副総理兼財務相麻生太郎、官房長官菅義偉、前経済再生担当相の甘利明と、東京・新宿区若葉のフランス料理店「オテル・ドゥ・ミクニ」で会食した。安倍は翌三日、都議選の結果を受けて記者団に「反省」を口にした。

「自民党に対する厳しい叱咤と深刻に受け止め深く反省しなければならない」

ポスト安倍への蠢き

東京都議選での自民党大敗を受けて、「安倍一強」に不満を持つ自民党内の蠢きを象徴する二つの会合が開かれた。いずれも都議選から二日後、七月四日のことだった。一つは東京・芝公園の「プリンスパークタワー東京」で開かれた。往年の実力者たちが顔を揃えた。元自民党幹事長野中広務、元衆院議長綿貫民輔、元厚相で前平成研（額賀派）会長の津島雄二（二〇二三年没）ら。さらに橋本龍太郎、小渕恵三の二人の元首相夫人がゲストとして招かれていた。

この日は一九八七年七月四日、元首相竹下登が旧田中派の大多数を引き連れて「経世会」（竹下派）を発足させてから満三〇年に当たる〝派閥結成記念日〟だった。竹下はその経世会を足場に首相の座に上り詰め、日本の税制史上初めて消費税導入を実現させた。その後も橋本、小渕という二人の首相を輩出した経世会は自民党政権の中核となってきた。しかし、二〇〇〇年の小渕の死後、求心力を失い存在感は見る影もなくなっていた。経世会はその後「平成研究会」（額賀派＝現茂木派）と名称を変えたが、有力な首相候補の存在もなく〝その他大勢〟というのが党内評価の相場観だった。そこで「この三〇周年を機に凋落する平成研の復活のきっかけにしたい」というのがこの日の会食だった。かつて「政界の狙撃手」と言われた野中が現役時代をそのままに吠えまくった。

「問題発言をした大臣(防衛相稲田朋美)を選挙中にクビにしておけば自民党はこんなに負けはしなかった。このままでは自民党はだめになる。こういうタイミングでこの種の会合が開かれたことを好機と捉えて奮起をして欲しい」

野中と同様に津島も苦言を呈した。現役議員の奮起を促しながら、安倍政権に対しても批判の矛先を向けた。

「国民を怒らせる原因は首相官邸からしか声が出ていないからだ。なぜ額賀派として意見を言わないのか」

ところが派閥会長の額賀福志郎の挨拶は安倍に対する批判は全くなし。むしろ安倍支持の考えを鮮明にした。

「党内抗争で自民党が混乱している印象を与えるのはいけない」

そんな額賀に対する派内の不満は爆発寸前の状態と言ってよかった。政界引退後も参院自民党全体に大きな影響力を保持していた〝参院のドン〟と呼ばれた青木幹雄(二〇二三年没)は約一年前に額賀に派閥会長の座を退くよう申し渡しをしていた。そのこともあったのだろう。青木はこの日のパーティーを欠席した。青木の思いは竹下登の実弟で自民党国会対策委員長竹下亘へのバトンタッチによる「竹下派」の復活だった。その後、青木の思い描いた「竹下派」は復活したが、竹下亘は二〇二一年九月に他界し、「竹下派」の復活はなくなった。額賀は二〇二三年一〇月の臨時国会で細田博之の辞任を受けて衆院議長に就任した。

　その経世会の全盛時に対極にいたのが安倍の実父で元外相の安倍晋太郎が率いた旧安倍派だった。晋太郎は病を得てトップリーダーの座を目前にして他界したが、小渕の病気退陣後に首相になった森喜朗以降、小泉純一郎、そして安倍が二度にわたって首相となり「安倍一強」時代を築き上げた。日本新党から自民党に入党して当時の小渕派に所属した茂木は、逆に〝外様〟だったが故にチャンスを手にしたと言ってよかった。このため二〇二一年の衆院選後、茂木の派閥会長就任に猛反発した青木との確執はその後も続き、青木が二〇二三年に死去するまで収まることはなかった。

　一方、平成研とともに安倍の系譜とは違う立ち位置にいながら徐々に安倍との距離を縮めていたのが宏池会（岸田派）会長の外相岸田文雄だった。岸田派は元首相池田勇人に始まる宏池会を引き継ぐ党内きっての名門派閥。その宏池会も七月四日に、派閥創設六〇周年を記念してシンポジウムを開いた。場所は国会近くの憲政記念館。この中で岸田はポスト安倍への意欲を強くにじませた。

「政権を取ることを考えた場合、大事なのは忍耐や謙虚さだ。政治が国民から信頼を得る上で重要なポイントだ」

　池田勇人が政権を引き継いだのは安倍の祖父岸信介。岸は日米安保条約の改定などの実績を残したがその強引な手法に反発も強かった。この反省から池田は「低姿勢」と「寛容と忍耐」をスローガンに掲げた。岸田の「忍耐と謙虚」は明らかに池田を意識したものだった。「ポスト安倍への名乗り」とまでは言えなかったが、ジワリと前に踏み出したことは間違いなかった。

　さらに反安倍の石破茂は一年後の自民党総裁選を視野に入れ、大きく踏み込んだ。

「街頭で一番厳しい雰囲気を感じたのは候補者。都民の反応はこうだったというところから始めるべきだ。街頭に立つと、駆け寄ってきて政権に不満を言う人が相当数いた」

依然として党内の大勢は安倍支持が圧倒的だったが、溜まっていた「不満のガス」が少しずつ水泡となって水面から見えるようになってきていた。もはや二〇一八年の総裁選は一五年のような無投票再選の状況ではなくなった。衆院議員の任期切れまで約一年半。安倍の決断のタイミングが迫ってきた。

「予告改造」

都議選後の安倍の仕事始めは七月三日朝の米大統領ドナルド・トランプとの電話会談だった。会談はトランプ側の要請で行われた。トランプが大統領に正式就任してから約半年。電話会談は四月二四日以来だったが、通算では早くも五回目。ドイツ・ハンブルクで開かれる二〇カ国・地域(G20)首脳会合の機会に合わせ、初めて出席するトランプが安倍にアドバイスを求めたのだった。この時点で早くもトランプは安倍が頼りになる存在と認識したようだ。会談では核・ミサイル開発を強行する北朝鮮への圧力強化を主導するため緊密に連携していく方針を確認した。両首脳はドイツで直接会談するほか、韓国大統領の文在寅を交えた初めての日米韓三カ国の首脳会談を開く予定が決まっていた。

また日米間では六月一七日未明、伊豆半島・石廊崎の沖の太平洋で、米海軍横須賀基地を拠点とするイージス駆逐艦フィッツジェラルドと、フィリピン船籍のコンテナ船ACXクリスタルが衝突する事故が起きた。イージス艦は右舷の艦橋付近が大破、乗組員七人が行方不明になり、三人が負傷した。その後七人全員の死亡が確認された。イージス艦については日米地位協定で一次裁判権が米側にあり、米側は七人の遺体を海保に確認させることなく、米国に搬送した。

安倍は七月五日午後に欧州歴訪に出発する直前まで分刻みの日程をこなした。七月五日午前には八つの閣僚を歴任した与謝野馨をしのぶお別れの会に、実行委員長として列席した。与謝野の死去は五月二一四日、七八歳。お別れの会が自民党と与謝野家の合同で営まれたのは復党が実現したからだ。五日午後、ドイツなど欧州六カ国を歴訪するため、政府専用機で羽田空港を出発した。ドイツに先立ち、安倍はベルギー・ブリュッセルを訪問、欧州連合（EU）のトゥスク大統領らと定期首脳協議を開いた。G20閉幕後はスウェーデン、フィンランド、デンマーク、エストニアの順に訪れ、それぞれ首脳会談を行い一二日に帰国した。その間に訪れたスウェーデンからニュースが飛び込んできた。

「来月に入ったら早々に党役員人事と内閣改造を断行し、人心を一新する考えです」

七月九日午前（日本時間同日夕）、首相安倍晋三はストックホルムのグランドホテルで同行記者団に対して内閣改造の断行を明言したのだった。もともと自民党内に早期改造説が流れていたが、安倍自身が改造予告を直接口にするのは極めて異例のことだった。

異例の改造予告の背景には内閣支持率の急落に対する強い危機感があった。加えて都議選後も安倍側近の防衛相稲田朋美が失点を重ねていた。九州豪雨で福岡、大分両県に特別警報が出ていた六日昼、稲田と防衛副大臣若宮健嗣、二人の防衛政務官の政務三役四人全員が約四〇分間にわたり防衛省を離れていたことが露見したのだった。稲田は約一時間一〇分間、「政務」を理由に不在となった。自衛隊は約一六〇〇〇人態勢で救助活動などに当たっており、危機管理の観点から批判が出た。稲田は夜になって防衛記者会の質問に午前一一時五〇分から午後一時ごろまでの不在について文書で回答した。

「政務として、民間の方々との防衛政策に関する勉強会に出席した」

官房長官の菅も「問題があったとは考えていない」と述べたが、防衛相経験者の石破茂は容赦なかった。

「あるまじきことだ。判断をできる者が一人もいないのは恐ろしいことだ。原因を解明し、二度と起こらないようにすべきだ」

それまでも稲田は失言や問題発言を繰り返しながらも安倍がかばい続け、職に留まってきた。しかし、そのことが「身内を重視し過ぎる」との安倍批判を加速させた。異例の改造予告はその批判回避の一環とみてよかった。稲田の他にも共謀罪法の成立過程で不安定な答弁を繰り返して不信を買った法相金田勝年ら〝問題閣僚〟を一掃する必要があった。このうち稲田は七月二八日の記者会見で、内閣改造を待たずに安倍に辞表を提出し、受理されたことを明らかにした。南スーダン国連平和維持活動(PKO)部隊の日報隠蔽問題を巡り、防衛省トップとして混乱を招いた引責の形がとられた。内閣改造まで外相の岸田文雄が防衛相を兼務することになった。日報を巡っては「廃棄済み」とした陸上自衛隊にデータが保管されていたことが判明した上、稲田自身が二月に日報を陸自が保管していた事実を非公表にするとの方針を了承していたとして、隠蔽への関与も明らかになっていた。

政権の屋台骨を支えた菅は「ここは一度状況を落ち着かせる必要がある」と周辺に語り、安倍を取り巻く空気を変え、局面を転換するための改造を肯定した。

前防衛相の中谷元は七月七日のTBS番組の収録で、東京都議選の惨敗を踏まえた安倍晋三首相への忠告を口にした。

「政治家は人の意見を聞く耳を持つことが大事だ」

その上で中谷は耳を傾ける対象の頭文字を取って「かきくけこ」と語った。

「家内、厳しい意見、苦情、見解の異なる人、こんな人たち」

「こんな人たち」は、安倍が都議選の応援演説で、「辞めろ」コールを繰り返した聴衆を批判した際、使った表現だった。中谷はこの発言の一カ月前のラジオでもこう語っていた。

「権力者は『あいうえお』だ。焦らず、威張らず、うかれず、えこひいきせず、おごらず。それを戒めないと政治は信頼を得られない」

中谷は自転車事故でリハビリ中の元自民党総裁の谷垣禎一の側近。谷垣グループの多くが麻生派への合流に向かった中でも遠藤利明(後の総務会長)らとともに残留していた。

「守りの内閣改造」

首相安倍晋三は八月三日、内閣改造と自民党役員人事を断行、第三次安倍第三次改造内閣が発足した。安倍が行った人事の結果は次のような陣容となったが、まだこの時点では衆院解散の気配はなかった。

【内閣】

内閣総理大臣　安倍晋三
副総理兼財務大臣　麻生太郎
総務大臣　野田聖子
法務大臣　上川陽子
外務大臣　河野太郎
文部科学大臣　林芳正(参院)

厚生労働大臣　加藤勝信
農林水産大臣　齋藤健
経済産業大臣　世耕弘成（参院）
国土交通大臣　石井啓一（公明党）
環境大臣　中川雅治（参院）
防衛大臣　小野寺五典
内閣官房長官　菅義偉
復興大臣　吉野正芳
国家公安委員長　小此木八郎
沖縄北方担当相　江崎鉄磨
一億総活躍担当相　松山政司（参院）
経済再生担当相　茂木敏充
地方創生担当相　梶山弘志
五輪パラリンピック担当相　鈴木俊一

【自民党執行部】

副総裁　高村正彦
幹事長　二階俊博
総務会長　竹下亘

政調会長　岸田文雄
選対委員長　塩谷立
国対委員長　森山裕

安倍の臨時総務会での発言が内閣改造、党役員人事の特徴を端的に表していた。
「反省すべきは反省し、新たな気持ちで結果を残して国民の信頼を勝ち得る」
党政調会長代理だった小野寺五典を防衛相に再登板させたのは「反省すべき」の象徴と言ってよかった。一にも二にも安全運転最優先。悪く言えば「目玉なき新布陣」だった。新味があったとすれば突進力、発信力のある河野太郎を花形ポストの外相に起用したことだろう。新入閣では元経産官僚で石破派の齋藤健が農水相として初入閣した。とっくに入閣してもおかしくない人材だったが、遅れたのは「石破派だから」というしか理由が見つからなかった。「石破派からの入閣は一人だけ」という安倍が描いた〝入閣基準〟が明確になった改造でもあった。

むしろ安倍の思いが滲み出たのは岸田文雄、野田聖子、茂木敏充、加藤勝信、林芳正らの要職起用だった。「ポスト安倍」を睨んでの布石というよりは自らの「政権の終わり方」を意識し始めたと見るのが自然だった。中でも岸田に関して安倍はかなり踏み込んだ評価をしている。

「将来の日本を背負っていく人材だ。政策全般を進めていく党の責任者として期待している」

岸田は二〇一六年五月、外相として米大統領バラク・オバマの広島招致を実現したことで一躍ポスト安倍の一角に食い込んだ。この政調会長という党執行部就任で、岸田は確実に総理総裁を意識し始めたことは間違いなかった。岸田は政調会長に就任すると、加計問題の対応で汗を流した文部科学相の松野博一を政調会長代理に指名した。この上下関係が後の岸田政権での松野の官房長官就任に繋がっていくことになる。

安倍にとって〝冒険〟とも言えたのが野田聖子の総務相起用だった。野田は安倍と距離を置いた数少ない政治家でポスト安倍に強い意欲を持っていたからだ。野田は改造当日の安倍会見から間を置かずに翌年九月の自民党総裁選への出馬意欲を明確にした。

「(総裁選は)何が行われているか分からない自民党の中で候補者が政策を戦わせ、国民とつながる場面だ。次も必ず出る」

二年前の総裁選では二〇人の推薦人が集まらず、涙をのんだ苦い経験をしたが、その後も「女性初の首相」への意欲は全く変わっていなかった。しかし、二〇一八年の総裁選でも野田は立候補できず、実際に悲願とも言える総裁選立候補を果たしたのは二〇二一年のポスト菅を決める総裁選だった。

この一七年の内閣改造でポスト安倍の後継レースがにわかに現実味を帯びてきた。それまでは岸田文雄と石破茂が後継レースの主役だったが、局面はがらりと変わった。野田に加え、外相に抜擢された河野太郎の存在も大きい。改造の翌日、野田に続いて河野も総裁選への出馬意欲を隠さなかった。

「一歩一歩、歩きながら考えていきたい」

安倍にとってこの内閣改造はまず何よりも政権の立て直しを図り、その上で党総裁として三選を確実にするための足場固めを目指すものであった。反安倍の姿勢を鮮明にしている石破の出番封じを徹底したのもそのためだった。

一方でこの人事をめぐる最大関心事であった「衆院選シフト」に関して安倍はヒントを与えることをしなかった。選対委員長に安倍のお膝元、細田派のベテラン塩谷立を起用したからだ。塩谷は円満な人柄で敵の少ないバランス重視の政治家と言ってよかった。安倍の死後、安倍派の座長となったのも安倍の信頼を得ていたからだろう。しかし、次回の衆院選挙はこれまでとは全く様相が違う逆風下の選挙になることが想像された。しかも青森、岩手、奈良、三重、熊本、鹿児島の六県で定数が一減になることが確定していた。候補者調整が難航するのは必至。塩谷の選対委員長への起用は安倍自身が幹事長の二階と調整しながら解散に臨むという意思表示でもあった。ますます二階の影響力が増す布陣になった。自民党執行部人事は「攻め」より「守り」が鮮明になった。

その「守りの布陣」では森山裕の国対委員長への起用が肝だった。急速に揺らぎが表面化した政権を支える「縁の下の力持ち」の役割を森山が担うことになった。ただ森山の起用は安倍の意向が強く働いた結果とは思えなかった。もともと森山は安倍との接点は少なかった。森山は元副総裁の山崎拓が結成した山崎派を引き継いだ石原派（現森山派）の事務総長だった。ただし、〝安倍チルドレン〟と呼ばれるようなぽっと出の国会議員とは政治家としての力量は比べものにならなかった。苦学力行、刻苦勉励という四字熟語そのままの人生を歩んできた正真正銘の苦労人だった。同郷の元自民党副総裁二階堂進の城代家老を長く務め、二三年間の鹿児島市議から参院議員、そして衆院議員に駒を進めた。二〇〇五年の郵政選挙では民営化に反対して野田聖子らとともに自民党を追われた経験もあった。その郵政造反組の復党を認めたのが首相に就任した安倍晋三だった。そのため森山は盆暮れには鹿児島の名高いブランドでもある焼酎の「森伊蔵」を安倍に届けていた。農政に精通し、ＴＰＰ交渉に際しては国内調整で存在感を発揮、農水相に抜擢された。この調整力が買われての国対委員長への起用だった。その後、森山は菅義偉政権でも国対委員長を務め、さらに岸田政権では選対委員長、総務会長へと駆け上がった。

この森山の国対委員長への起用は二階が幹事長に就任してから一年というタイミングでもあった。これにより、二階の党運営が軌道に乗る。二階が目指したのは安倍一強という官邸の権力集中体制からの脱却だった。この頃、二階がよく口にしたフレーズがあった。

「俺は自分から頼んで幹事長になったんじゃない」

二階の自信の背景には官房長官菅義偉との関係強化があった。二〇一六年から人を介して二階・菅会談が定例化すると、菅は頻繁に二階に助言を求めるようになった。菅は官僚の人事権を掌握して絶大な権力を掌握しつつあったが、首相官邸では首席秘書官の今井尚哉ら「安倍一家」の壁は高く、孤立感は否めなかった。その面でも菅が二階の信頼を得た意味は大きかった。

二階は森山の国対委員長就任を契機に政府与党の「意思決定システム」を完成させた。その〝システム〟は二重構造になっていた。一つは官邸と自民党との連携強化にあった。具体的には二階側近の林幹雄と菅に加え、森山も入れた「政府、自民党、国会」の意思疎通、意見調整を恒常的に行うことだった。林は安倍と衆院当選同期で安倍も林を信頼していた。温和な人柄で話好きの林は寡黙な森山、菅の会話を成立させる潤滑油となった。この三者は、国会開会中は毎週火曜日の朝、国会近くのキャピトルホテル東急のレストラン「オリガミ」で食事を取りながら政府、自民党、国会が抱える懸案、課題をめぐって率直な意見交換を繰り返した。菅はこの場で党内はもとより二階や森山から野党情報を手に入れ、政権の政策遂行、国会運営の土台を構築していった。

やがて二〇二〇年九月の安倍退陣に伴う後継者選びで、この三者に二階を加えた四者会談がベースになって菅の総理総裁への道を開くことになった。さらに二階はもう一つの〝システム〟を整備した。与党を構成する公明党との「二幹二国」の定例化だった。「二幹二国」は読んで字の通り自公両党の幹事長、国対委員長による非公式の〝協議機関〟。ここにも必ず林が同席した。「二幹二国」は「テーマがあってもなくても開いた」（公明党政調会長・高木陽介）。新型コロナウイルスの感染拡大で安倍内閣が決定した国民全員への臨時給付金一〇万円の支給もここで決まった。

政府自民党の三者協議が毎週火曜日、そして翌日にホテルオークラの日本料理店「山里」で「二幹二国」が開かれた。第二次岸田文雄内閣成立とともに、自民党の幹事長に就任した茂木敏充は「問題があるときにやればいい」として「二幹二国」の定例化を止めた。これを契機に自公関係がギクシャクすることになったのは記憶に新しい。

二〇一七年八月の内閣改造・党役員人事は「目玉なき人事」と揶揄されたが、二階による政権の内部構造転換の契機となった。いわば耐用年数を迎えつつあったマンションが〝耐震補強〟して強度を維持したような結果をもたらすことになった。それは半面で「安倍一強」から「安倍・二階体制」へと移行するシグナルとも言えた。

また森山は独自に新たな国対を作り出した。国対は伝統的に水面下での野党との〝裏取引き〟の印象を与えてきたが、森山が徹底したのは「見える国対」だった。国民に見えるように与野党国対委員長会談の開催を事前告知した。後に立憲民主党の国対委員長となった辻元清美、安住淳との国対委員長会談のニュース映像が頻繁に流れたことを記憶している国民も多いに違いない。この会談の告知によって国民は一部とはいえ、国会で問題になっている「テーマは何か」を知る機会を得た。

3 「民進党よ、どこへ行く」

蓮舫辞任

東京都議選の大惨敗を受けて首相安倍晋三は人事断行によって局面打開に踏み切ったが、同様に深手を負った民進党は混乱が続き、出口すら見えなくなっていた。自民党に代わって政権を担うべく野党第一党として旧民主党を軸に維新の会の一部議員などが合流して民進党が結党されたのが一年前、二〇一六年三月。盤石を誇った「安倍一強」が内閣支持率の急落に遭遇し、まさに「民進党の出番」という絶好のチャンスが到来した。しかし、現実は「自民党に代わる受け皿」どころか党の存亡にかかわる内紛が進行した。東京都議選の結果は想像を超えた。幹事長野田佳彦は都議選で敗北した責任を取るとして辞任の意向を漏らしていた。東京都議選の結果は想像を超えた。選挙前に公認候補の離党者が続出し、総定数が一二七で当選者はたったの五人。その惨敗ぶりは目を覆うばかりだった。

「大阪府議会は維新に席巻されて一議席しかない。東西を代表する二つの都市でこれだけの勢力ではとても全国政党とは言えない」

民進党幹部の指摘に反論の余地はなかった。しかも東京は代表の蓮舫のお膝元だった。執行部批判が出たのは当然だったが、敗因をめぐって蓮舫の「二重国籍問題」が再燃した。

台湾人の父と日本人の母を持つ蓮舫は一九八五年に日本国籍を選択し、台湾籍を放棄したと説明したが、その後、台湾籍が残っていたことが判明したのだった。台湾籍を離脱する手続きを行った上で、一六年一〇月に日本国籍だけを持つ意思を宣言する「国籍選択届」を提出したと発表した。ただ家族のプライバシーを理由に戸籍公開を拒否し「説明責任を果たしていない」と批判され続けた。

七月一八日夕、蓮舫は民進党本部で国籍問題をめぐる疑問に答えるための記者会見を開き、あえて戸籍の公表に踏み切った。

民進党は都議選敗北の総括のため七月一〇日から一八日まで地域ごとに所属議員と意見交換する「ブロック会議」を開催してきた。すべての会議に出席していた関係者が明かした出席議員の発言が民進党の窮状を物語った。

「解党的出直し」「執行部総退陣」「離党して新党」「小池新党への合流」……。既に都議選前に将来のエースの一人と見られていた長島昭久（東京比例＝現自民党衆院議員）が離党。選挙後も政調会長代理の藤末健三（参院比例）が離党届を提出していた。元代表で首相も務めた菅直人が自らのブログで発信した。

「一九九二年の参院選では細川（護熙）さん率いる日本新党が比例で四人の当選者を出し、翌年細川連立政権が誕生した。次期衆院選と参院選で明確に原発ゼロを公約する全国規模で活動できる政党を確立し、原発推進派と対峙したい」

新党結成への呼び掛けと言ってもよかった。菅は「脱原発党＝緑の党」と新党名にまで言及した。菅がここまで踏み込んだ背景には潜在的に民進党に見切りをつけ始めた議員が相当数存在することを窺わせた。中でも都議選での東京都知事小池百合子が実質的に率いる「都民ファーストの会」に対する期待感の高まりは無視できなかった。

この記者会見から一〇日後、続投の意欲を見せていた蓮舫は再び記者会見を開き、九月末までの任期を待たずに代表辞任を表明した。

「東京都議選を通じて自身の足らざる部分に気付いた。統率する力が私には不足していた」

細野豪志の離党

民進党の代表選は八月二一日告示、九月一日投開票の日程が決まった。ところが、代表選が始まる前に異変が表面化した。将来の代表候補の一人とみられた細野豪志が離党を表明したのだった。八月四日午後のことだった。

「民進党を出て、新たな政権政党をつくる決意で立ち上がりたい」

細野は二〇一四年に旧民主党では初めてと言っていい自民党の派閥に近いグループ、「自誓会」を発足させ、穏健保守の必要性を訴え続けていた。一七年四月に『中央公論』に発表した憲法改正案に対して党内から批判が噴出、代表代行を辞任していた。ただ、細野が離党を明らかにした四日の自誓会では離党に同調する議員はいなかった。その一方で東京都知事の小池百合子との連携に関しては「いろいろな可能性を探っていきたい」と述べ、細野と小池の関係が水面下で進行していることを裏付けた。

細野の離党表明の背景には、蓮舫の辞任に伴う代表選の構図がリベラル系が推す元官房長官枝野幸男と保守派を代表する元外相前原誠司の一騎打ちとなることがほぼ確定的だったことがあった。細野は共産党との共闘路線に強く反発しており、「どちらが代表になっても共闘方針は変わらない」と漏らしていた。

民進党と共産党の共闘に関しては最大の支持組織の連合も一貫して否定的だった。連合会長の神津里季生はその点を代表選実施が決まっても繰り返し強調していた。

「イデオロギーに染まった労働運動を転換して連合を結成した歴史的経緯を踏まえれば、一緒に選挙を戦う間柄でないのは明白だ。（一六年の参院選の運動中に）共産党の人たちがやたらと目立った」「政策抜きにずるずると一緒に進めるなど、あり得ない」

共産党との共闘問題は民進党代表選の最大の争点の一つとなり、代表選後の民進党解体、さらには後の立憲民主党と国民民主党との近親憎悪に近い対立の原点となった。同根とも言える両党の狭間で神津からバトンを引き継いで女性初の連合会長になった芳野友子は、非共産から反共産に転じたかのような意向を示し、自民党との接近を厭わなくなった。

二〇一七年の代表選は、連合との関係も質的転換を遂げる分岐点だった。八月二一日の告示を迎え、予想通り前原誠司と枝野幸男が立候補を届け出た。若手の政調副会長の井出庸生（現自民党衆院議員）が出馬を模索したが二〇人の推薦人が集まらず断念した。

代表選前に細野のほかに参院議員の藤末健三、衆院議員横山博幸、木内孝胤の三人が離党届を提出。いかに離党者を防ぐかも代表選のテーマに浮上するという混乱の中で代表選が展開された。

前原、枝野の推薦人からも両陣営の違いが鮮明だった。推薦人名簿は次の通り。

前原誠司（二五人）

【衆院】阿部知子（比例南関東）、大島敦（埼玉六）、黄川田徹（岩手三）、菊田真紀子（比例北陸信越）、北神圭朗（比例近畿）、小宮山泰子（比例北関東）、篠原孝（長野一）、原口一博（佐賀一）、伴野豊（比例東海）、古川元久（愛知二）、牧義夫（比例東海）、松木謙公（比例北海道）、松野頼久（比例九州）、鷲尾英一郎（比例北陸信越）、渡辺周（静岡六）

【参院】足立信也（大分）、風間直樹（新潟）、川合孝典（比例）、古賀之士（福岡）、小林正夫（比例）、桜井

充（宮城）、榛葉賀津也（静岡）、牧山弘恵（神奈川）、増子輝彦（福島）、柳田稔（広島）

枝野幸男（二三人）

【衆院】赤松広隆（愛知五）、逢坂誠二（北海道八）、岡田克也（三重三）、菅直人（比例東京）、近藤昭一（愛知三）、佐々木隆博（北海道六）、辻元清美（大阪一〇）、寺田学（比例東北）、中川正春（三重二）、長妻昭（東京七）、西村智奈美（比例北陸信越）、横路孝弘（北海道一）

【参院】相原久美子（比例）、有田芳生（比例）、石橋通宏（比例）、江崎孝（比例）、大野元裕（埼玉）、斎藤嘉隆（愛知）、芝博一（三重）、杉尾秀哉（長野）、徳永エリ（北海道）、那谷屋正義（比例）、鉢呂吉雄（北海道）

主な争点は国政選挙での共産党との共闘のあり方や憲法改正への対応、エネルギー政策。枝野は共産党との共闘を基本的に容認する立場で、憲法九条改正は反対。これに対して前原は共産との共闘に慎重姿勢を示し、憲法改正に関しては「最優先課題でない」としつつも改憲論議には応じるべきだとした。エネルギー政策では、枝野が「二〇三〇年代の原発ゼロ」政策の目標年次の前倒しを掲げ、前原は目標の維持の意向を示した。

「個人的な付き合いより、党員の気持ちに寄り添いたい」（枝野）

「自民党に代わる二大政党制をつくるのが目標だ。歩む道に決定的な違いがあるとは思わない」（前原）

両者は全国八カ所で開かれた討論会や街頭演説などで支持を訴え投票日の九月一日の臨時党大会を

迎えた。当日は郵便投票した地方議員と党員・サポーター票の開票結果が報告された後、国会議員と国政選挙の公認内定者が投票した。

結果は前原誠司が全八五八ポイントの約六割となる五〇二ポイントを獲得して当選した。枝野は三三二ポイントだった。国会議員や公認内定者、地方議員、党員・サポーターのいずれも前原が枝野を上回った。また国会議員票のうち八票(一六ポイント)が無効票だった。「離党予備軍が投じたのではないか」との見方が出た。

前原は当選後の記者会見で決意を表明した。

「新たな体制を決め、この党をもう一度、政権交代の高みに皆さんの力で持って行くことに力を注ぎたい」

前原は代表選の公約通り、共産党との野党共闘について見直しを検討する考えを表明した。ただその一方で新たな共闘問題が浮上していた。東京都知事小池百合子との関係だ。細野が民進党からの離党を表明したのに続き小池側近の衆院議員若狭勝(無所属)が八月七日、国会内で記者会見し、次期衆院選を見据えた新党の結成に向け、政治団体「日本《にっぽん》ファーストの会」を既に七月一三日付で設立したことを発表した。候補者確保のため、政治塾「輝照塾《きしょう》」も発足させ、九月一六日の初回会合の講師には小池を招くことを明らかにした。小池が事実上率いる地域政党「都民ファーストの会」との連携は明らかだった。この若狭との連携に関しても前原は「理念や政策に共鳴してもらえれば協力するのは当然」と説明した。

この混迷する民進党代表選の最中の八月二七日、党を代表した政治家がこの世を去った。元首相羽田孜だ。享年八二歳。田中角栄の薫陶を受け、自民党の派閥政治のど真ん中で政治家としての経験を積んだ羽田は、いつしか「金のかかる政治」の矛盾に強い疑問を抱く。行き着いた結論が「選挙制度を変えなければ金権政治は変わらない」というものだった。その思いは衆院選挙制度改革に向かった。やがて羽田の思いは中選挙区制から現行の小選挙区比例代表並立制に結実した。羽田はこの改革実現のため九三年に自民党を離党し、小沢一郎とともに新生党を結成、党首として自民党を初めて野党に転落させた立役者の一人となる。その後も新進党などを経て旧民主党の精神的支柱となってきた。欲のない羽田は「真っすぐな頑固者」と呼ばれ、数少ないまとめ役だった。民主党以来の野党第一党の終焉を告げるような死だった。長男の雄一郎は参院議員となり、野田佳彦内閣で国土交通相を務め、民進党の流れを汲んだ立憲民主党の代表候補と目されたが、二〇二〇年一二月、新型コロナウイルスに感染して急逝した。議席は弟の次郎に引きつがれている。

解散風の加速

東京都議選の都民ファの圧勝は国政を巻き込まずにはおかなかった。蓮舫の辞任表明によって民進党が内紛の収拾に追われている間に政界の流れは民進党を置き去りにするように激しさを増していた。

解散風を加速させる事情が生まれた。一〇月二二日に衆院の三選挙区で補欠選挙が実施されることになったからだ。いずれも自民党の現職衆院議員の死去に伴うものだった。木村太郎(青森四区)、白石徹(愛媛三区)、そして八月一九日に長島忠美(新潟五区)が急死して「トリプル補選」が確定、「ミニ総選挙」の性格を帯びた。とりわけ長島の急死は衝撃だった。長島は大きな被害を出した二〇〇四年の中越地震の際、山古志村の村長を務め、全村避難の決断をした。その実績を買われ党内では東日本大震災の復興など災害対応の中心にいた。自民党本部の玄関には今も長島を偲んで山古志村を代表する泳ぐ宝石と呼ばれる「錦鯉」が水槽に展示されている。長島が所属した二階派の会長で幹事長だった二階俊博の思いがこもっている。

それはさておき、「トリプル補選」確定の政治的インパクトは大きかった。公職選挙法の規定に基づき補選は一〇月一〇日告示―二二日投開票の日程が決まった。もともと補選には本来の「欠員補充」に加え、その時々の国民世論の動向を判断する重要なリトマス試験紙の役割を果たす一面がある。死去した三人とも自民党の議員だったことで、本来なら「弔い選挙」で「負けない選挙」のはずが、それぞれに事情を抱え楽勝とは言えないことも議員心理に影を落としていた。中でも愛媛三区は岡山の学校法人「加計学園」の獣医学部新設問題で話題の焦点になっている今治市に隣接する選挙区で、この問題の影響を受けないはずがなかった。七月二三日の仙台市長選で自公が支援した候補が野党候補に競り負けたばかり。仙台市長選は都議選で圧勝した「都民ファーストの会」のような第三の受け皿のない〝ガチンコ対決〟で敗退しただけに自民党にとってより事態は深刻だった。

何があるか分からないのが政治だ。とりわけ補選前に新内閣で不祥事、スキャンダルが発覚すれば、政権の命取りになる可能性が生じる。仮に補選を乗り越えても臨時国会、そして翌年の通常国会を無事に乗り切れる保証はどこにもなかった。そこで浮上したのが「電撃解散説」だった。口火を切ったのが自民党幹事長の二階俊博だった。

「そう遠くない日に解散がある。立ち遅れは許されない」

新しく選対委員長に就任した塩谷立は、八月三日の就任記者会見で党内を引き締めた。

「一年数カ月以内に衆院解散があり、新しい区割りでの選挙になる。しっかり態勢を整えたい」

公明党も急速に早期解散論に舵を切りつつあった。公明党は都議選で東京都知事の小池百合子が率いる「都民ファーストの会」と選挙協力を結び、候補者全員の当選を勝ち取った。しかし、都民ファーストが国政に討って出るとなると、長年の「自公共闘」なのか、都民ファーストとの「小・公路線」かの選択を迫られることになる。そこで公明党内には小池が国政進出を決断する前の衆院総選挙への期待感が生まれた。そして何よりも際立ったのは自民党内の空気の変化だった。「混乱の続く民進党の選挙準備が整わないうちに選挙に持ち込む」(自民党幹部)――。そんな声が自民党内に出始めた。「いつの選挙なら勝てるというよりも、いつの選挙なら負けが少ないか」(選対幹部)。解散になれば「学園シリーズ」と揶揄された「森友・加計問題」も吹き飛ぶ。こうした中で八月二三日午前、二階俊博と井上義久による自公幹事長会談が開かれ、秋の臨時国会を九月二五日からの週に召集する考えで一致した。会談ではさらに景気対策のための補正予算編成の必要性でも合意した。もともと秋の臨時国会では差し迫った課題は少なく、一〇月召集が〝相場〟だっただけに明らかに召集前倒しと言ってよかった。その背後に「いざ鎌倉」の意図が隠されていた。トリプル補選に費やすエネルギーを考えると、むしろ衆院解散総選挙に向かうのが政治家心理としては常識に近かったからだ。

沈黙する安倍

永田町がざわめく中で首相安倍晋三は長い沈黙を守った。安倍は八月一〇日に地元山口県にお国入りしたが政治向きの発言が全く聞こえてこなかった。この間に安倍の動静が大きなニュースになったのは終戦の日(一五日)の午前中に北朝鮮情勢をめぐって行われた米大統領ドナルド・トランプとの電話会談ぐらいだった。一五日夕、一度は山梨県鳴沢村の別荘に行ったものの北朝鮮情勢を考慮して大好きなゴルフもせずに一八日には東京に戻り、私邸で「夏休み」を過ごした。ただ一つ動きがあったとすれば、夏の恒例行事と言っていい日本財団会長笹川陽平の別荘で一五日夜に開かれた夕食会だった。二〇一四年を除いて政権に復帰して以来安倍が必ず出席していた。とりわけこの年は顔ぶれの豪華さから様々な憶測を呼ぶことになった。

常連の森喜朗を筆頭に小泉純一郎、麻生太郎、安倍も加えると四人の首相経験者が顔を揃えた。他に政治家では経済再生担当相の茂木敏充、官房副長官西村康稔、自民党幹事長代行萩生田光一。そして民間人ではフジテレビ相談役の日枝久らが出席した。萩生田が自身のブログでその一端を明かした。

「いつもは安倍総理が中心でしゃべるのですが、さすがにこのメンバーでは聞き役に回って森、小泉内閣での副長官時代の思い出話で盛り上がりました」

かつて中曽根康弘は意表を突いた「死んだふり解散」によって大勝したことがある。安倍の夏休みを装った「戦略的沈黙」は様々な憶測を呼んだ。

米朝応酬

国内政治の混迷と並行するように朝鮮半島がきな臭くなってきた。米大統領トランプが北朝鮮の朝鮮労働党委員長金正恩と常軌を逸した言葉の応酬を続けていたからだ。発端は八月八日のトランプ発言にあった。

「米国をこれ以上威嚇しない方がいい。(北朝鮮は)世界が見たこともない炎と怒りに見舞われることになる」

これを受けて北朝鮮は弾道ミサイル四発を米空軍基地のあるグアム沖の海上に打ち込む用意のあることを表明し、さらにこう付け加えた。

「その際には島根、広島、高知の三県の上空を（ミサイルが）通過する」

陸上自衛隊はこの三県に加えて愛媛県の駐屯地に地対空誘導弾パトリオット（ＰＡＣ３）を緊急展開した。

政府は北朝鮮の度重なるミサイル発射に備えてこの年の六月から「Ｊアラート（全国瞬時警報システム）」の運用を始めていたが、実際の運用では不手際が目立った。

八月二九日の日本上空を通過したミサイル発射の際に運用された。発射は午前五時五八分ごろ。安倍は二五分後の六時二三分、まだ照明が点灯していない官邸に入った。

Ｊアラートは緊急情報を国から素早く関係地の住民に伝え、避難してもらうための仕組みで、この情報を受け、安全を確認するため、東北、上越、北陸、北海道の各新幹線、対象地域のＪＲ在来線、私鉄の一部路線が運転を一時的に見合わせた。ダイヤは乱れ、利用者に影響が出た。

ところがＪアラートと連動する防災行政無線の誤作動が相次いだのだった。官房長官の菅は記者会見で釈明した。

「訓練の在り方を見直すなど、しっかり情報伝達が行われるようにしたい」

住民からは「どこに逃げたらいいか分からない」との不満が出て運用の見直しが迫られることになった。相次ぐＪアラートの作動により北朝鮮の活発な示威行動の状況を国民が肌で感じることになったのも事実だった。

4　「希望の党」

「山尾志桜里幹事長」の躓き

「ホップ、ステップ、肉離れ」——。

これは元首相野田佳彦が、旧民主党が政権を取る前に口にした〝迷言〟である。政権に手が届くところまで行きながら些細なことが原因で何度も取り逃がしてきた民主党の体質を、自嘲を込めてこう語った。それは政権を手にしてからも同じだった。そこが自民党との違いでもあった。自民党は徹底的に政権という権力にこだわった。旧社会党と手を結んだ「自社さ政権」、公明党との「自公連立」……。それに対して民進党は源流である民主党が政権を手にした以降も変わることなく内紛、対立の体質を引きずり続けた。

新代表に選出された前原誠司が最初の人事で大きく躓いた。前原が幹事長に白羽の矢を立てたのが元政調会長の山尾志桜里だった。山尾は衆院当選二回生ながら検事出身らしい鋭い切り込みでたびたび首相安倍晋三を厳しく追及、一躍民進党のエース的存在に駆け上がった。民進党内では七月の東京都議選で大敗した後、党勢立て直しのため「代表蓮舫—幹事長山尾」の構想が浮上したこともあった。前原が山尾の幹事長起用に傾いたのも山尾の「突破力」と「選挙の顔」に懸けたからだ。さらに「昔の名前ばかり」と揶揄された民進党執行部の顔ぶれを一変させる狙いもあった。

思い切った人事の断行には逆に周到な根回しや準備が不可欠。前原には苦い過去があった。二〇〇六年二月の衆院予算委員会で、当時の民主党議員が「偽メール」と知らずに自民党を追及した。当時の首相小泉純一郎は「ガセネタ」と批判。これに対して民主党はメールの信憑性を証明することができず、当時代表だった前原ら民主党執行部の引責退陣に発展した。

「メール問題をここまで引きずったすべての責任は私にある」

その後も前原は二〇一一年三月、外国人献金問題の責任を取って外相を辞任している。前原は明晰な頭脳と歯切れのいい発言で政治家として存在感を増してきたが、どこか詰めの甘さが同居した。「山尾幹事長」に関しても脇の甘さが露呈した。党内調整をどこまでやったのか。党内から不満、反発が続出した。そのタイミングで今度は山尾をめぐる〝文春砲〟の噂が党内を駆け巡った。『週刊文春』による若手弁護士とのスキャンダル報道だ。山尾は強く否定したが、「選挙の顔としての役割はこの時点で終わった」(民進党幹部)。むしろ「危機管理が成功した。正式に幹事長に就任していたら前原体制はあっという間に崩壊していた」という声さえ出た。

前原は九月五日の両院議員総会で頭を下げた。

「人事のことでご心配をお掛けしていることに、おわびを申し上げたい」

山尾は自ら幹事長就任を辞退し、前原は代表選で前原陣営の選対本部長を務めた元総務副大臣大島敦を幹事長に指名した。山尾は七日になって離党届を提出した。内定した主要人事の変更は異例。前原の指導力に早速、疑問符が付いた。前原自身が無傷でいられるはずはなかった。代表選挙で勝った代表だけが握れる人事権を自ら毀損してしまった。思い通りの人事を貫けなかったという事実は党全体への影響力を失うことと同義と言ってよかった。

民進党が受けた「山尾ショック」のダメージはそれだけに止まらなかった。心理的な影響だ。党幹部も動揺を隠し切れなかった。

「山尾さんは純粋に民進党の将来を担っていく政治家と思っていただけに、もはや民進党に先がないと考える人が増えるのではないか」

既に代表選を前に元環境相の細野豪志ら有力議員の離党者が相次ぎ、代表選の国会議員投票でも八人の棄権者が出ていた。「離党予備軍」の反乱の予兆とみられた。

前原は代表選を戦った枝野幸男を代表代行に起用した。政調会長には政調会長代理の階猛《しなたけし》、国対委員長には元官房副長官の松野頼久。選対委員長には元厚生労働相長妻昭をそれぞれ充てた。

しかし、この陣容はほとんど意味をなさなかった。安倍は早期に臨時国会を召集して解散総選挙に向かっていたからだ。その点では選対委員長人事が最大のポイントだった。選挙対策委員長に就任した長妻昭は民進党の自主再建路線に重きを置く実力者。小池との連携に前向きな前原がなぜ長妻を指名したのか。執行部内での路線対立の懸念が生まれた。その点でも前原には衆院選で勝ち抜くための綿密なシナリオと深い洞察があったとは思えなかった。

前原は自らの人事失敗で逆にピンチに追い込まれた。民進党は安倍政権に黄信号が灯っている間に、党勢挽回の絶好のチャンスをみすみす逃してしまった。安倍は再び民進党の敵失に救われた。自民党からは民進党を揶揄するこんなフレーズも耳に飛び込んできた。

「『もり・かけ』で苦しめられていたが、民進党の『ざる』に助けられている」

衆院解散を決意

「やろうと思えばいつでもやれる」

自民党幹事長の二階俊博は民進党の人事でのもたつきを見逃さなかった。確かに新幹事長大島敦の初仕事が離党予備軍とされた議員たちの説得だったことからも自民党の「勝機」が見えた。民進党はとても選挙準備どころではなかったからだ。山尾に続いて衆院議員鈴木義弘(比例北関東)が九月一三日に離党届を提出した。鈴木は細野との連携に言及した。

「細野氏といろいろ相談したい。協議して同じ方向なら連携できる」

鈴木の他にも笠浩史（神奈川九区）、後藤祐一（同一六区）の細野グループ所属議員の離党が取り沙汰された。さらに岸本周平（和歌山一区＝現和歌山県知事＝）、福島伸享（比例北関東）も離党考慮中とされた。

二階が衆院総選挙に自信を持ち始めたのは民進党の事情だけではない。自民党が実施していた全国の選挙情勢調査の結果にもあった。

「自民党はそんなに負けない。せいぜい二〇か三〇議席減ぐらいではないか」

しかし、一〇月二二日の投開票が決まった「トリプル補選」の情勢が思わしくなかった。自民党内に解散慎重論が根強くあったのは補選の行方が不透明という理由だけではなかった。九月に入って内閣支持率が復調傾向にあったのは確かだったが、支持率が戻った要因を見ると、手放しで喜べる状況にはないことが判った。安倍が成果を挙げた結果ではなく、北朝鮮の相次ぐ核実験と弾道ミサイル発射が〝追い風〟になっていたことだった。

「この戦後最大の安全保障上の危機に対応できるのは安倍首相しかいない」（安倍側近）

そして安倍自身が「沈黙」を貫いてきたことも、支持率回復の一因とみられた。いわば「北朝鮮・民進党・安倍の沈黙」が支持率を回復させたと言えた。このため自民党選対内にも楽観論を諌める声があった。

「次の選挙は自民党に投票するかしないのかの選挙だ。もともとあった無党派層内の自民支持者が逃げた状況に変わりはない。選挙をやる時ではない」

こうした中で政権中枢の蠢きが始まった。九月一〇日夜、東京・富ヶ谷の安倍邸を副総理兼財務相の麻生太郎が訪ね、一時間半にわたって話し込んだ。安倍政権では大きな政治決断をする際に麻生が安倍を訪ねて最終的な協議をすることが定着していた。麻生はかねてから早期解散論者として知られていた。この日も麻生は安倍に解散を進言したとみられた。

二〇一四年の抜き打ち解散の時と運びが似てきた。この時の解散総選挙は八月上旬に安倍が解散を決断。その後、内閣改造を断行。さらに一〇月末に日銀が追加金融緩和を決定する。日銀総裁の黒田東彦《はるひこ》の名にちなんだいわゆる「黒田バズーカ」。そして止めは一一月一〇日に行われた中国の国家主席習近平と安倍との初めての首脳会談だった。その直後の二一日、安倍は解散を断行した。

それから三年。安倍は八月二九、三〇日の二日連続でトランプと電話会談した。日本列島越えの弾道ミサイルを発射した北朝鮮への圧力を強化することで一致した。北朝鮮は九月三日、国営メディアを通じ、大陸間弾道ミサイル（ＩＣＢＭ）搭載用の水爆実験を実施し「完全に成功した」と発表した。トランプへの挑発とも言えた。北朝鮮の核実験は六回目で、爆発規模は過去最大。トランプは「ならず者国家」と非難した。

北朝鮮による核実験強行を受け、安倍とトランプは電話会談を三日の朝と夜、二回も行った。安倍は三日夜にはロシア大統領のプーチンとも電話会談を行った。その後の安倍は驚くような過密スケジュールで外国訪問をこなした。九月五日には一泊二日でロシアのウラジオストクで開催された東方経済フォーラムに出席。プーチンと会談後、六日に帰国した。ここから先は外国訪問と日本に帰国中の重要政治会談が同時並行で進行した。

一三日午前にはインド訪問のため再び羽田空港を旅立った。安倍・麻生会談はこの隙間を縫うようにセットされた。そのことだけでもいかに重要な会談だったかが伝わってきた。インドからの帰国は一五日午前。帰国後最初の個別会談の相手は二階だった。一八日が最大のヤマ場となった。午前中に東京・富ヶ谷の私邸で公明党代表の山口那津男と与党党首会談を行い、引き続き私邸で二階とも会談した。事実上、ここで衆院解散のスケジュールが固まったと言ってよかった。現に二階は翌一九日の自民党の役員連絡会で、一八日に安倍と会談した際、早期の衆院解散に向けた準備を指示されたことを明らかにした。

「解散は国連総会から帰国後に決めるのでよろしくお願いしたい」

安倍は二階との会談を終えると、そのまま羽田空港から政府専用機でニューヨークに向かった。ニューヨークでは国連総会で演説したほか外国首脳との会談を重ねた。イスラエル首相のネタニヤフ、イラン大統領のロウハニ、国連事務総長のグテレス、ヨルダン国王のアブドラ。フランス大統領のマクロン、国際オリンピック委員会（IOC）会長のバッハ、トルコ大統領のエルドアン、米大統領トランプ。韓国大統領の文在寅とは初めての会談だった。二二日の帰国は深夜の一一時半を過ぎていた。富ヶ谷の私邸に戻った時は日付が変わって二三日の未明になっていた。まだ安倍が帰国の途上にあった二二日に政府は持ち回り閣議で臨時国会を九月二八日に召集することを決定した。官房長官の菅義偉は直ちに衆参両院の議院運営委員会理事会で、召集を伝達した。

ふり返ると、九月中旬にはトランプがこの年の一一月五日に初めて来日することが決まっていた。北朝鮮をめぐる日米同盟の強化は安倍にとって格好の解散権行使の大義名分を手にすることを意味した。安倍は解散断行に向け大きく舵を切った。

解散断行

安倍の急ピッチのスタンスの変化は野党側の動きにも大きな影響を与えた。東京都知事小池百合子を中心にした都民ファーストの会との連携を模索する細野豪志は小池側近の衆院議員若狭勝との協議を重ねていた。次期衆院選で「非自民、非民進」を掲げ、民意の受け皿を目指す新党旗揚げのシナリオを描いていたが、解散が早まれば新党が間に合わない可能性が出てきた。安倍・麻生会談の翌日の九月一一日夜、細野・若狭に小池が加わって初めての三者協議が行われた。

一五日には「小池新党」の結成に向けての動きが本格化した。民進党の衆院議員笠浩史、後藤祐一の二人が離党届を提出して新党参加に意欲を表明。新党に必要な五人の国会議員は確保できる見通しとなった。しかし、安倍の方が一手先を行った。九月二五日、安倍は記者会見を開き、衆院解散を宣告したのだった。

「二八日に衆院を解散する。国民の信任なくして、国論を二分するような大改革を前に進めていくことはできない」

安倍は周辺にこう語っていた。

「大きな賭けになると思う」

安倍は二〇一四年にも同様の「奇襲解散」に踏み切り、大勝を収めた成功体験がある。ただし、当時は解散に向けたある程度の予兆があったが、この時は全くの不意打ちだった。おそらく安倍の決断を事前に知っていたのは一〇人を超えることはないだろう。

「敵を欺くには味方から」――。それほど極秘に進められた解散シナリオだった。安倍はいつ決断したのか。自民党幹事長代理の林幹雄はこう語った。

「解散については秋の臨時国会中に断行することは決まっていたようだが、時期については一一月選挙と思っていた」

とりわけ官房長官菅義偉は、一一月五日に内定した米大統領ドナルド・トランプ来日後の「トランプ解散」の立場に立っていた。それが一気に臨時国会召集日の九月二八日の冒頭解散に安倍を駆り立てたのは「山尾ショック」だった。一時は「民進党の救世主」とみられていた山尾をめぐるスキャンダルが発覚して山尾は一転して離党に追い込まれた。これをきっかけに安倍が動いた。九月七日夜、自民党の事務総長元宿仁に電話を入れた。

「詳細な選挙情勢調査をやってもらいたい」

これに対し元宿は安倍に二つの点について進言を行った。

「解散の大義名分をはっきりさせてください。そして北朝鮮情勢が緊迫化する中で選挙をやる理由を国民に丁寧に説明することが必要です」

安倍は自民党幹事長の二階とも頻繁に連絡を取った。連立与党のパートナーである公明党代表の山口那津男は安倍との会談を受けて公明党の支持母体である創価学会に連絡を取り、全国に指令を発した。週末の一六日の土曜日、創価学会は全国一三ブロックに分けた「方面長会議」を緊急招集した。二〇一四年の衆院解散前と同じ手順が踏まれた。この動きをメディアが察知、翌一七日の各紙朝刊一面に「衆院解散」の大見出しが躍ることになった。安倍が描いた選挙日程はこの時点で既に固まっていた。

「九月二八日解散、一〇月一〇日公示、二二日投開票」

トランプの来日日程から逆算した「初めにトランプ来日ありき」の選挙日程だった。一一月五日に新内閣でトランプを迎えるには一〇月二二日投開票がぎりぎりのタイムリミット。首相指名選挙を行うための特別国会を召集するには最短でも一〇日が必要。安倍は過去二回の衆院選後の特別国会を投開票日から一〇日後に召集していた。

ただしこの選挙日程は大きな「北朝鮮リスク」を伴った。衆院選挙の最中に北朝鮮が果たして何もせずにやり過ごすだろうか。そんな懸念が残った。ましてや国連総会に出席したトランプが行った九月一九日の演説はこれまでにない激越なものだったからだ。

「北朝鮮の脅威により米国が自国や同盟国の防衛を迫られれば、北朝鮮を完全に破壊するしか選択肢がなくなる」

この前日には国防長官のマティスも北朝鮮を強く牽制した。

「ソウルを重大な危険にさらさずに北朝鮮に軍事力を行使する選択肢はある」

過激な演説に北朝鮮が強く反発するのは目に見えていた。にもかかわらずあえて解散に踏み切るのは今以上の北朝鮮の危機が忍び寄るからという認識だった。

衆院解散が動かなくなった九月二〇日、趣味のサイクリング中に転倒して前年の七月に幹事長を辞任した谷垣禎一（元自民党総裁）が衆院選への不出馬を安倍や二階に伝えた。これにより谷垣は河野洋平に続き首相になれなかった二人目の自民党総裁になることがほぼ確定した。谷垣は二〇二二年に産経新聞の「話の肖像画」で当時を振り返った。

「まだ五〇歳ぐらいだったら障がい者福祉のために国会議員を続ける選択肢もあったかもしれませんが、年も年ですしね」（当時は七二歳）

ただ谷垣を中心にした政策グループ「有隣会」は存続し、二〇二一年九月の岸田文雄政権誕生では一定の存在感を発揮し、岸田は政権の要路に谷垣グループの幹部を配した。その筆頭格が選対委員長の遠藤利明だった。

「国難突破解散」

二〇一七年九月二五日午後六時過ぎ、首相安倍晋三は記者会見で就任以来二度目となる衆院解散権の行使を表明した。冒頭の首相発言で安倍はこう締め括った。

「この解散は、国難突破解散であります。急速に進む少子高齢化を克服し、我が国の未来を開く。北朝鮮の脅威に対して、国民の命と平和な暮らしを守り抜く。この国難とも呼ぶべき問題を、私は全身全霊を傾け、国民の皆様と共に突破していく決意であります」

つまり安倍は少子化問題と北朝鮮の脅威の二つを「国難」と位置づけて「信を問う」としたのだった。少子化対策に関しては再び消費税に触れた。二〇一九年一〇月に予定された消費税率一〇％への引き上げに伴う税収の使途の変更を表明したのだった。法律では増収分は国の借金返済に充てるとされていたのを幼児教育の無償化などに二兆円を振り向けると説明した。北朝鮮への圧力路線にも「信任を得たい」と訴えた。安倍は「国民との約束を変更し、重い決断をする以上、国民に信を問わなければならない」と述べ、解散の大義名分としたが、牽強付会の批判は免れなかった。

安倍の解散権行使の背景に野党側が厳しく批判した「もり・かけ」問題があったことは否定できなかった。前原は「国会審議を避けるための冒頭解散」とし、「自己保身解散」と切り捨てた。ただ安倍は「私自身への信任を問う」と述べ、進退を懸けた選挙であることを強調した。苦し紛れの解散と言えた。

小池が放った一撃

安倍が逃げるように解散総選挙に踏み切る中で東京都知事の小池百合子は虎視眈々と一撃の機を窺っていた。前述のように既に小池別動隊とも言えた若狭勝は国政進出を見据えた政治団体「日本ファーストの会」を設立、その後政治塾「輝照塾」を開講して小池を講師として招き「小池新党」の結成に向けてメディアも巻き込んだ流れを作っていた。これに呼応するように民進党から細野豪志らが離党して新たな渦が生まれていた。「輝照塾」に出席した小池は国政への関与に強い意欲を表明した。

「この国がどうあるべきかを議論し、政策を作ることを塾のベースにできれば国民も希望を抱ける」

そして九月一九日、細野と若狭が会談して臨時国会召集前に新党を結成することで合意した。さらに新党の候補者を東京の衆院二五小選挙区全てに擁立する方向で調整に入った。名古屋市長で政治団体「減税日本」代表の河村たかしも「小池新党」について「一緒にやっていくのは間違いない」と述べた。同時に自身の衆院選出馬も選択肢との考えを示した。名古屋市で記者団に語った。

九月二五日、小池は狙いすましたように安倍が記者会見で衆院解散を表明する約三時間前に自らの記者会見をセットした。ただし会見設定の名目は上野動物園のジャイアントパンダの赤ちゃんの名前の発表だった。パンダの人気は圧倒的だった。あらゆるジャンルのメディアが集まった。まさしく「人寄せパンダ」。小池は「香香《シャンシャン》」と命名したことを告げると、その流れで新党結成へと話題を転じた。

「『希望の党』を立ち上げたい。これまで若狭勝さん、細野豪志さんをはじめとする方々が議論をしてこられたが、リセットして私自身が立ち上げる。都政については現在も都知事なのでしっかりとやっていく。都政により磨きをかけ、さらにスピード感を確保していくためには国政に何らかの関与が必要だ」

記者団から質問が飛んだ。

「新党での立場は」

小池の答えは明快だった。

「代表です」

小池は側近の若狭勝と細野の間で続けられてきた新党結成に向けた協議を「リセット」と述べて一刀両断に切り捨てた。その上で都知事との二足の草鞋で選挙戦に立ち向かうことを表明したのだった。もはや既定路線となり、鮮度が落ちた安倍の衆院解散会見のお株を奪う「小池劇場」だった。翌日夜、極秘会談が行われた。顔を揃えたのは小池と民進党代表の前原誠司、そして民進党最大の支持団体である連合の会長神津里季生だった。この顔ぶれからも小池が表明した「希望の党」は奥行きと広がりを感じさせた。ここでの神津の発言がその後の流れを決定づけた。

「(安倍)一強政治に終止符を打つには一つの塊になることが望ましい。戦国時代の策略みたいな解散なのだから想像を超えることが起きても不思議はない」

ここで重要な合意がまとまる。民進党所属の衆院議員の個別合流方式だった。あくまでも「希望の党」の主導権を握りたい小池と、議員の生き残りを最優先に考えた前原の妥協の産物と言ってよかった。いわば「城を焼き払って兵はそれぞれの戦いで生き残りを目指す」ことを意味した。まさしく「大死一番」――。前原の渾身の決断だった。

「小池人気」と民進党が持つ「資金力と組織力」の合体という側面も否定できなかったが、これによって前原が常々語っていた「与党候補と一対一の構図をつくる」ための道筋ができたかに見えた。

ただし安倍の解散に大義がないのと同様に新党側も大きな矛盾を抱えていた。小池が「政権選択選挙」と位置付けながら選挙後の首相指名選挙での候補者を誰にするかを、自身を含めて明らかにしていないことだった。民進党との政策の違いをどう埋めるかについても説明がなかった。「アンチ安倍首相」が目的化してしまえば再び日本の政治に混乱が始まる。かつて小池、前原の二人がともに参画した細川護熙政権はあっという間に崩壊した。選挙制度改革を成し遂げた後、政権の共通政策目標を見失ったからだった。「非自民政権」しか接着剤がなかったことが露呈した。

「奇襲新党」

九月二七日午前九時半すぎ、再び小池ならではの派手な演出で小池劇場が始まった。小池が代表に就任した「希望の党」の結成記者会見だった。東京・新宿の東京都庁に近いホテル・パークハイアット東京。壇上には民進党を離党した元環境相細野豪志、その細野と新党結成について協議を重ねてきた若狭勝、さらにサプライズがあった。「日本のこころ」の参議院議員中山恭子らが並んでいたことだった。それだけではなかった。突然、会見場が暗転されて壇上左右のモニター画面にビデオが流れた。そこに男たちに囲まれてその真ん中を颯爽と歩く東京都知事の小池百合子の姿があった。テレビドラマのような演出は小池の存在をさらに際立たせた。

小池は「しがらみのない政治」というキーワードをちりばめながら結党の意義を強調した。

「危機感を共有する仲間が集まった。寛容な改革の精神に燃えた保守、新しい政党だ」

安倍は小池と「理念は同じ」とエールを送りながらも危機感を募らせた。周辺には本音を吐露していた。

「小池さんが前に出ると出ないとでは（新党の）獲得議席で一〇議席は違う」

安倍の死後に出版された『回顧録』での小池評は、この小池新党のことを指したのではないか。小池を「ジョーカー」と断じたのである。

「彼女を支えている原動力は、上昇志向だと思いますよ。（中略）でも上昇して何をするかが、彼女の場合、見えてこない」

自民党は小池に二カ月前の東京都議会議員選挙で煮え湯を飲まされたばかり。ここでもう一つの焦点が浮かび上がった。公明党の立ち位置だ。公明党は都議選で小池と選挙協力を結んだが、国政では自民党の連立のパートナーである。公明党代表の山口那津男は「都政は都政、国政は国政」と釈明したが自民党には根強い「公明不信」がなお残っていた。

公明党はこの衆院選でも東京一二区で前代表の太田昭宏が立候補するのをはじめ北海道、神奈川、大阪、兵庫の計九小選挙区で候補者を立てることが決まっていた。

「小池新党との関係をしっかり整理してもらわないと自民党として全力応援できない」

二階は創価学会中枢にこう通告した。この公明党対策を一手に引き受けたのが、小池と厳しく対決する官房長官の菅義偉だった。前年の都知事選以来の遺恨試合の再来だが、勢いは小池が勝った。小池は「選挙についてどう対応するかは公明党が考えること」と公明党を突き放す一方で、公明党にジャブを放った。選挙後の特別国会の首相指名選挙では山口の氏名を書くというのだ。

山口は慌てたのだろう。小池新党とは一線を画することを示すために小池批判に転じた。

「都知事の職責は重い。国政レベルの政党の代表職と、二足の草鞋が務まるほど生易しいものではない」

しかし、都民ファーストのお陰で当選した公明党の都議会議員がいきなり小池と絶縁できるとは思えなかった。小池はテレビプロデューサーを自認する。劇場を盛り上げる演出は天才的でもある。新党発表の日に、小池は反原発の象徴でもある元首相小泉純一郎とも会談した。会談の中身はどうでもよかった。小泉と会った事実が大きな効果を付加させることを計算していた。小池は小泉が断行した郵政選挙の刺客第一号。さらに小泉は元首相細川護熙を担いで東京都知事選を戦った。訴えたのは「原発ゼロ」。その細川と小池は日本新党を立ち上げている。それが非自民の細川連立政権の誕生につながる。小池は自民も民進も腰が引ける「原発ゼロ」を掲げた。

民進党は野党共闘による安倍との対決の構図を描いていたが、それどころではなくなった。小池新党に傾く候補者の足止めに追われた。自民党では反安倍の筆頭格の元幹事長石破茂は早くも小池新党との連携の必要性を説いた。小池新党との距離感をどう取るのかが選挙の焦点に浮上した。選挙の洗礼を一度も受けていない「希望の党」が明らかに「台風の目」になった。

安倍がこの時期に解散を決断したのは急落した内閣支持率による政権の弱体化に歯止めをかけることにあった。

「内閣改造は政権を弱くするが、解散は政権を強くする」

こう語ったのは安倍の大叔父に当たる元首相佐藤栄作だ。佐藤は在任中に二度の衆議院解散を断行して七年八カ月の長期政権を全うした。首相安倍晋三もその佐藤に倣ったのだろう。

それにしてもなぜ安倍はここまで急いだのか。安倍は周辺に緊張の度を日々増幅させる北朝鮮情勢をその理由に挙げた。

「国連の対北朝鮮制裁の効果が出てくるのは年末から年明けにかけて。それ以降は米国の軍事オプションを含めてあらゆる可能性が想定され、選挙どころではなくなる。そこから先も選挙はやれなくなる可能性がある」

官房長官の菅と防衛相小野寺五典には首都圏以外の選挙応援に行かないという異例の「禁足令」が出た。

小池の不意打ちにあった「大きな賭け」の代償を安倍自身も覚悟していたのだろう。記者会見でこう言い切った。

「本当に厳しい選挙になることを覚悟している。自公で過半数(二三三)を取れなければ私は辞任する」

小池の慢心

勢いに乗る小池は「希望の党」の結党記者会見が行われた九月二七日に新党の綱領を発表している。小池は「日本をリセットするために党を立ち上げる」と述べ、綱領を発表した。

ただし小池は、「あくまでも都知事としてこの戦いに臨む」と述べ、衆院選での自らの国政転出を否定した。結党の意義にも触れ、安倍との違いを強調した。

「危機感を共有する仲間が集まった。寛容な改革の精神に燃えた保守、新しい政党だ」

記者会見には小池に近い若狭勝、民進党を離党した細野豪志、日本のこころを離れた参院議員中山恭子ら国会議員一四人も出席したが、新党の全容はまだ不透明だった。さらに小池は後に混乱を招来するキーワードを口にした。

「改革精神のベースにあるのは保守だ」

また民進党から選挙資金を提供できるようにするため、①候補者は民進党籍を持ったまま②民進党を衆院選の届け出政党とはしない③比例代表名簿も作らず、希望の党に一本化する——などが固まった。

この案は二六日に行われた前原、小池と連合会長の神津里季生による三者会談で示され、神津は了承した。しかし、小池は民進党と連合の合意を尊重するとしたが、公認希望者を全て受け入れるかどうかは明確にしなかった。

空中分解した「希望の党」

新党「希望の党」をめぐる混乱が続く中で衆議院が解散される九月二八日を迎えた。民進党は衆院本会議の開会に先立って事実上の解党を決める両院議員総会を開いた。冒頭で前原が切り出した。

「起死回生の策で多くの仲間を当選に導き、政権交代を実現するにはこれしかない」

しかし離党者が相次いだ民進党は既に求心力を失っていた。党の存亡に直結する前原の重大提案をすんなり受け入れた。時間にして約一時間半。当面は民進党に残留する参院側からも質問はまばらだった。当然のことだが一部の議員からは合流への不安を指摘する質問が出た。

「希望による『選別』はないと断言してほしい」

「新しい公認はいつ出るのか」

しかし前原には確証がなかった。

「全員が行けるように小池氏と話し合いたい」

最後は拍手で提案を了承した。拍子抜けするような議員総会になったのは、大多数が新党での選挙を望んでいたからにほかならなかった。午後零時すぎ、衆院本会議が開会されると議長席後ろの大きな扉が開き、官房長官の菅義偉が紫の袱紗《ふくさ》に覆われた解散詔書を手に入場した。議長の大島理森が直ちに詔書を読み上げ、衆院は三年ぶりに解散された。

解散を受けて安倍は記者団に自らの所感を述べた。

「いよいよ戦いが始まる。北朝鮮の脅威や少子化といった国難に対し、国民の信を得て乗り越えていかなければならないと判断し、衆院を解散した。私たちは誠実に愚直に具体的な政策を訴える」

そして希望の党の動きを強く牽制した。

「民進党は代表選でどのような旗を掲げて政策を進めていくかの論戦を行った。その結果、新しい代表と政策の方向性が決まったと理解していた。政策抜きに丸ごと合流することに大変驚いている」

自民党議員が一斉に地元の選挙区に向かって東京を離れる中で「希望の党」は選挙態勢を組むにはなおクリアしなければならない課題が残っていた。政治は政治家のひと言で局面が大きく変わる。とりわけ選挙はたった一つの発言が、しばしば決定的な影響を与える。

「衆院選は希望の党と一緒に戦う。名を捨てて実を取る決断に理解をいただきたい。誰かを排除するのではない。われわれの要望を（小池に）しっかり伝え、できるだけ早く公認調整を行っていきたい」

民進党代表の前原誠司が二八日に口にしたこの発言で東京都知事小池百合子が率いる「希望の党」と民進党の合流は逆に民進党の三分裂という想定外の方向に動き出した。キーワードは紛れもなく前原が口にした「排除」という言葉だった。まず、分裂の口火を切ったのは民進党を先行して離党した元環境相細野豪志だった。

「三権の長を経験した方々はご遠慮いただく」

三権の長と言えば衆院議長、最高裁長官、そして内閣総理大臣。衆院選挙に立候補を予定する三権の長を経験した民進党議員は菅直人、野田佳彦の二人しかいない。ここから小池の「排除の論理」が動き始める。前首相の野田がすぐに反応した。

「先に離党していった人(細野)の股をくぐる気は全くない」

野田はもともと前原と同じ松下政経塾出身で思想、信条は保守系の政治家だ。安全保障法制や憲法改正などでは党内リベラル系とは一線を画す。野田がだめなら民進党内で「希望の党」の眼鏡に適う候補者は激減する。つまり小池の選別の基準はあってなきも同然と言えた。このタイミングで真偽不明の「希望の党」の四八人の公認リストと、一七人の氏名が載った〝拒否リスト〟なるものが出回った。民進党内に新たな「化学反応」(連合会長神津里季生)が始まった。小池・前原の合意を裏書きした神津を激怒させたのだ。怒りの核心は、小池が「三都物語」と称して日本維新の会代表で大阪府知事松井一郎、愛知県知事大村秀章の三者協議を行ったことだ。小池は松井との間で事実上の〝不可侵条約〟を結んだ。連合側に全く事前連絡はなかった。

さらに小池は「排除の論理」を鮮明にした。衆院解散翌日の二九日朝、記者団から後任問題について質問が飛んだ。小池の答えはあけすけだった。

「さまざまな観点から絞り込みたい。全員受け入れるようなことはさらさらない」

「前原代表がどういう発言をしたのか知らないが、(合流希望者について)『排除されない』ということではございません。排除いたします。取捨選択というか、絞らせてもらいます」

小池の発言からは排除、選別が既定路線だったことが浮かび上がった。しかし、「過ぎたるは及ばざるが如し」――。「排除の論理」を明確にし過ぎたあまり、小池が「政権選択選挙」と位置付け、前原が目指した「一対一の対決の構図」は大きく後退した。一九九三年の政治改革の最終目標だった「政権交代可能な二大政党制」は再び大きな試練を迎えた。

そしてもう一つの問題は、小池側近の若狭勝と民進党選対委員長の玄葉光一郎の候補者調整が遅々として進まなかったことだった。

「本気で候補者調整をやろうとしているのか。若狭氏は全国の選挙区情勢をほとんど理解していない」

連合幹部は不満を口にした。神津が民進の希望への合流を容認したのは「安倍一強体制を終わらせる」が最大の目標で、そのための合流希望者全員の受け入れだ。

「前回の選挙で落選した候補者たちが何の説明もないまま無所属になることはあり得ない」

温厚な神津が三〇日夕、民進党本部に前原を訪ねた。その帰り際に記者団の質問に答えて重ねて持論を展開した。

だが、時すでに遅し。党内のリベラル勢力のリーダー格だった元官房長官の枝野幸男が新党結成に向けて動き出していたからだ。枝野を後押ししたのは反小池感情を増幅させる「政策協定書」の存在だった。宛て先は「希望の党　小池百合子代表殿」となっており、いわば小池に提出する「誓約書」であり、「踏み絵」でもあった。そこには安全保障法制など政策的な事項に加え、選挙資金についての刺激的な要求が書き込まれていた。

「本選挙に当たり、党の指示する金額を党に提供すること」――。「持参金を持って来い」と言わんばかりの〝上から目線〟。さすがにこの項目については「希望の党の公認候補となるにあたり、党に資金を提供すること」と書き換えられたが、「政策とカネ」の問題が同列に記述された文書は急ごしらえの「にわか政党」との印象を浮き彫りにした。そして若狭が一〇月一日放送のNHK番組『日曜討論』で致命的な発言をする。

「次の次の選挙で確実に政権交代できる議席に達するという思いでいるとすれば、今回の選挙で（小池）代表が選挙に出なくても構わない」

小池が立候補してこそ選挙戦に勢いが出る。しかも「政権選択選挙」を訴えてきた小池の言動とも矛盾した。若狭発言を否定するには「政権選択選挙」の名に値するだけの候補者を揃えなければならなくなった。

その一方で、枝野が新党「立憲民主党」の結成を宣言した。この枝野新党とは別に野田や元代表の岡田克也ら選挙に強い保守系の実力者が無所属出馬を表明、民進党は三分裂の事態に陥った。

首相安倍晋三が衆院解散を表明したのは九月二五日。約一〇日の短期間に、野党第一党が忽然と姿を消すことになった。この道筋をさかのぼると、小池、前原、枝野それぞれの誤算が相乗効果を起こして神津の言う「化学反応」を繰り返したといえる。

「希望の党」が一九二人の公認候補を発表した一〇月三日、小池は鹿児島県にいた。東京五輪・パラリンピックの旗を披露するフラッグツアー・セレモニーに参加するためだった。見方によっては「希望の党」の代表よりも東京都政に比重を移していく「都政優先宣言」とも受け取れた。小池は一〇月二二日の投開票日には都知事としてのパリ出張の日程を入れていた。

事ここに至るまで状況を大きく変えたのは三つの発言だったことは間違いないだろう。「三権の長」「さらさらない」「次の次」――。結果として確定した事実は「民進党解体」だった。

前原の排除発言と小池の「誓約書＝踏み絵」が無所属立候補への傾斜を加速させた。「筋を通した政治家」のイメージを与えるからだ。

大物では元首相野田佳彦、自由党共同代表小沢一郎、元外相岡田克也。中堅以下でも無所属を選択した民進党出身者が目に付いた。もっとも無所属候補は大きなリスクを伴う。野田は覚悟を語った。

「首相経験者が敗北したら政治生命はない」

現に野田は旧新進党時代に重複立候補を新進党が認めなかったため僅差で落選した経験を持つ。「希望の党」との合流を主導した前原、さらに候補者調整を行った元外相玄葉光一郎も無所属立候補を宣言し、分裂選挙に突入することになった。

5 「小池劇場」に幕

「幕が上がった時には芝居は終わっていた」——。小池が仕掛けた「希望の党」は使い古された永田町の常套句通りの展開でゴールを迎えた。確かに「小池劇場」は目まぐるしいテンポでの過去に例がない場面転換の連続だった。安倍の「不意打ち解散」が起爆剤となって東京都知事小池百合子が動き、民進党代表の前原誠司との共演が始まった。一時は主役の座を小池が独占した。「小池劇場」は連日札止め。小池が旗揚げした「希望の党」の「電波ジャック」に安倍が出る幕はなかった。安倍は街頭演説の場所すら事前に公表することなく、ゲリラ的に行うほど追い詰められていた。いわば「歌舞伎座」は小池に占拠され、安倍は〝旅回り〟を余儀なくされた。

ところが小池の「排除の論理」が致命的な状況をもたらし、安倍が主役の座を奪い返した。そして脇役トップには枝野が躍り出た。

安倍は野党側の内紛、分裂に助けられ「漁夫の利」を手にした格好だ。受け皿が割れては勝負にならない。前原が当初目論んだ「一対一の対決構図」は完全に崩壊した。ここから選挙後の水面下の動きが始まった。その分岐点は一〇月一〇日の公示日翌日の一一日だった。この日午前中にマスコミ各社と自民党本部が実施した全選挙区の情勢調査の結果が出そろい、「自公圧勝」の四文字がくっきりと浮かび上がった。

筆者はこの日に放送されたテレビ朝日の報道番組『報道ステーション』で安倍と小池が攻守所を変えたところをスタジオで現認した。安倍の饒舌さが戻り、控え目な小池が印象的だった。安倍は初めて選挙後について語り始めた。

「外交の現場に行くと国民の信任を得たリーダーは強い影響力を持つんです」

その上で米大統領ドナルド・トランプの来日、一一月一一日からベトナムのダナンで開かれるアジア太平洋経済協力会議（APEC）首脳会合への出席など外交日程に触れた。安倍の意を汲んだかのようにホワイトハウスは一六日になって一一月五日からの大統領トランプの訪日を正式に発表した。さらに訪日時に北朝鮮に拉致された横田めぐみの両親、滋・早紀江にトランプが面会することも同時に公表された。選挙戦の終盤に差し掛かったところで放たれた絶妙のアシストボールと言えた。

改憲四項目

外交日程だけではない。安倍は番組の中で憲法改正問題に関連して自民党副総裁の高村正彦の続投を表明したのだった。

「国会議員でなくても副総裁は務められる。任期の間は務めてもらいたい」

高村はこの衆院選を機に政界引退を表明しており、常識的には副総裁を辞めるものとみられていた。確かに前例がないわけではない。一九八〇年の衆参同日選挙の際、副総裁だった西村英一は選挙で落選した後も副総裁職を全うした。首相(総裁)の大平正芳が選挙中に急死、後継総裁の選任の調整を行うためだった。西村は後継総裁(首相)として鈴木善幸を指名するという大役を成し遂げた。

高村の任期は翌年九月の自民党総裁選まで。西村の前例が示すように非議員の副総裁続投は「余人をもって替え難い」(自民党幹部)重要な使命を帯びる。高村は安倍が執念を燃やした憲法改正をめぐる党内調整の中心的存在。図らずも安倍が高村続投を表明したことで、安倍が選挙後に憲法改正に向け本気で取り組む意向を示すことになった。

自民党は選挙公約の柱に「憲法改正を目指す」と書き込んだ。さらに改正の対象として「自衛隊の明記」「教育の無償化」「緊急事態対応」「参院の合区解消」——を挙げた。これも初めてのことだった。

この四項目のうち安倍が目指した改憲の核心は憲法九条改正にある。安倍は九条に関して第一項の「戦争放棄」と第二項の「戦力不保持」をそのまま残し、新たに自衛隊の存在を憲法上に明記する「加憲」の考えを明らかにしていた。この加憲方式はもともと公明党が「環境権」など時代とともに新たに生まれた価値観、概念を盛り込むことを意図したもので、九条改正については慎重な姿勢を貫く。この選挙公約でも直接九条には触れず、別紙の中に書き込んだ。

「多くの国民は自衛隊の活動を支持し、憲法違反の存在と考えていない」

憲法解釈を変更して安保法制を制定した段階で九条改正の意味は薄れたと解していたからだ。しかし、仮に自民党が希望と維新と連携して九条改正に向かうとなると、公明党は連立与党を構成する立場として極めて難しい状況に追い込まれる可能性があった。

安倍は八月三日の内閣改造後の記者会見で「初めにスケジュールありきではない」と明言、改憲論議に一時的にストップを掛けた印象を与えていたが、選挙情勢の好転により再び「スケジュールありき」に転じたとみてよかった。

この二〇一七年の衆院選は大物、ベテラン議員の引退が目立った選挙でもあった。既に元総裁谷垣禎一、副総裁高村正彦が不出馬を表明したのに続き、舌鋒鋭く正論を吐き、昭和から平成の永田町を駆け抜けた亀井静香が引退を決断した。亀井は歯に衣着せぬ直言と行動力で存在感を発揮した。首相小泉純一郎が主導した郵政民営化に反対して自民党を除名され、対抗馬として送り込まれた元ライブドア社長堀江貴文との死闘は語り草になっている。政権交代となった〇九年の衆院選後、鳩山由紀夫政権で金融・郵政改革担当相を務めた。当選は連続一三回を重ねた。このほか元経済産業相平沼赳夫、元国土交通相金子一義、元法相保岡興治も政界引退を明らかにした。

第四八回衆院選は一〇月一〇日公示され、一二日間の選挙戦が始まった。この衆院選では「一票の格差」是正のため、計九七選挙区で区割りが変更された。定数は一〇削減され、戦後最少。選挙権年齢が「一八歳以上」に引き下げられてから初めての衆院選だった。政策的には憲法や消費税、原発政策が争点となったが、最大のポイントは「森友、加計疑惑隠し」との批判がつきまとった「安倍政治の是非」にあった。「自民、公明」の与党と「希望の党、日本維新の会」、「共産、立憲民主、社民各党」の三極対決の構図となった。

与野党八党などから計一一八〇人が立候補し、計四六五議席（小選挙区二八九、比例代表一七六）を争った。立候補者数は自民党三三二人、希望の党二三五人、公明党五三人、共産党二四三人、立憲民主党七八人、日本維新の会五二人、社民党二一人、日本のこころ二人、諸派九一人、無所属七三人。一四年衆院選の一一九一人より一一人減った。

首相安倍晋三（自民党総裁）は勝敗ラインを与党過半数（二三三議席）に設定した。安倍は北朝鮮情勢に触れた。

「世界と協力し、北朝鮮が政策を変える状況をつくらなければならない」

憲法改正については「期限ありきではない。大切なのは国民的な議論を深めることだ」と語った。結局、小池は立候補せず、街頭で森友、加計学園問題を指摘した。

「政治に信頼を持てるのか。『安倍お友達政治』をここでやめさせよう」

公明党代表の山口那津男は「税の使い道を変えて、教育負担を軽減する」と強調した。共産党委員長の志位和夫は「国民の手で安倍政権の暴走を止めよう」と訴えた。枝野は憲法九条に自衛隊を明記する安倍提案について「（集団的自衛権行使を認める）違憲の安全保障関連法が前提となり、容認できない」と語った。

森友、加計学園をめぐる問題で内閣支持率が一時、急落したことがあったため、自民党内では有権者の反発を考慮し、安倍への応援依頼も減少気味だった。

希望の党は首相候補は決まらず、比例代表名簿の確定が公示日の一〇月一〇日までずれ込んだ。選挙態勢が整わないまま選挙戦に突入した。そして排除された立民のほうに同情が集まり、世論調査で希望の党の支持率を上回るようになっていった。

「希望の党に感謝したい」

「手を合わせて拝みたいぐらいの数字だ。希望の党に感謝したい」

衆院選の開票が進んだ一〇月二二日深夜、長く自民党の選挙戦を担い、「陰の司令塔」と言われた事務総長の元宿仁が思わず本音を漏らした。首相安倍晋三が放った禁じ手とも言えた「奇襲解散」。だが、解散表明直後はそれをはるかに凌ぐ勢いが東京都知事小池百合子の「希望の党」にあったからだ。安倍が受けた衝撃は半端ではなかった。多くの自民党議員も下野を覚悟したに違いなかった。

「総理が自公で単独過半数の二三三議席を目指すと言ったのは掛け値なしの本心だ」

元宿はこう語った。結果は自民、公明両党で計三一三議席となり、定数の三分の二(三一〇)を確保した。自民党は二八四議席の大勝。立憲民主党は五五議席で公示前の一五議席から三倍以上となり、野党第一党に躍進した。自民党は当選した無所属三人、立憲民主党も無所属一人をそれぞれ追加公認した。希望の党は五〇議席と公示前から七減。共産党は一二議席、日本維新の会は一一議席だった。

安倍は自民党本部での記者会見で「(与党過半数との)目標を大きく上回る力強い支持を国民からいただいた」と勝利宣言した。

公明党は二九議席で公示前から五減。社民党は二議席、日本のこころは議席を得られなかった。無所属の当選は二二人と現行の小選挙区比例代表並立制で最多。この中には野田佳彦、岡田克也らかつての民主党政権の中枢を担った実力者が顔を揃えた。立憲民主党は一九五五年以降で最小勢力の野党第一党となった。

総務省が発表した衆院選の投票率は小選挙区、比例代表ともに五三・六八%。戦後最低だった前回衆院選(小選挙区五二・六六%、比例代表五二・六五%)を小選挙区で一・〇二ポイント上回ったものの、戦後二番目に低い投票率となった。

期日前投票者数は前回から約六三％増の約二一三八万人と過去最多だったが、本来の投票日である二二日に投票した有権者数が落ち込んだ。野党の分裂で自民、公明両党との政権選択選挙に持ち込むことができなかったことで有権者の関心が高まらなかったほか、超大型の台風二一号による悪天候が影響したとみられた。

自民党の大逆転勝利と言えた。元宿は振り返って功労者に小泉進次郎の名前を挙げた。小泉の発信力が「小池劇場」の崩壊を呼び込んだというのだ。小泉は九月二八日昼の衆院本会議で解散が断行されると国会の廊下で記者や多くのテレビカメラに向かって小池を挑発した。

「小池さんに出てきていただき、夢と希望を語る自民党と、希望を語る希望の党、希望対決でいいじゃないですか。（小池は）いつ出馬表明するのか。もう都議会に心はないんじゃないか」

小池は希望の党の結党と党代表への就任を宣言していたものの、衆院選への出馬については言葉を濁した。小泉はそこを突いた。小池も反論せざるを得なくなった。

「進次郎さんが（出馬しろと）キャンキャンはやし立てるが、お父さん（元首相小泉純一郎）と約束しているから出馬はない。知事としてやっていく」

ここから小池は出口のない迷路に入り込んで行った。そこに「排除の論理」が飛び出す。小池の誤算が始まった。逆に小池の上から目線、おごりが枝野幸男を中心にした立憲民主党を誕生させた。野党側の主役は完全に枝野に移った。

選挙の意味合いも「政権選択選挙」から「安倍信認選挙」に大きく変わった。しかも大都会はともかく地方の有権者には「安倍一強」に不満を持っても受け皿がなかった。衆院選を総括すれば「敵失による自民大勝」ということに尽きた。

確定議席で自民党は選挙公示前の議席と全く同じ二八四。だが、比例代表選の得票率をみると自民約三三％に対して立憲民主約二〇％、希望約一八％。これに無所属当選者の得票を加えると自民党を大きく上回った。外形上は「大勝」とはいえ、内容的には「薄氷の勝利」に近い。「選挙に負けて勝負に勝った」というのが実態に近かった。

安倍はこの衆院選の結果、二〇一二年九月に自民党総裁に復帰して以来、衆院三回、参院二回の国政選挙五連勝を成し遂げた。一一月一日に召集された特別国会で安倍は第九八代首相に選出され、第四次安倍内閣を発足させた。安倍は全閣僚を再任した。自公による連立政権も維持された。しかし、選挙に大勝したものの、安倍政権には次の政策目標が見えなくなっていた。安倍の宿願とも言える憲法改正も議席数から見れば実現の可能性は高いように見えたが、それほど単純ではなかった。「自民ひとり勝ち」が逆に改憲の阻害要因になる可能性が高かったからだ。

足元の公明党の動きも不安要因だった。公明党はこの選挙で公示前議席の三四から五議席も減らして二九議席。七月の東京都議選で公明は小池と組んで勝利し、都政与党の座を占め、一方で国政は安倍連立政権の一翼を担う。有権者の目からは「いいとこ取り」にしか映らなかった。一九九九年一〇月に自公連立が始まってから既にこの時点で満一八年。「制度疲労」が起きても不思議はなかった。憲法改正をめぐっても微妙な温度差がある。とりわけ安倍が目指す九条改正ではその差は大きい。公明党は憲法改正について一貫した考えがある。衆院選後も党首の山口那津男は繰り返した。

「幅広い合意形成が大事だ。野党第一党の理解を得て合意できることが望ましい。国民の理解が伴うことも重要だ」

そして改憲勢力として「安倍応援団」とみられる日本維新の会も議席を減らした上、何よりも野党第一党に、改憲に反対する立憲民主党が躍り出たことは大きな意味を持った。立憲にも希望にも行かずに無所属で当選した野田佳彦、岡田克也、玄葉光一郎ら実力者をブリッジに希望の一部と再結集を目指す動きが早くも表面化した。玄葉はこう語っていた。

「立憲民主が左に行き過ぎず、希望が右に行き過ぎなければ大きな政権の受け皿ができる」

加えて安倍にとっての最大の敵は目に見えない国民世論の動向だった。憲法改正も国会の発議まで持ち込んでも国民投票という最大のハードルが待ち構える。英国のEU離脱をめぐる国民投票で国論が二分され、キャメロン政権が吹き飛んだことは記憶に新しかった。国民投票の怖さを安倍も十分知っていた。なおかつその前に翌年九月の自民党総裁選が立ちはだかっていた。自民党幹事長の二階俊博は「ポスト安倍は安倍」と明確に安倍の三選を支持していたが、自身は「全く白紙」を繰り返した。

6　視界に入った「平成」の終わり

トランプ来日

安倍の衆院選勝利を見届けるように米大統領トランプが夫人のメラニアを伴って来日した。一一月五日、トランプは東京都下の米軍横田基地（東京）に到着した。早速、滑走路脇の格納庫で米兵や自衛隊員ら約二〇〇〇人を前に軍用のジャンパーを着て演説した。

「かつて戦争した国同士が、今は共により良い世界を追求するパートナーだ」

トランプはその後、埼玉県川越市の霞ケ関カンツリー倶楽部で安倍と合流してゴルフを楽しんだ。

パートナーに選ばれたのは米国のプロゴルフツアーで活躍中の松山英樹。霞ケ関カンツリーは二〇二〇年の東京五輪で行われるゴルフ競技の会場に予定されていた。

メラニアは安倍夫人の昭恵の案内で東京・銀座の宝飾品店「ミキモト銀座四丁目本店」を見学した。夜は銀座の鉄板焼き店「銀座うかい亭」で両夫人とともに会食した。トランプは公式実務訪問賓客としての来日だった。トランプが大統領に就任後一〇カ月で、早くも五回目の首脳会談で、双方に緊張感はなく旅行気分が横溢していた印象だった。

首脳会談は六日午後、東京・元赤坂の迎賓館で行われた。核・ミサイル開発を進める北朝鮮情勢が大きなテーマとなり、北朝鮮への圧力最大化に向けた緊密連携を確認した。安倍は海洋進出を強める中国に対抗し、「自由で開かれたインド太平洋戦略」を踏まえて、日米にオーストラリアとインドを加えた四カ国の連携強化も打ち出した。

トランプは「米国製軍事装備の大量購入」を求め、日本政府は、防衛力整備の指針「防衛計画の大綱」などに導入が明記されていない「イージス・アショア（地上配備型イージス）」の導入を検討することになった。

またトランプは六日午前、メラニアを伴い天皇、皇后両陛下と住まいの皇居・御所で懇談した。両陛下とトランプが面会するのは初めてだった。さらにトランプは六日午後、北朝鮮による拉致被害者横田めぐみ（失踪当時一三歳）の母早紀江ら家族会メンバー一七人と迎賓館で面会した。この中には自らも拉致被害者だった曽我ひとみもいた。早紀江らは被害者救出に向けて協力を要請した。それぞれが家族の写真を手にしていた。トランプは握手を交わし、協力を約束した。

「拉致はとても悲しい出来事。安倍首相と一生懸命、力を合わせ（被害者が）母国に戻れるよう尽力したい」

　その後、トランプは北朝鮮の最高指導者の金正恩との米朝首脳会談でも拉致問題を提起して安倍をサポートすることになる。

退位の準備進む

トランプは一一月七日に慌しく離日した。それを待っていたかのように天皇陛下の退位へ向けた動きが本格化した。口火を切ったのは官房長官の菅義偉。一一月二二日午前の記者会見だった。

「本日、天皇の退位等に関する皇室典範特例法附則第一条第二項の規定に基づき、内閣総理大臣より皇室会議に対し、同法の施行日について、皇室会議の意見を求める旨の諮問がありました。これを受け、皇室会議を一二月一日午前九時から宮内庁特別会議室において開催することとなりました」

　皇室会議は、議長を務める首相が招集し、衆参両院の正副議長や最高裁長官、皇族、宮内庁長官ら計一〇人で構成。天皇陛下一代限りの退位を実現する特例法は、退位日を決める際、皇室会議からの意見聴取を義務付けていた。戦後になって皇室会議は七回開かれており、前回は九三年一月に開かれ、皇太子さまと雅子さま(現天皇皇后両陛下)の婚約を議決した。

　皇室会議で議長を務める安倍は常々「静かな環境下での開催」を訴えていた。特別国会での予算委員会の論戦が一一月いっぱいで終了する見通しが立ったことで開催の環境が整ったとの判断があった。安倍は前日の二一日、皇居に足を運び天皇陛下に内奏をしており、皇室会議の開催を報告したものとみられた。

　菅は会見で最大関心事だった退位日に関して「速やかに決定」とし、新元号の発表時期については

「国民生活への影響を考慮しながら適切に検討する」と述べ、言い方を微妙に変えた。これは退位の日付と新元号の発表は必ずしも同時ではなく、元号発表が先行することを示唆したものと受け取られた。「平成」は昭和天皇のご逝去の直後に決定されたいわゆる「即日改元」だったが、あらかじめ時差を設定することで国民生活への影響を最小化する狙いがあった。

早くも政府内では二〇一九年四月三〇日の退位、五月一日の即位・改元案が有力となっていた。「三月三〇日退位、四月一日即位」案も検討されたが、四月の統一地方選や国会での予算案の審議時期などと重なるため少数派だった。また、大晦日に退位、元日即位も検討されたが年始は重要な皇室行事が重なるとして宮内庁が難色を示し、立ち消えになった。

退位に備えた準備体制づくりも着々と進んだ。平成の天皇陛下の即位の際には「即位の礼検討委員会」(委員長・石原信雄官房副長官)をまず発足させ、その後「即位の礼準備委員会」(委員長・森山真弓官房長官)に格上げし、最終的に首相海部俊樹を長とする「即位の礼委員会」が実施大綱を決定した。これに対して平成からの代替わりは当初から菅をトップに据え、一連の行事の骨格を固める体制が取られることになった。

そして迎えた一二月一日の皇室会議。議長の安倍は午前九時一五分過ぎに宮内庁に入った。約二時間の皇室会議を終え、安倍は天皇陛下に内奏を行った。その後、官邸で記者団のインタビューに応じた。

「本日、皇室会議が開催され、皇室典範特例法の施行日について、平成三一年四月三〇日とすべき旨の皇室会議の意見が決定されました。天皇陛下の御退位は、約二〇〇年ぶりのことであり、憲政史上、初めての事柄であります。本日、滞りなく皇室会議の意見が決定され、皇位の継承に向けて大きく前進したことに、深い感慨を覚えております。

政府としましても、この皇室会議の意見を踏まえ、速やかに施行日を定める政令を制定するとともに、天皇陛下の御退位と皇太子殿下の御即位が、国民の皆様の祝福の中でつつがなく行われるよう、全力を尽くしてまいります」

ちなみにインタビューに応じた安倍の背後には毛筆で「和」としたためられた書が架かっていた。一九八九年の改元の際、総理府（現在の内閣府）の辞令専門官として、官房長官小渕恵三が掲げた「平成」を揮毫《きごう》した書家の河東純一の作品だった。

菅は会見で、この日開かれた皇室会議の議事録を作成し、速やかに公表すると明らかにした。皇室会議の意見集約方法に関してはこう説明した。

「採決は取らなかった。議員から意見をうかがい、最終的に議長である安倍晋三首相が（特例法施行日の）考え方を伝え、決定した」

退位に伴う儀式や新元号制定に向けた準備について「過去の例を含めて適切に検討を行い、遺漏のないように進めたい」と強調した。

政府は八日午前の閣議で、天皇陛下の退位日を二〇一九年四月三〇日と定める政令を決定した。これにより「平成」の終わりが事実上確定した。天皇陛下は退位後「上皇」、皇后さまは「上皇后《じょうこうごう》」。秋篠宮さまは事実上の皇太子である「皇嗣《こうし》」に就くことになった。皇室典範は皇太子を「皇嗣たる皇子」と定めており、皇太子は不在となる。上皇と皇嗣の活動を補佐する「上皇職」、「皇嗣職」をそれぞれ新設することになった。

ここから約一年四カ月後の天皇陛下の退位に伴う「代替わり」への〝助走〟が始まった。首相安倍晋三は西園寺公望、若槻礼次郎、竹下登以来、代替わりを担う四人目の首相となることがほぼ決まった。

日本の政治日程を考慮する上で欠かせないのが天皇陛下を中心にした皇室日程だ。憲法では天皇の国事行為が一〇項目にわたって明示されている。これを見れば天皇の存在がいかに大きいかがわかる。日本の政治は国会、選挙、外交、そして天皇陛下のご予定の組み合わせで成立しているといっても過言ではない。中でも政治側が最も神経を使うのが宮内庁との調整だ。とりわけ前年八月八日に天皇陛下が退位のお気持ちを滲ませて以来、政治の流れを決める上で宙ぶらりんの状態にあった最も重要な座標軸が定まった。この座標軸を基本に個別の政治・外交日程をどこにはめ込むかの検討が始まったが、二〇一九年の日程づくりは容易ではなかった。「二〇一九年問題」との言葉も生まれた。

二〇一九年は、天皇陛下の退位に関して国の行事としての「退位式」や、世界各国の元首クラスの要人を招請する「日本政府にとって最大の外交行事」(外務省幹部)と言われる「即位の礼」などの様々な皇室行事が目白押し。内政では四月の統一地方選に始まり夏には参院選。外交でも日本で初めて開催されるG20サミット。二〇二〇年の東京五輪・パラリンピックを控えて「プレ五輪」があり、ラグビーワールドカップ日本大会が九月から始まる。政策課題では一〇月一日から消費税の税率の八%から一〇%への引き上げが決まっていた。

不可解な米朝関係

首相安倍晋三が北朝鮮の核・ミサイルの脅威を訴え、「国難突破解散」を断行した前後から北朝鮮は意図不明の沈黙を続けた。

一方で不可解だったのがトランプと金正恩との〝非難合戦〟だ。金正恩がトランプをツイッターで「老いぼれ」と揶揄すると、トランプも切り返した。

「金氏はなぜ私を『老いぼれ』と呼んで侮辱するのか。私は彼を『身長が低く太っている』とは決して言わないのに」

「リトル・ロケットマン。彼は病気の子犬だ」

ところが、トランプは時を同じくして意味深長なツイッターを発信した。

「私は友人になるよう努める。いつかそれは実現するかもしれない！」

その後、トランプは一一月二〇日になって核・ミサイル開発を続ける北朝鮮を「テロ支援国家」に再指定すると表明した。金融制裁の対象となるほか、武器輸出や経済援助が禁止される。トランプ政権は「最大限の圧力」路線をさらに鮮明にした。

これに反発した可能性が高かったのが一一月二九日の弾道ミサイルの発射だった。飛行時間は約五三分間で約一〇〇〇キロを飛行、青森県西方約二五〇キロの日本の排他的経済水域（ＥＥＺ）に落下した。到達高度は四〇〇〇キロを大きく超え過去最高。米全土が射程に入る恐れがあった。

通常より高い角度で打ち上げて飛距離を抑える「ロフテッド軌道」とみられ、米専門家は通常軌道なら飛距離は一万三〇〇〇キロ以上と分析された。日米首脳は電話会談し、北朝鮮に最大限の圧力を加えていくことで一致した。

安倍は韓国大統領の文在寅と電話会談し、日米韓で連携し、北朝鮮への圧力を一層強める方針を確認した。トランプも中国の国家主席習近平と電話会談し、北朝鮮を非核化の道に戻らせるため中国が「あらゆる手段」を使うよう訴えた。こうした中で米国務長官のティラーソンの講演が憶測を呼んだ。

一二月一二日の講演で「前提条件なしでいつでも対話を始める用意がある」と述べたからだ。

日本政府が懸念したのは、米国が北朝鮮による核保有を黙認し、不拡散交渉などに臨む展開だった。この場合、日本が米国から同調を迫られる公算は大きく、北朝鮮が核保有国として認知されることになる。ホワイトハウスがすぐに打ち消したが、疑念が消えることはなかった。

イージス・アショアの醜態

北朝鮮脅威論が拡大する中で政府は一二月一九日の閣議で、イージス艦に搭載している迎撃ミサイルシステムを新たに地上に配備する「イージス・アショア」の二基の導入を決定した。北朝鮮の弾道ミサイルから日本を防衛する能力の「抜本的な向上」が必要だと判断したからだ。防衛相小野寺五典は記者会見で導入の必要性を力説した。

「弾道ミサイル防衛に可及的速やかに対応してほしいという国民の要請がある。最速で進めていく」

取得費は一基当たり一〇〇〇億円弱。レーダーなど装備の性能次第でさらに高額となる可能性があった。しかも防衛力整備の指針「防衛計画の大綱」や一四～一八年度が対象の中期防衛力整備計画（中期防）に導入が明記されていなかった。

イージス・アショアのカバー範囲に関して「二基で北海道から沖縄まで防護できる」とされ、陸海双方から、高度な警戒監視が可能となり、迎撃態勢に厚みが増すとしていた。なぜ唐突とも言えるイージス・アショアの購入が決まったのか。一一月のトランプ来日がカギを握っていたとしか思えなかった。トランプの安倍との日米首脳会談の終了後の発言が示唆する。

「安倍晋三首相は米国から大量の防衛装備を購入するようになる」

取得費についても小野寺は一一月の時点では一基八〇〇億円としていたが、わずか一カ月で一〇〇〇億円弱と上方修正した。国会での論議が尽くされないままの拙速な決定はやがて無残な結末を迎えることになる。配備候補地に決まったのは安倍の地元山口県の陸上自衛隊むつみ演習場（萩市）と菅の出身地の秋田県の新屋《あらや》演習場（秋田市）。しかし、秋田では地元紙の秋田魁新報に杜撰な測量を暴露されるという失態をさらした。結局、二〇二〇年六月、防衛相河野太郎は両県への配備断念を決定した。

失われたチェック機能

イージス・アショアの導入がほぼノーチェックで決まったことが象徴するように、「安倍一強」の官邸主導が益々進行した。一八年度税制改正と予算編成をめぐってもいつもの政府と与党の攻防劇は影を潜め、官邸側のワンサイドゲームに終始した。

所得税制の見直しをめぐる会社員の給与所得控除の適用額の設定でも自民、公明の与党で合意していた「年収八〇〇万円超」が官邸の意を受けて一夜にして「八五〇万円超」に修正された。かつては自民党税制調査会が圧倒的な影響力を有しており、政府も党税調には逆らえず、党税調の結論が政府の結論でもあった。それが二〇一四年の軽減税率導入で官邸側が押し切って以来、党税調の凋落ぶりは目を覆うばかりになった。予算編成でも例年とは全く様相が違った。年末の永田町の風物詩とも言えた各種団体、地方自治体の陳情団はめっきり減り、自民党本部が陳情客でごった返すようなこともなかった。

もちろん、その要因として衆院解散をきっかけにした野党の混乱があったことも否定できなかった。民進党分裂に始まった野党乱立は方向性すら定まらずに迷走した。二〇一七年はついに制度導入後初めて党首討論が一度も開かれずに終わった。党首討論が開けなかった理由について政府高官は「野党第一党がどこか分からない。野党側がそれを決められなかったことにある」と語った。

「官邸の最高レベルが言っている」などの記録文書が見つかった政府の国家戦略特区制度による獣医学部新設計画が認められた加計学園問題では一一月九日付で、文科省の大学設置・学校法人審議会は林芳正文科相に計画を「可」とする答申を行った。しかし、問題の火種は残り続けた。またごみ撤去費用を理由に国有地が約八億円値引きされ「森友学園」に売却された問題では会計検査院が算定がずさんだったと指摘、野党側の追及は年明けの通常国会に持ち越された。年末になって東京地検特捜部が久しぶりに政府の助成金などをめぐる「政治銘柄」(中央省庁幹部絡み)の捜査に着手したが、国会自らのチェック機能の回復が急務だった。

総裁選挙の年

二〇一八年は三年に一度めぐってくる自民党総裁選が行われる年だった。過去の経験則に照らせば九月の総裁選本番に向けて年明けから前哨戦とも言える動きが始まるのが通例だったが、安倍の奇襲解散による衆院選大勝の効果は絶大だった。自民党幹事長の二階俊博が何度も口にする言葉は確実に党内世論を形成した。

「ポスト安倍は安倍。首相に代わる立派な人がいれば考える必要があるが、(首相より)できるという人はそんなにいない」

党内の派閥力学から見ても安倍の強さは群を抜いた。出身派閥である細田派をはじめ、副総理兼財務相の麻生太郎が率いる麻生派、額賀派など大派閥が安倍支持で一致していた。

これに対して挑戦者たちの動きはどうだったのか。二〇一二年の総裁選で安倍と熾烈な争いを演じた元幹事長の石破茂は決め手を欠いていた。現職閣僚としてただ一人の女性候補と目された総務相の野田聖子は「必ず立候補する」としていたが、推薦人二〇人の確保をどうするかの課題が残ったままだった。

ポスト安倍の最右翼と目された政調会長の岸田文雄は自らの政策諮問機関「未来戦略研究会」を発足させた。ただし、安倍にハプニング退陣があった場合と、次の次への準備と見られていた。外相河野太郎の名前も取り沙汰された。その発信力を官房長官の菅義偉が高く買っていたからだったが、日本のトップリーダーに直結する自民党総裁への道はまだ始まったばかりと言えた。

さらに安倍にとって有利な状況は二〇一九年四月三〇日に天皇陛下の退位と翌日の五月一日に皇太子さまの即位、改元が決まったことだった。官房長官の菅をトップとする準備組織が年明けから始動した。日本社会は平成の時代との惜別と新しい時代への準備が混在する一年が始まった。ますます退位に取り組んできた安倍続投への流れが強まるのが自然だった。

四分五裂のままの野党側が混迷する反射効果で「安倍一強」が補強された。

前原が引責辞任したあと、民進党代表となった参院議員の大塚耕平は一二月一三日の党常任幹事会で①新党移行②党名変更③現状で党存続――の党改革案を提示したが、党再生の切り札になるとは思えなかった。この時点で立憲民主党、希望の党、無所属の会の三党がどのように再編されるのか、一九年の参院選をにらんで自民党と互角に戦える体制を作れるかは全く不透明だった。

第四章
激変する世界情勢
（二〇一八年一月〜五月）

シンガポールでの初会談の冒頭で握手する北朝鮮の金正恩朝鮮労働党委員長(左)とトランプ米大統領(右)(朝鮮中央通信撮影・共同)

1 揺れる朝鮮半島

平昌五輪の開会式に出席するか

二〇一八年の日本の政治は朝鮮半島から始まった。一月一日、北朝鮮の国営テレビは朝鮮労働党委員長金正恩の「新年の辞」を発表した。米本土全域が北朝鮮による核攻撃の圏内にあるとした上でこう述べた。

「核のボタンが私の事務室の机上に常に置かれている」

その一方で二月の韓国・平昌《ピョンチャン》冬季五輪に代表団を派遣する用意があることを表明したのだった。

「平昌五輪が成功裏に開催されることを心から願う。代表団を派遣する用意があり、このために南北当局が会うこともできる」

平昌五輪参加を梃子に日米韓の結束に揺さぶりを掛ける意図と受け取られた。首相安倍晋三も一月三日の年頭会見で警戒感を滲ませた。

「いかなる挑発行動にも屈せず、北朝鮮への圧力を最大限に高め、政策を変更させる。北朝鮮に対する制裁の効果を注意深く見ていく」

二〇一六年には「関係改善に積極的に努力する」と言及しながら、一週間もしないうちに四回目の核実験に踏み切った過去があるからだ。「楽観的になるのは、まだ早い」というのが日本国内の大勢だった。

しかし、事態は想定を超えるスピードで動き出した。北朝鮮は三日、板門店《パンムンジョム》の南北直通電話回線を再開した。二〇一六年二月以来だった。韓国大統領の文在寅は四日、米大統領トランプと電話会談し、北朝鮮がこれ以上ミサイル発射などの挑発を行わないことを前提に、平昌冬季五輪・パラリンピック中(二月九日から三月一八日)には米韓合同軍事演習を行わないことで合意した。

次いで北朝鮮は五日、韓国側が九日開催を提案していた板門店の高官級会談の実施に同意したと発表した。いよいよ北朝鮮の五輪参加の可能性が高まった。金正恩は「新年の辞」で「米韓合同軍事演習の中止」を求めており、そのことへの答えでもあった。

しかし、日本政府の反応は鈍かった。菅は五日の記者会見で、板門店での南北高官級会談に関しても「北朝鮮への圧力強化の動きを損なうものではない」と述べ、北朝鮮に政策変更を迫る姿勢は変わらないとの考えを表明した。

日本政府が疑念を抱いていた米朝による水面下での接触の積み重ねを窺わせた。この頃、「トランプ・リスク」という言葉があった。「何をするか分からない予測不能」(自民党幹部)の大統領であることを意味した。感情をむき出しにしたツイッターによる発信のどれをとっても過去に例を見ない大統領と言ってよかった。

安倍はそのトランプと世界で最も濃密な関係を構築した主要国のリーダーとして国際社会での評価も定まりつつあった。菅は「日米の首脳同士がこれほど良好な関係を築いたことはない」と自画自賛した。

しかし、トランプがどこまで日本にとって信頼できるパートナーかどうかは依然として判然としなかった。緊張する対北朝鮮外交でも安倍とトランプは「最大限の圧力」によって北朝鮮の政策転換を実現させることで一致していたはずだった。それが一転して対話路線への転換だ。トランプの言動が極めて分かりにくくなった。

韓国も動いた。南北関係好転の兆しが出たことを利用するかのように対日外交では強気に転じたのだった。二〇一八年一月九日になって二〇一五年の日韓慰安婦合意の見直しを発表した。合意に基づき日本が拠出した一〇億円と同額を韓国政府が用意し日本拠出分を凍結するとし、扱いを日本と協議すると表明したのだった。二月九日の平昌冬季五輪の開会式までちょうど一カ月前の日でもあった。安倍は一二日になってようやく官邸で記者団に初めて見解を示した。

「合意は国と国との約束であり、それを守るのは国際的かつ普遍的原則だ。韓国側が一方的にさらなる措置を求めることは全く受け入れられない」

しかし、焦点は二月九日に開会式が行われる韓国の平昌五輪への安倍の出席問題に移っていた。文が就任以来、一度も来日しておらず、北朝鮮に親和的な大統領であることも安倍には不快に映ったのだろう。しかし、自民党内には五輪出席に躊躇する安倍の姿勢に疑問の声が出始めた。その筆頭格が自民党幹事長の二階俊博だった。

「（平昌に）行くに決まっているさ。本心は行きたくて仕方がない」

二階は早くから周囲にはこう断定的に語っていた。その上で二階は一六日の記者会見で明言した。

「（五輪と国会は）両方とも大変重要な政治課題。うまく調整して実現できるよう努力したい」

要するに二階は安倍が出席できない理由とされた「国会日程」という障害を除去するから行って欲しいと言ったのである。二階発言には国会対策委員長の森山裕、公明党幹事長井上義久も追随した。竹下登の実弟で自民党総務会長の竹下亘は自身の開会式出席を決めた上で持論を展開した。

「スポーツだと割り切り、行ってくればいいと思う。日本はスポーツの祭典の政治利用など考えなくていい」

　衆院予算委員長で日韓議員連盟幹事長の河村建夫は安倍に五輪出席を直接進言した。いわば平昌五輪への安倍の出席問題をめぐって「安倍包囲網」が構築されたことを意味した。二年後の二〇二〇年は東京五輪・パラリンピック開催が決まっていた。安倍に欠席の理由はなくなった。

　米政府は副大統領のペンスが開会式に出席することと、それに合わせて来日する意向を示した。

　それでも日本政府はなお安倍の平昌冬季五輪開会式への出席に関しては慎重だった。菅は一七日の記者会見ではこう語っている。

「国会日程が当然最重要だ。国会はこれから始まるので、どうなるかは、直前にならないと難しい」

　確かに日本政府は複雑な事情を抱えていた。韓国に対する国内の激しい反発が存在する一方で北朝鮮情勢を踏まえて、日中韓首脳会談の東京開催を打診していたからだ。そこで五輪開会式には米副大統領のペンスに合わせて副総理兼財務相の麻生太郎が出席する案も検討された。

　結局、安倍が最終決断したのは一月二四日。午前中に首相公邸から隣接する首相官邸に徒歩で移動して記者団に表明した。

「事情が許せば、平昌五輪開会式に出席したい。二〇二〇年には東京五輪がある。同じアジアで開催される平昌五輪の開会式に行き、選手団を激励したい。同時に首脳会談を行い、日韓の慰安婦合意について日本の立場をしっかりと伝えたい」

　安倍が開会式出席に踏み切ったのは「行かなかった場合のデメリットがあまりにも大きい」（政府高官）からだった。欠席となれば副大統領ペンスを送り込む米国との関係を損ね、安倍が目指した中国国家主席習近平との日中首脳会談の前提となる日中韓首脳会談の開催が難しくなる。そして出席に関して積極論を展開した公明党や二階らの与党内の足並みが乱れることを懸念したのだった。安倍が開会式出席を決断した段階で、南北対話はさらに進み、平昌冬季五輪のアイスホッケー女子で合同チームを結成することや、開会式で「統一旗」を先頭に合同入場行進を行うことで合意していた。

一般参賀に揺れた人波

金正恩の「新年の辞」によって東アジア情勢がいきなり蠢動を始めたが、日本国内でも例年とは違う年明けとなった。天皇陛下が新年に当たって国民から祝賀を受ける恒例の一般参賀が一月二日に行われた。皇居の宮殿・長和殿のベランダにお立ちになった天皇皇后両陛下を一目見ようと集まった国民は計一二万六七二〇人に達した。平成になって最多だった。平成の時代の終わりが決まったことの反映とみられた。

天皇、皇后両陛下が三月下旬に、沖縄県をご訪問することも決まった。皇太子時代を含めて一一回目となる。那覇市をはじめ、日本最西端の与那国島にも初めて足を運ぶ日程が固まった。両陛下が強く再訪を希望されたからだった。在位中最後の沖縄訪問の機会。二〇一八年は平成の時代に別れを告げる準備の年でもあった。

内政に目を転じると、安倍の年頭会見は新しい年の日本政治の行方を探る上で重要な指針となった。政治の流れを方向づけるキーワードが埋め込まれていたからだ。安倍は憲法改正について直球を投げ込んだ。

「今年こそ、憲法のあるべき姿を国民にしっかり提示し、憲法改正に向けた議論を一層深める。そんな一年にしたい」

安倍は同時に「スケジュールありきではない」とも語ったが、「今年こそ」の言葉に安倍の思いがこもっていた。政府高官が「秋の臨時国会が山場」と明言したとも報じられていた。

確かに安倍は前年の憲法記念日にこう明言した。

「東京五輪・パラリンピックが開催される二〇二〇年を、新しい憲法が施行される年にしたい」

一九年の四月三〇日には天皇陛下の退位、翌五月一日には皇太子さまの天皇即位、さらに七月には参院選が予定されていた。こうした日程を考慮すれば、一八年中に憲法改正の国会発議をしなければ二〇年に間に合わなくなる。

だが、だからと言って安倍が一八年中に憲法改正の発議まで断固としてやり抜く覚悟を固めていたのかと言えば、そうとも言えなかった。理由は国会発議後に予定される国民投票のハードルの高さにあった。安倍自身も周辺にそのことを漏らしたことがあった。

「英国の欧州連合（EU）離脱問題、イタリアの憲法改正の国民投票。ともに厳しい結果に終わっている」

英国では首相キャメロン、イタリアでは首相レンツィが国民投票で信任されずに辞任に追い込まれていた。自民党内にも「相当な内閣支持率がなければ国会発議は慎重でなければならない」（政調会長岸田文雄）との見方が根強く存在した。

それにもかかわらず安倍が年頭会見で敢えて憲法改正に踏み込んだのは「総裁選の争点化」しか理由は見つからなかった。この年の年頭会見の意味は総裁選を見据えた安倍の「三選出馬宣言」とも言えた。

これに対して党内では二階が影響力を増大させ、安倍との神経戦が始まっていた。その象徴と言えたのが安倍をしのぐ知名度と人気を博した小泉進次郎の処遇だった。二階は心情的に安倍と距離を置くその進次郎を自民党の筆頭副幹事長に抜擢した。進次郎は「自分はまだ若く、経験不足。当選回数も足りない」と一度は就任を固辞したが、二階が説き伏せた。

二階の周囲には多くの政治家が集まった。派閥を越えた一大勢力を形成しつつあった。法相時代は共謀罪法をめぐる答弁の迷走で厳しい批判を浴びた金田勝年は幹事長代理として水を得た魚のように二階に忠誠を尽くした。口癖は「本籍平成研究会(額賀派)、現住所二階派」。実際、金田は二階の下で幹事長代理を二年余務めたあと、二〇二〇年一月に額賀派を脱会して二階派入りした。

菅も二階に傾斜し始め、安倍一強の中で二階を頂点にした人脈が徐々に裾野を広げていた。

通常国会は一月二二日召集。安倍はその間を埋めるように一二日午前、バルト三国とブルガリア、セルビア、ルーマニアの欧州六カ国を歴訪するため、政府専用機で羽田空港を出発した。帰国は一七日。この歴訪の際に、ブルガリアの首都ソフィアで行った同行記者団との懇談で安倍は自民党総裁選に触れた。

「雪が解けて木々の芽が吹き出す。緑が深くなってきたころから考え始めればいい」

自らの三選出馬に関しては夏ごろに意思表示する考えを示したのだった。また、安倍以外の総裁候補について「閣内にあろうがなかろうが、われこそはと手を挙げていただければいい」と述べ、総務相野田聖子も有資格者の一人との認識を示すなど余裕綽綽だった。

沖縄の在日米軍に事故が続発

確かに衆院選挙を勝利で終え、安倍の「不敗神話」は維持された。ただし、安倍を取り巻く国内の状況は甘くはなかった。前年から積み残された課題、懸案が年明けから政権を揺さぶったからだ。一つは沖縄の在日米軍の事故続発だった。前年の二〇一七年一二月一三日午前一〇時一五分ごろ、信じがたい事故が起きた。沖縄県宜野湾市の市立普天間第二小学校の運動場に、上空から約一メートル四方、重量約八㌔の金属製の窓枠が落下した。米軍は、小学校に隣接する米海兵隊普天間飛行場所属のCH53E大型輸送ヘリコプターの一部だと明らかにした。運動場では当時、体育の授業が行われており、落下地点から約一〇メートルのところに児童ら約五〇人がいた。この中の四年生の男児一人の左手に小石が当たり、軽いけがを負った。

ちょうど一年前の同じ日に、オスプレイが空中給油訓練中に沖縄・名護市沿岸部で不時着、大破した事故があり、沖縄県民の怒りを増幅させた。ところが、窓枠落下から六日後には日本政府も容認して米軍はオスプレイの飛行再開に踏み切った。一二月二五日には部分返還された米軍北部訓練場（東村、国頭村＝土地約四〇〇〇ヘクタール）の地権者への引き渡し式が行われ政府から防衛相小野寺五典が出席した。これに対して、沖縄県知事の翁長雄志は抗議の意思を表明するため欠席した。小野寺は式典に参列する前日、窓枠落下事故があった小学校を視察したが、地元住民の怒りは収まらず、二九日には宜野湾市役所前で約六〇〇〇人が参加した抗議集会が開かれた。

さらに年が変わった一月六日、今度はうるま市の伊計島に普天間所属のUH1多用途ヘリが不時着。次いで二日後の八日、普天間所属のAH1攻撃ヘリが読谷村の廃棄物処分場に不時着した。防衛相の小野寺五典は九日、米国防長官マティスと電話会談し、相次ぐ米軍ヘリコプターの不時着に関し、再発防止や点検整備の徹底を申し入れた。マティスは「申し訳ない」と謝罪した。

日本政府の対応は事故が起きると、型通りの厳重抗議を行う。米軍はその間、一定期間は運航を停止するが、またしばらく経つと飛行を再開する。この繰り返しだった。整備不良の背景には、オバマ政権の時に国防予算が大幅に削減されて、それによって人材も機材も、そして整備費用も削減されたことがあった。その結果、整備不良が起きた。加えて日本政府関係者によると、北朝鮮情勢の緊迫化に伴って稼働率が上がることで、事故が繰り返されたとされた。

混迷続く「希望の党」

沖縄の在日米軍のトラブルを抱えたまま、第一九六通常国会が一月二二日に召集された。首相安倍晋三は施政方針演説で悲願とする憲法改正の早期実現に向けた衆参両院の憲法審査会での議論を呼び掛けた。法案では、「働き方改革」関連法案の成立を目指した。

ところが通常国会召集を前にしてなお混乱が続いたのは野党側だった。前年の衆院選で東京都知事小池百合子が仕掛けた「希望の党」の結成により四分五裂した民進党の再結集への動きが表面化した。選挙後は「希望の党」(代表玉木雄一郎)、立憲民主党(代表枝野幸男)、民進系の衆院会派「無所属の会」(代表岡田克也)、参院を中心にした民進党(代表大塚耕平)の合流に向けた協議が始まった。このうち立民代表の枝野は三党での統一会派結成について明確に拒否した。

「とても考えられない。理念、政策の違う希望と丸ごと組むのは自己否定につながる」(一月七日放送のNHK番組)

これに対して民進の大塚は同じ番組で「私たちは三党での結成をぎりぎりまで追求する」と述べ、立民を外した希望の党と民進党との統一会派結成に向けて協議が始まった。一度は一月一五日の希望の党の古川元久、民進党の増子輝彦による幹事長会談で統一会派結成へ向け基本政策を含む合意文書党との統一会派結成に向けた協議を進めることを確認した。一方、衆院会派「無所属の会」は総会後の会合で、立憲民主党との統一会派結成に向けた協議を進めることを確認した。

森友は終わらず

安倍の施政方針演説は「改革」や「革命」など勇ましい言葉がふんだんに盛られていたが、その中身となると本筋に触れた話は少なかった。むしろ通常国会一五〇日間の長丁場が始まったその一月二二日に、政権にとって厳しい文書の存在が明らかになった。

学校法人「森友学園」の国有地売却問題をめぐる交渉の当事者だった財務省近畿財務局が、学園との交渉について、法令上の問題がないかの対応を検討した文書を保管していたことが分かったのだった。神戸学院大教授上脇博之の情報公開請求に基づいて開示した。財務省が一貫して交渉に関する資料を「破棄した」と国会で答弁してきたことが虚偽であった疑いが出てきた。

それでも近畿財務局は「開示文書は内部の検討資料で交渉記録ではない」と説明した。開示された文書は財務局の売却担当者から法務担当者への質問を記した「照会票」と、回答をまとめた「相談記録」で二〇一五、一六年度分の計七四枚。共同通信の報道によると、国有地売却の経過の概要は次の通りだった。

学園側は一五年五月、大阪府豊中市の国有地について、小学校開校のために財務局と定期借地契約を締結したが、くい打ち工事中に地中からごみが見つかり、一六年三月一一日、近畿財務局に報告した。開示された同二〇日付の照会票によると、学園は開校が遅れる恐れがあるとして「土地を安価に買い受けることで問題解決を図りたい」と要請。「無理であれば、事業を中止して損害賠償請求せざるを得ない」と主張した。

ごみ撤去の法的責任を問われた法務担当者は、同三一日付の相談記録で「明確な回答は困難」としつつも、賠償請求の可能性があり「速やかに方針を決定し、義務違反を免れる策を講じることが望ましい」と回答した。

四月二二日付の照会票では「賠償請求されない具体的な手法を検討したい」と記載。五月一九日付の相談記録で法務担当者は「（学園が）今後損害賠償（請求）を一切行わないとの特約付きの売買契約を締結し直す方がリスクは少ない」と答えた。結局、国有地は一六年六月、ごみの撤去費として八億円余りが値引きされ、国の責任を免除する特約を付けて一億三四〇〇万円で学園に売却された。

当時の財務省理財局長の佐川宣寿は前年の衆院予算委員会で「すべての記録文書がない」と答弁し、これを盾に、あらゆる経緯の説明を拒んできた。その前提がガラガラと音を立てて崩れ始めた。

佐川の後任の理財局長の太田充（のちの財務事務次官）は二月一日の参院予算委員会で、公開した同省近畿財務局の内部文書以外に、土地売却に問題がないか検討した新たな内部文書が存在すると明らかにした。内容を確認した上で早期に開示する意向も示した。太田は会計検査院への文書提出が遅れたことについて「おわび申し上げる」と陳謝した。しかし、安倍も担当閣僚の副総理兼財務相の麻生太郎も「問題なし」の一点張り。ただ「問題なし」の答弁に当たってのさしたる根拠は示さなかった。

さらに学校法人「森友学園」への国有地売却問題を巡り、新たに音声データが明らかになった。この中で、前理事長籠池泰典らが財務省に直談判した後、安倍夫人の昭恵から「どうなりましたか」と交渉の進捗を尋ねる電話があったと発言していることが分かった。
これによって終わったかに見えた森友問題が通常国会の大きな焦点として再び浮上してきた。

名護市長選の攻防

二〇一八年の通常国会は審議もさることながら、政権運営に大きな影響を与える国内外の重要課題が目白押しだった。名護市長選は一月二八日に告示された。投開票は二月四日。争点は名護市辺野古への米軍普天間飛行場（宜野湾市）移設問題。移設反対の現職で三選を目指した稲嶺進＝民進、共産、自由、社民、沖縄社会大衆推薦、立民支持＝と、元名護市議の渡具知武豊＝自民、公明、維新推薦＝による一騎打ちとなった。九六年に普天間の移設・返還で合意してから六度目の市長選。勝敗は容認・推進派が三回勝利した後、反対派の稲嶺が二度連続で当選していた。一八年は基地反対で「オール沖縄」を掲げて牽引してきた沖縄県知事の翁長雄志の任期満了に伴う知事選が予定されていた。どちらも負けられない選挙だった。安倍にとっては名護市での敗退は政権の行方にも直結しかねないほどの重みがあった。

しかも年明けから政権側にとって都合の悪い出来事が続いていた。一月二一日の沖縄県・南城市長選では六五票差で現職自公候補が敗れたばかり。また、前述した沖縄県で相次いだ米軍ヘリコプターの不時着をめぐって内閣府副大臣の松本文明が一月二六日、衆院本会議での代表質問の際にとんでもないヤジを飛ばした。

「それで何人死んだんだ」

松本は即刻更迭された。

一連の選挙戦全体を指揮した事実上の司令塔は官房長官の菅義偉。名護市長選で渡具知武豊の擁立を決めると総力戦を展開した。菅はもとより自民党幹事長二階俊博、自民党内で群を抜く知名度を誇る小泉進次郎、二〇〇〇年の沖縄サミットを決断した元首相小渕恵三の二女で元経済産業相小渕優子らを次々に投入した。選挙戦の実態は国政選挙を超えていた。

菅の必勝戦略は公明党・創価学会ブロックとの連携にあった。これまで沖縄県の公明党は一貫して辺野古移設に反対してきた。その公明党が自民党と共闘を組んだのだった。

「自公共闘は東京で話が成立した。まず公明党が地元で結束して動いてくれた。その勢いが自民党を動かした」

自民党幹部は選挙戦をこう振り返った。「自公選挙」の特徴は徹底した〝地上戦〟にある。業界団体あるいは地元議員を通じて有権者に対して投票を訴える。これに対し稲嶺陣営は沖縄全体を包む反米軍基地感情を背景にした〝空中戦〟だった。結果は〝地上戦〟に軍配が上がった。

有権者の投票行動を示す数字が明確に語った。期日前投票の投票率は四四％に達した。当日投票を含めた最終投票率が七六・九二％。全投票者の半数以上が投票日を待たずに投票所に足を運んだことを意味した。支持者を漏れなく獲得するには期日前投票が最も確実な方法だからだ。投票が締め切られた直後に自民党幹部は断言した。

「期日前投票で圧倒した。必ず勝つと思う」

沖縄の選挙では〝鉄板〟と呼んでもいい経験則がある。

「基地が争点になった選挙は革新系が勝つ。経済が争点になれば有権者は保守系に向かう」

確かにこの選挙で稲嶺は辺野古埋め立て反対を全面に掲げた。一方の自公は全く基地問題に触れずひたすら地域経済の活性化、振興を訴えた。自公の〝隠し玉〟が米軍再編交付金だ。この交付金は駐留米軍の再編に伴う施設を受け入れた市町村が交付の対象となるため、稲嶺が初当選した二〇一〇年以降名護市への交付金はゼロ。それまでは約一八億円が交付されていた。

「展望が見えない基地より経済的な振興」という有権者の気持ちが揺れてもおかしくなかった。菅は名護市長選が終わった直後、二月六日の定例会見で再編交付金に積極的な考えを示した。

「新市長（渡具知）と一日も早く会い協議する中で、できるだけの対応をしたい」

普天間基地の名護市への移設が決まってからこの時点で約二〇年。名護市民は四年に一度めぐってくる市長選のたびに市を二分する選挙を強いられてきた。この分断の歴史をどう断ち切るのか。当選した渡具知も反対派市民に配慮する考えを強調した。共同通信が投票日当日に実施した出口調査でも渡具知への投票者の三割が辺野古移設に反対と答えていた。

こうした結果を見ると、名護市長選によって辺野古移設が容認されたわけではないことが分かる。名護市長選の翌日、陸上自衛隊のヘリコプターが佐賀県神埼市の民家に墜落、隊員二人が死亡する事故が起きた。名護市長選前に自衛隊機事故が起きていたら、結果は違っていたという見方もあった。

「ここで負けていたら後々大変なことになっていた」――。選挙直後に菅はこう語っていた。

この名護市長選の直前、一月二六日、沖縄問題に心血を注いだ老政治家がこの世を去った。「政界の狙撃手」「陰の総理」――。数々の異名を持った元官房長官野中広務だった。波乱万丈の九二年の生涯は常に弱者と共にあった。野中は戦争体験者として自民党ハト派の象徴だった。九七年四月の衆院本会議場の光景が目に浮かんだ。沖縄の米軍用地特別措置法の改正法案をめぐって野中は委員長報告を行った。野中は声を震わせて訴えた。

「圧倒的多数で法案が可決されようとしているが、『大政翼賛会』のようなことにならないよう若い方にお願いしたい」

野中は最後まで「安倍一強」と言われる政治状況を憂い、警鐘を鳴らし続けた。

「日本がどんどん駄目になっていく。このままでは死んでも死に切れん」

その野中も所属した自民党の平成研究会(現茂木派)で会長の額賀福志郎の退任を求める声が強まり、額賀は二月八日、同派の参院議員を率いた党参院幹事長吉田博美に会長を退任する意向を伝えた。正式交代は三月一四日。後任の会長には派閥創設者の元首相竹下登の実弟で自民党総務会長の竹下亘が就任した。この交代劇の背景には竹下登の元秘書で「参院のドン」と呼ばれた青木幹雄の意向が強く働き、同派の参院議員二一人全員が会長交代を求めていた。

「平昌政治五輪」

衆院予算委員会の論戦が佳境に向かうタイミングで韓国・平昌冬季五輪開会式が迫ってきた。安倍は二月九日午後、平昌に近い襄陽《ヤンヤン》国際空港に到着した。

安倍は出発に先立って日本に立ち寄った米副大統領のマイク・ペンスと会談、北朝鮮に核・ミサイル開発を放棄させるため「最大限の圧力」を確認した。これに対して北朝鮮は開会式前から積極的に五輪外交を展開した。五輪憲章は、スポーツの政治利用や五輪での政治的宣伝行為は禁じているが、随所に北朝鮮の政治的アピールが繰り返された。例えば、日本政府が独自制裁の一環で、日本への入港を禁止している「万景峰92」を使って、冬季五輪に合わせて公演を行う北朝鮮の「三池淵《サムジヨン》管弦楽団」の本隊を乗せて韓国入りした。官房長官の菅義偉は七日の記者会見で強い不快感を表明した。

「北朝鮮の微笑外交に目を奪われてはならない」

さらに北朝鮮体育相の金日国《キムイルグク》ら北朝鮮オリンピック委員会関係者や応援団計二八〇人が七日、陸路で韓国に入った。北朝鮮の本隊というべき高官代表団は開会式当日の九日、専用機で空路ソウル入りした。この中に初めて外交デビューした金正恩の妹、金与正《キムヨジョン》らが含まれていた。代表団トップは朝鮮労働党序列二位の金永南《キムヨンナム》。二〇〇二年の首相小泉純一郎の訪朝の際に平壌の順安《スナム》空港に出迎えた最高人民会議常任委員長だった。筆者も二〇〇六年一〇月、平壌で金永南にインタビューしたことがあるが存在感は他を圧していた。

北朝鮮による与正の派遣には、韓国との関係改善を重視する姿勢をアピールするとともに、制裁を強める日米と韓国の分断を図ったとの見方があった。

安倍・文在寅会談は九日午後、安倍の到着直後に平昌のホテル「竜平リゾート」で約一時間行われた。安倍は北朝鮮の核・ミサイル開発問題で、日米韓が連携して圧力を最大限にまで高める方針を確認した。安倍は会談後、「対話のための対話には意味がない。そのことをはっきりと文氏に申し上げた」と語った。

また、「平昌冬季五輪・パラリンピック後が正念場となる」と述べて、北朝鮮に親和的とされた文を強く牽制した。これに対して文は安倍にこう強調した。

「国際協調を乱したりすることはない」

安倍は北朝鮮の制裁逃れが疑われていた海上で積み荷を移し替える「瀬取り」への対応も求めた。慰安婦問題をめぐる日韓合意については「国と国との約束だ」として、着実な履行を要求した。また、ソウルの日本大使館や釜山の日本総領事館前にある少女像の撤去を求めた。会談後、安倍は訪韓したペンスとも短時間会談。文を加え三人で記念写真に収まった。対北朝鮮で「日米韓連携」をアピールすることが狙いだったが、「前日まで文大統領がスリーショットの撮影に難色を示していた」（日本政府関係者）という。日米の強い要請で文が応じたとされ、文は北朝鮮を意識した言動に終始した。

安倍はこの会談後、五輪開会式前に開かれたレセプションで意表を突く行動に出た。北朝鮮代表団のテーブルにつかつかと歩み寄って金永南と短時間の会話を交わしたのだった。安倍は「拉致問題を解決し、全ての被害者の帰国を求める」と要求した。北朝鮮の核・ミサイル開発の放棄も求めた。ただ、金の発言内容について安倍は明らかにしなかった。

開会式が始まると、注目は文在寅夫妻の真後ろに着席した金与正に集まった。与正は黒のコートと帽子で、微笑を絶やさずに視線を選手らに送った。「コリア」のアナウンスが流れ、「統一旗」とともに南北朝鮮の選手らが入場すると、大統領夫妻、北朝鮮の金永南、金与正の二人も立ち上がって拍手を送った。

与正は翌一〇日、ソウルに向かい文在寅を青瓦台（大統領府）に特使として表敬訪問した。兄正恩の親書を手渡し、文に訪朝を要請した。文は「今後、（訪朝のための）条件をつくっていこう」と述べ、金大中《キムデジュン》、盧武鉉《ノムヒョン》の歴代の二人の大統領に次ぐ南北首脳会談開催に強い意欲を示した。

与正ら北朝鮮の訪韓団は一一日に帰国すると、翌一二日、金正恩に訪韓の成果などを報告した。朝鮮中央通信は南北会談に前向きな金正恩の指示を報じた。

「五輪を契機に北と南がもたらした和解と対話の良い雰囲気をさらに昇華させ、立派な結果を引き続き重ねていくことが重要だ」

平昌冬季五輪を契機に南北関係が大きく動き出した。韓国政府は冬季五輪参加に関連して韓国入りした北朝鮮の芸術団や応援団の滞在費用などとして、約二八億六〇〇〇万ウォン（約二億八五〇〇万円）の支出を決定した。北朝鮮への便宜供与は国連安全保障理事会の制裁決議に抵触する可能性があったが、韓国政府は意に介さなかった。

いずれにしても「平昌の一七日間」は朝鮮半島情勢に劇的な変化をもたらした。五輪を利用する形で生まれた「融和・対話ムード」を五輪後も継続することで対北朝鮮制裁のロックを解除し、国連決議に基づく国際社会の制裁を緩めることに繋がった。

北朝鮮は五輪開催前に韓国側から米韓合同軍事演習の延期を取り付けており、五輪後もその継続を求めてくることは明らかだった。これに対して安倍は「最大限の圧力」と「対話のための対話では意味はない」として米国との連携で北朝鮮に対して圧力による方針転換を求める意向を示すだけに終わった。

金正恩が元日に表明した「新年の辞」をきっかけに始まった韓国と北朝鮮による南北協議で朝鮮半島情勢は急展開を見せた。朝鮮半島情勢問題に深くかかわってきた外務省幹部は早い段階からこの状況を見抜いていた。

「同じ民族とは言っても北朝鮮と韓国では外交能力が格段に違う。もともと平昌五輪に北朝鮮を呼びたいというところから始まった南北協議は韓国の負け戦になる」

北朝鮮は二五日の平昌冬季五輪の閉会式に出席するため、朝鮮労働党副委員長の金英哲《キムヨンチョル》を団長とする代表団を派遣した。文在寅と会談がセットされた。また一つ歯車が回った。

ちなみに五輪の主役であった競技では日本人選手の活躍で日本国内が沸いた。出場すら危ぶまれていたフィギュアスケート男子の羽生結弦の圧巻の演技には日本中が酔いしれた。スピードスケート女子五〇〇メートルでは小平奈緒がオリンピックチャンピオンに輝いた。世界記録保持者だった韓国の李相花《イサンファ》は僅差の二位。ゴールした小平は李選手をいたわるように抱きかかえてリンク上で声を掛けた。小平は日の丸を羽織り、李は韓国の国旗、太極旗を手にしていた。

2 地に堕ちた財務省

働き方改革をめぐる答弁で躓く

一強体制を築き上げた首相安倍晋三が再び国会答弁で躓いた。

「私や妻、事務所が関わっていれば首相も国会議員も辞める」――。

大阪の学校法人森友学園をめぐる国有地払い下げ問題で責任を追及された首相安倍晋三がこう切り返したのが前年の二月一七日の衆院予算委員会。この発言が森友問題を拡大、政治問題化したきっかけになった。

それからちょうど一年。今度はこの通常国会で掲げた政権の目玉政策である「働き方改革」をめぐって安倍の答弁をきっかけに再び政権批判に火が点いた。問題となったのは働き方改革の中でも野党側が強く反発していた裁量労働制の対象事業の拡大だった。裁量労働制は、実際に働いた時間とは関係なくあらかじめ決められた時間を働いたとみなして、賃金を支給する制度。既に編集記者などの専門職(専門業務型)や企業の中枢で企画などを担うサラリーマン(企画業務型)の二つの類型に裁量労働制が導入されていた。これをさらに一部営業マンなどに対象業務を拡大しようというのがこの時の改革の柱だった。ただ現実には残業代が固定され、結果として〝サービス残業〟が増え、長時間労働につながりかねないとの懸念が消えなかった。そこで安倍が持ち出したのは「二〇一三年度労働時間等総合実態調査」。これに基づく答弁がまずかった。

「裁量労働制で働く方の労働時間は、平均的な方で比べれば一般労働者よりも短いというデータもある」

ここに落とし穴があった。調査そのものが古いうえに、異なる手法で調査したデータで比較したものを引用したからだ。安倍は二月一四日の予算委で頭を下げた。

「私の答弁を撤回するとともにお詫びを申し上げたい」

行政の最高責任者が国会答弁を撤回、陳謝するのは極めて異例。ましてや法案の核心部分での謝罪は働き方改革の信頼性を一気に損ねてしまった。加えて所管大臣の厚生労働相加藤勝信は二月七日にこの事実を知っていたことを明らかにした。それでも安倍は強気の姿勢を崩さなかった。

「役所から上がってきた資料はある程度信頼して答弁せざるを得ない」

自民党の長老はこのやり取りを聞いて口走った。

「安倍総理にとって厚労省は鬼門だ。悪夢を思い出す」

確かに安倍は過去にも厚労省の対応のまずさから手痛い挫折を繰り返してきた。二〇〇四年の年金改革。安倍は若き自民党幹事長だった。直後の参院選で野党民主党(当時)が改選議席では第一党(五〇議席)。一議席差とはいえ自民党は四九議席にとどまった。安倍は幹事長としての責任を取る形で後の党役員人事で幹事長代理に〝降格〟された。

さらに二〇〇七年には首相になった安倍の足元を「消えた年金」問題が襲った。直後の参院選で自民党は惨敗する。安倍はその後体調を崩して首相の座を去った。これを鋭く追及したのが「ミスターとして責任追及の先頭に立った。

「虚偽答弁ではないか」

「安倍VS長妻」という対決の構図の再来となった。

裁量労働制の対象業務拡大に一貫して慎重な姿勢を維持する連合会長の神津里季生は安倍の「答弁撤回、お詫び」について「パンドラの箱が開いた」と指摘した。裁量労働制が日本に導入されたのは一九八七年。対象業務は編集記者など徐々に拡大されていたが、制度上の問題を指摘する声は絶えなかった。神津は力を込めた。

「現実の労働現場の状況把握をやらずに法制化を急ぐのは論外」

安倍が目指した働き方改革関連法案は四本柱で構成された。①残業規制②同一労働同一賃金の実現③高度プロフェッショナル制度(高プロ)の導入④裁量労働制の拡大——。これを政府は一括法案として提出する、いわゆる「抱き合わせ法案」での国会提出を目指した。「高プロ」とは金融ディーラーや経営コンサルタントなどとして働く労働者が対象で、最長で一日八時間などと定められた労働時間規制から除外とするものだ。

混乱が続き、政府側は安倍や加藤の陳謝に加えて法律の施行日を一年ずらして二〇二〇年四月一日に延期する方向で検討に入った。危機感を抱いた自民党幹事長の二階俊博が乗り出した。

「法案の閣議決定に先立ち自公両党で厳正に審査する」

自民党総裁選を控えた通常国会は荒れるというのが通り相場。「乱戦国会」の様相となった。

佐川国税庁長官の罷免を求めるデモ

「働き方改革」に加えて前年の通常国会で表面化した大阪の学校法人森友学園をめぐる国有地売却問題も前述の通り新たな展開を見せていた。財務省が廃棄したとしていた内部文書が次々と出てきたからだ。野党側は前年の通常国会で交渉記録を「廃棄した」と答弁した国税庁長官佐川宣寿の罷免を要求した。しかし、首相安倍晋三や佐川の直属の上司に当たる副総理兼財務相の麻生太郎は具体的な根拠を示すことなく「適材適所」を繰り返した。

所得税の確定申告が始まった二月一六日にはついに佐川長官の罷免を求めるデモが東京・霞が関の国税庁周辺で行われた。さらに政府はこのタイミングで四月に任期の切れる日銀総裁に黒田東彦を再任させる国会同意人事案を衆参両院の議院運営委員会理事会に提示した。黒田が総裁就任時に掲げた二年程度で実現するはずだった物価上昇率二％の目標は実現していなかった。黒田が推進した大規模な金融緩和は、出口戦略がないままの再任だった。黒田は「長期金利を〇％程度に抑える大規模緩和を当面は続け、一九年度ごろには目標達成の見通しがつく」との認識を示した。

しかし、その後の経過は結果を出せないまま日本の金融政策は袋小路に入る。とりわけ二〇二二年のロシアによるウクライナ侵攻後に米連邦準備制度理事会（FRB）が利上げに踏み切った際も一〇〇〇兆円を超える赤字国債残高を抱えていたため、利上げができずに内外金利差の拡大を招いた。外国為替市場での急速な円安となって日本経済に打撃を与えた。ただし安倍は首相退陣後も自らの信念を変えることはなかった。二〇二二年五月九日、大分市内で行った講演でこう語った。

「一〇〇〇兆円ある政府の借金の半分は日銀が買っている。日限は政府の子会社だ。心配する必要はない」

安倍の死後も金融財政をめぐって政府自民党内には「安倍の遺志」がなお影を落としている。

この二〇一八年の黒田の任期切れが金融政策の転換を図るチャンスだったが、安倍の前にだれもそのことを口にしなかった。三月九日の再任会見でも黒田は路線堅持を強調した。

「目標達成前に金融緩和を弱めることは全く考えていない。物価上昇の勢いが維持されていなければ、当然、追加緩和を検討する」

「裁量労働制」の導入撤退

「働き方改革」をめぐるデータミスはその後も次々と発覚、安倍は徐々に逃げ場を失う。野党側は法案の撤回を求め、与野党幹事長・書記局長会談の開催を要求した。ここで二階が動いた。まずは与野党幹事長・書記局長会談の開催を受け入れた。過去五年余の安倍政権下で、法案をめぐって開かれた初めての与野党協議だった。

「別に命が取られる訳ではない。だからここは一度兵を引くしかない」

かつて二階が師と仰いだ自民党の副総裁金丸信の常套句。二階の国会対策の基本でもあった。二階は野党側の再協議要求に応じた上に、衆院予算委をあえて空転させた。その裏で二階は早々に裁量労働制の拡大を断念することを安倍に進言した。

「総理に叱責されるかと思っていたら、総理も分かっていたようだ」

二月二八日深夜に衆院本会議で一八年度予算案が可決、通過すると、首相官邸に安倍を中心に厚生労働相加藤勝信、官房長官菅義偉、それに加えて二階ら自公の幹事長・政調会長が集まり、正式に見送りが決まった。

「裁量労働制のデータが疑念を抱く結果になっている。裁量労働制については全面削除するよう指示した」

その一方で安倍が撤退宣言する直前まで開かれていた衆院本会議では、さしたる混乱もなく一八年度予算案が可決され衆院を通過、年度内成立が確定した。「明と暗」が交錯した。そこに見え隠れしたのが自民党幹事長二階俊博の老獪な国会運営だった。

「もの言う自民党」

二階のシナリオは二月二一日に立憲民主党が自民党に対して与野党幹事長・書記局長会談を申し入れた時から動き出した。それまでの安倍政権の国会運営を振り返れば「問答無用」の連続で、法案や政策課題をめぐって与野党の幹事長・書記局長会談を受け入れたことは一度もなかった。これに二階が応じ、二三日に会談が開かれたのだった。

ここで野党側は三項目の要求を突きつけた。最大の焦点となっている裁量労働制の拡大については実態調査のやり直しと、罰則付きの残業時間規制など他の改革関連法案との切り離し。そして森友学園問題をめぐる国会答弁に批判が集中する国税庁長官佐川宣寿の国会証人喚問――。これに対して二階は「データ問題に誠実に対応するよう政府に申し入れる」と答えた。

しかし、野党六党は納得せず二六日になって再び幹事長・書記局長会談の開催を自民党側に申し入れた。二階は躊躇することなくこれを受け入れた。

二六日午後八時半過ぎ。国会三階にある常任委員長室で二回目の会談が始まった。途中三回の休憩をはさんで終了したのは日付が変わって二七日午前零時一〇分。途中は堂々巡りの野党側の要求に、二階に付き添って議員傍聴席にいた幹事長代理林幹雄が声を挙げた。

「そろそろ打ち切りにしよう」

これに対して野党側から一斉に怒号が飛ぶ。

「関係者以外の発言は控えろ」

そんな応酬が続く中で二階はボソボソと意味不明の言葉を口にしながらも席を立とうとしなかった。

「日付が変われば翌日の委員会は事前広報ができないため流会する。それを幹事長が狙っていたのは間違いない」(自民党国対幹部)

その見通し通り、自民党が予定していた予算委員会の採決はなくなり、国会は一日空転した。表面的には野党が空転を勝ち取ったようにみえながら、名を捨てて実を取ったのは二階だった。二六日の委員会で防戦一方だった安倍や厚生労働相の加藤勝信はひと息つくことができたからだ。野党ペースの委員会が開かれていれば、政府与党側がさらに追い込まれていたのは間違いなかった。野党側のイケイケムードに水が差された。自民党では古典的な国会対策を二階が実践したと言ってよかった。しかも二階の老獪さはこれだけではない。ぽっかり空いた二七日に二階派の沖縄北方担当相だった江崎鉄磨を辞任させた上で後任に同じ二階派の福井照を押し込む閣僚人事までやってのけている。江崎には健康問題があったからだったが、人知れず江崎—福井のバトン・タッチが行われた。自民党内からも裁量労働制拡大への慎重論が噴出していたことも二階を後押しした。二階ならではの早業だった。

政治の世界ではしばしば力関係が一瞬にして変わる。安倍自身もこれまでのような中央突破は困難と判断した。二七日午前、二階と幹事長代理の林、国対委員長の森山裕を首相官邸に呼んで裁量労働制拡大の断念を伝えた。安倍は二八日の予算委で軌道修正に入った。

「きっちりと実態把握しない限り政府全体として前に進めない。相応の時間を要すると考えている」

安倍と二階の関係は極めて微妙なものがあった。それは両者の政治手法にも表れた。野球にたとえるなら安倍はどこまでも速球一本やりの本格派で完封を目指す。これに対し二階は相手にも一定の点を与えた上で最後は勝ち切る「打たせて取る」タイプ。二階はこの時七九歳。時として体力面を不安視する声も聞こえたが、「政界仕掛人」としての手腕と存在感は逆に輝きを増した。ただし二階には一貫したポリシーがあった。総理大臣の権威をないがしろにはしないという点だった。この姿勢はのちに首相になった菅義偉、岸田文雄に対しても変わることはなかった。

ただ「働き方改革」をめぐる対立はこれで一件落着かと言えばそうではなかった。

経済官庁の幹部OBもこんな懸念を指摘した。

「総理答弁の中身を官邸のスタッフがどこまで事前にチェックしていたのか。不思議でならない」

この経済官庁の幹部OBが懸念した政権内の足並みの乱れは三月に入ると同時に表面化した。

財務省に飛び火した森友問題

大阪の学校法人「森友学園」への国有地売却問題をめぐる「渦中の人」に副総理兼財務相麻生太郎が加わった。大きな転換点は三月二日付の朝日新聞朝刊のスクープだった。

「森友文書書き換えの疑い」

一七年二月に森友問題が表面化した後の国会への提出文書が書き換えられたとされるものだった。しかも朝日新聞によると、「起案日、決済完了日、番号が同じで、ともに決済印が押されている」というものだった。役所の文書では「番号」と「決済印」が特に重要とされる。この書き換えが事実とすれば刑事罰の対象にもなる。前年の通常国会で理財局長の佐川宣寿(一八年当時は国税庁長官)が文書の存在すら否定しており、財務省による隠蔽、改竄の疑いが濃厚になりつつあった。官庁の中の官庁と呼ばれた財務省の中で何が起きていたのか。朝日が報じて以後の麻生の発言をトレースしてみると、麻生が置かれた苦しい状況が浮かび上がる。

「捜査に影響を与えるか予見し難いので答弁は差し控える」(三月二日参院予算委員会)

「事実なら、ゆゆしき事態だ。捜査当局から口裏合わせをするような話に取られかねないとして(発言を)控えるように言われているのは事実だ」(同四日参院予算委)

そして五日になって財務省は「(調査状況は)六日朝までに回答したい」としたが、麻生の答弁は「調査方針、留意点などになる」と述べてトーンダウン。さらに六日午前の参院予算委員会で財務省は、文書原本は大阪地検特捜部に提出しており、すべての文書は確認できないと「ゼロ回答」をした。野党側は一斉に反発、予算委員会の審議はストップした。

しかし、財務省は文書の存否の確認すらしなかった。このことに自民党内からも疑問の声が挙がった。中でも麻生を名指しこそしなかったが、自民党幹事長の二階俊博が財務省批判に転じた意味は大きかった。

「国会から要求された資料を出せないのは理解できない」

参院自民党の司令塔・参院幹事長の吉田博美も「財務省はきちんと説明責任を果たすべきだ」と述べ、二階に同調した。

野党だけでなく与党内からも集中砲火が財務省に向かった。それでも財務省は打開策を出せずに時間が空費された。安倍も距離を置いた。

「私の預かり知らぬこと」

麻生及び財務省は逃げ場を失いつつあった。しかも国会では年度末に失効するいわゆる「日切れ法案」の審議が全く進んでいなかった。これまでの安倍なら強引に中央突破に出たに違いなかった。しかし、前年の衆院選後、明らかに安倍を取り巻く環境が変わった。その象徴が二階に代表される「もの言う自民党」だった。二階が流れをつくり安倍が追認するパターンが続いた。そして森友文書でも二階に先手を取られた。二階に近い自民党長老はこう語っていた。

「そろそろ終戦処理を考えなければならない。その大枠、方向性についてトップ同士で腹を割って話すことになるのではないか」

二階は三月七日、官房副長官の西村康稔を自民党本部に呼んだ。

「出せるものは早く出してほしい」

この日の夜、二階は安倍と東京・赤坂の日本料理店「津やま」で会談した。当然、話題の中心は森友問題への対応だった。関係者によると、安倍は二階にこう伝えた。

「調査結果が出たらすべてを出しましょう」

ところが、この日、事態を大きく揺さぶる出来事が起きる。近畿財務局で国有地の売却を担当していた部局に所属する職員が自殺したのだった。赤木俊夫（当時五四）。後に妻が国や佐川を訴えた。安倍・二階会談の時点で職員自殺の報が入っていたかどうかは不明だが、八日の段階で森山は周辺にこう漏らしている。

「麻生（副総理兼財務相）さんが辞める事態にはならないが、明日（九日）は大きな動きがあるのではないか」

森山の見通し通りに三月九日午後七時四〇分、財務省で麻生の記者会見が始まった。実に奇妙、意味不明の会見だった。佐川は財務省四階の国税庁長官室から二階の大臣室までテレビカメラに囲まれながら辞表を提出した。まるで〝市中引き廻し〟のようだった。この演出過剰の辞表提出の後、麻生の尊大極まりない態度、言葉遣いの記者会見が始まった。麻生が口にしたのは佐川の更迭理由だった。

「理財局長時代の国会対応に丁寧さを欠き、国会審議の混乱を招いた。また行政文書の管理状況について様々な指摘を受けている」

その麻生は佐川に対する「減給二〇％三カ月」の懲戒処分を発表した。「適材適所」を繰り返しておきながら一転して懲戒処分。それだけではなかった。

「捜査の結果次第ではさらに重い懲戒処分に相当すると判断される可能性も否定できない」

将来の処分にまで言及したのだった。この日の会見でも「佐川、佐川」と呼び捨てにして、自らの責任については全く関知していないことを強調した。

佐川が理財局長として国会答弁を担っていたのは前年の通常国会。この二〇一八年時点で進行中の国会の混乱とは直接関係はなかった。確かに佐川が前年の国会で財務省にあるべき交渉記録の存在を否定するなど不誠実とも言える答弁を繰り返したのも事実。一年遅れの処分は実に不可解だった。しかも佐川を事務次官と肩を並べる財務官僚トップの国税庁長官に起用したのは麻生太郎にほかならなかった。麻生のみならず安倍も「佐川国税庁長官」を適材適所と高く評価していた。

麻生は国会空転のきっかけになった森友文書の書き換えが刑事事件に発展する可能性を認識していた疑いが濃厚だった。そもそも森友問題は安倍夫人の昭恵と学園理事長籠池泰典との親交に端を発した「財務省の忖度」が行政を捻じ曲げたとの疑念から出発している。ある意味で佐川は「政権の危機」を必死にかばおうとしたにすぎないとも言えた。

そして週が明けて三月一二日午後、参院予算委員会の理事懇談会に調査報告書が提出された。森友問題に関する一四文書、約二九〇カ所で改竄が行われていた。なぜ、こうした改竄が行われたかについて麻生の次の説明がさらなる疑念を呼び込んだ。

「答弁に合わせて書き換えたのが事実と思う」

つまり前年の予算委で佐川が口にした「価格交渉はしていない」「文書はない」などの答弁との整合性をとるために、決済文書を改竄してつじつま合わせをしたというわけだった。しかし、佐川がなぜ決裁文書とかけ離れた答弁をしたのかという核心と言えた疑問には全く答えず。改竄文書では安倍夫人の昭恵に触れた部分もそっくり削除されていた。

安倍は記者団の取材に「責任を痛感している。国民に深くおわびする」と謝罪した。ただし、安倍も麻生も一四日の参院予算委で口を揃えて関与を否定した。

「私や私の妻が関わっていないのは明らかだ」（安倍）

時を同じくして自公幹事長会談が開かれていた。

「佐川氏招致は、国会審議を通じて必要性が出てくれば拒否しない」

三月二日に朝日新聞が森友問題をめぐる決裁文書に書き換えの疑いがあると報じて以来、安倍をはじめ政府側の答弁からあるシナリオが浮かび上がった。「焦点ずらし」だった。

「私や妻が問題に関わっていれば首相も議員も辞める」という安倍発言を契機に財務省をはじめ官僚組織全体がどうすれば安倍を守れるかと考えても不思議はなかった。文書改竄問題への対処も同じ構図で展開した。問題の首相官邸からの切り離しだ。

「財務省は捜査の影響に配慮しつつ、できるだけ早期に説明できるよう最大限努力して欲しい」(官房長官菅義偉)

「佐川切り捨てによる事態終息」の狙いが明確になった。一五日の石破派の会合で石破茂は改めて政府の責任に言及した。

「真実は一つしかない。与党として明らかにしなければならない」

これは石破だけでなく国民の多くが抱いていた共通の思いだったのではないか。ところが麻生は佐川ら限られた官僚の行為と断じた。

「組織ぐるみの定義が分からないが、理財局の一部の職員により行われたのは事実だ」

佐川の後任の理財局長太田充も麻生側に立った。

「佐川氏の関与の度合いはかなり大きく、(文書改竄を)知っていたと思っている」

しかし、問題の核心は一省庁の問題ではなかった。政権の力が強大になり過ぎた結果、「政と官」の役割を双方が見失ってしまったことにあった。この微妙なバランスを差配するのが官僚組織の頂点に立つ事務の官房副長官の大きな役割だ。後藤田正晴、石原信雄、古川貞二郎らが名副官房長官として歴史に名を残すのも「政と官」のつなぎ役として抜群の才覚を発揮したからだった。

かつて後藤田は自らの官僚としての経験から行政府への過度の政治の関与に警鐘を鳴らした。

「(政治は)多数の政務官を行政府に送り込んで、行政に対する政治の支配を強めようとしている。しかし、畢竟、これは失敗だったという時期が必ずくるのではないか」(『後藤田正晴——二十世紀の総括』生産性出版)

森友問題は、後藤田が約二〇年前に指摘した通り過度に支配力を強めた一強政治が招いた官僚スキャンダルと言ってもいいかもしれない。佐川が国税庁長官という財務官僚のトップだったとしても、「政治の責任」は当然問われ続けなければならず、安倍政権そのものの統治能力に疑問符が付いた。自民党の元副総裁山崎拓は持論を展開した。

「麻生はいずれにしても辞めざるを得ない。政権を守るためにはそれしかない。そうでなければ自民党は来年の参院選を戦うことはできない」

ポスト安倍に意欲をみせていた元幹事長の石破茂も事実上の〝宣戦布告〟に踏み切った。

「（憲法改正より）まずは森友問題で国民に得心してもらい、党への信頼回復が先だろう」

「（安倍は）行政の長として、全てを明らかにすることが第一の責任だ。それをうやむやにしたまま（責任問題を）議論しても仕方がない」

森友問題の大きな特徴は首相と副総理という内閣の№1と№2の政治責任が問われた点だった。

森友問題が急展開すると、党内がざわつき始めた。九月に予定される自民党総裁選も視野に入れた思惑が随所に顔を出した。安倍の基本戦略は安倍の出身派閥である細田派を軸に麻生、二階、そして額賀派の三派を加えた「四派連合」での「圧勝」にあった。この勢いを残り任期三年の推進力につなげることだった。だが一貫して「ポスト安倍は安倍」と言ってきた二階がむしろ安倍をしばしば牽制した。安倍にとって極めて悩ましい存在が二階だった。そこに麻生ファクターが加わった。文書問題の行方によっては安倍と麻生との関係が変わる可能性があった。この時点で安倍が確実に読める支持派閥は細田派だけという状況だった。

これまでは安倍からの禅譲期待で九月総裁選への出馬に消極的と見られていた自民党政調会長の岸田文雄がにわかに意欲的な姿勢に転じた。

「政局は変化している。(一八年度)予算成立後にどうあるべきか、(総裁選への対応を)同志と相談しながら考えたい」

元幹事長の石破茂も黙っていない。総務相の野田聖子も立候補の意思は固い。こうした常連組に加えて小泉進次郎が「二〇二〇年以降の経済社会構想会議」を立ち上げた。会長は橘慶一郎(衆院議員、富山三区)、幹事長には福田達夫(衆院議員、群馬四区)がそれぞれ就き、小泉は会長代行として一歩引いた形を取っていたが、「次の次の総裁選」への意欲と見られた。

内閣支持率急落

森友問題が泥沼化すると内閣支持率が急落した。共同通信社が三月一七、一八両日に実施した全国緊急電話世論調査は政権に衝撃を与えた。支持率は前回調査(同月三、四両日)から九・四ポイント下落し、三八・七%に落ち込んだ。政権にとってさらに深刻なのは不支持率の高さだった。九・二ポイント増の四八・二%で支持と不支持が逆転した。もはや何も手を打たずに国会を乗り切るのは困難になってきた。

外交面にも影響は及んだ。一九、二〇の両日アルゼンチンで開かれた二〇カ国・地域(G20)財務相・中央銀行総裁会議に麻生が欠席を余儀なくされた。三月一九日の参院予算委員会集中審議への出席を優先させ、財務省内の対応に当たるためだった。内政が外交の足を引っ張る典型的な事例と言ってよかった。とりわけこの時のG20は日本にとって重要な会合だった。翌年に日本が初めてG20の議長国になることが決まっており、新旧の議長国同士の引き継ぎが予定されていたからだ。

その集中審議でも、安倍は昭恵と森友学園の関係が国有地売却や改竄にはつながらないと繰り返し説明した。これに対して野党側は反発を強め、佐川の証人喚問が三月二七日に実施されることが決まった。重要なポイントは三点に集約された。①虚偽答弁と、さらにその後の文書の改竄を何のために行ったのか②佐川独自の判断で行ったのか。約三〇〇カ所以上の改竄箇所を含む一四文書、これだけの改竄をたった一人でやれるのか③安倍及び昭恵が佐川の行動にどこまで影響を与えたのか。

与党側は証人喚問で幕引きとしたい。一方、野党側は「証人喚問は次のステージへの幕開けだ」との認識だった。証人喚問のための衆参両院の予算委員会は二七日午後開かれたが、佐川は証言拒否に終始した。文書改竄の経緯や動機、指示系統など核心部分の解明は進まなかった。

「私は本件書き換え問題について捜査を受けている身で答弁を差し控えたい」

同じフレーズを約五〇回も重ねた。その一方で「〔(官邸からの)指示はございませんでした」と明言した。佐川は自身の役回りを正確に理解した上で台本通りに演じたように見えた。そこからも浮かび上がったのは「森友問題」と「首相官邸」との切り離しだった。

証人喚問直後の世論調査の結果は明快だった。共同通信社が三月三一日、四月一日に実施した全国緊急電話世論調査によると、佐川証言について「納得できない」との回答が七二・六%に上った。

その後も森友問題をめぐっては新たな事実が次々と露見して終わりは全く見えなかった。四月九日の参院決算委員会では佐川の後任理財局長の太田充が森友学園への国有地売却を巡り、理財局職員が一七年二月、森友側の弁護士に値引き根拠となった約八億円のごみ撤去費に関する口裏合わせを依頼していたことを明らかにして陳謝した。

決算委で太田は口裏合わせについて「職員が佐川答弁との整合性を取ろうとした」と説明。その上で「誤った対応だ。大変恥ずかしく、申し訳ない」と謝罪した。

安倍発言に端を発した森友問題に加えて加計学園の獣医学部新設問題、自衛隊の日報問題が「三大不祥事」と呼ばれ、政権不信は頂点に達しつつあった。いずれも同じようなパターンで事態が展開した。問題が表面化すると官邸側がまず強く否定することから始まる。その後「ない」と言っていた文書が後から出てくる。事態解明に積極的に取り組む姿勢を欠いたまま次の事態が起こり、下へ下へと責任が転嫁されていった。

行政文書は公文書管理法によって「国民共有の知的資源」と位置付けられ、保存や管理が義務付けられている。将来にわたり国による政策決定過程の検証を可能にするためだ。改竄や廃棄は、民主主義を支える国民の知る権利を大きく毀損する、あってはならないことだった。官邸の顔色をうかがいながら官僚が文書改竄に手を染め、それと矛盾しないように次から次に文書に手を加えていったとしか思えなかった。

希望の党代表の玉木雄一郎は厳しく安倍を批判した。

「（安倍らの）答弁の矛盾の尻ぬぐいに霞が関の皆さんが走り回り、不幸が起きている。問題の根源は首相だ」

にもかかわらず、三月二九日午前の参院財政金融委員会で麻生が耳を疑うような言葉を口にした。

「森友の方が環太平洋連携協定（TPP）11より重大だと考えているのが日本の新聞のレベル」

さすがに翌日になって発言を訂正、謝罪に追い込まれた。

「誤解を招くような発言があったとすれば謝罪する」

しかし、全く謝罪の気持ちが伝わってこなかった。財務省の公文書改竄に関して自民党筆頭副幹事長、小泉進次郎の発言は明快だった。

「平成の政治史に残る大事件」

ウソの上塗り

「政治と行政がぼろぼろだ」――。立憲民主党代表の枝野幸男がこう指摘した通り、一難去ってまた一難――。安倍政権の杜撰な公文書管理をめぐる失態が止まらなくなった。四月四日午後七時前、防衛相小野寺五典が防衛省で記者団の前に現れた。そして神妙な面持ちで手にしたペーパーを読み始めた。

「正確性を欠く国会答弁や、資料要求への対応を行ったことをおわび申し上げたい」

小野寺の会見は四月二日に続いて二度目。しかも二日の会見の内容が事実と異なっていたことが判明し、訂正発表という前代未聞の内容だった。「ウソの上塗り」と言われても仕方がなかった。もはや政権は「蟻地獄」にはまって身動きが取れなくなってきたかの様相を示した。

問題となったのは二〇〇四年にイラクに派遣された陸上自衛隊が日々の活動を記録した日報。前年の二月にこの日報を野党側が資料要求した。これに対して当時の防衛相稲田朋美が「見つかりませんでした」と答弁、「不存在」とされたものだった。

二日の小野寺会見では、なかったはずの日報が一八年の一月になって見つかったというものだった。しかもご丁寧なことに防衛省は、日報発見の経過について詳細な経過を公表していた。

「まず、陸上自衛隊研究本部が今年一月一二日に発見し、陸幕総務課に報告があった。陸幕衛生部は一月二六日に発見し、同三一日に陸幕総務課に報告があった。陸幕は二月二七日に統幕に報告した」

ところが四日の会見で小野寺はこう説明した。

「イラクの日報は昨年三月二七日、南スーダンPKO日報隠蔽問題をめぐる特別防衛監察の過程で、研究本部内の教育訓練課にある外付けのハードディスク内で発見された」

つまり、陸自は一一カ月間も情報を隠していたことになる。稲田への報告はなかった。なぜ、イラクの日報を隠蔽する必要があったのか。もともと二〇〇四年の陸上自衛隊のイラク派遣は決定段階から不透明な要素が付きまとったことに原因があったとみてよかった。イラク派遣の目的はイラク戦争後の人道復興支援。派遣を決断した当時の首相小泉純一郎が戦後の日本政治が封印してきた事実上の「戦地派遣」をするに当たってその前提条件として持ち出したのが「非戦闘地域」という考え方だった。だが、この「非戦闘地域」の定義が極めてあいまい。小泉ですら答えに窮して珍答弁を連発した。

「私に聞かれたって分かるわけない」「自衛隊が派遣されるところが非戦闘地域」

しかし、現実に陸自の部隊がイラク入りすると、自衛隊宿営地に迫撃砲が着弾するなど派遣の前提条件が崩れていた。それを記録していたのが日報だった。政府にとって「不都合な真実」が記録されている可能性は排除できなかった。

その後、首相安倍晋三が制定した安全保障関連法でPKOに新しい任務が付与された。そこでベースとなったのが「非戦闘地域」の考え方だった。安保法制審議の際にイラク日報が公開されていたらどうなっていたのかという疑念が残った。

現に南スーダンに派遣されたPKO部隊は治安の悪化に直面していた。これに対して政府は一貫して「治安は安定している」として南スーダンへのPKO派遣の正当性を繰り返した。このためスーダンPKOの日報隠しが始まったと見るのが自然だろう。当然、その前提になったイラク日報も表に出すわけにはいかなかったという推測が成り立つ。

結局、南スーダンPKOの日報はその存在が明らかになって稲田は辞任に追い込まれた。そしてめぐりめぐって今度はイラク日報も表に出ることになった。ただし、なお大きな疑問が残った。なぜイラク日報をこのタイミングで認める必要があったのかという点だ。もっと大きな「不都合な真実でもあるのか」という疑念すら生まれた。安倍は再び思わぬ場面で足元をすくわれることになった。

歴代の首相は誰もがそうだったが、各マスコミの世論調査については「一喜一憂しない」と繰り返す。しかし、本心は全く違う。ほぼ全員が「一喜一憂」どころか、「気になって仕方がない」（自民党長老）。安倍も森友問題をめぐって前国税庁長官佐川宣寿の証人喚問が終わった直後の世論調査結果を心底気にしていたようだ。喚問後最初に調査を行ったのが共同通信だった。結果を見た安倍はほっと胸をなでおろしたに違いない。

内閣支持率は前回の三八・七％から三・七ポイント上昇して四二・四％。再び四〇％台を回復した。政府高官も「これで下げ止まった」と一息ついていた。安倍は三月三一日に第二次政権発足後、一一回目の人間ドックを受診した。

「全ての数値が良かった。体調は万全だ」

安倍は周辺にこう漏らした。その矢先のイラク日報問題の発覚だった。自民党幹事長の二階俊博は政府の対応を厳しく批判した。

「全体的にたるんでいる。気が抜けているのではないか」

しかし、二階の言う「たるみ」の矛先は防衛省だけではなかった。当時の霞が関全体に対する警告でもあった。厚労省の東京労働局長が記者会見中に口走った発言にも批判が集中した。

「何なら皆さんの会社（報道機関）に行って是正勧告してもいいんだ」

東京労働局を所管する厚労相加藤勝信は局長を処分する意向を表明した。これに対して「政」の「官」への一連の対応については「官」のサイドには不満がたまった。森友問題ですべての責任を負う形になった財務省の幹部ＯＢは悔しい胸の内を吐露した。

「森友問題はもとを正せば首相夫妻に行き着く。にもかかわらず総理はまるで他人事だ」

霞が関の不満は沸点に達しつつあったのではないか。イラク日報問題に限らず公文書問題は他省庁にも広がる可能性は否定できず、霞が関の「静かなる反乱」が始まっていたのかもしれなかった。

首相安倍晋三は四月八日、日曜日の午後、久しぶりに映画館に足を運んでいる。安倍が観賞したのは英国の元首相チャーチルを描いた『ウィンストン・チャーチル　ヒトラーから世界を救った男』――。チャーチルを演じたゲイリー・オールドマンの特殊メイクを行った日本人辻一弘がアカデミー賞のメイク・ヘアスタイリング賞を受賞したことでも話題になった映画だった。

「私はチャーチルにかねてから強い関心を持っている。ポートワイン好きも同じ。ぜひ観に行きたい」

安倍に誘われて同道した元参院議員で内閣官房参与の荒井広幸にはこう話していた。映画のあらすじはこうだ。ナチスドイツの侵攻に直面したチャーチルが、和平か徹底抗戦かの決断を迫られる。そこでチャーチルは一般市民の声を直接聞くことを思い立ち、生まれて初めて地下鉄に乗る。市民たちが口を揃えてチャーチルに訴えたのが「徹底抗戦」だった。ここからチャーチルとヒトラーの闘いが始まる。この映画からは徹底抗戦を決断するまでのチャーチルの心の葛藤、リーダーの孤独が伝わってくる。

チャーチルが置かれていた状況とは全く次元が異なっていたが、安倍も一国のトップリーダーとして大きな岐路に立っていることでは同じだった。政権の信頼性が問われる事態が続発し、連日のように新聞の一面には同じ活字が並んだ。

「森友」「加計」「日報」――。

それぞれ内容は異なるが、共通項は官僚機構が安倍一強体制の中で公僕意識を失い、行政を大混乱に陥れていたことだった。前代未聞の「同時多発型の官僚不祥事」と言ってよかった。しかもいずれも前年の通常国会で政治問題化したことばかり。それからちょうど一年。いったんは終息したかに見えた問題に再び火が点き、むしろ前年以上に事態は深刻化していた。

防衛省の日報問題では前年は「不存在」とされた自衛隊のイラクへの派遣部隊の日報をはじめ、南スーダンへの国連平和維持活動（ＰＫＯ）など毎日のように防衛相小野寺五典が頭を下げる場面が続いた。小野寺は「うみを出し切る」と繰り返したが、「うみ」は毎日のように出続けた。立憲民主党の国対委員長辻元清美は、自らの資料要求から始まった問題だけに防衛省に向ける言葉は厳しかった。

「安倍政権の底が抜け、底なし沼にはまり、あがいている状況ではないか」

公文書管理法制定の生みの親とも言える元首相福田康夫は辛辣だった。

「付けるクスリがない」

省内を掌握しきれない政治家と公僕意識が著しく低下した官僚という「政と官」の状況は防衛省だけの問題ではなかった。多くの省庁で類似の問題が多発する背景には政権の中枢である首相官邸への権力集中が招いた安倍政権の構造上の問題があると言わざるを得なかった。

愛媛県面会記録のスクープ

四月一〇日には森友文書の改竄をスクープした朝日新聞が再び安倍の足元を直撃する衝撃的なニュースを報じた。

「面会記録に『首相案件』」

学校法人「加計学園」が愛媛県今治市に獣医学部を新設する際に、愛媛県が作成したとされる文書の存在を報じたのだった。文書には二〇一五年四月当時の首相秘書官柳瀬唯夫(後の経済産業省審議官)に県職員らが面会したことが記され、加計学園による獣医学部新設問題に関し、「本件は首相案件となっており」と書かれていた。

加計学園の理事長加計孝太郎は安倍自身が認めた「腹心の友」。このため問題の核心は安倍が学部新設についてどこまで関与していたのかという点にあった。その接点にいたのが柳瀬ではないかとされ、国会でも厳しく追及されていた。柳瀬は「記憶の限りでは会っていない」とのコメントを繰り返してきた。ところが朝日が報じたことを受けて一〇日夕に愛媛県知事の中村時広が記者会見でこれを確認した。

「県の職員が説明のために作った備忘録。全面的に信用している」

首相秘書官は一般の官僚とは違う。首相に代わって様々な職務を担う。九〇年代に首相秘書官を務めた官僚OBはこう断言した。

「私は今でも秘書官在職中に会った人物はほとんど覚えている。総理に代わって会うのだからそれぞれが重要な意味を持っていた」

柳瀬も「会っていない」という言葉の前に必ず「記憶の限り」という前提を付けていた。面会したことを認めるとこれまでの「加計ありきではない」との官邸側の主張が総崩れになるため、柳瀬が引いた「防衛ライン」と見るのが自然だった。しかし、いずれこの防衛ラインも決壊する可能性は否定できなかった。自民党筆頭副幹事長の小泉進次郎も警告を発した。

「『記憶の限りでは』という注釈を付けるのなら『会っていない』と言い切ることはできない。理解できない」

小泉だけではない。自民党幹事長の二階俊博が再び政府に注文を付けた。

「明けても暮れてもこういうことに終始するのは、国民もわれわれもうんざりしている」

二階の言葉はいつも奥が深い。「うんざりしている」という言葉も実は安倍に向けられた可能性があった。一〇日夜、東京・銀座の高級ステーキ店「かわむら」の八人しか座れないカウンターに二階と副総理兼財務相の麻生太郎ら両派の幹部が並んだ。二階派からは二階を筆頭に衆院予算委員長の河村建夫、前沖縄北方担当相・江崎鐵磨、二階派事務総長の平沢勝栄。一方の麻生派は麻生に加え、東京五輪担当相の鈴木俊一、元法相・森英介、元防災担当相の松本純。出席者によると、いつものように麻生が取り留めのない話を延々と続け、二階は多くを語らず黙々と過ごしたという。ただし重要な発言も飛び出したという。

「現状は政権末期の様相だが、力を合わせてこの難局を突破しよう」

九月の自民党総裁選の前哨戦が静かに始まった。

財務省事務次官と新潟県知事の辞任

毎週水曜日の午後になると、永田町の政治家や霞が関の官僚組織がざわつく。木曜日に発売される

『週刊文春』と『週刊新潮』の早刷りのコピーが出回るからだ。そして、しばしばその両誌の記事から大きなニュースが生まれる。まさに四月一八日の水曜日夕、両誌の記事が引き金になって重要ポストの二人が辞任に追い込まれた。

財務官僚トップの事務次官福田淳一と新潟県知事の米山隆一（現立憲民主党衆院議員）だった。いずれも女性にからむ問題で、二人はほぼ同じ時間帯に屈辱的な辞職会見に臨んだ。福田は一週間前の『週刊新潮』のセクハラ発言疑惑の記事が発端だった。記事は福田が女性記者に対して行った「抱きしめていい？」「胸、触っていい？」……などのセクハラ発言を、一問一答のやり取りを交えながら詳細に報じた。

これに対し副総理兼財務相・麻生太郎の対応はあまりに鈍かった。

「財務省が置かれている状況を考え緊張感をもって対応するよう訓戒を述べた。訓戒で十分だと思っている」

つまり福田には「以後気を付けろ」という程度のことしか言っておらず、その後も「セクハラ発言が本当だったらアウト」と言いながら、「処分はしない」と明言した。それどころか、財務省記者クラブ（財政研究会）に所属する女性記者に前代未聞の調査協力を要請するという、信じられないような挙に出たのだ。首相官邸も麻生の強硬な態度に距離を置いた。

「福田次官が絶対にセクハラ発言はしていないと言うのでそれ以上のことはできない」（政府高官）

安倍自身は一時的に福田更迭に動いた形跡があったが、結局は事態を放置したまま一七日午後、米大統領トランプとの日米首脳会談に臨むため夫人の昭恵とともに日本を離れた。危機管理の要諦は「火事は小火《ぼや》のうちに消すこと」に尽きる。一二日発売号で新潮が最初に福田のスキャンダルを報じた際の見出しには「セクハラ音源」の六文字があった。新潮の「音源」は記事を補強する音源が公開されるものと想定するのが普通の感覚だ。その発想がなく福田を守ろうと中央突破を図った財務省の感覚がさらに傷口を広げた。

「トップに一点でも曇りがあったら組織は死ぬ」

「トップの不祥事は組織全体が問われることになる」

かつての中央省庁の官僚トップ経験者は異口同音に麻生を筆頭とする財務省の対応を厳しく批判した。時を同じくして一六日にはこの年のピュリツァー賞が発表された。「＃Ｍｅ　ｔｏｏ」運動に象徴されるハリウッドの実力映画プロデューサーらのセクハラ問題を追及したニューヨーク・タイムズと雑誌の『ニューヨーカー』が同時受賞した。もはや国際的潮流から考えても福田には逃げ場がなかった。

こうした中で動いたのが自民党幹事長の二階俊博だった。二階は森友・加計問題などでじりじりと内閣支持率が低下することに強い危機感を持っていた。

「俺たちはプロ野球の監督と同じだ。選挙に勝たなければクビだ」

一八日朝、定例の公明党幹事長井上義久との自公幹事長会談で怒りを爆発させた。

「子供じゃないんだから、財務省は何をぐずぐずしているんだ。早くけじめをつけろ」

二階側近は福田に直接電話を入れた。

「与党の大勢は進退問題にけじめを付けろということにある。身の潔白は個人で証明しろ」

財務省の顧問弁護士を通じて被害女性に名乗り出るよう〝呼び掛け〟をした財務省に痛烈な言葉を浴びせた。「官僚の中の官僚」と言われた財務省の権威が完全に地に堕ちた。「安倍の訪米中を狙った更迭劇」との見方もあったが、二階側近はこれを完全に否定した。

「官邸とは一切連絡を取っていない。幹事長の政治家としての嗅覚、危機感の結果だ」

財務省を担当するメディアの記者が所属する記者クラブも抗議文を提出した。

「事務次官のセクハラ疑惑に関する調査への協力について、財政研究会としては受け入れられず、財務省に対し抗議する」

午後六時半過ぎ、麻生が記者団の前に現れた。

「セクハラ疑惑について引き続き身の潔白を明らかにしていきたいが、この報道をきっかけとした現在の状況を鑑みると職責を果たすことが困難であるとして、辞職の申し出があり、私としてはこれを認めることにしております」

続いて福田が午後七時前、記者団との一問一答に応じた。福田はなお「事実無根」として裁判で新潮社と争う姿勢を示したが、一九日未明になってその根拠も音を立てて崩れ落ちた。テレビ朝日が緊急記者会見を行い、福田にセクハラ被害を受けた女性記者は自社の社員だったことを認めたからだった。一度大きく誤った方向に舵を切った巨大組織が方針転換するのは至難の業。しかも財務省には「出口戦略」がなかった。福田の責任は自らの進退を含めてダメージコントロールについてのシナリオを描くことだったが、旧来型の人事秩序を守ることしか頭になかった。その結果、無残な醜態をさらすことになった。

麻生の任命責任も避けられなかった。安倍も支持率挽回のチャンスだった日米首脳会談が、すっかり福田の辞任劇の前にかすんでしまった。在京六紙の一九日付朝刊で日米首脳会談を一面トップで扱ったのは読売新聞だけだった。安倍の留守中の辞任劇の背景には自民党と財務省の組織防衛を懸けた戦いがあった。そこに安倍の出番がなかった意味は大きい。

新潟県知事米山隆一の辞職は米山の援助交際を報じた「文春砲」によるものだった。知事選は六月一〇日投開票。こちらも東京電力柏崎刈羽原発の再稼働問題に絡む重要な意味を持った。

一向に確定しない事実関係

「真実を明らかにすることが償いの第一歩です」

まだ少年の面影が残る丸刈り頭の日大アメフト部の選手がとつとつと語る言葉には説得力があった。関西学院大との試合での悪質タックルという反則行為への謝罪と真実を語るためにあえて実名で記者会見を行った日大選手。五月二二日午後、日本記者クラブの会見場はこの選手の言葉に支配されていた。

「相手のクォーターバックをワンプレー目でつぶせば（試合に）出してやると言われた」

「（監督とは）意見を言えるような関係ではなかった」

「アメフトを続けるのは苦痛、自分にアメフトを続ける権利はない。やるつもりもない」

問題の試合後、日大が関学大に出した回答では日大の監督が悪質タックルを指示したかどうかについてはこう記されていた。

「指導と選手の受け取り方に乖離が起きていたことが問題の本質」

監督はさらに二三日夜の緊急会見でも同様の趣旨を繰り返した。

「信じていただけないかと思いますが、私の指示ではございません。ルールを守るという原則でわれわれはやっている」

しかし、言い訳にしか聞こえなかった。前日の選手の覚悟を持った真摯な会見との落差が余りに大きかったからだろう。選手の会見からは閉ざされた空間の中で何が起きていたかが手に取るように浮かび上がってきた。それほど真実を語る言葉には力があった。

たまたまアメフトの悪質タックル問題と重なるように、首相安倍晋三をめぐる加計・森友問題で二つの文書が国会に提出された。五月二一日、加計問題に関する愛媛県の文書が参院予算委員会に出され、森友問題に関して財務省が廃棄したとしてきた森友学園側との交渉記録が衆院予算委員会の理事懇談会で明らかにされた。

このうち加計学園の獣医学部新設問題では加計学園の理事長で安倍自身が「腹心の友」と公言した加計孝太郎と安倍との面会などが書かれている。文書は愛媛県知事中村時広が県庁内に残っていた加計関係文書をまとめたものでA四サイズの全二七ページに及ぶ。その一七ページの地域政策課による二〇一五年三月付の文書にこう記されている。

1　加計学園から、理事長と安倍首相との面談結果等について報告したいとの申し出があり、3月3日、同学園関係者と県との間で打ち合せ会を行った。

2　①2／25に理事長が首相と面談(15分程度)。理事長から、獣医師養成系大学空白地帯の四国の今治市に設置予定の獣医学部では、国際水準の獣医学教育を目指すことなどを説明。首相からは『そういう新しい獣医大学はいいね』とのコメントあり。

安倍は国会答弁などで加計学園の獣医学部新設について知ったのは「二〇一七年一月二〇日」で、

「加計氏と獣医学部新設について一度も話したことがない」と繰り返していた。それを根底から覆すのがこの文書だった。これを否定しなければ一年以上にわたる加計問題で国政を混乱させてきたのは安倍自身という前代未聞の事態を容認することになった。安倍が文書について猛然と反論したのもこのためだ。

「ご指摘の日（二〇一五年二月二五日）に理事長とお会いしたことはない。念のため調査したが、理事長が官邸を来訪した記録は確認できなかった」

たしかにこの日の新聞各紙の首相動静記事を確認すると、加計孝太郎の名前は登場しない。しかし、このことは加計と会っていないことを証明することにはならない。首相動静に登場しない面会者がいるのは公知の事実。首相官邸や公邸に入るには様々なルートがあり、死角は多数ある。首相秘書官経験者もこんな証言をする。

「官邸の出入りについて記録上残っていないとしても首相秘書官室に必ず面会録があるはずだ。それは将来的に歴史に残さなければならない貴重な資料になる可能性があるからだ」

一方、国有地払い下げをめぐる森友問題は前年二月、安倍が発した発言が事態を政治問題化させたのは間違いない。

「私や妻が関係していたなら、首相も国会議員も辞める」

安倍を官房副長官に起用し首相への道を開いた元首相の森喜朗は周辺にこう漏らした。

「さっさと謝ってしまえば、とっくに終わっていた話だ」

自民党にも徐々に不満がたまった。もともと反安倍の姿勢を貫いてきた元行政改革担当相の村上誠一郎は自民党議員として初めて内閣総辞職論を展開した。

「(加計、森友、防衛省による日報隠蔽問題は)どれ一つとっても内閣総辞職に価する」

九月に予定される自民党総裁選への出馬意欲を隠さない総務相野田聖子は閣内から注文を付けた。

「国会において当事者が国民に対してウソをつかないこと。説明責任を果たすことが一番大事だ」

危機管理の鉄則について警察庁幹部経験者の言葉は傾聴に値した。

「まず事実関係を確定すること、その上で直面した事実から逃げないことだ」

その点で安倍の対応はどうだったのか。安倍をめぐる問題はいずれも事実関係の確定ができていない。安倍は「膿を出し切る」と言っていたはずだ。しかし、現実はだらだらと続いた。悪質タックル問題で対応を誤った日大および監督と同じだった。しかも「一強」の構図も二重写しになった。日大のケースは勇気ある若者の登場によって事態の全体像が見えてきた。ところが、森友・加計問題では「政と官」のキーマンが何も語ろうとしなかった。

秋の総裁選を控えて安倍は微妙な立ち位置にいた。ポスト安倍を窺う顔ぶれに迫力がなく、安倍の優位な状況に変化はなかったが同時に、圧倒的な強さも感じられなかった。

首相の最大の欠点

「改竄」「隠蔽」「口裏合わせ」、そして事務次官のセクハラ疑惑——。

「官庁の中の官庁」と言われた財務省の権威はもはや見る影もなかった。財務省の黄金期の事務次官経験者は「全治一〇年から二〇年」と嘆息した。ただしこうした官僚機構の不祥事は財務省だけの問題ではない。安倍一強と言われた政権の体質そのものが問われていた。

しかし、当の安倍は「問題ない」との姿勢を変えようとしなかった。愛媛県今治市に四月に開学した岡山の学校法人加計学園の獣医学部をめぐる手続き問題は日ごとに政権に対する不信感を増幅させていた。

麻生も前年の通常国会で森友問題が表面化してから混乱収拾に向けて全くと言っていいほど指導力を発揮した形跡がなかった。

かつて中曽根康弘は自身に批判的だった後藤田正晴を官房長官に起用した理由を三つ挙げていた。①危機管理ができる②官僚機構ににらみが利く③耳の痛いことを直言してくれる――。安倍や麻生の周辺にこうした直言型の政治家がいただろうか。安倍政権の危うさはそこにあった。トップリーダーが情に流されては真っ当な判断力が失われる。参院自民党幹事長の吉田博美が警告を発した。

「(安倍の)最高の長所は友人を大事にすること。最大の欠点はその人たちをかばいきることだ」

3　衝撃の米朝接近

「トランプ頼み」の北朝鮮外交

国会で森友問題に再び火が点いたのと時を同じくして朝鮮半島が蠢動した。前述のように二月二五日の平昌冬季五輪の閉会式に北朝鮮は朝鮮労働党副委員長金英哲が率いる代表団を韓国に送り込んできた。金は閉会式に先立って韓国大統領文在寅と会談した。この中で北朝鮮側は米国との対話に「十分な用意がある」と表明した。金は二〇一〇年の韓国哨戒艦沈没や延坪島《ヨンピョンド》砲撃を主導したとみられてきた強硬派と知られた軍出身者。訪韓に出発した当日の早朝には、正反対のことを言っていた。

「われわれはいかなる場合も米国に対話を哀願せず、最高尊厳や政権を中傷する者を相手にする考えはない」

北朝鮮の常套手段とはいえ新たな動きを予感させた。これに対して日本では二月二二日、島根県の主催で「竹島の日」式典が、松江市で開かれた。日本政府が一九〇五年一月、竹島の編入を閣議決定し、告示されたのが二月二二日。島根県は二〇〇五年、条例で同じ日を「竹島の日」と定め、〇六年から毎年式典を開催している。この年の式典には、超党派の「日本の領土を守るため行動する議員連盟」の会長新藤義孝ら国会議員や、一般の参加者計約四四〇人が集まった。会場周辺では、右翼団体関係者が韓国人活動家らを取り囲むなど一時騒然とした。

平昌冬季五輪で韓国と北朝鮮が開会式で合同入場行進した際に使われた「統一旗」に竹島(韓国名・独島《トクト》)が描かれていたことも日本側を刺激していた。文部科学省は二〇一八年二月に公表した高校学習指導要領の改定案で、前年告示の小中学校の次期指導要領と同様、竹島と尖閣諸島(沖縄県)を「固有の領土」と初めて明記した。

日韓関係が緊張する中で韓国では、三月一日、日本の植民地統治下に起きた「三・一独立運動」を記念する式典が開かれ、文在寅が演説した。元慰安婦問題をめぐって「加害者である日本政府が、終わったと口にしてはならない」と批判した。同じ日、韓国大統領府は文在寅が米大統領トランプと電話会談し、北朝鮮に特使を派遣する意向を伝えたと発表した。さらに三月六日には文在寅と北朝鮮の金正恩が四月末に板門店で会談することで合意したと発表。加えて北朝鮮は非核化問題と米朝関係正常化のため米国と対話の用意があり、対話が続く間は核・ミサイル実験を凍結する意思を示した。

一度回り始めた歯車は止まらなくなった。北朝鮮の金正恩との会談結果を説明するため訪米した韓国の大統領府国家安保室長鄭義溶《チョンウィヨン》は、ホワイトハウスでトランプと会談後、米大統領トランプが五月までに金正恩と会談する意向だと記者会見で公表した。

金正恩の「新年の辞」に始まった朝鮮半島をめぐる対話路線は南北首脳会談の実現に止まらず米朝首脳会談の開催までたどり着いた。まさしく一瀉千里の勢いが生まれた。しかし、そのことは安倍路線の修正を迫るものだった。安倍は前年秋の衆院解散を「国難突破解散」と命名した。その「国難」の一つに挙げたのが北朝鮮情勢の緊迫化だった。

「選挙が北朝鮮の脅しによって左右されることがあってはならない。こういう時期に選挙を行い、北朝鮮問題について国民に問いたい」

ところが、安倍が「国難」と位置付けた北朝鮮情勢は一気に対話路線に突き進む。「対話のための対話は意味がない」「最大限の圧力」など北朝鮮に対する強硬路線一辺倒の安倍外交に暗雲が垂れ込めた。日本外交は後手、後手に回った。

最大の誤算は、安倍が揺るぎない自信を持っていたはずの米大統領ドナルド・トランプが安倍に何のシグナルも送ることなく、北朝鮮の最高指導者金正恩との米朝首脳会談開催の意向を表明したことだった。もっともホワイトハウスのトランプ側近すら知らされておらずやむを得ない面もあったが、「日米は一〇〇％共にある」と言い続けてきた安倍にとってはこれ以上の屈辱はなかった。

それどころか、トランプは鉄鋼、アルミニウムについて日本からの輸入に関して関税を強化する方針を発表した。巨額の対日貿易赤字を問題視するトランプらしい決断とも言えたが、外務省が懸念してきた「日米同盟の最大のリスクはトランプ」（政権幹部）という懸念が現実のものになった。トランプの行動の予測不能は突然の側近解任劇に現れた。米朝首脳会談が固まると、国務長官ティラーソンを更迭（三月一三日）、さらに日本政府とホワイトハウスを繋ぐパイプ役でもあった国家安全保障担当の補佐官マクマスターも解任された(三月二二日)。それぞれの後任は前CIA(米中央情報局)長官のポンペオと対北朝鮮強硬派の元米国国連大使のボルトン。結局、頼みの綱は安倍とトランプのホットラインしかなくなった。

そのトランプ・ショックが冷めやらぬ三月二六日、衝撃的なニュース映像が北京から飛び込んできた。北朝鮮の朝鮮労働党委員長の金正恩の電撃的な訪中だった。日本政府は事前に情報を全く把握できていなかった。日本政府関係者もその事実を認める。

「お召列車が北京に到着する半日ぐらい前に北朝鮮で何かが起きているという情報があった程度」

最高指導者になって以来一度も外国訪問をしたことがなかった金正恩。核・ミサイル開発をめぐって中国の制裁を受け中朝関係は最悪の状況が続いていた。その中国をなぜ訪れたのか。日本政府高官は「トランプ脅威説」との見方を示した。

「トランプ大統領があっさり米朝首脳会談に応じたことで逆に不安になったのではないか。とりわけボルトンのホワイトハウス入りを強く警戒、中国の後ろ盾が必要になった」

その一方で別の政府関係者は中国が「呼びつけた」と断じた。米朝首脳会談までの環境整備および仲介役を担ってきたのは韓国大統領の文在寅。中国の安全保障にとって最も重要な北朝鮮情勢をめぐり目まぐるしい動きが続いた。にもかかわらず事態は「中国抜き」で展開した。中国にとって面白いはずはなかった。しかも全国人民代表大会(全人代)の開会中に事態が動いた。北朝鮮が最も望むのは経済的な見返り。少なくとも中国が対北朝鮮制裁を強めることはなくなった。

金正恩の帰国後に公開された映像には金を皇帝並みに厚遇する習近平の姿が映った。中国の国営通信・新華社電によると、金正恩は朝鮮半島非核化実現に触れたという。その上で習近平の訪朝を招請、習も快諾したとしている。米韓主導で進んできた朝鮮半島をめぐる外交戦にようやく中国が主要なプレーヤーとして参加する場所を確保した。それだけでなく貿易戦争を仕掛けてきたトランプを強く牽制できる立場を手に入れたと言ってよかった。

北朝鮮をめぐる外交戦は中国の参戦でさらに複雑な構図が生まれた。日本の居場所はなお定まらなかった。

「北京の大使館ルートなどで北朝鮮と接触を図っている。今、非常に大事な時期で大きな変化が起こっている。全力で情報収集したい」

安倍は三月二八日の参院予算委員会でこう答弁したが、出遅れ感は否めず。安倍に残されている手立ては「トランプ頼み」しかなかった。しかし、予測不能のトランプがどこまで安倍の要請を受け入れるかは会談するまでは分からなかった。北朝鮮脅威論をめぐる「国難」の質が大きく変わった。

また、この三月は日本外交に密接に絡む出来事が相次いで報じられた。中国の全国人民代表大会（全人代）は、首相の李克強を再選。駐日大使経験者の外相王毅を楊潔篪の後任の国務委員（副首相級）に選んだ。三月一八日に投開票されたロシアの大統領選でプーチンが約七七％の得票率で圧勝した。ロシア憲法は連続三選を禁じており、五月から始まる六年が最後の任期となっていたが、二〇二一年の法改正により二〇三六年まで大統領職にとどまることが可能になった。

一方、韓国検察は二二日深夜、収賄などの疑いで、元大統領李明博を逮捕した。朴槿恵に続いて大統領経験者二人が拘束されるという異常事態が起きた。

拉致置き去りの懸念

歴史的な韓国の大統領文在寅と北朝鮮の朝鮮労働党委員長金正恩の南北首相会談の日が巡ってきた。二〇一八年四月二七日午前九時半前、南北朝鮮を分ける軍事境界線で両首脳はガッチリと握手を交わした。さらに両首脳は手をつないで境界線を往復。金が徒歩で韓国入りしたことも分断国家の距離が一気に縮まったことを強烈に印象付けた。境界線上で繰り広げられたパフォーマンスはテレビで全世界に向けて生中継された。全てがサプライズの連続だった。そこには若き指導者の金のしたたかな計算が浮かび上がった。

その一方で日本は最優先課題の拉致問題を抱える。しかし拉致被害者と被害者家族の高齢化が進み、残された時間には限界がある。

ところが日本政府に北朝鮮と直接交渉する有力な手立てがない。トランプに交渉を託し、文にも安倍自身が交渉を依頼した。文は四月二四日の安倍との電話会談で明言した。

「拉致問題解決は北東アジアの平和構築の助けになると、金委員長に述べる考えだ」

そこで南北首脳会談で文が拉致問題にどう言及したのか――。だが拉致問題が話題になったかどうかも含めて不明のままだった。

拉致被害者家族会代表の飯塚繁雄(二〇二一年一二月一八日死去)は「千載一遇のチャンスだ」と語っていたが、南北首脳間で合意された板門店宣言の中に日本への言及はなかった。

金正恩訪中

首相安倍晋三が描いていた大型連休明けの政権運営のシナリオに狂いが生じていた。それは五月九日に決まった日中韓三国首脳会議で「外交の安倍」をアピールし、その上で九月に予定される自民党総裁選での三選実現のための足場を固めるというものだった。しかし、現実は逆回り、空回りの連続と言ってよかった。

衝撃はまず中国から想定外のボールが飛んできたことだった。そのニュースはソウルからもたらされた。五月八日の昼前、韓国の通信社聯合ニュースが驚きの速報を流した。

「北朝鮮消息筋の話として、北朝鮮の首脳レベルとみられる人物が専用機で中国遼寧省大連を訪問した。金正恩朝鮮労働党委員長の可能性が高い」（共同通信ソウル電）

その後、テレビ画面に大連国際空港に駐機する北朝鮮の専用機が映し出された。大連では中国初の国産空母が建造中で試験運行式が予定されており、国家主席の習近平も大連入りしていたのだった。

しかし、日本政府にはその情報はなかった。官房長官の菅義偉は八日午後四時からの記者会見でこう述べている。

「重大な関心を持ち、情報収集と分析に努めている」

それから間もなく午後四時半過ぎ、北朝鮮の専用機が大連空港を飛び立った。北朝鮮は先代の金正日時代から最高指導者の外国訪問は帰国後にすべてが公表されるのが慣例となっていた。この日も午後八時すぎ、北朝鮮国営の朝鮮中央テレビが金訪中の事実と習近平との中朝首脳会談の模様を伝えた。その中には二人が大連の避暑地棒棰島《ぼうすいとう》の海岸を散策する映像が流された。

これほど思惑に満ちた首脳会談はあまり目にしたことはなかった。プリズムのように角度を変えると見え方が全く違うからだ。間もなくその電撃的な中朝首脳会談の裏にあった意外なドラマが明らかになっていく。主役は米国大統領のドナルド・トランプだった。日本政府関係者によると、金正恩を大連に向かわせた直接の原因は九日の米国務長官ポンペオの平壌訪問にあったとみられた。

「米朝首脳会談を控えて米側は北朝鮮への要求のハードルをどんどん上げている。その対応に困った金委員長は習主席に助言を求める必要があった」(日本政府高官)

たまたま習が建造中の国産航空母艦の視察のため大連入りする日程が決まっていて、そこに金が飛び込んだというのだ。初めての空路が使われたのも事態の緊急性を裏付けた。もちろん中朝両首脳には三月の首脳会談に続き「中朝蜜月関係」をアピールする狙いがあったことも間違いないが、変幻自在のトランプ外交を前に北朝鮮の困惑が浮かび上がった。

トランプと中朝首脳が激しい神経戦を演じる中で安倍が議長を務めた日中韓の三国首脳会議が五月九日午前一〇時から東京の迎賓館で始まった。三国首脳会議は二年半ぶりの開催。しかも李克強の訪日は中国の首相としては温家宝以来、約七年ぶりだった。韓国大統領文在寅も李明博以来、約六年半ぶり。この間に安倍は五年五カ月も政権を担ってきていた。いかに近隣外交が滞っていたかの証左と言えた。

三国首脳会議が始まる直前に再びニュースが飛び込んできた。ポンペオの平壌入りだった。しかもポンペオを乗せた米政府専用機は東京・福生にある米軍横田基地から離陸した。トランプ政権内には安倍の存在など眼中になかったのかもしれない。

一方の安倍は「一〇〇%アメリカとともにある」との考えを繰り返し、南北首脳会談に始まった融和の流れの中でも対北朝鮮最強硬派の立場を維持してきた。

「(北朝鮮が核・弾道ミサイルを)放棄するよう圧力を維持していかねばならない」(五月一日、ヨルダンでの記者会見)

中朝首脳が握手を交わし、ポンペオが訪朝した最中に安倍がこの姿勢を貫くのは極めて難しくなった。事実、三国首脳会議での安倍発言は抑制したトーンが貫かれた。「圧力」の言葉は消え、「国連安全保障理事会の対北朝鮮制裁決議の完全履行」という穏やかな表現を使った。むしろ安倍が示したのは日朝首脳会談開催への意欲だった。

「北朝鮮が正しい道を歩むのであれば、日朝平壌宣言に基づき不幸な過去を清算し、国交正常化を目指す」

この発言の背景には拉致問題の解決があることは言うまでもなかった。日朝平壌宣言には拉致・核・ミサイルの包括的解決の暁には経済協力を実施することが明確に盛り込まれている。政府高官も「経済協力をテコに拉致を動かす」と繰り返し語っていた。安倍自身も三国首脳会議後の共同記者発表で胸を張った。

「拉致問題の早期解決へ協力を要請した。日本の立場に理解を得ることができた」

ところが、李克強の歓迎夕食会を終え、私邸に戻った安倍は新たなニュースを耳にする。トランプ自身がツイートした。

「北朝鮮に拘束されていた米国人三人が解放された」

午後一〇時半すぎ、ポンペオと解放された三人の米国人を乗せた専用機が再び横田に着陸、その後米国に向けて帰国の途についた。拉致問題を抱える日本への配慮は皆無に近い。トランプは拉致問題解決に向けた安倍の協力要請に「ベストを尽くす」と答えていたが、ポンペオを通じて見えたトランプにはやはり「米国第一」しかなかった。トランプは毎日のように米朝首脳会談の日時に触れたり、あるいは場所について触れたりした。明らかに焦らし作戦に出ていた。

北朝鮮情勢が激しく動いている中で、日本だけが取り残されていた。日本政府は一貫して「日米共通の最大限の圧力が今日の事態につながっている」という見方だった。となれば、日本にとってはその圧力の見返りとして、拉致問題で進展が見られなければならなかったが、全くの蚊帳の外だった。

ツイッターの威力

歴史が大きな音を立てながら動いているのを実感させた。この超高速のテンポ感を生み出す大きな要因にトランプ自身のツイッターによる連続発信があった。

「北朝鮮で拘束されていた米国人三人が解放された」(日本時間五月九日夜)

「米朝首脳会談を六月一二日にシンガポールで開催する」(同一〇日深夜)

金正恩も前述の通り神出鬼没ぶりを見せた。日本政府はどこまでこの目まぐるしい動きを把握していたのか。

トランプは五月一〇日午前、安倍との電話首脳会談で「日本はビッグプレーヤー」と持ち上げたが、日本の存在感は極めて薄かったのが現実だった。拉致問題についても金と直接接触した米中韓の三国に対して協力を要請しただけで日本政府の動きは見えてこなかった。

安倍は五月一一日のフジテレビの番組でこう述べた。

「日朝国交正常化は極めて重要なピースだ。金正恩氏は米朝、南北首脳会談だけをやればいいのではないと決断をしてほしい」

最後は経済協力で日本の出番があるとの考えを示したものとみられた。

トランプ頼みの危うさ

やはり米大統領トランプは「予測不能のリーダー」（政権幹部）としか言いようがなった。再びサプライズが起きた。五月二四日深夜（日本時間）にニュースがもたらされた。六月一二日に予定された米朝首脳会談の突然の中止発表だった。ホワイトハウスが書簡を発表した。

「この時期に（米朝首脳会談を）開催するのは適切でない」

中止の理由について書簡は「（北朝鮮の）怒りとあからさまな敵意」を指摘した。会談直前になって北朝鮮の外交担当者が相次いで米政府を批判するコメントを発表したからだ。その決定打が北朝鮮の外務次官崔善姫《チェソンヒ》が発表した談話にあった。

「非道に振る舞い続けるなら朝米首脳会談の再考を最高指導部に提起する」

国際社会に衝撃と落胆が広がる中でロシア訪問中の安倍は素早くコメントした。

「残念だが、トランプ米大統領の判断を尊重し、支持する」

官房長官菅義偉も「北朝鮮の政策を変えさせるため日米、日米韓で圧力をかけ続ける」と述べ、早々に「圧力路線」への回帰への意向を示した。ところが二五日夜になって事態は急転した。トランプが再び対話路線に舵を切ったのだった。

「北朝鮮との協議は続いている」「六月一二日の首脳会談もあり得る」——。

変化の兆しは北朝鮮側からもたらされた。五月二四日、北朝鮮は北東部豊渓里《プンゲリ》の核実験場を完全に廃棄する式典を開き、海外メディアに公開したのだった。三本の坑道や観測所などを爆破、北朝鮮の核開発の舞台となってきた施設が閉鎖された。

そして翌二五日、トランプは中止を発表した米朝首脳会談について、ツイッターで北朝鮮と「生産的な協議を続けている。もし実現すれば（当初の予定と）同じ六月一二日にシンガポールで開くことになりそうだ」と表明した。さらに六月一日になってホワイトハウスで金正恩の側近、金英哲と会談、正恩の親書を受け取った後、正式に米朝首脳会談の開催を発表した。

第五章　政権内部の変容

（二〇一八年四月〜九月）

自民党総裁選で石破茂元幹事長（左）を破り，連続３選を果たした安倍首相（2018 年 9 月 20 日）

1　近づく自民党総裁選

「三選は難しい」

二〇一八年四月一八日夜、東京・赤坂の日本料理店の「津やま」。元首相小泉純一郎が足繁く通う店として知られる。この店で通称「小泉同窓会」が開かれた。顔を揃えたのは小泉政権のハイライトとも言える二〇〇五年の郵政選挙の主役達だった。当時の自民党副総裁山崎拓、幹事長武部勤、選挙を仕切った総務局長二階俊博、そして列島を席捲した〝刺客候補〟第一号の東京都知事小池百合子が店内の小上がりに顔を揃えた。山崎によると、小泉はコップ酒を手にしながら大きな手ぶりで首相安倍晋三への不満を口にした。

「俺は『週刊朝日』のインタビューですべてを話したよ」

小泉が言及した『週刊朝日』では過激発言を連発していた。

「危うくなってきたね。安倍さんの引き際、今国会が終わる頃じゃないか」

通常国会の会期末は二〇一八年六月二〇日。これを機に九月の自民党総裁選への不出馬を表明するとの見立てだった。小泉はこれに先立つ一四日、講演先の水戸で記者団のインタビューに応じた。

「(総裁)三選は難しい。国民の信頼がなくなってきている」

これに加えて、「津やま」では自民党内の最大関心事に触れた。小泉は自ら支持する総裁候補の条件に「原発ゼロ」を挙げた上で、出席者によると、こう述べたという。

「この考えは進次郎も同じだ」

小泉の次男で自民党筆頭副幹事長の小泉進次郎は注目度、発信力において群を抜いていた。「次の総裁にふさわしいのは誰か」を問うメディアの世論調査でも進次郎は元幹事長石破茂に次ぐ第二位が不動の定位置になりつつあった。

小泉が指摘した「原発ゼロ」に関して言えば、〝有資格者〟は河野太郎しかいない。ただし外相に就任したばかりの河野にはまだまだ国民的、全党的な支持の広がりはなかった。結局は小泉の眼鏡にかなう候補は見当たらず、二〇一二年総裁選の第一回投票で安倍を凌駕した石破茂の動向に注目が集まった。翌年の二〇一九年は統一地方選、参議院議員選挙が予定された。早くも党内から不安の声が漏れ始めた。

「本当に安倍さんで来年の二つの大きな選挙を乗り切れるのか」

安倍も強い危機意識を持っていた。新聞の「首相動静」記事の夜日程を見ると、総裁選を視野に入れた動きが目についた。地元の自民党山口県連関係者との会食に加え、自民党の若手議員との会食は明らかに総裁選の〝事前運動〟だった。安倍の勝利の方程式は地方票で一位を確保し、国会議員票は党内最大派閥の細田派を軸に麻生派、二階派を加えた「主流三派体制」で勝ち抜くことにあった。

このうち党員票対策はともかく、主流三派体制の雲行きがおかしくなっていた。とりわけ党内第二派閥を率いる副総理兼財務相の麻生太郎が〝火だるま状態〟にあった。麻生に世論は厳しかった。世論調査では軒並み「麻生辞めるべし」が五割を超えた。ところが、安倍は麻生に対して注意することもなかった。

加計学園問題もなお進行形だった。四月一一日の衆院予算委員会では、希望の党の代表玉木雄一郎の質問中に、安倍の側にいた首相秘書官佐伯耕三がやじを飛ばすという前代未聞の出来事が起きた。

玉木が学園の獣医学部新設計画を知った時期について安倍に質問した際のことだった。佐伯が「違う」「間違っている」といった趣旨の発言をしたのである。官房副長官の西村康稔は佐伯に口頭で厳重注意したが、官房長官の菅は「質問に対するやじではなく、首相への助言だった」と強弁した。安倍周辺の苛立ちはかえって安倍の置かれた苦しい状況を浮き彫りにした。

日米首脳会談の成果を引っ提げて劣勢挽回を狙った安倍の思惑も空振りに終わった。一九日付朝刊で日米首脳会談を一面トップで大きく扱ったのは読売新聞だけ。さらに帰国した安倍を待っていたのは「支持率続落」を伝えるメディアの世論調査だった。軒並み三〇％台に落ち込み、テレビ朝日の調査はついに二九％。危険水域に突入した。

安倍は二三日夜に開かれた二階派（志帥会）のパーティーに駆け付け、二階に精いっぱいのエール、賛辞を送った。

「（二階には）大黒柱として党を支えていただいている。志帥会は凄い勢いだと実感した」

二階はこの日の記者会見で安倍三選支持に変わりのない考えを明らかにしたが、融通無碍の二階の本心は分からなかった。安倍が急速に勢いを失いつつある中で挑戦者たる石破茂、岸田文雄らは決定打を欠いた。岸田は安倍が訪米する前日に東京・西麻布の焼き肉店「叙々苑游玄亭　西麻布本店」で安倍と会食した。安倍が岸田に協力を求めたことは言うまでもなかった。この時点で野田聖子は明確に立候補の意思を表明していたのに対して岸田は煮え切らない態度を続けていた。岸田の後ろ盾だった元幹事長古賀誠は周辺に不満を口にした。

「岸田さんは安倍さんにいいように使われている」

石破も森友・加計問題で安倍が失点を重ねても自らの得点にできずにいた。石破にはこの好機を生かすメッセージがなかった。

「優等生的な発言が多く、突破力を感じない」（自民党幹部）

自民党内の石破評の最大公約数と言ってよかった。五月中旬に実施された共同通信の世論調査では「次の総裁にだれがふさわしいか」の問いでトップに立ったのは小泉進次郎の二六・六％。石破は第二位の二四・七％。安倍は第三位で二一・二％。このことは安倍に対する根強い不満、批判がある一方で石破がその不満・批判層を取り込めていないことを物語った。

こうした中で、石破の支えは平成研究会の会長に就任した党総務会長の竹下亘の存在だった。四半世紀ぶりに「竹下派」の名称が復活した。兄の元首相竹下登は「言語明瞭、意味不明」と揶揄されるほど、万事慎重な政治家だったが、亘は自民党内では珍しくものを言う党幹部だった。森友問題をめぐる財務省の交渉記録の廃棄、隠蔽に怒りを爆発させた。

「正直言って腹が立つ。猛省の三乗ぐらいしてもらわないと間に合わない」

その竹下は派閥の会長として総裁選候補者の判断基準に「財政再建と東アジア外交の強化」を挙げた。いずれも安倍が進めてきた経済・外交に批判的な立場を窺わせた。まだ「最終判断は早い」として多くを語らなかったが、党内第三派閥として石破への支持の余地を残した。

さらに党内の関心を集めていたのが竹下派会長代行を務める経済財政担当相の茂木敏充の動きだった。竹下は「派閥内で経歴、実績から見れば総裁候補と言えるのは茂木さん」と漏らした。しかし、茂木が安倍べったりの政治家であることは衆目の一致するところだった。茂木がアベノミクスを否定できるのか。それとも派閥を離れるほどの覚悟はあるのか。竹下の投げたボールは意外なクセ球でもあった。二六年ぶりに復活した「竹下派」の看板を背負うことになった自民党総務会長竹下亘は財政再建を掲げ、安倍路線の転換を求めていた。

政治力を増す菅義偉

五月一五日と言えば沖縄が本土に復帰した「沖縄返還の日」だが、安倍個人にとっても別の意味で重要な日である。父、晋太郎の命日だからだ。晋太郎は多くの政治部記者から慕われた。その番記者たちによる偲ぶ会が東京・内幸町の日本プレスセンターで開かれるのが恒例になっていた。会場の中央正面には晋太郎の遺影が置かれ、同窓会のように古い政治記者たちが顔を揃える。一方の安倍家側は晋三を筆頭に未亡人で晋三の母でもある洋子、岸家の養子となった衆院議員の岸信夫、そして晋三夫人の昭恵。安倍ファミリーは分散して着席する記者たちのテーブルを一人ずつ回る。安倍はここではかなり思い切ったことを話した。記者の中には祖父岸信介を知るOBもいた。安倍にとっては数少ない息抜きの場と言えた。

ところが、二〇一八年は前触れもなく「偲ぶ会」は取りやめになった。五月一五日の新聞各紙の首相動静記事を確認すると、偲ぶ会が開かれる夕方から夜にかけて、この日に来日したサモアの首相ツライエパとの首脳会談や歓迎夕食会など外交日程で埋まっていた。夕食会は首相夫妻が主催者で、偲ぶ会に昭恵が代理で出席するのも困難だった。二〇年以上続いた恒例行事の取り止めに象徴されるように五年半を超える長期政権を担いながら安倍に余裕が感じられなかった。安倍が一年以上も「渦中の人」であり続けた森友・加計問題も時間の経過とともに益々安倍にとって状況が悪くなっていた。次々と新しい文書や事実が発掘されても安倍は「一切関係ない」を繰り返した。しかし、一国のリーダーとしての倫理観や政治責任が問われる局面での沈黙は安倍自身を窮地に追い込んでいく。

安倍にとって反転の切り札とも言えた「外交の安倍」も切れ味を欠いた。米大統領トランプが突然の米朝首脳会談中止の発表をしたかと思えば、一転して開催の可能性を示唆――。メッセージをくるくる変えるトランプが安倍に事前通告した形跡はなかった。むしろ安倍は、トランプに翻弄され続けた。安倍はロシア訪問中に米朝首脳会談中止の報を聞いた。

安倍に厳しい元自民党副総裁の山崎拓は「安倍外交は失敗だった」と断定した。

「最初はプーチンに抱き付き、次いでトランプに抱き付いた。そして今度は習近平に抱き付こうとしている。抱き付き外交は結局、どこからも信用されない」

それでも安倍は秋の総裁選での三選に向けての意欲は旺盛で、準備も怠りなかった。単純な数合わせでいけば安倍の優位は動かない。ただし、安倍は勝つだけでは意味はない。圧勝が必須条件だった。勝つだけではレイムダック化が加速するのは目に見えていたからだ。

森友問題を経て政権の内部構造に大きな変化が起きていた。「安倍の精神安定剤」(自民党幹部)と言われた副総理兼財務相の麻生太郎の影響力低下によるものだった。森友問題で処理を誤り、前財務事務次官福田淳一のセクハラ問題では意識の低さを露呈した。

それまでの安倍政権は麻生と官房長官菅義偉、さらに自民党幹事長二階俊博の三人のパワーバランスの上に安倍が乗るという構造だったが、まず麻生が影響力を失いつつあった。

その結果、相対的に存在感を増したのが官房長官の菅義偉だった。「官邸の守護神」(菅側近)から政局全体の舞台回し役に躍り出たと言ってもよかった。菅の政治力は無派閥議員を中心にした「きさらぎ会」が下支えした。もともと元総務相の鳩山邦夫(故人)が結成した派閥横断グループで、鳩山の死後二〇一六年七月に菅が乞われて顧問に就任した。総勢約三〇人。グループには派閥化を求める声もあったが、派閥否定論者の菅がそれを抑え込んでいた。ただし菅は政務官、副大臣人事などできさらぎ会メンバーの面倒を見ていた。

「彼らが冷や飯を食わないように配慮している」

菅は周辺にこう漏らした。人事を差配するとなれば実質的に派閥に近かった。菅が首相退陣後に「勉強会」結成にこだわったのもこの成功体験の反映とみて間違いないだろう。菅と二階の水面下での連携も自民党内の常識になりつつあった。二階が運輸相当時の秘書官花角英世が立候補した六月一〇日投開票の新潟県知事選では菅が実質的な選対委員長の役割を担った。

沖縄の米軍基地問題も菅が仕切っていた。この年の一二月の任期満了に伴う沖縄県知事選を睨んで菅は五月一九日には沖縄県入りした。米軍普天間飛行場(宜野湾市)の名護市辺野古への移設問題をめぐっては菅と県知事翁長雄志との対立は抜き差しならぬ状況にあった。ところが知事選を控えて翁長の健康問題が浮上していた。さらに自民党の候補者も決まらず、混迷状態が続いていた。菅は二〇日に那覇市で開かれた米軍施設用地の返還式典に出席した。

逆風三点セット

五年半に及ぶ長期政権を担う安倍晋三にとって掛け値なしの正念場が訪れた。通常国会が会期末を迎えた二〇一八年六月。残る二〇日間が安倍政権の命運を決めると言っても過言ではなかった。そのカギを握るのが「森友・加計・北朝鮮」の行方だった。

一年以上にわたって続く「モリ・カケ」は依然として出口が見えてこず。六月四日には森友問題をめぐる財務省の調査報告書が発表された。これに対しては自民党内にも批判が渦巻いた。五日の自民党総務会は激しい言葉が飛び交った。

「官僚ばかりが処分され、政治家が責任を負わないのはおかしい」

もともと財務省内の内部調査に限界があったが、それにしても具体的な廃棄や改竄の動機や過程はほとんど解明されないままに終わっていた。財務省の最高責任者の麻生太郎も指弾の対象になっていた。麻生は「（自らの）進退については考えていない」と繰り返す一方で、閣僚給与の一年分を自主返納する考えを表明した。「閣僚給与の一年分」となれば相当な額を想像しがちだが、実は一七〇万円。公明党政調会長の石田祝稔《のりとし》も記者会見で、「国民から厳しい目で見られるのではないか」と麻生の対応に疑問を呈した。

そして安倍はどうか。「行政府の長として責任を感じている」と語るだけ。

「政と官」の歪んだ関係が招来した問題にもかかわらず政権のツートップは「官の責任」に閉じ込めたとも言えた。

安倍が抱えた最大の懸案は拉致問題。その解決のために安倍は何度もトランプに「拉致問題を忘れないように」と協力を要請してきた。被害者家族の高齢化の中で残された時間はますます少なくなっていた。米朝首脳会談は六月一二日のシンガポールでの開催が決まっていた。そこで安倍は米朝首脳会談前に日米首脳会談をセットしたのだった。

安倍は六月七日昼（日本時間八日未明）、トランプとワシントンのホワイトハウスで向き合った。

安倍は日本人拉致問題を米朝首脳会談の議題にするよう、重ねて要請した。その上で会談後の記者会見で安倍は金正恩との直接対話に重ねて強い意欲を表明した。

「最終的には私と金委員長で直接協議し、拉致問題を解決していく決意だ。問題解決に資する形で日朝首脳会談が実現すれば良い」

「日朝平壌宣言に基づき国交を正常化し、経済協力を行う用意がある」

安倍・トランプの直接会談は、この年の四月中旬に続いてこの時が七回目だった。

並ぶ米朝の国旗

その日がやって来た。二〇一八年六月一二日午前九時(日本時間同一〇時)すぎ、シンガポール南部セントーサ島のカペラホテル。撮影場所には米朝の国旗が交互に並ぶ。向かって右側から赤いネクタイにスーツのトランプが現れ、左側から人民服の金正恩が歩み寄った。トランプが右手を差し出し、金も右手で応じて握り合った。朝鮮戦争を経て長期にわたり続く冷戦構造の行方を左右する首脳二人の一挙手一投足を、世界が固唾《かたず》をのんで見守った。

「大統領閣下、お目にかかれて光栄です」

「素晴らしい関係を築きたい」

トランプは金の肩を軽く叩き、会談場所へ促した。この模様は国際映像として日本にも生中継された。金が「過去を克服しここまで来た」と言えば、トランプが「素晴らしい関係を築く」と返した。二人だけの会談時間は約五〇分。側近らを加えた拡大協議の終了は午後零時半過ぎだった。両首脳は会談後、共同声明に署名した。

日本の最大関心事である拉致問題についてはトランプが言及した。トランプは前年一一月の来日の際、拉致被害者の横田めぐみ(失踪当時一三)の母早紀江と面会したことがあった。

トランプは金の反応については触れなかったが、この日の夜、安倍に電話で米朝首脳会談について説明した。米大統領トランプは「偉業」を成し遂げたのか、それとも北朝鮮の最高指導者金正恩の「外交的勝利」なのか——。共同声明が発表された直後の日本政府内の反応は真っ二つに割れた。

「両者にらみ合いの中で金正恩の粘り勝ち。時間を切った中で成果を出そうとしたトランプは足元を見られて妥協を強いられた」（政府筋）

たしかにトランプが繰り返し主張していた「ＣＶＩＤ（完全かつ検証可能な不可逆的な非核化）」のうち検証可能と不可逆は共同声明にその文言はなかった。トランプは一気呵成に金正恩に結論を迫ると豪語していたはずだったが、トランプはそのことを記者会見で追及されると、平然と切り返した。

「（ＣＶＩＤが盛り込めなかったのは）時間がなかったからだ。プロセスはすぐに始まる」

さらにトランプは対話が続いている間は米韓合同軍事演習を中断する意向を表明した。トランプは金正恩を「素晴らしい人柄で頭がいい」と絶賛した。かつてトランプが金を「小さなロケットマン」と口汚くののしっていたのがウソのようだった。日本政府内にも長期的視点に立てばトランプの勝利という見方も存在した。

「当面、日本にミサイルが飛んでこなくなったことは緊張緩和に向かう。長期的にもトランプが金正恩を温かく抱え込んだことで、逆に金正恩は逃げられなくなったのではないか」（政権幹部）

トランプは「素晴らしい前進があった」などと帰路の大統領専用機内から自画自賛のツイートを連発した。これに対して北朝鮮側は自らの主張を貫いたことを誇示した。一三日の朝鮮中央通信は「段階別、同時行動の原則を守ることが米朝双方にとって重要との認識で一致した」と伝えた。

要するに評価は不能というのが最も正しい見方と言えた。ただ、米朝会談を通じて拉致問題で局面打開を目指していた安倍の立場が微妙になったのは否定できなかった。

安倍はトランプに繰り返し拉致問題の重要性を説き、トランプの力添えを要請し続けてきたからだ。米朝会談前日の安倍・トランプの電話会談でも安倍は拉致問題での尽力を要請した。

「金正恩に（拉致問題を）働きかけることは一〇〇％保証する」

その言葉通りトランプは米朝会談で拉致問題を取り上げた。記者会見では安倍に直接メッセージを送るように語った。

「日本人拉致問題は非核化を除けば、安倍首相の最重要課題だ。私は確かに取り上げた。声明には盛り込まなかったが、北朝鮮が今後問題に取り組むだろう」（共同通信）

しかし、トランプが「拉致を解決しろ」と金正恩に詰め寄ったのか、それとも単に触れただけなのかは判然としなかった。日本側にとっての最大関心事は金正恩の反応だった。

異例とも言っていいだろう。安倍は一二日の米朝会談後に二度にわたってインタビューに応じた。最初のインタビューはトランプとの電話会談前にもかかわらず安倍が記者団の前に現れた。

「私から話したことをトランプ氏がしっかりと言及してくれたことを高く評価し感謝したい」

さらに午後九時半過ぎ、帰国の途についた機中のトランプから電話を受けた安倍は再び記者団の前に現れた。安倍はトランプから拉致問題をめぐっての金正恩とのやり取りについて説明を受けたことを明らかにした。ただし具体的な中身について「詳細は言えない」と明言を避けた。翌日、安倍と面会した自民党幹事長代行の萩生田光一が、安倍から聞いた話として記者団に紹介した。

「（金正恩は拉致問題を）解決済みとは言わなかった」

ただそこから先の金正恩の発言内容はなお不明のままだった。これに関連して安倍は一二日の段階でこう反応していた。

「トランプ氏の支援をいただきながら、日本が北朝鮮と直接向き合い、解決していかなければと決意している」

二〇〇二年九月の首相小泉純一郎による電撃訪朝は米大統領のブッシュを出し抜く形で日本独自の秘密交渉によって実現した。安倍の「トランプ頼み」に展望はなかった。

ただ、日本政府は米朝首脳会談をきっかけに対北朝鮮外交が大きく動くと見ていた節があった。従来の外務省の組織では韓国及び北朝鮮の両方を所掌してきたのはアジア大洋州局北東アジア課。それを七月一日付で二課に分け、「北東アジア第一課」及び「北東アジア第二課」を設置した。外相河野太郎は「北朝鮮担当者の業務量が異常に増えている。なるべく早く対応したい」と強調したが、いまもって「北東アジア第二課」が対北朝鮮外交で存在感を示す機会は訪れていない。

会期延長の思惑

歴史的な米朝首脳会談が終わると、日本の国会も六月二〇日の会期末が迫っていた。ただし、ＩＲ整備法案の成立を目指すため会期は約一カ月延長され、国会は七月二二日まで開かれることになった。その結果、自民党総裁選までの期間は短くなった。その総裁選について六月一六日の読売テレビの番組で安倍は遠回しの表現ながら総裁選への出馬の意思を明確にした。

「（出馬表明は）東京近辺でセミの声が相当にぎやかになってきたころ」

安倍は同じ番組の中で「まだまだやるべきことがたくさんある」とした上で、次の総裁にバトンタッチする時期について「あまりに先の話」と述べて長期政権に強い意欲を示した。

この年の通常国会の会期末はサッカーワールドカップ（Ｗ杯）ロシア大会が重なった。国民の関心は政治・外交よりサッカー日本男子チーム、「サムライブルー」の勝敗にあった。現に六月二〇日付の朝刊各紙の一面トップは一九日の試合で日本が南米の強豪コロンビアに勝利したことだった。

「日本白星発進」

試合を実況放送したNHK総合の視聴率は四八・七%という驚異的な数字を記録した。

それと同じ六月一九日、学校法人加計学園の獣医学部新設問題で〝沈黙〟を続けてきた学園理事長の加計孝太郎が突然、学園が本部を置く岡山市内で記者会見を行った。

「加計ありき」と言われた加計学園の獣医学部新設問題にひと区切りを付ける狙いが加計側にあったことは間違いなかった。

北朝鮮をめぐる動きはまだ続いた。北朝鮮の朝鮮中央通信は金正恩が六月一九日に北京を訪問し、中国の国家主席習近平と首脳会談を行ったことを報じた。金らを乗せたとみられる車列が二〇日朝、宿泊先とみられる北京市内の釣魚台迎賓館を出発し、訪中二日目の日程を開始したことを伝えた。同通信によると、金は米朝首脳会談を成功させるための中国の支持と協力に謝意を伝えた。

会談後に開かれた宴会で習は金が三月に訪中して以降、両国関係は「新たな発展段階に入った」との認識を示した。一方の金は中朝関係の発展を力説した。

「朝中が家族のように協力する姿は、古今に類例をみない特別な関係に発展していることを内外に誇示している」

明らかに北朝鮮をめぐる北東アジアの情勢は米朝首脳会談を経て激変の兆しが見えていた。しかし、そこにはプレーヤーとしての日本の存在感は極めて希薄だった。

こうした不透明感が総裁選にも影を落としていた。安倍が果たして三選後の残り任期三年を全うできるかどうか懐疑的な見方が根強く存在した。翌一九年五月から平成に代わる新しい元号の時代が幕を開ける。それをきっかけに政治の流れも変わると見るのが自然だった。しかも一九年七月には参院選が巡って来ることもポスト安倍の時代の到来を予感させた。自民党の元副総裁山崎拓はこの総裁選に関して独自の見解を示していた。

「この総裁選に出馬しなければポスト安倍の資格を失う」

そこで注目が集まったのが政調会長の岸田文雄だった。岸田自身も従来の禅譲路線から微妙にスタンスを変え始めたかに見えた。岸田派の名誉顧問で元幹事長の古賀誠は周辺にこう漏らしていた。

「岸田さんは自分のことより国をどうするかを考えるべきだ」

大阪府北部で震度六弱の地震があった六月一八日夜、安倍は岸田と二人だけで東京・赤坂の日本料理店「古母里」で話し込んだ。岸田は珍しく会談後に待ち構えた記者団に明確に語った。

「北朝鮮や終盤国会、もちろん総裁選の話もあった」

岸田がこの総裁選に立候補するとなれば党内の勢力図は一変する可能性があった。総裁選がポスト安倍をめぐる〝予選〟の意味合いを持つことになるからだった。二〇日夜には東京銀座の高級ステーキ店「かわむら」のカウンターに安倍を囲むように副総理兼財務相の麻生太郎、自民党幹事長の二階俊博ら主流派を形成する麻生、二階両派の幹部が顔を揃えた。自民党総裁選は安倍の三選を前提にした上でその先の思惑が絡み合うという新たな局面に入りつつあった。

2　安倍三選

通常国会は約一カ月の会期延長が決まったものの盛り上がりを欠いた。まだ、国民的な関心はサッカーのワールドカップ（W杯）ロシア大会に向かっていた。初戦で南米の強豪コロンビアを撃破した日本代表はグループリーグを突破、決勝トーナメントに進出した。その一回戦が対ベルギー戦で、日本時間七月三日午前三時にキックオフされた。そんな時間帯にもかかわらずNHK総合が放送した実況中継の最高瞬間視聴率は四二・六％に達した。惜しくも逆転負けを喫したが日本中が沸いた。首相安倍晋三も日本代表へ感謝の言葉を贈った。

「惜しかった。代表の皆さんに感動をありがとう、と言いたい。二週間、本当に良い夢を見させてもらった」

たしかにW杯開幕からの二週間は延長国会もほぼ〝開店休業〟状態だった。こうした中で六月二七日にこの国会で二回目の党首討論が行われた。ここで安倍が思わぬ言葉を口にした。

「党首討論の歴史的使命は終わった」

そもそも安倍が首相の座に返り咲くきっかけになったのが二〇一二年一一月一四日の党首討論。当時の民主党政権の首相野田佳彦が野党自民党総裁の安倍に放った発言が歴史を変えた。

「私は今週一六日に衆院を解散してもいいと思っている。技術論ばかりで覚悟のない自民党に政権は戻さない」

野田はその言葉通りに衆院解散を断行した。しかし、総選挙の結果は自民党の圧勝。安倍は再び首相の座を手にした。党首討論を生かすも殺すも首相次第であることを実証した党首討論だった。ところが首相に返り咲いた安倍は党首討論開催に極めて消極的だった。一七年は一度も開催がなく、この年は五月三〇日に約一年半ぶりに開かれたものの、党首討論は完全に形骸化していた。

こうした閉塞感が支配し、多くの自民党の国会議員が沈黙する中で新たな動きが注目を浴びた。その中心にいたのが自民党筆頭副幹事長の小泉進次郎だった。党首討論翌日の二八日午後、国会内に超党派の国会議員有志約一〇〇人が集結、新たな会議を旗揚げした。

「平成のうちに衆院改革実現会議」

この会議のミソは「国会改革」というだれも反対できない目標を掲げることによって今の自民党の国会運営に対して批判的なスタンスを明確にしている点だった。

「実現会議」も「反安倍の結集軸になる可能性がある」(非主流の自民党幹部)として警戒の目が注がれた。そこで注目が集まったのが、九月の自民党総裁選での進次郎の立ち位置だった。具体的には誰を支持するのか——。二〇一二年の総裁選で進次郎は安倍と争った石破を支持している。進次郎が国会改革の期限を「平成のうち」、つまり「二〇一九年四月三〇日まで」と期限を区切っていたことも憶測を呼んだ。

「赤坂自民亭」

一方でこの時期は日本列島を相次いで自然災害が襲った。六月一八日には大阪府北部で震度六弱の地震があり、高槻市で小学校のブロック塀が倒壊して登校中の女児(九歳)が下敷きになるなど府内で五人が死亡した。近畿四府県の住宅被害は二〇〇〇〇棟を超え、ガスの供給停止が続いた。さらに七月に入ると、前線の活発な活動で西日本を中心に記録的な豪雨となり、気象庁は六日から八日にかけて長崎県から岐阜県にわたる一府一〇県に大雨特別警報を発表した。各地で土砂災害や河川の氾濫が発生し、警察庁によると、被災地での死者は二〇〇人を超えた。西日本豪雨である。国土交通相時代に「特別警報」を法制化した公明党前代表の太田昭宏は警鐘を鳴らした。

「東日本大震災、阪神淡路大震災、それに次ぐ平成の時代に入っての大災害という認識が必要だ」

自然災害が発生すると、普段は見えてこない政権の内部構造や政治家たちの姿勢、能力を残酷なまでに浮き彫りにする。自民党総務会長の竹下亘は七月九日の記者会見で頭を下げた。

「これだけすごい災害になるとは予想しなかった。もう開いてしまった。どのような非難も受ける」

竹下が「開いてしまった」と語ったのが「赤坂自民亭」と呼ばれる自民党議員による飲み会だった。もともと一二年の衆院選で自民党が政権に復帰した際に、一〇〇人を超える新人議員との親睦が目的で始まった。「赤坂自民亭」という名前の通り、東京・赤坂の衆院議員宿舎で定期的に開かれていた。竹下はホスト役の〝亭主〟。法相の上川陽子(現外相)が〝女将〟。元経産相の小渕優子は〝若女将〟を名乗った。いずれも二〇〇〇年の「ミレニアム選挙」で初当選した同期生が世話役を務めていた。

七月五日夜に開かれた宴会には安倍が初めて出席した。事前に安倍が出席するとのお触れが出されていたからだろうか。防衛相小野寺五典、政調会長の岸田文雄らも顔を出した。出席者は約五〇人。しかし、この時点で気象庁は日本列島全体の広い範囲で記録的な大雨になる恐れがあるとして厳重な警戒を呼び掛けていた。深夜には京都府などで避難指示が出された。翌六日になって死者、行方不明者が続出した。

さらに六日午前になって衝撃のニュースが伝えられた。地下鉄サリン事件などのオウム真理教による一連の犯行を首謀した松本智津夫(教祖名麻原彰晃)ら七人の死刑が同時執行されたのだった。その執行命令書に署名した上川も「赤坂自民亭」に出席していたことに自民党内にも驚きが広がった。

ちなみに死刑が確定した残り六人の刑は二〇日後の七月二六日に執行された。

自民党の国会対策を預かる国対委員長森山裕は苦言を口にした。

「大雨や大きな災害が予測されるときはできるだけ慎んだ方がいい」

しかもこの宴会のスナップ写真を安倍側近の官房副長官西村康稔がツイッターに投稿して首相官邸の危機感のなさを強く印象付けた。安倍がなぜわざわざこの類の飲み会にまで足を運んだのか――。その理由は九月の自民党総裁選対策としか考えられなかった。安倍は震度六弱の地震が大阪北部を襲った六月一八日夜にも岸田と東京・赤坂の料理屋で総裁選をめぐって会談している。

「安倍総理の頭の中は総裁選のことでいっぱいだ」

安倍側近すらこう語るほど安倍にとって最優先事項は総裁選対策だったに違いない。ところが安倍が劣勢に立っているのかと言えばそうではない。むしろあらゆる状況を見ても安倍は優位にあった。勝敗だけを見れば、安倍がここまでエネルギーを注ぐ理由が分からなかった。唯一考えられたのはこの時の総裁選から重みが格段に増した地方党員票の行方に対する不安である。一二年の総裁選で地方党員票三〇〇のうち安倍が獲得したのは八七票、これに対して石破茂は一六五票。安倍は石破のほぼ半分。これを安倍が決選投票で大逆転したのだった。

二〇一八年の総裁選から地方票は自民党国会議員四〇五人と同数の四〇五票。再び石破に及ばないとなれば、三選を果たしたとしても安倍の求心力は一気に失われる可能性が高かった。安倍の面会記録でもある新聞の首相動静記事を見ても安倍の地方党員対策の力の入れ方が分かった。六月以降に限っても安倍は宮城、山口、愛知、群馬、静岡の自民党県会議員と面会もしくは会食をしている。このうち静岡県議とは西日本豪雨で死者が一〇〇人を超えた七月九日に首相公邸で会食をしている。

その一方で安倍は一一日から一八日までの日程で予定していた欧州・中東歴訪を中止した。「豪雨被災地の復旧へ陣頭指揮を執る必要がある」(安倍)ためだった。ところが、政府与党は七月一〇日の参院内閣委員会でいわゆるカジノ法案を審議入りさせた。主務大臣は国土交通相の石井啓一。豪雨災害の最高責任者でもある。人命救助にとって最も重要な日に石井が国会に六時間も張り付いた。公明党内からも「週前半は国会を休むべきだった」の声があがった。安倍のちぐはぐな対応ぶりは総裁選を目前にしての不安定な心理状態を感じさせた。

岸田不出馬

総裁選の告示が約二カ月後に迫った七月一七日。政調会長を務める岸田文雄が率いる宏池会の臨時総会が開かれた。前年の内閣改造で外相を離れて自民党政調会長になって以来、岸田派内は「主戦論」と「禅譲論」の間で揺れ動いた。岸田も結論を出せずに総裁選本番が近付いてきたというのが実情だった。臨時総会ではこんな申し合わせをした。

「九月の総裁選については会長に一任する」

「どんな判断が出たとしても、政策集団として宏池会は一致結束して対応することを確認した」

おそらく長い自民党の歴史の中でも総裁選に出るか出ないかを本人に委ねた例はないだろう。もともと宏池会は官僚出身が多く政局より政策を重視する派閥という伝統を保持してきた。しかし、そのことは一面で迫力のなさに繋がる。「お公家集団」と揶揄されるのも権力闘争に腰が引けていたからだった。安倍晋三という最強とも言えるディフェンディングチャンピオンを前に再び宏池会の体質が露呈したと言われても仕方がなかった。折しも西日本豪雨で岸田の地元広島に大きな被害が出た。その際の岸田のコメントが事実上の不出馬表明と受け取られた。

「平成最大の豪雨災害に対し、政治家としてやるべきことに取り組む。その上で次のことを考えるのが順番だ」

準備期間を考えると、立候補のタイミングは既に逃していた。七月二四日午後五時半過ぎ、岸田が派閥事務所で記者会見に臨んだ。

「今回の総裁選に出馬せず、安倍首相を中心に政治課題への取り組みを進めることが日本の安定にとって重要と判断した」

名門宏池会に久しぶりに登場した〝総裁候補〟が総裁選の舞台に上がることはなかった。そして岸田は安倍支持の意向を安倍自身に伝えた。

この時点で三選を目指す首相安倍晋三には出身派閥の細田派（九六人）、麻生派（六〇人）、二階派（四四人）の三派が支持を表明しており、これに岸田派（四八人）が加わることになった。さらに安倍を支える官房長官の菅義偉は約三〇人の無派閥議員を影響下に置く。つまり岸田の安倍支持表明によって自民党所属国会議員の約七割が固まることになった。仮に立候補を目指す元幹事長の石破茂や総務相の野田聖子が地方党員票の半数を集めたとしても安倍に及ばない状況が生まれた。ただし、岸田は記者会見でこうも語っている。

「首相と私は政治理念や政策は異なる部分があるが、私の考え方に丁寧に耳を傾け、理解してもらった」

「理念と政策が異なる」なら岸田は負けを覚悟しても総裁選に立候補する意味があった。この総裁選見送りで岸田に関しては「決断できない男」のイメージが広がった。岸田派幹部の中にも不出馬に対して懐疑的な声が燻った。

「安倍さんはまだ若い。総理総裁を退いたとしても党内最大派閥のリーダーとしての影響力は侮れない。ここで勝負する選択はあった」

この時点で党内の派閥でなお態度を表明していなかったのは総務会長の竹下亘が会長を務める竹下派(五五人)と元幹事長の石原伸晃が会長の石原派(一二人)。さらに安倍に距離を置く無派閥議員らがいた。中でもカギを握ったのがかつては石破が籍を置いた竹下派だった。竹下自身は「これから派内の意見を聞きながら態度を決めたい」とし、竹下は「財政再建と地方重視」についての候補者の考えが判断基準になるとした。額面通りなら石破支持もあり得るが、派内には安倍支持を鮮明にしている議員もいた。石原派も石原自身が安倍に近く、竹下派の動向が最大の焦点になった。

「参院のドン」の造反

その竹下派に大きな影響力を持ち、「参院のドン」と呼ばれた青木幹雄が再び総裁選をめぐるキーマンとして表舞台に躍り出てきた。当時青木は八四歳。日常は極めて規則正しい。毎朝、自宅周辺の散歩を欠かさず、毎週水曜日だけ東京・平河町の砂防会館にある事務所で来客と面会した。そして水曜日の夜は必ず気の置けない友人とマージャン卓を囲む。週末は東京・汐留にある日本中央競馬会(JRA)が運営する「ウィンズ汐留」に足を運び馬券を買う。この繰り返しだったが、週に一度の水曜日の青木事務所から漏れ出す青木の発信が政治の流れに大きな影響を及ぼした。

青木直系の参院議員吉田博美が参院自民党幹事長として与野党を超えた参院全体の主導権を握る実

力者としての地歩を固めていたからだ。吉田は竹下派の基礎を固めた金丸信の秘書を務め、長野県議から国政に駒を進めた。選挙区は長野県だが、出身は安倍の地元の山口県柳井市。このため安倍の信頼も厚いという特別な立ち位置にあった。ただし心情的な距離感で言えば圧倒的に青木に近かった。青木を「オヤジ」と呼び、「オヤジに言われたことは絶対だ。背いたことは一度もない」と口癖のように漏らしていた。

岸田が不出馬表明した翌日の七月二五日。たまたま水曜日でもあった。午前一一時過ぎ、事務所に姿を見せたのは自民党総務会長で竹下派会長の竹下亘だった。竹下は元首相竹下登の実弟、青木は竹下登の秘書が振り出し。政治家としてのルーツはともに竹下登。青木は亘に通告した。

「総裁選では石破さんで行くことにした」

青木は岸田の去就を見極めた上で決断したのだった。青木には「岸田支持」も選択肢の一つにあったからだ。岸田不出馬で総裁選の大きな流れは「安倍三選」で事実上決着した。それでも青木は孤立感を深める石破支持をあえて決断した。青木はこう決めたことについて有無を言わせぬ迫力で事を進めた。青木を突き動かしたのは強い危機感だった。

「このままでは来年夏の参院選で自民党が勝てる可能性はゼロですわね」

自民党は五年前の参院選で初当選した議員が一五人もいた。

「選挙基盤が固まっておらん上に、選挙に対する心構えがないわね。野党も今はバラバラでも選挙になれば一本化してきますわね」

党内議論がほとんどない「安倍一強」に対して国民世論の反発が強いことも青木の危機感に拍車をかけた。その上で亘にこう付け加えた。

「今さら安倍さんを支持すると言っても、ほんに笑い者になるだけだわね」

二年前の参院選で青木の地元島根県と石破の地元鳥取県が合区となり、青木の長男一彦の選挙で石破の支援を受けたことも無視できなかった。石破がかつて竹下派に属したことも支持の背景にあったと言ってよかった。

竹下亘が事務所を辞した後、午後一時過ぎに吉田博美が呼ばれた。この日も吉田は「石破支持」を即答した。青木はこの日、もう一人の政治家と会っている。元自民党副総裁山崎拓だ。青木は山崎にも「石破支持」の考えを伝えている。

これを受けて吉田は七月三一日朝、ホテルオークラに参院竹下派の議員を集め、「石破支持」で一任を取り付けた。竹下派の動向を注視していた石破は感謝の気持ちを表明した。

「『一強』『三選の流れ』というつらい時に、仮にそういう判断をしてもらえたら、とてもありがたい」

ただし、なお青木の石破支持には「なぜ」が残る。それを読み解くキーワードは「竹下派復権」だった。竹下派は一九八七年に竹下登とその後ろ盾だった元副総裁の金丸信によって旗揚げされた。その後、竹下登をはじめ橋本龍太郎、小渕恵三の三人の首相を輩出した。それだけではない。竹下派内に有力な首相候補者がいない時代には宇野宗佑、海部俊樹、宮澤喜一の三首相の誕生とその政権運営、さらに社会党委員長村山富市を首相とする自社さ政権の樹立にも旧竹下派が影響力を行使した。

しかし、二〇〇〇年に小渕が現職首相として病に倒れ、政権を失ってから最強派閥の過去の栄光は見る影もなくなった。早稲田大学在学中に竹下に仕え、竹下登とともに人生を歩んできた青木にとって「お家再興」は最後の悲願と言ってもよかった。この年の四月に前派閥会長の額賀福志郎を引きずり降ろして亘を会長に据えた時点で青木は二〇一八年の総裁選を見据えていた可能性が高い。吉田も金丸の秘書から長野県議、参院議員に駒を進めた。つまり三一年前の竹下派創設期のDNAが揃ったのがこの時だった。竹下亘が掲げた政策は、財政再建と地方活性化。財政再建は兄登が消費税導入を実現した際の究極の目的。地方の活性化は登が提唱し、政策にまで昇華させた「ふるさと創生」の出発点でもあった。外交でも亘は近隣外交に力を入れた兄の継承者を任じていた。竹下派内には経済財政担当相の茂木敏充、厚労相加藤勝信ら安倍支持の幹部もいたが、最後は竹下が派閥会長として「石破支持」を表明した。

青木はかつて小泉純一郎政権下で実施された総裁選で反小泉の急先鋒だった元官房長官の野中広務と激しく対立しながらも参院竹下派を束ね小泉支持を貫いた経験がある。小渕内閣の時に参院議員で初めて官房長官を務めた青木には参院主導型政治の成功体験があった。

翁長沖縄県知事の急逝

政治は生身の人間が織りなす営みである。それ故に「病と死」はいつも背中合わせにある。過去に何度もキーマンの「病と死」が政治の流れを大きく変えてきた。中でも大平正芳、小渕恵三という二人の現職首相の「病と死」によって政治状況は激変した。首相安倍晋三も第一次政権では病気で退陣した。そして中央政界が自民党総裁選の話題で持ちきりの最中に東京から遠く離れた沖縄から「重たい訃報」が届いた。八月八日、沖縄県知事・翁長雄志が急逝した。六七歳だった。

翁長は二〇一四年一二月の沖縄県知事就任以来、沖縄の米軍普天間飛行場の名護市辺野古への移設に体を張って反対を訴え、政府と鋭く対立してきた。その翁長が膵臓がんを公表したのはこの年の五月一五日。一九七二年に沖縄が日本に復帰した日でもあった。翁長は入院先の病院を退院後、がんの進行を示すステージは「2」だったことを明らかにした。その上で自らの決意を語った。

「(病を)冷静に受け止めながら治療に向け全力を傾けて頑張っていきたい」

しかし、術後の体力の衰えは隠しようがなかった。それでも六月二三日、沖縄・糸満市摩文仁の丘にある平和公園で開かれた「沖縄全戦没者追悼式」では安倍を前に揺るがぬ思いを表明した。

「『辺野古に新基地をつくらせない』という私の決意は県民とともにあり、これからも微塵も揺らぐことはありません」

さらに、約一カ月後の七月二七日の記者会見に臨んだ。結果としてこれが翁長の遺言になった。前知事の仲井真弘多が決定した辺野古沿岸部の埋め立て承認の撤回を表明したのだった。翁長は病軀を押して声を振り絞った。

「東アジア情勢について、朝鮮半島の非核化と緊張緩和への努力が続けられている。二〇年以上も前に決定された新基地建設を見直すこともなく、強引に推し進めようとしている。(日本政府は)平和を求める大きな流れから取り残されているのではないか」

この会見から一二日後の八月八日午後五時過ぎ、沖縄県庁に衝撃が走った。副知事の謝花《じゃはな》喜一郎が緊急会見を行った。謝花が口にした翁長の病状に誰もが息を飲んだ。

「知事が意識混濁の状態に陥った」

それから一時間半、速報が流れた。「翁長知事死去」――。日本で最も存在感のあった知事が命を散らした。翁長はもともと沖縄県議、那覇市長などを歴任し、自民党の沖縄県連幹事長を務めた沖縄の保守のど真ん中にいた政治家だった。だからこそ保革両勢力を束ねた「オール沖縄」という政治基盤を確立することができたと言っていい。反辺野古移転に翁長を駆り立てたのは沖縄が背負ってきた苦難の歴史にあったことは言うまでもない。一四年の県知事選のスローガンが県民の心を捉えた。

「イデオロギーよりもアイデンティティー」

これが翁長を支えた。普天間問題で向き合った官房長官の菅義偉とも翁長は深い因縁があった。ともに沖縄返還前、七〇年代初頭に法政大学法学部で学んでいる。翁長が知事に就任して二人が初めて会ったのは一五年四月。この時翁長は法政大学で学んでいた当時のことに言及した。

「私は二二歳までパスポートを持って法政大学に通い、仕送りは米ドルだった」

一方、菅の行動原理は九六年に普天間をはじめ沖縄の負担軽減策を決めた日米間の「沖縄に関する特別行動委員会(SACO)」合意にあった。確かに菅は北部訓練場の一部返還など着実に結果を出してきた。しかし、沖縄の歴史を背負った翁長と、日米合意の実行を行動の指針にした菅とは「出発点」が大きく異なっていた。弔問のため沖縄入りした菅もこう語った。

「普天間の辺野古移設については翁長知事と立場が違った」

翁長の急逝により一一月に決まっていた知事選が大幅に前倒しになった。知事選の最大の争点は再び普天間の移設問題になるのは確実だった。自民党側からすれば「最悪の状況」(選対幹部)での選挙と言ってよかった。日本の選挙では前任者の死去に伴う「弔い選挙」は後継者が圧倒的に優位とされる。ましてや翁長のようにほぼ「殉職」に近い最期を迎えた前任者の死去に伴う選挙ではなおさらだった。翁長への思いが有権者の気持ちを揺さぶり、沖縄県民の反基地感情に火を点ける可能性が高かった。実質的に辺野古移設の是非を問う「県民投票」の色彩を帯びた。

翁長の急逝で県知事奪還を狙っていた自民党は戦略の練り直しを迫られた。この年の一月に実施された名護市長選の成功体験から知事選でも公明党と組み、候補者についても宜野湾市長の佐喜真淳の擁立を決め着々と準備を進めてきた。約二カ月前倒しとなった知事選の日程は九月一三日告示、三〇日投開票。沖縄県庁には弔意を表す半旗が掲げられ、八月一一日に那覇市で開かれた県民大会では主催者発表で約七万人が雨でずぶぬれになりながら気勢を上げた。自民党選対幹部は率直に危機感を吐露した。

「対立候補は翁長知事の遺影を掲げ、知事の遺志を継ぐという最もシンプルな戦いを挑んでくる」

ただし野党勢力も大きな壁に直面していた。翁長が後継者の指名をしておらず、肝心の候補者選びは混迷した。焦点は翁長の後継者に最もふさわしい人物を探せるかどうかの一点にあったが、自由党幹事長でもあった衆院議員の玉城デニー（沖縄三区）に白羽の矢が立った。玉城は「翁長氏のあらゆる遺志を引き継ぎたい」と語った。いずれにしても自民党は「亡き翁長」と戦わざるを得なかった。

竹下派〝分裂〟

八月二一日、自民党は、総裁選挙管理委員会や総務会を開き、総裁選日程を「九月七日告示、二〇日投開票」と正式に決定した。地方票となる党員・党友の投票条件をこれまでの「二〇歳以上」から「一八歳以上」に引き下げることも確認した。

現職総裁の首相安倍晋三と元幹事長の石破茂による一騎打ちがほぼ確定的だったが、総務相野田聖子が立候補に意欲を捨てていなかった。だが推薦人二〇人の壁が立ちはだかっていた。そしてもう一人その動向が注目されていたのが自民党筆頭副幹事長の小泉進次郎だった。ただし、勝敗の行方については党所属国会議員の七割以上を固めた安倍優位は動かなかった。

安倍はそれを誇示するかのような夏休みを過ごした。八月一五日夜、山梨県鳴沢村にある日本財団会長笹川陽平の別荘に総裁選の行方を決定づける自民党の有力者が集まった。安倍の他に、安倍の出身派閥でもある細田派（清和政策研究会）会長経験者の森喜朗、小泉純一郎の歴代首相。党内第二派閥の麻生派会長の副総理兼財務相麻生太郎。ここまでは順当な顔ぶれと言えたが、さらに竹下派から経済財政政策担当相の茂木敏充、厚生労働相加藤勝信の二人が参加したのだった。茂木は竹下派会長代行でもあった。

竹下派は青木幹雄の意を受けた会長の竹下亘が「石破支持」で一本化しようとしたが、茂木が衆院側を抑え込み一本化を断念した経緯があった。結局、竹下派（五五人）は衆院側（三四人）は自主投票となった。ただ、衆院側でも会長の竹下と小渕優子ら少数とはいえ石破支持に回った議員もいた。竹下は九日の派閥会合で正式に一本化断念を表明した。

「一本化したいと強く思ってきたが、できないと昨日の幹部会で判断した。拘束しない、圧力をかけないと申し合わせて決定した」

その結果、竹下派は「衆院は自主投票、参院は石破」となった。石原派も安倍支持を決め、ますます安倍の優位は動かなくなった。石破支持に反対した茂木と青木の関係の悪化は決定的になった。その後、吉田博美と竹下亘が相次いで他界し、竹下派会長に就任した茂木を青木は一切認めることなく、確執はその後も続いた。青木は二〇二三年六月一一日、老衰のため死去した。青木は生前に茂木と決裂後一度も会おうともしなかった。東京中野区の宝仙寺で営まれた密葬で茂木は棺に横たわった物言わぬ青木と面会した。この総裁選をめぐる両者の確執はそれほど激しかった。総裁選の焦点は、流れが決まった国会議員票ではなく地方党員票の行方に移った。

「総裁選より沖縄県知事選」

首相安倍晋三がようやく自民党総裁選への出馬を正式に表明した。八月二六日午後。場所は鹿児島県垂水市だった。珍しくNHKが生中継した。安倍の背後には錦江湾を挟んで桜島がそびえ立つ。当時放送中だったNHKの大河ドラマ『西郷どん』のオープニングを観ているようだった。たまたまなのか、それとも敢えて合わせたのか。この日の『西郷どん』のタイトルは「薩長同盟」。安倍の「長州好き」はあまりに有名だが、二〇一八年は明治維新から一五〇年に当たった。

ところが戊辰戦争で奥羽越列藩同盟として薩長と戦った会津藩の城下町、福島県会津若松市では「戊辰一五〇周年」と呼んでの各種事業を展開していた。会津藩は維新後に下北半島に移住、斗南藩（現青森県むつ市）として苦難の道を歩んだ。安倍の出馬表明のパフォーマンスに立憲民主党代表の枝野幸男が早速嚙みついた。

「国全体のリーダーとして薩長を強調するのはわが国を分断するような間違った言い方だ」

現に自民党は二年前の参院選の東北地方の選挙区選挙で議席を確保したのは官房長官菅義偉の出身県である秋田だけ。無論安倍の鹿児島県での出馬表明は薩長同盟を意識しただけではない。対立候補の石破が「地方創生」を重視、総裁選の大きな争点に掲げていることもあった。石破は声を張り上げた。

「地方こそ経済成長の主役だ。大都市や大企業の経済成長の果実を地方や中小企業に波及させるという（安倍内閣の）骨太方針の考えはとらない。地方や中小企業が果実を生み出す」

これに対抗するように安倍も総裁選で訴える公約の柱に「強靱な地方を創り上げる」ことを明記し

た。党内七派閥のうち分裂投票となった竹下派を考慮すると、安倍支持は「五・五派閥」。国会議員票の行方がほぼ固まった中で地方党員票の争奪が総裁選の〝主戦場〟となった。その地方党員票をめぐる働き掛けも安倍陣営が先行した。二八日午後自民党本部五階の廊下にはマスコミ各社のカメラマン、記者らが集結した。安倍支持を決めた各派の事務総長らが集まり戦術会議を開いたからだった。

選対本部長には党参院議員会長の橋本聖子（細田派）、事務総長に甘利明（麻生派）、事務総長代理に河村建夫（二階派）、事務局長に萩生田光一（細田派）らの陣容。元衆院議長の伊吹文明（二階派）は相談役。顧問には副総理兼財務相の麻生太郎、幹事長二階俊博ら各派の会長クラス五人が名を連ねた。総裁選の流れを決定した政調会長の岸田文雄もこの顧問グループに入った。対応が割れた竹下派は前会長の額賀福志郎が顧問で遇された。この年の四月に派閥会長の座を追われた額賀の青木に対する意趣返しにも見えた。

さらに総裁選をめぐって党内で不安の声が上がったのが沖縄県知事選への対応だった。知事選は自公が推す前宜野湾市長の佐喜真淳と前知事翁長雄志の後継者である自由党衆院議員の玉城デニーとの事実上の一騎打ちとなった。自民党内の懸念は「佐喜真と玉城の知名度の差があまりに大きい」ことにあった。ただでさえ翁長の急逝によって行われる選挙には「弔い選挙」の印象が付きまとう。過去の例でも沖縄県知事選の難しさは他の知事選とは全く異質だった。自民党のベテラン職員は国会議員の動きを冷ややかに見ていた。

「勝負が見えてきた総裁選に力を入れるばかりで沖縄県知事選が苦戦ではシャレにもならない」

これに対して「総裁選より沖縄県知事選」を貫いたのが竹下派会長の竹下亘だった。竹下自身は石破支持を明言していたが、総裁選本番では告示日を除けばほぼ沖縄県知事選応援のため沖縄に張り付いた。一方、地方党員票の動向に影響を与えるとみられた自民党筆頭副幹事長の小泉進次郎は告示日前日までニュージーランドを訪問することになった。しかも同行するのは元経済産業相で竹下派の小渕優子と首相福田康夫の長男で防衛政務官の福田達夫(後の党総務会長)、石破派の衆院議員で法務政務官の山下貴司(後の法相)。六年前の総裁選では石破に自らの一票を投じたことを明言した小泉が海外視察を理由に総裁選から距離を置いた理由をめぐって憶測を呼んだ。

見えない三選後の戦略

総裁選の告示を翌日に控えた九月六日午前三時八分。北海道の苫小牧、千歳に近い厚真町や、むかわ町などが強い地震に襲われた。厚真町で震度七を観測した。土砂崩れや家屋の倒壊が相次ぎ、道内全ての火力発電所が停止したため道内全ての約三〇〇万戸が停電(ブラックアウト)した。北海道の電力の約半分を賄っていた苫東厚真火力発電所が激しい揺れに見舞われ三基が一斉に停止したことが原因だった。交通機関などのインフラ機能もストップ。政府は七日午後に死者九人、心肺停止九人と発表。けが人は約三六〇人に上り、一万人以上が避難所に身を寄せた。

自民党総裁選は七日に予定通り告示されたが、この地震を受けて選挙活動は九日まで自粛することになった。安倍は陣営幹部を務めた元経済再生担当相の甘利明に電話して「直近は災害対応に専念したい」と伝えた。この地震に先立って九月四日には徳島県南部に上陸した後、北上した台風二一号により、関西地方を中心に被害が相次いでいた。関西空港では、強風で流されたタンカーが連絡橋に衝突、橋の破損で約八〇〇〇人が取り残された。滑走路は高潮で水没し、空港が閉鎖された。

それでも総裁選の届出は予定通り行われ、安倍と石破が立候補を届け出た。最後まで出馬に意欲的だった総務相の野田聖子は推薦人二〇人が集まらず立候補を断念し、安倍支持を決めた。告示前日の六日に開かれた総裁選管理委員会では、二〇日投開票の日程は変更しないことと、党員の選挙人数が計一〇四万二六四七人で確定したことを了承した。二〇一二年以来の安倍VS石破の一騎打ちが確定した。両者の推薦人は次の通りだった。

安倍晋三推薦人

【衆院】甘利明（麻生派、神奈川一三）、石原宏高（石原派、東京三）、衛藤征士郎（細田派、大分二）、遠藤利明（無派閥、山形一）、大岡敏孝（二階派、滋賀一）、坂本哲志（石原派、熊本三）、平沢勝栄（二階派、東京一七）、堀内詔子（岸田派、山梨二）、宮腰光寛（岸田派、富山二）、渡辺博道（竹下派、千葉六）

【参院】橋本聖子（細田派、比例）、青山繁晴（無派閥、比例）、有村治子（麻生派、比例）、佐藤正久（竹下派、比例）、高階恵美子（細田派、比例）、柘植芳文（無派閥、比例）、塚田一郎（麻生派、新潟）、羽生田俊（細田派、比例）、三木亨（二階派、徳島）、水落敏栄（岸田派、比例）

石破茂推薦人

【衆院】古川禎久（石破派、宮崎三）、村上誠一郎（無派閥、愛媛二）、中谷元（無派閥、高知一）、渡海紀三朗（無派閥、兵庫一〇）、橘慶一郎（無派閥、富山三）、伊藤達也（石破派、東京二二）、田村憲久（石破派、三重一）、赤沢亮正（石破派、鳥取二）、平将明（石破派、東京四）、福山守（石破派、比例四国）、田所嘉徳（石破派、茨城一）、神山佐市（石破派、埼玉七）、冨樫博之（石破派、秋田一）

【参院】尾辻秀久（竹下派、鹿児島）、石井準一（竹下派、千葉）、松村祥史（竹下派、熊本）、青木一彦（竹下

派、鳥取・島根)、島田三郎(竹下派、島根)、舞立昇治(石破派、鳥取)、中西哲(石破派、比例)推薦人名簿からも全党的な広がりを持つ安倍に対して石破の劣勢は否めなかった。結局、総裁日程は延期せずに選挙運動を三日間自粛という形になった。さらに異例のことだが首相安倍晋三が一〇日から一三日までの四日間ロシア訪問のため留守にした。こうした日程が許されること自体が総裁選は単なるセレモニーという印象を与えることになった。党員・党友への投票用紙の発送は一〇日に行われ、締め切りは一九日。総裁選の実務を取り仕切る党幹部は過去の経験からこの選挙日程は安倍に有利との見方を示した。

「投票用紙が到着したら、ほとんどの党員はすぐに返送する。これから情勢が大きく動くことはない」

そこで関心は早くも総裁選後の内閣改造と党役員人事に移っていた。安倍も三選を確信していたからだろう。一〇日の安倍と元幹事長石破茂との初めての演説会と記者会見でも安倍は総裁選後の人事構想について「勝ち」を前提に即答した。安倍は人事に関しては「全く白紙」としながらも「適材適所で総裁選が終わったらよく考えたい」と述べ、人事構想を既に頭の中で描いていることを窺わせた。

そして焦点は三選後の政策目標だった。とりわけ安倍が執念を燃やす憲法改正の道筋をどうつけるのかにあった。安倍は共同会見でも改憲への意欲を表明した。

「秋の臨時国会への党改憲案提出を目指して議論を進める。責任を持てる三年で(改憲実現に)チャレンジしたい」

安倍は従来から憲法第九条の二項(戦力不保持)の後に「自衛隊を書き込む」、いわゆる「加憲案」を主張してきた。しかし安倍の加憲案は具体的に条文化されているわけではない。前年の暮れに自民党の憲法改正推進本部で了承されたのは「憲法改正に関する論点とりまとめ」に過ぎない。「イメージ案、叩き台素案」（安倍）の段階にあった。安倍自身が党内できちんと説明したこともなければ、ましてや党議決定もない。にもかかわらず安倍は臨時国会に自民党案の提出に漕ぎ着けたいというわけだった。

そのシナリオを単純化するとこうなると言ってよかった。

①総裁選で争点化②三選実現③党議決定④自民党案の国会提出——。実はこのパターンには前例があった。二〇〇三年の総裁選だ。再選を目指した首相小泉純一郎（当時）は長く政治目標としてきた郵政民営化の実現を強く訴えた。小泉に挑戦したのは郵政民営化絶対反対の亀井静香ら。〝挑戦者〟を退けた小泉は一気に衆院解散に踏み切った。

「（郵政民営化は）必ず党の公約になる。決まっている。だから総裁選をやったんでしょ」

小泉は総裁選で民営化を掲げることで党内の合意形成を目指したのだった。この時、安倍は自民党の若き幹事長。この小泉の政治手法を知らないはずがなかった。

安倍が総裁選を自民党改憲案の党内合意についてお墨付きを得る大きなステップと位置付けていたのは間違いないだろう。

九月二〇日投開票の結果、予想通り安倍が三選を果たした。結果は次の通りだった。

【総数】八一〇票

安倍晋三　五五三票
石破　茂　二五四票
無効　　　　三票
（内訳）
▽国会議員票
安倍　　三二九票
石破　　　七三票
無効　　　　三票
▽地方票
安倍　　二二四票
石破　　一八一票

この結果を見れば国会議員票は確かに「安倍一強」を証明した。八割以上の得票を得たからだ。安倍も総裁選後の記者会見で圧勝を強調した。

「政策の求心力であり、リーダーシップの源流だ。結論が出た以上は一致結束して臨むのが自民党の伝統だ」

しかし、地方党員票では石破の善戦が目立った。党員・党友による地方票で全体の四五％近くを獲得した。統一地方選や参院選を来年に控える党内で存在感を示したのは事実だったが、国会議員票に広がりはなく、石破の限界も明確になった。敗因は六年前と同じ。この課題が克服できなければ、石破は「政策通の万年総裁候補」に終わる。石破はこう総括した。

「未来永劫《えいごう》続く政権はない。私の政策を理解してくれた方がこれだけいる。良い形で次の政権につなげるよう努力したい」。

安倍と石破のどちらに付くかで注目された小泉進次郎は投票直前の二〇日昼、石破に投票すると表明した。投票後に石破に投票した理由について自らの考えを明らかにした。

「（意見の）違う声を抑えつけるのではなく、強みに変えていく自民党でなければならないとの思いから判断した」

これで小泉は二〇一二年の総裁選に続き二回連続で安倍晋三ではなく石破に投票したことになった。「反安倍、非安倍」の立場を貫くいわば「党内野党」の立場を自ら選択したと言ってよかった。小泉の決断は「安倍か石破か」というより安倍一強に沈黙する自民党議員への警鐘だったのではないか。

この総裁選の苛烈さについて石破派の農相だった齋藤健は石破派の会合で事実を明かした。

「私は、ある安倍応援団の一人に言われました。『齋藤よ、内閣にいるんだろう。石破さんを応援するんだったら辞表を書いてからやれ』。こう言われました」

これに関連して麻生太郎副総理兼財務相は容赦ない批判を浴びせた。

「現職がいなくなった後の総裁選と、現職がいるときじゃ意味が違うだろうが」

麻生は石破にも矛先を向けた。

「（首相を）批判しておいて『冷や飯を食わせるな』と言う。覚悟が足りないんだ」

ただ、石破はこの敗北を次に繋げることができなかった。安倍退陣に伴う二〇二〇年九月の総裁選では官房長官の菅義偉の軍門に下り、二〇二一年総裁選は意欲を持ちながら立候補すらできずに河野太郎の応援に回った。

3　増大する菅義偉の影響力

プーチンの突然の平和条約提案

二〇一八年の夏は、相次ぐ自然災害と自民党総裁選で埋め尽くされた印象を残したが、ふり返ると内政・外交とも首相安倍晋三が六年近く重ねてきた安倍路線が大きな曲がり角に立っていたことを浮き彫りにした時期でもあった。

外交面では安倍が追求した「地球儀を俯瞰する外交」で大きな位置を占める米国、ロシア、中国、韓国、北朝鮮という国境を接する五カ国との外交が新たな局面に入った。中でもロシアのプーチンと重ねてきた首脳会談を梃子にした北方領土交渉は再び隘路に迷い込むことになった。

九月七日の総裁選告示後、安倍は九月一〇日、自民党本部で開かれた陣営の出陣式と演説会、共同記者会見をこなした後、そのまま羽田空港に直行した。毎年九月にロシア政府が周辺国の首脳らを招き開催する「東方経済フォーラム」の会場となる極東連邦大学がある極東のウラジオストクに向かうためだった。安倍には側近で自民党幹事長代行の萩生田光一らが同行した。プーチンとの二二回目になる首脳会談はその日の夜に行われた。会談後の共同記者発表で、安倍は北方領土について「私たちの手で必ず問題に終止符を打つ」と述べ、プーチンは「受け入れ可能な解決策を模索する用意がある」と応じた。

しかし、ウラジオストクでのハイライトは首脳会談ではなかった。一二日の全体会合の場でプーチンが投げ込んだ〝クセ玉〟だった。

「まず平和条約を前提条件なしに結ぼう。年末までだ……」

プーチンは全体会合でいきなり安倍に対してこう呼び掛けた。この席には中国の国家主席習近平らも同席していた。プーチンは「今、この案を思い付いた」とも語ったが、果たしてそうだったのだろうか。日本側の受け止めも「あの場での思い付きとは到底考えられない。練りに練った外交戦略を感じる」(外務省幹部OB)というのが最大公約数と言ってよかった。

二日前には安倍と首脳会談を行ったばかり。日本側の基本方針は「北方四島の帰属問題を解決した上で平和条約を締結する」。

これに対しプーチンは一九五六年の日ソ共同宣言を重視する立場だ。

「平和条約を締結した後に歯舞、色丹の二島を引き渡す」

平和条約締結と領土問題の決着の順番が真逆。そこで両国の溝を埋めるために「新しいアプローチ」について会談を重ねてきた。それが突然の卓袱台返しだった。一時的に日本政府内ではその受け止めをめぐって混乱を来たしたが、ようやく整理を付けた。

「大統領発言は首脳会談の場で出たのではない。日本の主張を変える必要はない」(政権幹部)

しかし、ロシアにおけるプーチンの影響力を考えると、それほど簡単なものではなかったことが徐々に明らかになってくる。安倍自身も一四日の自民党総裁選討論会で「今年一一月、一二月の首脳会談が重要になる」と語り、〝現在進行形〟の立場を強調した。

安倍は総裁選の最中だからこそ「外交の安倍」をアピールすることを狙ったことは否定できなかった。ところがプーチン発言の不意打ちに安倍は困ったように笑みを浮かべただけで真意を質すことも、反論することもなかった。ここが安倍の対ロシア外交の限界だった。

安倍外交の大きな特徴は長期政権を背景に首脳外交で各国のトップリーダーとの個人的信頼関係を築いて二国間関係を強化する、ひいては国際社会での発言力を高めることにあった。それはプーチンとの関係だけでなく米国のトランプ大統領との関係も同じだった。しかし、会談を重ねるだけでプーチンの時間稼ぎの術中にはまっていたことが明らかになっていた。なお、安倍はこのウラジオストクで中国の国家主席習近平とも会談し、一〇月二三日の日中平和友好条約の発効四〇周年を視野に訪中することで合意した。

勝算のない対米交渉

自民党総裁選で三選を果たした首相安倍晋三は休む間もなく国連総会が開かれているニューヨークに飛んだ。そこには対日貿易赤字縮減に執念を燃やす米大統領ドナルド・トランプが安倍を待ち構えていた。会談の焦点はトランプがどのような対日要求を突き付けてくるのか、それをどうかわすのか、だった。ところが、日本側にこれといったカードはなし。このため、日本側の戦略はできるだけ時間を稼ぎながら、予測できない振幅の激しいトランプの主張をマイルドな形で収めるしかなかった。

「じっくり話を進めてトランプ大統領が暴発しないようにする」

これが日本政府の交渉担当官の本音だった。

ニューヨークはまさにトランプのホームタウン。そこで開催される年に一度の国連総会となれば、いつも以上にトランプの気持ちが高揚しても不思議はない。しかも一一月には米中間選挙を控えたトランプはどうしても目先の結果が欲しかった。そこで焦点となったのが自動車と農産品の対日貿易赤字問題。このうち自動車については米国内で販売される日本車の大半は米国内で生産され米国内の雇用創出に果たす役割は極めて大きい。関税についても米車の日本への輸出関税はゼロ。逆に日本からの米国への輸出車には二・五％の関税が課せられていた。トランプはそれを一気に二五％まで引き上げる考えを打ち出した。

安倍の周辺を固めた官邸官僚の主要な顔ぶれは経済産業省出身者。首席秘書官の今井尚哉、広報官の長谷川榮一ら。このため政権内部からはこんな声も聞こえてきた。

「自動車では絶対に譲歩しない」

だが、トランプはそれほど甘くはなかった。トランプが渇望する農産品の市場開放問題にスポットライトが当たった。農業票は自民党にとって生命線。一九年七月に予定された参議院選挙のことを考えれば、安易な妥協は安倍にとって命とりになりかねなかった。

自動車と農産品――。安倍は勝算のない対米交渉を強いられた。

「自動車分野で貿易制限を回避する。農産品については不当な要求を呑まされない」

政権幹部は日本の基本方針をこう語っていたが、トランプがそれを許すのか。韓国の大統領文在寅はトランプの圧力に屈するかのように新たな米韓自由貿易協定（ＦＴＡ）の調印に追い込まれていた。日本に対してもトランプの真の狙いが包括的なＦＴＡの締結に持ち込むことにあったのは火を見るより明らかだった。トランプは安倍との会談前にツイッターに投稿した。

「米国は日本を助けるために多くのことを果たしてきた。互恵的な関係をもっと築きたい」

こうしたトランプの要求に抵抗するためトランプの大統領就任直後に副総理兼財務相の麻生太郎と米副大統領のマイク・ペンスによる双方のナンバー2同士のハイレベル協議の枠組みを作った。ところが、この防衛ラインはあっけなく突破された。そこで始まったのが経済再生担当相の茂木敏充と米通商代表部(USTR)代表のロバート・ライトハイザーによる閣僚級協議(FFR)。茂木に課せられた課題はこのFFRで米側の攻勢をいかにかわすかにあった。

安倍は九月二〇日の総裁選で再選を果たすと、真っ先に茂木を官邸に呼んだ。担当相の留任要請だった。

「茂木さんは極めて優秀だ。使う側にはこんな便利な存在はない」

安倍は日ごろから茂木を高く評価した。

九月二五日(日本時間二六日)、八回目の日米首脳会談がニューヨークで行われた。「アメリカ・ファースト」のトランプは農産品の関税引き下げによる市場開放を求め、日本が交渉に応じなければ、日本から輸入する自動車に高い追加関税を課すと迫っていた。

そこで「日米物品貿易協定(TAG)」の締結に向けた二国間交渉を始めることで合意した。日本政府は環太平洋連携協定(TPP)を離脱した米国に対して復帰を促していたが、トランプの姿勢は固く、追加関税を回避する約束を取り付けて交渉を行う道を選択した。

中国・韓国との外交

前述の通り、国連総会に先立つウラジオストクでの東方経済フォーラムの際の九月一二日、懸案の日中首脳会談が行われた。安倍と習近平との会談は二〇一七年一一月以来だった。会談では、二〇一八年が福田赳夫内閣で結ばれた日中平和友好条約が発効して四〇周年に当たることから、その記念日となる一〇月二三日を軸に安倍の訪中の調整を進めることで一致した。北朝鮮情勢での緊密連携や、中国の経済圏構想「一帯一路」をめぐる第三国での協力を進める方針も確認した。一九年六月に予定された大阪での二〇カ国・地域(G20)首脳会合に合わせた習の来日も話題に上った。少なくとも日中関係は最悪の状況からは脱しつつあることを印象付けた。

これに対してますます厳しさを増していたのが日韓関係だった。安倍は九月二五日(日本時間二六日)、韓国大統領の文在寅とニューヨークで会談した。文は一週間前に平壌で行った南北首脳会談で得た金正恩の意向を安倍に伝えた。

「適切な時期に日本と対話し、関係改善を模索していく用意がある」

文はまた、安倍のメッセージを金に伝達したと説明した。安倍は南北首脳会談を前に、文へ拉致問題解決の重要性や日朝関係に関する考え方を金に伝えるよう要請していた。

しかし、日韓関係に関して小渕恵三・金大中による九八年の「日韓共同宣言」から満二〇年の来日を招請したが、文は難色を示して年内訪日は見送りになった。むしろ二〇一五年の日韓間の慰安婦合意に関しては両者の溝はさらに広がった。安倍は合意に基づいて設立された財団について文に注文を付けた。

「正常に機能しておらず、解決する必要がある」

これに対して文は「正常に機能しておらず、枯死するしかない状況だ」と解散を示唆したのだった。財団が解散されると日本政府が拠出した基金の一〇億円が宙に浮くことになるが、文は解決案を出すこともなかった。

日韓に氷河期到来

日中関係が改善に向かった一方で氷河期の到来を感じさせたのが日韓関係だった。一〇月三〇日午後、韓国最高裁は新日鐵住金（現日本製鉄）に対して、原告の元徴用工、四人に一人当たり一億ウォン（約一〇〇〇万円）の支払いを命じる判決を確定させた。日本政府の動きは早かった。判決から約二〇分後、外相河野太郎が談話を発表した。

「日韓の友好関係の法的基盤を根底から覆すもので、極めて遺憾だ。断じて受け入れられない」

さらに河野は駐日韓国大使の李洙勲《イスフン》を外務省に呼び強く抗議した。安倍も黙ってはいなかった。衆院本会議での代表質問を終え首相官邸に戻ると、記者団の前で立ち止まった。

「国際法に照らしてあり得ない判断だ。日本政府として毅然と対応する」

安倍を先頭にした矢継ぎ早の対応は韓国側に対する重大な警告であり、再考を促す狙いがあった。日韓間では一九六五年、当時の首相佐藤栄作、韓国大統領朴正熙《パクチョンヒ》の政権下で日韓基本条約と日韓請求権協定が締結された。日本側は総額五億ドルの経済協力を行うことを見返りに国交正常化を実現、その引き換えに両国は互いに国及び国民の間の財産、権利、請求権に関する問題が「完全かつ最終的に解決された」ことを確認していた。

「条約が戦争処理の歯止めにならなければ永遠にけじめを付けることができない。国際協定がすべてに優先する」

安倍側近は韓国最高裁の判断は日韓請求権協定に明らかに違反すると断じた。判決に関わった韓国最高裁判事一三人のうち二人は少数意見として「個人の日本に対する請求権は消えており、賠償は韓国政府が肩代わりすべき」との考えを示した。

韓国国内では同様の訴訟を提起している原告は約一〇〇〇人とされ、賠償額にすれば二兆円に達するとの試算もある。判決に従って資産の差し押さえなどが行われれば日本企業に計り知れないダメージを与えることになる。この訴訟は二〇一三年七月に上告されたが五年以上も放置されてきた。その背景には、前大統領の朴槿恵政権下で韓国外務省が日韓関係に極めて大きな影響を与えるとして最高裁に意見書を提出した経緯があった。また慰安婦問題では一五年一二月に「最終的かつ不可逆的な解決」を確認した合意が結ばれていた。

韓国の政権には二つの大きな潮流がある。一つは日韓国交正常化を実現した朴正熙に始まる保守の流れで、朴正熙―朴槿恵父娘に象徴される親日的な政権。これに対して文在寅に繋がる金大中、盧武鉉ら北朝鮮に親和的な勢力が大統領選をめぐって激しく争う。弁護士出身の文在寅はかつて徴用工訴訟で原告弁護団に名を連ねたこともあった。慰安婦合意も実質的に破棄した。文は国政私物化事件で失脚した朴槿恵の不正をただす「積弊清算」を推進して、韓国世論の支持を集めていた。

ただし過去をふり返ると、韓国大統領として初めて訪朝した金大中は日韓関係改善の立役者でもあった。九八年一〇月に来日、当時の首相小渕恵三との間で「日韓パートナーシップ宣言」で合意している。これにより日韓双方の大衆文化が開放され、両国民の往来も活発になった。サッカーＷ杯の日韓共催、日本国内での韓流ドラマブームなど、小渕・金大中宣言は今も残る友好の証だ。

その宣言から満二〇年の記念すべき年に日韓関係は逆に新たな難題を抱え込んだ。韓国の国内事情がどうであれ日本政府は一歩も引き下がることはできなくなった。最終的には国際司法裁判所への提訴も視野に入れた。そして日本政府にはさらに譲れない理由がある。北朝鮮との国交正常化が実現した場合の基本条約のヒナ型が日韓間の条約・協定だからだ。二〇〇二年九月の首相小泉純一郎の電撃的な訪朝で北朝鮮の最高指導者金正日と交わした日朝平壌宣言も日韓基本条約をベースにしたものだ。ここで韓国最高裁の判断を容認することになれば安倍が強い意欲を示した朝鮮労働党委員長の金正恩との日朝首脳会談への影響も避けられなかった。

それでも徴用工訴訟判決をそのまま放置するわけにもいかなかった。両国政府とも外交的に解決の糸口を探るという点では一致していた。韓国の首相李《イ》洛淵《ナギョン》が一〇月三〇日に発表した談話に韓国側の苦悩も浮かび上がった。

「最高裁の今日の判決に関連する事項を綿密に検討する。これを土台に首相が関係省庁や民間の専門家などとともに諸般の要素を総合的に考慮し、政府の対応策を講じていく。（中略）政府は韓日両国の関係を未来志向的に発展させていくことを希望する」（共同通信）

二〇二二年三月の韓国大統領選で保守系の尹錫悦《ユンソンニョル》が当選、日本側に対話を呼びかけた。同年六月二九日、スペイン・マドリードで開催された北大西洋条約機構（NATO）首脳会合を機に首相岸田文雄は尹と短時間ながら言葉を交わした。また米大統領バイデンを交えた日米韓三カ国首脳会談を行った。二〇一七年九月以来、約五年ぶりのことだった。二三年三月、尹が来日、首相岸田文雄と首脳会談を行い、日韓関係は急速に改善に向かった。一一年以上途絶えていた首脳同士が相互訪問する「シャトル外交」も再開した。

日朝極秘接触が報じられる

国連総会の場を使って北朝鮮問題にわずかながら変化の兆しが見えた。外相河野太郎が北朝鮮外相の李《リ》容浩《ヨンホ》と九月二六日昼（日本時間二七日未明）、国連本部で会談した。会談時間は約二〇分間にすぎなかったが、約三年ぶりの外相会談は着席した形で行われた。

河野は会談内容を明らかにはしなかったが、官房長官菅義偉は二七日の記者会見で「しっかりした会談だった」と述べた。日朝外相会談は、二〇一五年八月に当時の外相岸田文雄と北朝鮮外相の李洙墉《リスヨン》がマレーシアのクアラルンプールで会談して以来だった。河野はこの年の八月三日にも、シンガポールで李容浩と立ち話の形で短時間接触した。この背景には米朝首脳会談が実現したことがあった。

日朝間の水面下の動きについては八月二八日になってワシントン・ポスト電子版が注目すべきニュースを報じた。この年の七月に日朝の極秘接触が行われたというものだった。場所はベトナムのホーチミン市内の高級ホテル。日本側のヘッドは内閣情報官の北村滋（後の国家安全保障局長）。北村は警察庁出身で日本の情報機関を束ねるトップの立場にあった。同時に第一次政権で安倍の首相秘書官を務め、安倍と会う頻度では突出した存在だった。

一方の北朝鮮側は南北関係を担当する統一戦線部戦略室長の金聖恵《キムソンヘ》。金正恩の懐刀とされる朝鮮労働党副委員長の金英哲の側近として知られた幹部だった。つまり日朝のトップリーダーの側近同士が会談したことになる。菅は日朝の極秘接触については含みを残した。

「報道の内容の一つ一つにコメントするのは控える。政府として拉致、核、ミサイル問題の包括的解決に向けて全力で取り組んでいる」

全く動きが見えなかった日朝間の水面下のやり取りの一端が図らずも表に出たのだった。なぜ日朝間の接触が米紙で報じられたのか。やはり米政府内からリークされたと見るのが自然だろう。米側に接触の事実を伝えていなかったことへの不快感の発露ではなかったか。トランプ側からすれば、拉致問題で日本から側面支援を何度も要請されていたからだ。

過去にも苦い経験がある。二〇〇二年九月の首相小泉純一郎による電撃訪朝だ。この時も日本政府は米側に伏せて事を進めた。ところが、小泉訪朝が終わると間髪を入れずに国務次官補のケリーが訪朝、北朝鮮による新たな核開発の事実を日本側に突き付けた。

「こんなことをしている北朝鮮と交渉するのか」

日朝交渉は日米問題でもあることを改めて示した出来事だった。

「菅官邸」の出現

首相安倍晋三は九月二六日午後（日本時間二七日午前）、帰国に先立ってニューヨークで記者会見を行った。ここで安倍は思わぬ発表に踏み切った。

「一〇月一日に自民党役員人事、内閣改造を行う。平成のその先の時代に向かって、日本の新たな国造りを進める力強いスタートを切りたい」

驚きは人事の骨格まで明らかにしたことだった。副総理兼財務相麻生太郎や官房長官菅義偉のほか、官邸で安倍を支えた官房副長官の西村康稔、野上浩太郎を留任させる意向も明言した。

二八日午後に帰国した安倍は他のポストの人選を本格化させた。真っ先に官邸で会談した政治家は幹事長の二階俊博だった。安倍三選実現の最大の功労者。また安倍圧勝の流れを作った政調会長岸田文雄は再任、新たに安倍に近い加藤勝信を総務会長に起用した。二階は再任に当たって「安倍内閣が成果を上げられるよう、円満な党運営をする決意だ。謙虚に丁寧に仕事をしていく」と述べた。

選対委員長には建設会社からの金銭授受問題で経済再生担当相を辞任した甘利明を起用した。東京地検特捜部の捜査で不起訴になったことで問題はなしとの判断だった。

二〇一二年九月の総裁選で安倍が復活して以来、副総裁を務めていた高村正彦は党憲法改正実現本部最高顧問として安倍を側面支援することになった。

党の新体制が発足したのを受けて安倍の予告通り、一〇月二日に第四次安倍改造内閣が発足した。安倍は自ら「全員野球内閣」と命名した。総裁選で争った元幹事長石破茂の石破派を含む「挙党体制」での政権運営を目指すことを強調したかったようだ。しかし、肝心の何を実行するための布陣なのかは顔ぶれを見渡す限り一向に伝わってこなかった。最大の特色は一九人の閣僚のうち一二人も新入閣がいたことだ。ただしその多くが「入閣待機組」だった。首相に距離を置く党幹部は辛辣だった。

「今回の人事を見ると、派閥の推薦名簿順に従って選んだのではないか」

確かに各派閥で何度も入閣候補になりながら入閣を見送られてきた議員がズラリと並んだ。新人閣僚は常にリスクと隣合わせだ。一つは答弁能力だ。国会で野党側の厳しい追及に遭遇するとしばしば立ち往生する。そして命取りになる失言、暴言。長く役職から離れていると、知らず知らずのうちに発言に自制が効かなくなる。そこに落とし穴がある。閣僚になるまでは注目されなかったスキャンダルが表面化することもある。そんなリスクを百戦錬磨の安倍が自覚していないはずはなかった。それを承知で敢えて今回の改造人事を行った背景には総裁選をめぐる多数派工作があったとしか考えられなかった。

その結果、すっぽり抜け落ちた二つの大きな穴が浮かび上がった。女性の登用とポスト安倍を見据えた後継者像が見えなかったことだ。女性活躍社会の実現は再登板した安倍が真っ先に掲げたスローガン。ところが入閣女性は地方創生・女性活躍担当相に就任した片山さつきだけ。総務相を退任した野田聖子は安倍に苦言を呈した。

「女性閣僚の数が減り続けているので大変心配している」

これに対して安倍はこう言い放った。

「女性の入閣は一人だけだが、（片山は）二人分も三人分もある持ち前の存在感で女性の活躍の旗を高く掲げてもらいたい」

そして安倍は再びポスト安倍像について素通りした。外務、財務、経産、官房長官などトップリーダーへの登龍門とされる重要閣僚はいずれも留任。自民党の役職でも総務会長に加藤勝信・前厚生労働相を起用しただけに終わった。むしろかつて閣僚を途中で辞任した甘利明、稲田朋美、松島みどりら安倍に近い議員を早々に要職に復権させた。第一次政権と似通う「第二次お友だち政権」と揶揄されても仕方がなかった。

そして世論の批判が最も強く出たのが麻生太郎の副総理兼財務相の留任だった。森友学園問題をめぐる決裁文書の改竄や元事務次官のセクハラ問題で責任をとっていないことが反発を招いた。ただし改造後の内閣で際立つ発信を続けた閣僚が一人だけいた。官房長官の菅義偉だ。もともとその存在感はだれもが認めるところだったが、改造後は「菅官邸」と呼んでもいいほど重みを増した。

まず注目は改造を契機に拉致担当相を兼務することになった点だ。北朝鮮による拉致問題は進展のないまま時間だけが経過した。与党内の批判も手厳しい。政府対応のエネルギーの大半が国内対策に注がれ、対北朝鮮外交と連動してこなかったからだ。拉致被害者横田めぐみの母早紀江も強い期待感を語った。

「首相と長い間連携し、いろんなことをご存知な方。解決に向けて動くのではないか」

さらに菅の発言が大きな一石を投じたのが携帯電話料金の引き下げだ。菅の問題意識はＮＴＴドコモ、KDDI（au）、ソフトバンクの大手三社の利益率の高さにあった。菅はこう繰り返した。
「携帯電話料金は四割程度下げる余地があるのではないか」
だが市場の九割を三社が占拠しているとはいえ民間企業だ。「郵便料金と同じというわけにはいかない」と総務相経験者ですら否定的な見方を示した。そこをどう調整するのか。これだけスマートフォンが社会に根付き、家計への負担を考慮すれば世論の支持が高まるのは間違いなかった。菅が携帯料金問題に情熱を注ぐのは一九年一〇月実施の消費税率一〇％への引き上げに備えての「負担感の軽減」（自民党幹部）に狙いがあるとみられていた。
菅は一九年四月いっぱいで幕を下ろす平成の時代から次の時代への代替わりの責任者でもあった。沖縄基地負担軽減担当と拉致問題の担当も兼ねた。政権の内部構造が明らかに変わり始めた。菅を軸とした新たな回路が作動し始めたのだった。

第四次安倍改造内閣の閣僚及び自民党役員は次の通り。

【内閣】
内閣総理大臣　安倍晋三
副総理兼財務大臣　麻生太郎
総務大臣　石田真敏
法務大臣　山下貴司
外務大臣　河野太郎

文部科学大臣　柴山昌彦
厚生労働大臣　根本　匠
農林水産大臣　吉川貴盛
経済産業大臣　世耕弘成（参院）
国土交通大臣　石井啓一（公明党）
環境大臣　原田義昭
防衛大臣　岩屋　毅
内閣官房長官　菅　義偉
復興大臣　渡辺博道
国家公安委員長　山本順三
沖縄北方担当相　宮腰光寛
ＩＴ政策担当相　平井卓也
経済再生担当相　茂木敏充
地方創生担当相　片山さつき（参院）
五輪パラリンピック担当相　桜田義孝

【自民党執行部】
幹事長　二階俊博
総務会長　加藤勝信

政調会長　岸田文雄
選対委員長　甘利　明
国対委員長　森山　裕

大敗した沖縄県知事選

自民党総裁選と内閣改造の影に隠れて目立たなかった前沖縄県知事翁長雄志の急逝に伴う沖縄県知事選が実施された。告示は九月一三日、投開票は九月三〇日だった。米軍普天間飛行場（宜野湾市）の名護市辺野古移設の是非が最大の争点だった。

もっとも政府と真正面からぶつかり合った翁長の弔い選挙に勝敗は見えていた。翁長の「オール沖縄」の看板を引き継いだ前自由党衆院議員の玉城デニーに、与党系の佐喜真淳は完敗した。

玉城デニー　三九万六六三二票
佐喜真　淳　三一万六四五八票

玉城の得票は沖縄県知事選の歴史の中でも過去最高得票だった。自民党総裁選に勝利したばかりの安倍にとっては手痛い敗北だった。

「残念だが、仕方ない」

三〇日夜、党幹部から電話で敗戦の報告を受けた安倍はこう語った。返還合意から二〇年以上にわたって迷走を続けた米軍普天間飛行場移設問題の「完全決着」の目論見は大きく外れた。二回連続での知事選敗退は安倍政権の強引な沖縄の米軍基地政策への警鐘でもあった。そして与党系候補の敗北により米軍基地問題の先頭に立ってきた官房長官の菅に逆風が吹いた。県知事選が終わるのを待って一〇月九日、翁長の沖縄県民葬が那覇市で営まれた。新知事に就任した玉城は式辞で名護市辺野古への普天間基地の移設反対の路線継承を改めて表明した。

「翁長氏は新基地の阻止に取り組み、沖縄の民意を訴え続け多くの共感を得た。県民は遺志を引き継ぐ。沖縄に米軍基地が集中している現状を国際社会に訴え、日米地位協定の改定を求めるなど、負担軽減に尽力した」

政府側は菅が現地入りして安倍のメッセージを代読した。

「基地負担の軽減に向けて、一つ一つ確実に結果を出す決意だ。県民の気持ちに寄り添い、振興、発展のために全力を尽くす。できることは全て行う、目に見える形で実現する」

沖縄県民葬は知事を務めた屋良朝苗、西銘順治、大田昌秀に次いで四人目だった。県民葬には衆参両院議長や政党幹部らも参列し、喪服用の黒の「かりゆし」を着た参列者は三〇〇〇人以上にのぼった。祭壇の遺影は沖縄の海をイメージした青や白の花に囲まれていた。菅が安倍のメッセージを代読して降壇する際には「帰れ」の怒号が飛んだ。

県民葬から三日後の一二日、玉城は上京して当選後初めて首相官邸で安倍と会談した。しかし、双方の主張は交わることなく平行線に終わった。この前日の一一日、民主党政権で官房長官や行政刷新担当相などを歴任した元衆院議員の仙谷由人が肺がんのため死去した。七二歳だった。明晰な頭脳と舌鋒鋭い弁舌で野党側の切り込み隊長とも言えた政治家の死は野党糾合にとって大きな痛手となった。

第六章
さらば「平成」
（二〇一八年一〇月～二〇一九年五月）

新元号「令和」を発表する菅義偉官房長官(2019 年 4 月 1 日)

1　代替わりへのカウントダウン

本当に消費税を引き上げるのか

首相安倍晋三は自民党総裁選で三選を果たしたものの、次なる政治目標がぼやけていた。過去にも竹下登は消費税導入を実現した後、それに代わる政治課題が見つからなかった。小泉純一郎も郵政民営化を実現した後、二〇〇九年の衆院選を機に政界からの引退を決めた。安倍にはプーチンとの日ロ交渉など外交懸案が残っていたが、ウラジオストクでプーチンの不意打ちを食らったのを契機に交渉に臨む情熱に陰りが見えるようになっていた。

やり残した課題も多かった。その中でも消費税率の八％から一〇％への引き上げと、食料品などは増税対象にしない軽減税率を新たに導入することに関して最後の政治決断のタイミングが迫っていた。法律上は二〇一九年一〇月一日が実施時期だった。しかし、安倍は本当に引き上げる気があるのか――。そんな疑念がなお燻っていた。たしかに安倍は予定通りの実施を繰り返し強調していた。

「来年の消費税率引き上げは予定通り行いたい。今回は軽減税率も導入する。大きな反動減につながらないようにきめ細かな対応をしていきたい」(二〇一八年九月一四日、日本記者クラブ主催の総裁選討論会)

官房長官菅義偉も一八年一〇月七日のＮＨＫの番組で念押しをした。

「リーマンショックのようなことが起きない限り行う。(引き上げの可能な)経済環境をつくるのが政権の役割だ」

それでも懐疑的な見方は消えなかった。財務省出身で国民民主党代表の玉木雄一郎もその一人だった。

「突然、引き上げ延期を言い出すことはあると考えておくべきだ。その時は来年の衆参同日選挙かもしれない」

玉木がこう語ったのも理由があった。安倍の六年近い長期政権を支えたのは消費税率問題を絡めることによって引き寄せた国政選挙五連勝という実績だ。もともと消費税率一〇％への引き上げは安倍に政権を奪われた旧民主党の野田佳彦が首相当時の二〇一二年八月に決めた「社会保障と税の一体改革」に基づく。法律通りなら当時五％だった消費税率が一四年四月一日から八％、一五年一〇月一日から一〇％になっていたはずだった。それから六年の歳月を経てもなお未完の現在進行形だった。

一九八九(平成元)年四月に消費税を初めて導入したのは竹下登。しかし、竹下は導入直後に退陣に追い込まれた。竹下を継いだ宇野宗佑も導入後初めての参院選で大敗、わずか二カ月余で首相の座を去った。それ以降も消費増税に絡んだ細川護熙、村山富市、橋本龍太郎、菅直人、そして野田まで七人の首相が退陣に追い込まれた。いつしか「消費増税は政権の命取り」に直結するというジンクスが生まれた。五年五カ月の長期政権を維持した小泉純一郎は自らの政権担当時には消費増税は行わないことを明言したほどだった。

そんな消費税をめぐる苛烈な政権の盛衰を目の当たりにしてきた安倍は一貫して消費増税について慎重な対応に終始してきた。

安倍は政権運営をめぐって消費増税絡みの長期シナリオを描いていた可能性が高い。最初のアクションは一四年一一月の記者会見だった。一五年一〇月からの一〇％への再増税を一七年四月まで一年半延期と発表した。同時に衆院解散を宣言した。ここから「選挙と消費税がワンセット」という手法が安倍の選挙戦略として定着する。現に一六年七月の参院選直前になって再び延期を表明した。しかも延期幅は二年半。これが安倍が直面していた一九年一〇月からの引き上げ問題だった。

これ以上の秘策はないとおもいきや、安倍は想定外の手を打った。一七年九月、今度は一〇%導入に当たって税収の使い道の変更を理由に挙げて衆院解散に踏み切ったのだった。おそらく国民が持つ増税に対する拒否感情をこれだけ巧みに利用して政権を維持した首相は安倍が初めてではないか。だから玉木のように安倍に対する疑心暗鬼は収まらなかった。

一九年一〇月からの増税は法律で決まっていた。このため財務省幹部は「首相があえて予定通り引き上げますと宣言する必要はない」と指摘した。一〇月五日の経済財政諮問会議の議事録にも「消費税引き上げを乗り越える」との増税を前提にした文言が盛り込まれた。一九年度の予算編成でも一九年一〇月からの増税分を前提にして財務省は作業を進めた。ただし、一方で同時に実施される軽減税率への対応で中小の小売店で準備の遅れが目立った。引き上げまで、まだ一年近く時間がある。安倍に奇策がないとは言えなかった。

「安倍さんは完全に社会保障と税の一体改革の精神を踏みにじった」

こう述べて憤懣やる方ない心境を吐露したのは消費増税で政権を失った野田佳彦だった。消費増税先送りの反動で財政赤字が積み上がり、財政健全化は絶望的になった。安倍が残した消費増税先送りの後遺症は深刻度を増した。

ようやく消費増税の閣議決定

紆余曲折を経て安倍がようやく消費増税を決断したのは一〇月一五日夕の臨時閣議だった。

「消費税率は法律で定められた通り、二〇一九年一〇月に八%から一〇%に引き上げる」

党内からも批判の声が漏れた。

「さっさと法律通り（一五年一〇月に）引き上げておけばこんなにバタバタすることはなかった」（党税調幹部）

それでも安倍はなお消費増税に対しては不安を抱いていた。臨時閣議でも敢えてこう語った。

「前回の引き上げの経験を生かし、あらゆる施策を総動員し、経済に影響を及ぼさないよう全力で対応する」

たしかに一四年四月の五%から八%への消費増税に伴う駆け込み需要とその反動減は安倍に強いショックを与えたことは間違いない。「消費税トラウマ」と言ってもいいかもしれない。

この結果、「あれもこれも」（自民党幹部）と言われる対策を講じることになった。例えば新たに打ち出された増税分の税率二%の「ポイント還元」案。この恩恵を受けるには二つの条件が必要だ。①中小小売店での商品購入②現金を使わないキャッシュレス決済を利用した消費者――。ところがそもそも「中小小売店」の定義が明確ではなかった。経産省は約三〇万店ぐらいが対象となるとしていたが、それで足りるのか。しかもキャッシュレス決済に対応できるレジの準備が必要だった。しかし現状は安倍が過去に二度も税率アップを延期しているため、小売店側には「どうせまた延期だろう」の空気が流れ、八割近くが準備をしていなかった。経産省の幹部ですら懸念を隠さなかった。

「新しい制度を導入する際に最もシワ寄せを受けるのは体力のない中小の事業者だ」

それでも導入にこだわったのには理由があった。経産省幹部はこう説明した。

「駆け込みで買い物した際に貯まったポイントで二度目の買い物をしてもらう」

税率アップ前の駆け込み需要の後に想定される反動減をなるべく少なくする。そしてポイント還元にはもうひとつ大きな狙いが隠されていた。キャッシュレス化の定着だ。中国ではほとんどの決済をカードで済ますキャッシュレス社会が実現していた。それに比べ日本社会は現金利用が圧倒的に多数派だ。中国人を含む外国人観光客が大挙して訪れる二〇二〇年の東京五輪・パラリンピックに向けてキャッシュレス社会を定着させる絶好のチャンスと捉えていた。

いずれも税制とは直接関係のない景気・経済対策。このため税行政の全般を所管する財務省ではなく経産省が前面に立った。

日中関係が転換

内閣改造後初めての第一九七臨時国会は一〇月二四日に召集されたが、本格論戦に入る前に安倍は国会召集の翌日、中国に向かった。日本の首相として約七年ぶりの中国公式訪問だった。日中平和友好条約の締結四〇周年を祝う式典への出席が表向きの理由だったが、厳しい「冬の時代」が続いていた日中関係は、大きな転換点を迎えた。

安倍が首相として最初に訪中したのは二〇〇六年一〇月。この時は「氷を溶かす旅」と呼ばれた。しかし、その後の日中関係は中国側の海洋進出や安倍の靖国神社の参拝問題を巡って国家としての関係も国民感情もどん底に陥った。

それを転換させた背景には安倍政権が推進した外国人旅行客の受け入れ拡大策があった。多数の中国人旅行客を介した対日好感度の上昇だった。また一八年五月、両国間で東シナ海での不測の事態や衝突を防ぐための海空連絡メカニズム設置で合意したことも大きかった。

北京入りした安倍は二六日、人民大会堂で首相李克強と会談した。日中関係を改善させ、経済、安全保障を含む幅広い分野で協力を強化する方針で合意した。東シナ海を「平和、協力、友好の海」とするため前進していくことでも一致した。

安倍は同日夕、国家主席の習近平とも会談した。安倍は習に「世界の平和と安定のため、力を合わせて貢献していきたい」と強調した。これに対して習は「両国関係は正しい軌道に戻り、前向きな勢いを見せている」と応じた。

九月のロシア・ウラジオストクに続く会談で安倍は一九年の二〇二〇年の東京五輪開会式への出席を要請した。安倍と習による首脳会談は二〇一四年を最初に、この時で八回目。習は初会談の際、安倍と視線を合わせることなく不機嫌そうな表情で対応したが、それとは打って変わった対応を見せた。

ただし両国関係が米国を挟んで微妙な力関係にあることだけは変わることはなかった。中国側は経済圏構想「一帯一路」を強力に推進、これに対して安倍は「自由で開かれたインド太平洋戦略」という新たな外交方針を打ち出していた。安倍は二〇一六年八月、ケニアのナイロビで開かれた第六回アフリカ開発会議(TICAD)でこのように発信した。

「日本は、太平洋とインド洋、アジアとアフリカの交わりを、力や威圧と無縁で、自由と、法の支配、市場経済を重んじる場として育て、豊かにする責任を担います。両大陸をつなぐ海を、平和な、ルールの支配する海とするため、アフリカの皆さまと一緒に働きたい」

明らかに「一帯一路」を強く意識した連携だった。ただ、この時点では日中関係の正常化に力点が置かれていたが、その後、新型コロナウイルスによる感染拡大や米国の対中政策、さらに二〇二一年二月のロシアのウクライナへの軍事侵攻を契機にロシアと中国が連携を深めたことが、対中脅威論を加速させた。後にこの戦略は日米豪印の四カ国によるクワッドに発展していくことになった。

「隠れ移民大国」

臨時国会で注目を浴びることになったのは外国人労働者の受け入れ拡大を目指す入管難民法改正案だった。入管難民法改正案はこれまで受け入れないことを大前提にしてきた単純労働者を一定の条件を付けて受け入れるよう解禁することが法改正の核心だったが、自民党内には異論が渦巻いた。

法務省が提出する法案の審査を担当する自民党の法務部会だけでなく、社会保険の適用などと密接に絡む厚生労働部会でも議論されるという異例の手順が踏まれた。最終的に両部会ともに決議文を採択した上で法案提出を了承したが、決議文は政府に対する注文のオンパレード。厚労部会の決議文はこんな前文で始まる。

「現在、政府で検討されている新たな外国人材の受け入れ制度について、国民の間で様々な疑問や不安の声もある。新たな制度の創設に当たっては、国民の理解が不可欠である」

決議文は厚労部会で一一項目、法務部会は一〇項目に及んだ。注文も極めて具体的だった。

「新たな在留資格による外国人材と職業紹介事業者が組んで転職を繰り返し、雇用主からの謝礼金を何度も受け取るケースが懸念されるが、そのようなことがないよう適切に外国人材と職業紹介事業者の管理監督を行うこと」

その一方でこんな指摘もあった。

「外国人労働者を単なる労働者と見るのではなく、日本に来ていただく貴重な人材として尊重される公正な受入ルール作りについて不断の努力を続けること」

つまり受け入れ拡大には①日本国内の体制整備②来日する外国人の待遇――という大きな問題を抱えていることを浮き彫りにした。にもかかわらず、政府が改正案の成立を急いだのは切実な人手不足が全国的に限界を超えつつあったからだ。安倍自身も衆院代表質問の答弁でこの点に触れた。

「深刻な人手不足に対応するため、即戦力を期限付きで受け入れる」

この安倍の強い意欲を前に党内手続きは不思議な空気に支配される中で進行した。発言者の実名がほとんど表に出ないのだ。たしかに厚労部会長の小泉進次郎（衆院神奈川一一区）と法務部会長の中西健治（参院神奈川）の名前は出たが、これはあくまでも役職上の都合にすぎなかった。

既に日本社会には全国どこに行っても外国人労働者が目に飛び込んでくるようになった。技能実習生をはじめ留学生など様々な形で多数の外国人労働者が日本社会の一員として働いていた。

法務省の在留外国人統計によると、日本で暮らす外国人は既に二五〇万人を突破していた。日本が〝隠れ移民大国〟と呼ばれたのもこのためだった。

技能実習生は本来の趣旨とはかけ離れた人権無視の劣悪な労働環境に置かれていることがあり、しばしば問題になってきた。衆院予算委員会で法相山下貴司が明かした失踪者数には委員会室に驚きの声が上がった。二〇一七年の一年間で七〇八九人、一八年はその時点ですでに四〇〇〇人以上が失踪していた。それだけでも一万人を超える外国人が不法に残留し、日本のどこかにいたことを意味した。

しかし、法案の中身は全く詰まっていなかった。いわゆる〝ドンガラ法案〟だった。検察官出身の山下がしどろもどろの答弁をする姿からも制度設計がいかに〝生煮え〟かよく分かった。それまでのところ、決まっていたのは「一九年四月スタート」と当面の対象業種が介護業、建設業、造船・舶用工業、自動車整備業、宿泊業、農業、漁業、外食業などの一四業種で、初年度は四万人程度の受け入れということぐらいで、あとはすべて法務省令に委ねることになっていた。まさしく「初めに導入ありき」の法案と言ってよかった。なぜこれほど急いだのか。自民党幹部の解説は明快だった。

「二〇二〇年の東京五輪・パラリンピックを控えて地方の産業が人手不足によって崩壊しかねない。それが分かっているから議員から反対の声が出ない」

さらに本音で言えば、一九年四月の統一地方選と七月の参院選を睨んだ選挙対策の思惑を感じさせた。この制度は受け入れる外国人労働者に一定の基準を設けてはいるものの、実態は現状に追いつくように法的裏付けを与えるに過ぎなかった。そして安倍が繰り返したのが移民制度の導入ではないという点だった。

多くの問題を抱えたまま外国人労働者の受け入れを拡大する改正入管難民法は根幹部分が数十カ所も関係省庁の省令任せだった。政府は細部を詰めようとする野党の質問に「検討中」を連発、野党が反発する中、採決を強行した。改正入管難民法は一二月八日に成立した。

臨時国会の召集から間もない一一月一一日、村山内閣の官房副長官や新党さきがけ幹事長、自民党政調会長代理などを歴任した自民党衆院議員の園田博之(比例九州)が肺炎のため東京都内の病院で死去した。七六歳だった。激動の平成の政界を駆け抜けた屈指のバイプレーヤーがまた一人旅立った。

連続当選一一回を数えながら閣僚経験はゼロ。にもかかわらず霞が関の官僚たちはこぞって園田の下へ足を運んだ。政策に通じ、なおかつ政治的駆け引き、根回しに長けた園田に頼らざるを得なかったからだ。そんな園田が誰よりも信頼し、深い友情で結ばれていたのが一八年五月に他界した元官房長官の与謝野馨(享年七八)だった。ともに財政再建論者で生涯を通じてそのことを訴え、行動した。

政界再編にも果敢に挑んだ生涯だった。

その「与謝野—園田」のような強い信頼で結ばれた盟友関係を築いている政治家同士はほんの一握りにすぎない。その筆頭格が首相安倍晋三と官房長官の菅義偉と言ってよかった。派閥も当選回数も違う両者の組み合わせが安倍長期政権を可能にした。

「総理の指示の範囲を越えず、あくまでも黒子に徹する。総理との一体感がなければ政権運営はたちどころに行き詰まる」

菅は官房長官に就任した際にこう語っていた。そして目立たないが、自民党幹事長二階俊博と幹事長代理の林幹雄の関係が前例のない新たな盟友関係を構築した。両者の関係は異色だ。主従関係でもなく、かといって師弟関係でもない。しかし、その一体感は不思議な政治的影響力を醸し出す。林のスケジュール帳に夜の日程はほとんどなく、空白にしてあった。いつでも二階の行動に合わせることができるようにしていたからだ。二階に影のように寄り添う林がいることで、寡黙な二階の凄味が一層増すことに繋がった。

遠ざかる北方領土

日ロ間で交渉が続く北方領土問題は本当に動くのか。一一月一四日、東南アジア諸国連合（ＡＳＥＡＮ）関連首脳会議への出席などのため、安倍はシンガポールへ向けて政府専用機で羽田空港を出発した。シンガポールで日ロ首脳会談を終えた後、安倍は強い意欲表明を行った。

「私とプーチン大統領の手で必ずや（北方領土問題に）終止符を打つ。一九五六年の日ソ共同宣言を基礎に平和条約交渉を加速させる」

日ソ共同宣言は平和条約締結後に歯舞群島、色丹両島を引き渡すことを謳う。いわゆる「二島返還」だ。これに対して日本政府の一貫した方針は二島に加え、国後、択捉を含む四島一括返還。その上で平和条約を締結というものだ。この溝が埋まらず戦後七〇年以上も膠着状態が続いてきたのが北方領土交渉だ。

安倍発言はこの方針からは明らかに転換したと見るべきだった。その転機となったのが九月一二日の安倍に呼びかけたプーチン発言だったことは前述の通りだ。

「一切の前提条件なしで年内に平和条約を結ぼう」

この場には中国の国家主席習近平も居合わせた。安倍は即座に反論をせずに苦笑いで終わった。日本国内には「領土問題は棚上げ」の受け止めが広がった。このこともあったのだろう。二日後の自民党総裁選の討論会で安倍は大きく踏み込んでみせた。

「私が意欲を示さない限り、(領土問題は)動かない。私もある程度リスクを取って申し上げている」

臨時国会の所信表明演説でも安倍は「戦後外交の総決算」を口にした。具体的には北朝鮮との国交正常化と北方領土問題の解決による日ロ間の平和条約締結を意味した。このうち日朝関係は展望が見えず、北方領土交渉に関しては自民党総裁としての残り任期三年の中で〝勝負〟するというわけだ。それが安倍の「終止符を打つ」という意味だったのだろう。

確かに日本のメディアは北朝鮮と北方領土問題に関しては他のニュースより圧倒的に扱いが大きい。シンガポールでの発言をめぐる日本メディアの反応も破格だった。

「首相『二島先行』軸に」(朝日)など全紙が一面で大きく報じた。外交は国民世論の後押しがなければ前に進まない。一一月末のアルゼンチンのブエノスアイレスで開かれる二〇カ国・地域(G20)首脳会合の機会を使った日ロ首脳会談、さらに一九年一月末には安倍自身の訪ロ予定が組まれていた。安倍は畳みかけるように領土問題に取り組む意欲を表明した。一九年の六月二八、二九の両日には大阪でG20首脳会合が開かれる。安倍が描いた領土問題決着へのスケジュール観とみてよかった。

安倍の意欲に平仄を合わせるように領土問題がライフワークの元衆院議員鈴木宗男らが「二島プラスアルファ」を声高に叫んだ。「二島先行返還論」をいち早く唱えたのも鈴木だった。鈴木は北方領土問題に並々ならぬエネルギーを注ぎ、安倍にも少なからぬ影響を与える存在になっていた。

新聞の首相動静記事を見ても安倍・プーチン会談の前後に必ず安倍は鈴木と会った。鈴木は安倍に賭けた。

「安倍総理の時代でしか北方領土問題の決着はない。最後のチャンス」

シンガポール発言後、鈴木のボルテージはさらに上がった。鈴木の盟友でもある元外交官で作家の佐藤優や元外務省欧亜局長の東郷和彦らも鈴木と同じ立場を貫く。「最低でも二島」の世論、相場観の形成を主導したのがこのトリオと言ってもよかった。

ただし、この路線は伝統的な外務省内にある四島返還論と真正面からぶつかった。かつての事務次官経験者も「二島プラスアルファ」に極めて否定的だった。

「外交交渉は期限を区切った方が足元を見られる。そんなにまでして返してもらわなければならないほど切羽詰まった状況にはない」

加えて消極論の根拠には日米同盟への影響を懸念する声があった。

「米ロ関係がこれほど悪い中での日ロ接近はアメリカを刺激するだけだ」

「二島か、四島か」の路線闘争は激しさを増した。この対立は「現実論」と「原則論」との争いでもある。二島返還論は「まず二島を確実に固める」(外務省幹部)という狙いがある。一方で四島論は「今はプーチンの時代かもしれないが、その先に状況が激変する可能性は排除できない。外交は長い歴史の中で処理していくべき」(外務省OB)という考えがベースにある。「二島プラスアルファ」と言っても基本的には「国後、択捉の放棄」に等しいからだ。

国内だけではない。二島返還論にはプーチン自身も物言いをつけた。おそらく二島返還論で火が点いた日本国内の世論を味方にして日本政府が交渉の主導権を握ることへの警戒があったものとみられた。ロシア国民から「弱腰外交」の批判が出ることへの懸念もあったのだろう。プーチンの反応は早かった。シンガポール会談の翌日だった。

「(二島が)どちらの主権で引き渡されるのか、真剣な検討が必要だ」

「引き渡し」は主権の確定ではないことを示唆したのである。そのプーチン発言を補足するようにロシアの大統領報道官は「自動的な引き渡し」を否定した。さらに返還後に北方領土への在日米軍基地の展開に強い警戒感を示した。平和条約交渉でも米軍基地問題が主要テーマになるというのだ。

北方領土ではロシアの軍事力強化が着々と進む。ロシアの北方領土での基地強化はオホーツク海の価値の増大と比例する。地球温暖化に伴い北極海航路が拡大する。ますます、北方四島の返還は厳しさを増した。

安倍は一一月一六日、訪問先のオーストラリア北部ダーウィンで記者会見し、ロシアとの平和条約締結交渉を巡り、北方領土のうち歯舞群島と色丹島の二島の返還協議を先行させる意向を示唆した。

突然のゴーン事件

日本外交が激しい動きを見せる中で国際的な事件が発覚した。日産自動車前会長のカルロス・ゴーンが金融商品取引法違反容疑で逮捕されたのだった。それは映画を見ているような劇的な展開を見せた。一一月一九日午後、プライベートジェットで羽田空港に着陸した直後にゴーンに対する逮捕状が執行された。

日産の最大株主はルノー。四三％という圧倒的な株式を保有した。さらにフランス政府がルノー株の一五％を有する筆頭株主という関係にあった。ルノーは事実上のフランス国営企業。つまりゴーンはフランス政府が送り込んだ〝代理人〟とも言える立場にあった。このためゴーン逮捕がフランスへの〝挑戦状〟と受け取られかねず、日本政府は強い危機感を抱いていた。

事件をスクープしたのは朝日新聞。朝日新聞デジタルの速報は一九日午後五時二五分。「日産のゴーン会長逮捕へ」。この速報は瞬く間に世界中を駆け巡った。朝日はゴーンが来日のために使用した自家用ジェット機が羽田空港に着陸した直後の様子も写真で捉えていた。

ゴーンへの逮捕状は入国後から時間を置くことなく午後七時過ぎに執行された。その逮捕からわずか三時間余。午後一〇時過ぎから日産社長の西川広人の記者会見が始まった。

「不正行為はゴーン容疑者による統治の負の側面。強い憤りと落胆を覚えている。ゴーン容疑者がルノーと日産の最高経営責任者（CEO）を兼務した時代が長かったことに少し無理があった」

会見内容からも日産側で周到な準備が行われていたことが窺えた。後に日産社内で内部告発があったこと、それを受ける形で東京地検特捜部と日産との間で司法取引が成立していたことが判明する。

さらに異例の事態が続く。一夜明けた二〇日午前、日産の専務執行役の川口均が突然、首相官邸に現れ官房長官の菅義偉と面会したのだった。日産は本社を横浜市に置く。菅も横浜市の中心部である衆院神奈川二区の選出。地元の有力企業に関心があっても不思議はない。ただし今や菅は政権全体に絶大な影響力を持つ実力者。そこに、いかに大事件だったにせよ川口が姿を見せたことの反響は小さくなかった。

これに対してフランス政府も反応した。駐日フランス大使のローラン・ピックが東京拘置所で身柄拘束中のゴーンと面会した。外国人容疑者の権利を保障する「領事関係に関するウィーン条約」に基づくものだが、外務省幹部によると、「領事業務を担当する外交官が容疑者に接見することはあっても大使が直接面会するのは極めて異例」だった。フランス政府がゴーン逮捕に強い関心を寄せていることを浮かび上がらせた。日仏両政府間に火花が散った瞬間だった。

日産は九〇年代後半に経営危機に陥り、カルロス・ゴーンによる大胆なリストラ策で業績をV字回復させた。その後三菱自動車が日産の傘下に入ったことで三社連合が成立していた。三社連合の販売台数は二〇一七年と一八年の上半期にトヨタ自動車を抜き世界首位となったが、その後は無理な拡大路線が響き業績が悪化して二〇年三月期連結純損益は六七一二億円の巨額赤字に転落した。

事件はその後予期せぬ展開を示した。起訴されたゴーンが、保釈中の一九年一二月二九日夜、関西空港からプライベートジェットで出国、トルコ経由でレバノンへ入った。特捜部は入管難民法違反容疑で逮捕状を取り、政府は国際刑事警察機構（ＩＣＰＯ）を通じて身柄拘束を要請したが、移送は実現していない。一方、日産とルノーは二〇二三年二月、出資比率を対等にすることで合意、ルノー色が薄まることになった。

具体化した代替わりへの助走

話を戻す。

第四次安倍改造内閣の発足を待っていたかのように動き出したのが二〇一九年五月に迫った天皇陛下の代替わりへの準備だった。その一連の儀式の詳細を検討する「式典委員会」の設置が一〇月一二日の閣議で決まった。直後に首相官邸で初会合が行われ、安倍は一連の儀式に臨む基本的な姿勢を明らかにした。

「国民がこぞって、ことほぐことができるよう万全の準備を進める。心のこもったお祝いの式典へ詳細を検討する」

政府は平成の代替わりを踏襲し、皇室の伝統や憲法との整合性にも配慮しながら、式次第など各儀式の概要を順次作成することを決めた。式典委員会は首相安倍晋三が委員長を務めることになった。

「皇位継承に伴う政府の式典委員会」のメンバーは次の通り。

委員長　首相安倍晋三

副委員長　官房長官菅義偉

委員　官房副長官西村康稔、野上浩太郎、杉田和博、内閣法制局長官横畠裕介、宮内庁長官山本信一郎、内閣府事務次官河内隆

この日の初会合で、皇太子さまが新天皇に即位される一九年五月一日と、「即位礼正殿《せいでん》の儀」が行われる同年一〇月二二日を、その年一回限りの祝日とする方向となった。この結果、祝日法の規定により、一九年は四月二七日から一〇連休となることが内定した。秋篠宮さまが皇位継承順一位の「皇嗣《こうし》」になることを示す「立皇嗣《りっこうし》の礼」を二〇年四月一九日に行うことも決めた。

ただ、平成の代替わり儀式に関しては、当時から疑問の声は少なくなかった。政府は「前例踏襲」

を掲げたが憲法と皇室の伝統との整合性を求める声には十分に答えたとは言えなかった。

また、一一月二〇日に開かれた第二回の式典委員会では新天皇即位後に国内外の賓客を招く「饗《きょう》宴《えん》の儀」を簡素化するため参列者を前回より八〇〇人減らすことなどを決めた。

主な決定事項は次の通りだった。

一、「即位礼正殿の儀」の参列者数は、内外の代表二五〇〇人程度とする。

一、「饗宴の儀」の参列者数は、内外の代表二六〇〇人程度とする。一九年一〇月二二、二五日に着席形式で、二九、三一日に立食形式で計四回行う。

一、「首相夫妻主催晩さん会」の参列者数は、外国元首・祝賀使節ら九〇〇人程度とする。

一、「祝賀御列の儀」での新天皇、新皇后両陛下の車はオープンカーとし、安全、環境性能に優れたものを新たに調達する。

こうした代替わりに伴う儀式に関連して一一月三〇日に五三歳の誕生日を迎えられた秋篠宮さまが記者会見で持論を展開された。新天皇が臨む重要祭祀の「大嘗祭《だいじょうさい》」に関して「宗教色が強いものを国費で賄うことが適当かどうか」と指摘し、「できる範囲で身の丈に合った儀式」にすることが「本来の姿」と述べられ一石を投じた。

ところで、毎年この時期になると、公益財団法人「菊葉文化協会」が翌年の「皇室御一家」のカレンダーを発売する。ところが、この年はいつもとは違う異例のカレンダーが出来上がった。表紙は横書きで「平成三一年　二〇一九」と印刷され、代替わりを前提にしていないつくりになっていた。ただし、天皇陛下（現上皇陛下）の誕生日の一二月二三日にも皇太子さま（現天皇陛下）の二月二三日にも祝日マークはなし。つまり二〇一九年はカレンダー上の「天皇誕生日」はなかったことになっていた。

新しいカレンダーは二カ月ごとに写真が変わり、それぞれにキャプションが付く。一月、二月のページの写真には「新春をお迎えの皇室ご一家」。三月、四月は「天皇皇后両陛下」。散策されるお二人のスナップ写真が使われている。ここまでは「平成三一年（二〇一九）」の表示がされている。ところが五月、六月からは「新元号元年（二〇一九）」に変わる。写真には「天皇皇后両陛下」のキャプションが付けられているが、写っているのは新天皇陛下・愛子内親王殿下ご夫妻だ。以下、「皇嗣ご一家」、再び「天皇皇后両陛下」、そして最後は「天皇皇后両陛下」と続く。さすがに新元号名は印刷されてはなかったもののカレンダー上の代替わりは着実に進んでいた。

この代替わりを前に一一月二九日、高円宮家の三女絢子《あやこ》さまが結婚式を挙げた。絢子さまは皇室を離れ、未婚の女性皇族は、愛子さまら六人となった。皇室の担い手不足はますます深刻になった。

一二月二三日の最後の天皇誕生日に行われた一般参賀に集まった人は八万人を超えた。天皇陛下の最後とみられる記者会見にも多くの国民が共感を覚えたに違いなかった。時折り声を震わせながらの会見は一つの時代の別れを告げられているようにも見えた。

「天皇としての旅を終えようとしている今、私はこれまで、象徴としての私の立場を受け入れ、私を支え続けてくれた多くの国民に衷心より感謝するとともに、自らも国民の一人であった皇后が、私の人生の旅に加わり、六〇年という長い年月、皇室と国民の双方への献身を、真心を持って果たしてきたことを、心から労いたく思います」

政治は代替わりが終わるまでの間、あくまでも〝脇役〟に徹するしかなかった。官房長官の菅義偉も周辺にこう話していた。

「通常国会には大きな法案を出すつもりはない」

2 迎えた代替わりの年

二〇一九年の元日、東京地方は冬晴れの朝を迎えた。いよいよ初めての天皇陛下の退位による代替わりの年が明けた。皇居の宮殿では天皇、皇后両陛下が首相安倍晋三をはじめ三権の長から新年のお祝いを受ける「新年祝賀の儀」が例年通り行われた。天皇陛下のお言葉もいつも通りだった。

「新しい年を共に祝うことを誠に喜ばしく思います。年頭に当たり、国の発展と国民の幸せを祈ります」

二〇一九年の元旦は「平成最後の日」に向かってカウントダウンが始まった日でもあった。そのことは翌一月二日の一般参賀の光景がはっきりと物語った。

皇居・正門(二重橋)前には開門時間の午前九時半の前から約三万人が列を作った。例年より約一万人も多かった。両陛下は宮殿・長和殿のベランダに皇太子ご夫妻をはじめ　青年皇族と共にあいさつされた。

参賀は午前に三回、午後二回の計五回が実施される予定だったが、午後になっても人並みが途切れず、二回増やして計七回も行われた。両陛下の判断とされた。その人数の多さが「平成」との別れを惜しむ国民の気持ちを物語った。最終的に平成に入って最多の約一五万四八〇〇人が訪れた。改元の時期について、宮内庁が「一月は皇室行事が重なる」として難色を示し、五月一日になった経緯があった。確かに一九年の一月は「歌会始の儀」「講書の儀」など恒例行事に加え、昭和天皇が逝去されて三〇年の命日に当たる一月七日には「昭和天皇三〇年式年祭の儀」が東京・八王子市の武蔵野陵で執り行われた。

天皇陛下にとって最後の儀式が続く中で政府の代替わりの準備も着々と進んだ。首相安倍晋三は一月四日、三重県伊勢市の伊勢神宮参拝に際して行った記者会見で代替わりの日程を正式に発表した。「国民生活への影響を最小限に抑える」として新天皇の即位に先立って新しい元号は四月一日に発表とし、改元は新天皇が即位される五月一日に行うことになった。

これを受けて政府の式典委員会は、天皇陛下の退位や新天皇即位の式次第の概要などを次々と決定した。例えば、新天皇が引き継ぐ「剣璽《けんじ》等承継の儀」の参列者は成年男性に限り、秋篠宮家の悠仁さまは参加されないことになった。

代替わり後の天皇陛下の新しい分担も発表された。天皇、皇后両陛下は全国各地で開催されてきた「全国植樹祭」「国民体育大会」「全国豊かな海づくり大会」に加え、「国民文化祭」にもご出席されることになった。

また皇太子さまが担われてきた七つの重要行事のうち、新天皇が出席されることになった「国民文化祭」を除いて「全国障害者スポーツ大会」「全国育樹祭」「高校総体」「全国『みどりの愛護』のつどい」は皇位継承順位一位の秋篠宮さまと紀子さまが担うことなども決まった。

第一九八通常国会は一月二八日に召集され、開会式は三〇日に行われた。天皇陛下の開会式出席はこれが最後となった。会期は六月二六日までの一五〇日間。途中で代替わりが行われる歴史的な国会だった。衆院議長の大島理森は式辞で代替わりに触れた。

「皇位の継承がつつがなく行われることを願ってやみません」

式辞に退位特例法成立の大功労者である大島の万感の思いが込もった。

安倍の施政方針演説も代替わりへの決意から始まった。

「本年四月三〇日、天皇陛下が退位され、皇太子さまが翌五月一日にご即位されます。国民がこぞってことほぐことができるよう、万全の準備を進めて参ります」

安倍は通常国会中の二〇一九年二月二〇日、連続在職日数で二二四八日となり、吉田茂と並ぶ歴代二位になった。感想を記者団に問われた安倍は「あっという間に七年目を迎えたというのが正直な気持ちだ」と語った。

内政では「安倍一強」が確立され、代替わりに向けて粛々と事態は進行していた。しかし、それは日本国内に限ったことで国際社会は年明けから動きを止めることはなかった。

展望開けぬ北方領土交渉

安倍が心血を注いできたロシアとの北方領土交渉ははっきりと行き詰まりを見せていた。外務省が刊行した二〇一七年版の『われらの北方領土』と題する資料集はこんな書き出しで始まる。

「択捉島、国後島、色丹島及び歯舞群島からなる北方四島は、わが国民が父祖伝来の地として受け継いできたものでいまだかつて一度も外国の領土となったことがないわが国固有の領土です」

これが日本政府の一貫した北方領土に関する基本認識だった。しかし、安倍がロシア大統領のプーチンと会談を重ねる中で「北方四島」「固有の領土」というあたり前のように使われてきたキーワードの日本側からの発信が途絶えていた。むしろあえて使わないようにしていたと言った方が正確かもしれなかった。さらに「不法占拠」の言葉も聞こえてこず。『われらの北方領土』の中でも旧ソ連が「一九四五年八月九日、当時はまだ有効であった日ソ中立条約を無視して対日参戦しました」と記述、日本政府の公式見解として「不法占拠」の実態を明かしている。

ところが、政府は「不法占拠」の言葉を封印した可能性が濃厚だった。その象徴的なシーンが二〇一八年一一月二六日の衆院予算委員会だった。質問に立ったのが無所属の会の大串博志（現立憲民主党）。

「北方領土はロシアに不法占拠された状態か」

しかし、質問を受けた首相安倍晋三と外相河野太郎は極めて曖昧な答弁に終始したのだった。

安倍　我が国が主権を有する島々だ

河野　政府の考え方を対外的に言うのは国益にならない

これには伏線があった。前述した直前の一一月一四日にシンガポールで行われた安倍とロシア大統領プーチンとの日ロ首脳会談のことだ。安倍は会談を終えると記者団に力を込めて語った。

「一九五六年の日ソ共同宣言を基礎として、平和条約を加速させる。本日そのことで、プーチン氏と合意した」

安倍が言及した日ソ共同宣言の核心は「平和条約締結後に歯舞群島、色丹島を日本に引き渡す」というものだ。「これを基礎に」ということは「四島返還」から「二島返還」への方針転換を言外に滲ませる狙いがあったとみていいだろう。しかし、安倍や河野はその点について一切触れようとしなかった。それどころか河野は一八年末の外務省記者との会見の場で日ロ交渉について質問が飛ぶと、事実上の回答拒否を続けた。同じフレーズを繰り返したのだった。

「次の質問どうぞ」、「次の質問どうぞ」……。

さすがに河野は後に記者を小馬鹿にしたような会見について陳謝することになったが、河野が日本側の方針、姿勢を明かさないという点では全く変わらなかった。

一方、日本側の具体的な方針が見えない中でロシア側の攻勢が続いた。安倍・プーチン会談で設置が決まった外相同士による領土交渉でもロシア外相のラブロフは明快に河野に迫った。

「南クリール諸島(千島列島)は第二次世界大戦の結果としてロシア領になったことを日本が認めない限り、領土交渉の進展は期待できない」

「北方領土」という呼称の変更も迫ったというのだ。これに対して日本側は「イエス」とも「ノー」とも語っていない。会談後に記者団の前に現れた河野は「日本の主張を明確に伝えた」というだけ。

外務省で旧ソ連時代から北方領土交渉に関わってきた幹部OBは強い口調で不快感を表明した。

「民主主義国家の外交は途中の交渉経過については明かせないことが多々あるにしても、最終目標を国民に明らかにするのが基本だ」

確かに河野にいくら「日本の主張を伝えた」と言われても「主張」の中身を明らかにしないまま結論だけを国民に押し付けることはできない。それでも安倍は繰り返した。

「私とプーチン大統領の手で終止符を打つ」

結果を急ぐあまり、北方四島は日本の領土であるということすら言えなくなる可能性も出ていた。

安倍は年が明けた二〇一九年一月二二日、プーチンとモスクワのクレムリン(大統領府)で顔を合わせた。通算二五回目の会談だった。だが、この時もプーチンは定刻には現れず、会談は五〇分遅れで始まった。

安倍は会談後の共同記者発表に臨んだが驚くような進展はなかった。

「相互に受け入れ可能な解決策を私とプーチン氏のリーダーシップの下、力強く進めていく決意を確認した」

しかし、同時に共同発表では安倍自身が限界を吐露した。

「戦後七〇年以上残されてきた課題の解決は容易ではない」

共同発表で強調されたのは、日ロ間の協力、連携が順調に進んでいることだった。そこから浮かび上がったのは平和条約の締結を急ぐあまりに領土交渉で譲歩を迫られるという本末転倒な状況だった。

二〇一九年六月には大阪で開かれる二〇カ国・地域(G20)首脳会合が予定され、早々と二六回目の安倍・プーチン会談が設定された。もはや「展望なき首脳会談」は日程設定が目的化しつつあった。

こじれるレーダー照射問題

韓国との関係もさらに悪化の道を辿った。とりわけ韓国海軍の駆逐艦による海上自衛隊P1哨戒機への火器管制レーダーの照射問題は日韓関係に新たな火種を持ち込んだ。レーダー照射があったとされるのは前年の一二月二〇日。その後、一カ月間にわたって両国間で「やった、やらない」の応酬が続いた。挙句の果てに防衛省が一月二一日に、照射時の音声データを公表するとともに最終見解を発表した。

「レーダー照射の有無について、これ以上実務者協議を継続しても真実の究明に至らないことが考えられる」

ことここに至るまで指摘されたのは防衛省の認識の甘さだった。戦闘行為に直結しかねないレーダー照射について防衛省には韓国側が頭を下げてくるとの判断があったようだ。

「いずれ照射を行った担当者の処分が出るのでは」

そんな見通しが防衛省内にあった。ところが韓国側が非を認めないため、業を煮やした防衛省は動画の公表に踏み切った。逆に韓国側は自衛隊機の低空飛行にクレームをつけ反論を展開したのだった。

日本側の判断については二つの見方があった。「あまりことを荒立てても意味はない」という慎重論と厳しく対処すべきという強硬論だった。強硬論の背景には二〇一八年の元徴用工をめぐる韓国大法院（最高裁）判決や、元慰安婦問題での日韓合意の事実上の破棄があった。反日的な姿勢を崩さない韓国に対して「反撃するチャンス」というものだった。

映像公開についても賛否両論が交錯した。とりわけ慎重だったのは官房長官の菅義偉だ。菅は元徴用工訴訟判決の際も「感情的になるべきではない」と周辺に言明していた。自民党内から「韓国駐在の日本大使を召還しろ」との声が上がっても菅は意に介さなかった。

「大使に帰国命令を出した後、どうやって戻すのか。ソウルに戻す理由が見つからないと逆に混乱する」

レーダー照射に対しても、「感情に走らず、詰将棋で行け」と漏らしていた。一月二一日の最終報告に際しても菅は防衛省に対して「もうこれを最後にしろ」と厳命した。韓国の政治状況は「軍幹部ですら青瓦台（大統領府）にものが言えない」と言われるほど大統領文在寅の意向が絶対とされた。その文の日本に対する姿勢が今回のレーダー照射問題でも色濃く影を落としていたと言ってよかった。

しかし、レーダー照射問題はその後も日米韓の安全保障をめぐる連携にとってのどに刺さった小骨のように残った。一応の決着を見たのは岸田文雄内閣になってからだ。二〇二三年三月、大統領の尹錫悦の来日を契機に日韓関係が急速に改善した。これを受けて六月四日、防衛相浜田靖一と、韓国国防相の李鐘燮《イジョンソプ》がシンガポールで会談した。約三年半ぶりの防衛相会談だった。ただし、ここで韓国側が非を認めた訳ではなかった。浜田は会談後、記者団にこう語った。

「防衛協力の進展のため、韓国側と緊密に意思疎通を図る」

つまり事実解明は棚上げされたのだった。

亥年選挙を前にして

代替わりへの準備が進んではいたが、二〇一九年は、「亥年選挙《いどし》」の年でもあった。一二年に一度めぐってくる亥年は四月の統一地方選挙と七月の参院選が重なる、政権にとっては試練の年でもある。安倍には苦い思いがあった。二月一〇日に開かれた自民党大会の挨拶で安倍は危機感を煽った。

「自民党は一二年前の亥年の参院選で惨敗した。当時、総裁だった私の責任で、片時も忘れたことはない」

安倍は約二カ月後に退陣したからだ。まさに忘れることができない「悪夢」だったに違いない。

それから六年後、安倍が政権に返り咲いて迎えた二〇一三年の参院選では自民党は大逆転を果たした。獲得議席は六五。当然のことながら新人候補が大量当選した。いわゆる「安倍チルドレン」だ。中でも安倍の出身派閥だった細田派（現安倍派）の新人が多数を占めた。安倍の危機感はこの細田派一回生議員がこの参院選で再選できるかどうかにあると言ってよかった。

参院自民党と竹下派（現茂木派）に大きな影響力を残した元官房長官の青木幹雄もこの点を指摘した。

「選挙運動らしいことをほとんどやってこなかった連中がどうやって勝つというのかね」

二〇一八年九月の自民党総裁選で青木が、竹下派に対し安倍ではなく元幹事長の石破茂を支持するよう動いたのも参院選での苦戦を想定してのことだった。安倍は総裁選で三選を果たしたものの残り任期は日ごとに減っていく。その下り坂で行われる参院選は結果次第でレイムダック化をさらに加速させる可能性があった。ましてや総裁選で地方党員票の四五％の投票を得ていた石破の存在は無視できなかった。その象徴が二月六日夜、首相公邸で行われた自民党の六派閥の事務総長と安倍との懇談だった。そこには石破派事務総長の田村憲久の姿はなく、名目は前年九月の総裁選で安倍を支持した派閥の「祝勝会」「ご苦労さん会」（自民党幹部）だったが、どう見ても「石破外しの会」だった。

「絶対に石破さんには政権を渡さないという安倍さんの意思の表れでしょう」

自民党の長老はこう解説した。事前に日程の公表はなかったが、政治家が六人も集まれば〝公式発表〟したのと同じだ。翌日の朝刊各紙の首相動静の記事にはこの会合が掲載された。むしろ密室性を強調したことでニュースバリューが上がり、石破に対する牽制の意思がより明確になった。

「意図は分からないが、堂々と開くべきだ。裏口から入るとか日程に載せないという姿勢は良くない」（石破）

石破は安倍が党大会での挨拶で「あの悪夢のような民主党政権に戻すわけにはいかない」と述べた点に関しても、「終わった政権を引き合いに出して『自分たちは正しい』というような手法は危ない」とコメントした。

安倍の動きにクギを刺したのが幹事長の二階俊博だった。

「(六派閥事務総長との会合は)つまらないことだ。みんな愉快に思うか。内緒にするほどのことではない。仕切った人は反省していると思う」

もともと二階も石破とは距離を置く立場だったが、二階発言には二階独特の嗅覚が働いていたとみていいだろう。二階の懸念は石破を追い込み過ぎると「窮鼠(きゅうそ)猫を嚙む事態になりかねない」という党内の一部の声があったことだ。自民党の閣僚経験者も「安倍さんの周りに抑え役が見えない。そこが危ない」と懸念した。

一度は下火になった衆参同日選挙についても安倍に極めて近い自民党選対委員長の甘利明が再び点火した。

「亥年選挙は厳しいとのジンクスを払拭したい。勝つためにあらゆる手段を提案する責務がある。躊躇しない」

これもポスト安倍をにらんだ政局の主導権を安倍が引き続き握るという思惑の反映とみられた。しかし現実は衆参同日選挙について公明党・創価学会の強い反対論を乗り越えるのは極めて難しかった。ただし、年内解散が消えたわけではなかった。

そこで囁かれたのが、参院選後の一〇月の消費税増税前に行われる解散総選挙説だった。

山梨県知事選挙と二階

その波乱含みの「亥年選挙」の劈頭を飾る山梨県知事選挙の投開票が二〇一九年一月二七日に行われた。

「この選挙で勝つと負けるとでは天国と地獄との差がある」

自民党の選挙を統括する事務総長の元宿仁はこう語った。山梨県知事選はプレ統一選と言われ、統一地方選挙の前哨戦とされていた。さらに自公推薦の元衆院議員の長崎幸太郎が立候補したことが別の意味を持った。

長崎は二〇〇五年の郵政選挙で小泉チルドレンの一人として富士吉田市を中心にする山梨二区で初挑戦した。長崎が挑んだ相手は郵政民営化に反対して自民党を追われた堀内光雄(二〇一六年没)。堀内は富士急行の創業者一族の出身で、富士吉田市は富士急の企業城下町。長崎は堀内の後塵を拝したが、比例で復活当選を果たした。しかし、二度目の〇九年選挙では堀内が自民党に復党したため、長崎は無所属での立候補を余儀なくされた。この選挙は旧民主党候補の坂口岳洋の圧勝に終わり、堀内、長崎ともに苦杯を嘗めた。

ここから長崎の試練が始まったが、それを支えたのが二階俊博だった。二階は長崎の支援を惜しまず、長崎は二〇一二年衆院選で無所属当選を果たす。選挙区で戦った相手は堀内の長男の夫人詔子《のりこ》(後のワクチン担当相)。詔子は比例で復活した。山梨二区の「堀内家VS長崎」という構図の遺恨試合はますます苛烈になった。しかも二階は無所属の長崎を自民党二階派に入会させるという前代未聞、奇想天外な手を打った。党内からの反発は尋常ではなかった。

「二階さんは反党行為だ」

これに対して二階は猛反発した。

「筋が違うのはどっちだ。筋を通さなくては政治が成り立つか」

二階は郵政選挙では総務局長として自民党の公認調整の実務を担っていた。堀内光雄はかつて宏池会(現岸田派)会長を務め、同じ派閥の縁で谷垣禎一らが主導して郵政選挙で自民党を追われていた堀内を復党させ、公認を与えた。このことが二階の言う「筋が違う」の意味だった。

そして二〇一七年の衆院選では幹事長になった二階が断を下す。

「堀内、長崎をともに無所属で立候補させ、勝った方が自民党議員」

この大勝負で長崎は敗退した。このことが長崎の山梨県知事選への立候補に繋がっていく。首長選挙は「現職の二期目が最強」と言われる。その二期目を目指した現職の後藤斎《ひとし》(立民、国民が推薦)に長崎が挑戦した。もともと長崎は東京都出身のいわゆる〝落下傘候補〟。実質的に二階が職を懸けた知事選になった。二階は自民党所属の全議員に大号令を発した。

「山梨県知事選には全員応援に行け。出欠を取る」

堀内詔子が所属する岸田派会長で自民党政調会長の岸田文雄は四回も山梨県入りした。負ければ「反二階」の烙印を押されかねないからだった。

投票日直前にメディアが実施した世論調査でも優劣が分かれていた。だれもが「どちらが勝っても僅差」(二階側近)と見ていた。

しかし、結果は約三万票の大差を付けた長崎の圧勝。決め手は、二階の公明党への支援要請だった。公明党がつくかつかないかが勝負の分かれ目。その公明党県本部が一二月二〇日になってようやく長崎の推薦を決めた。

二階はそのお礼のために一二月二七日、甲府市に向かった。この時、二階はある事実を隠していた。前日の二六日早朝、五〇年間連れ添った妻怜子が七七歳の生涯を閉じたことだった。この訃報を知らされていたのは幹事長代理林幹雄らごく限られた側近だけ。二階が甲府市でまず訪ねたのは創価学会の甲府平和会館。その後、長崎の選挙事務所で気勢を上げた。

「いよいよ選挙を迎える。一致団結して頑張ろう」

翌一二月二八日、二階の妻の死去が初めて報じられた。これをきっかけに公明・創価学会はもとより山梨県の自民党内の空気も一変したという。山梨の保守政界は金丸信ら実力者が群雄割拠して党内対立を繰り返してきた。その反映で知事選はいつも激しい権力闘争の舞台になってきた。

自民党が一本化して新しい知事を誕生させたのは実に四四年ぶりのことだった。

二階派VS岸田派

そして二階は息つく間もなく次の大技を仕掛けた。旧民進党の幹部で環境相を務めた細野豪志の二階派入りだった。長崎と同じように無所属のまま二階派の特別会員とした。過去にも元復興相の平野達男らの前例があるが、細野の入会も二階らしい背景があった。二階の政界とのかかわりは学生時代に農林官僚から衆院議員になった遠藤三郎に秘書として仕えたことに始まる。その遠藤の選挙区が旧静岡二区。現行選挙区では細野が当選を重ねる三島、裾野市などを中心にした静岡県東端の静岡五区。今も遠藤の支持者らが毎年二階を招いて「遠藤会」を開く。二階の側近は「結果として遠藤先生の領地を取り戻すことになった」と語った。

二階は二〇〇三年に復党を果たした後、二階グループを率いていたが、議員数が減り、志帥会（現二階派）と合流し、今に至る。ここで二階が派閥の膨張策の一環として取り入れたのが、だれも思いつかない野党議員を特別会員として迎え入れる手法だった。

二階は二〇一九年二月一七日に満八〇歳の誕生日を迎えた。「傘寿幹事長」はもちろん自民党史上初めて。すべてにおいて「規格外」（自民党閣僚経験者）だった。

二階の妻怜子を偲ぶ会は二月二三日午後、二階の地元、和歌山県御坊市で営まれた。ＪＲ西日本の新大阪駅から特急で約一時間四〇分、和歌山県中央部に位置する御坊市。紀伊水道に面した人口約二万四〇〇〇人の小さな町で二月二三日午後、参列者が五〇〇〇人を超えた。会場の御坊市民会館には入りきれない参列者が道路にもあふれた。普段は弱音を吐かない二階が弔辞を聞きながら何度もハンカチで目頭を拭った。参列者の人数、参列者の顔ぶれは二階の求心力、影響力を如実に物語った。

まず政治家では警視庁のＳＰ（警護官）付きが二階を含めて八人。衆院議長大島理森、官房長官菅義偉、自民党政調会長岸田文雄、経済産業相世耕弘成、総務相石田真敏、地方創生担当相片山さつき、環境相原田義昭。この他前衆院議長伊吹文明、元自民党幹事長古賀誠ら、自民党長老。さらに与党の公明党からは幹事長斉藤鉄夫、幹事長代理富田茂之ら。

経済界からはキャノン会長御手洗冨士夫、スズキ会長鈴木修ら。県知事も兵庫県知事井戸敏三、奈良県知事荒井正吾、新潟県知事花角英世。そして当選したばかりの山梨県知事の長崎幸太郎。二階の交友の広さはこれだけに止まらない。長い親交が続くソフトバンクホークス会長の王貞治、俳優の杉良太郎、作家で元長野県知事の田中康夫……。

そしてこの日、ひと際注目を集めたのが二階派入りしたばかりの細野豪志だろう。その細野の二階派入りに自民党内に異論が出ていたからだ。安倍側近の萩生田光一は辛辣に言い放った。

「野党幹部として自民党政治を批判してきた。説明なしに（党内を）うろうろされるのは迷惑だ」

そんな細野にとって二階の夫人を偲ぶ会は〝自民党デビュー〟の格好の場となった。

細野は自民党の元衆院議員吉川赳と静岡五区で議席を争ってきた。衆院解散となれば吉川との公認問題が浮上するのは避けられなかった。二階は公認調整がつかない選挙区では双方とも無所属で戦わせて当選者を追加公認する手法を取ってきた。ただし、いずれのケースも自民党系の候補者同士の選挙。細野と吉川は与野党で戦うライバル同士。吉川からすれば、無所属とはいえ二階派入りした細野を面白く思うはずがなかった。それは吉川が所属する岸田派会長の岸田文雄も同じだった。

二月二五日、岸田は吉川の地元、静岡県御殿場市で開かれた会合に出席、吉川支持を強く訴えた。二階への異議申し立てと受け取られた。ところが老獪な二階は密かに次の手を打っていた。同じ二五日の夜、東京赤坂の「たい家」に、二階を筆頭に二階派幹部が勢ぞろいした。細野の歓迎会を開いたのだった。あえて二階は「二階派VS岸田派」の構図を作ろうとしていたかに見えた。

その直前の二月一八日夜、安倍を囲んで開かれた一九九三年衆院選で初当選した同期会の席でもこんなやり取りがあった。会合場所は衆院予算委員長の野田聖子が設営した東京・白金台の中国料理店「食文化サロン　白金劉安」。出席者によると、雑談中に安倍が切り出した。

「次は岸田さんかな」――。

すかさず野田が「私もいます」と声を上げた。ところが二階の分身と言ってもいい幹事長代理の林幹雄が何食わぬ顔で割って入った。

「（安倍）四選もあるんじゃないの」

座は一気に静まり返ったという。「安倍四選」はもともと二階が周辺に口にしてきたフレーズだった。安倍の総裁三選を成し遂げた最大の功労者は二階だけに、林の発言が説得力を持ったのかもしれない。ここでも「二階派VS岸田派」の構図が浮かび上がった。

確かに安倍の任期切れが見えている中で有力なポスト安倍が一向に浮上しない。前年の自民党総裁選で安倍に挑戦した元幹事長の石破茂は二階夫人の偲ぶ会に姿を見せなかった。石破が政治の師として今も敬愛する元首相田中角栄は常々こう言っていた。

「結婚式は招待状がなければ出席できないが、弔いに招待状はいらない」

なおポスト安倍に強い意欲を示す石破は、なぜ御坊市に足を運ばなかったのか――。孤立無援の石破が二階に接近する大きなチャンスだった。結果論だが、翌二〇二〇年の総裁選で二階の支援を取り付けることができた可能性があった。参列しても「その他大勢」の扱いになったかもしれないが、参列しなかった事実は拭えない事実として残ってしまった。

3　平成時代、最後の攻防

統計国会波高し

一月二八日に召集された通常国会は冒頭から与野党が激しくぶつかり合った。政府の重要な基幹統計の一つである「毎月勤労統計」の不正調査が発覚したからだった。さながら「統計国会」の様相を示した。

毎月勤労統計は賃金や労働時間、雇用動向の変化を把握するため、厚労省が都道府県を通じて毎月実施する。調査結果は雇用保険や労災保険の給付額の算定、政府や民間の経済見通しなどに幅広く活用されている。ところがこの基幹調査で不正が行われ、毎月勤労統計をベースにした雇用保険や労災の支払いが不足する事態が生じていた。しかも不正が始まったのは二〇〇四年。その結果、追加支給関連費は約八〇〇億円に達し、対象者は延べ二〇〇〇万人に上った。

首相安倍晋三が誇示した「アベノミクスの成果」に疑問符が付くと言われても仕方がなかった。そこを野党が厳しく突いた。二〇〇七年の第一次安倍政権の崩壊につながった「消えた年金問題」の再来との見方も消えなかった。その野党側の追及の矢面に立ったのが厚生労働相の根本匠。ただし根本が問われていたのは長期にわたる不正調査ではない。自民党厚労部会長の小泉進次郎は二月四日の衆院予算委員会でこんな指摘をした。

「この一五年間の厚労大臣は全部で一三人いた。自民党が八人、民主党が四人、公明党が一人」

現に同じ日に質問に立った立憲民主党の長妻昭はこう釈明した。

「民主党政権でも不正を把握できなかった。深く反省する」

長妻はかつて安倍を鋭く追及し、「ミスター年金」の異名をとった論客。後の民主党政権では厚労相を務めていた。小泉が「大臣を代えて済む話ではない」と語ったのもこうした経緯があった。むしろ小泉は、厚労省が抱える構造的な問題を指摘した。

要するに企業の賃金や労働時間を把握するため毎日の勤労統計など「基幹統計」で不正が行われ、雇用保険や労災保険で過少支給が発生し、約二〇〇〇万人に影響が出た。このため、一月一八日の閣議で一九年度当初予算案の閣議決定をやり直したのである。特別会計で対処した分を除いても一般会計予算案の総額は六億五〇〇〇万円拡大し一〇一兆四五七一億円になった。

退職者を含む幹部二二人を処分した。根本自身も就任時から一月までの給与と賞与の全額返納を決めた。

事態はさらに拡大した。新たに賃金構造統計でも不正が露見。すぐさま担当責任者だった厚労省政策統括官の大西康之を更迭した。政府が目指した「静かな国会」の目論見は見事に外れた。「統計国会波高し」が現実だった。
政府が作成する統計で一八年一二月以降、ルール違反や数値の誤りが相次いで発覚した。五六ある特に重要な「基幹統計」を各府省庁が一斉点検した結果、約四割で不適切な処理が判明したのだった。

四月一日に新元号を発表

通常国会の衆院予算委員会の審議と並行して代替わりの準備と天皇陛下の退位を睨んだ行事が続いた。政府は二月八日、新天皇即位に伴って改める新元号をめぐり、官房長官の菅義偉を議長とする選定手続きに関する検討会議を開催した。そこで「昭和」から「平成」に改元した時の手続きを踏襲すると正式に決定した。その後、菅は元号を改める政令を四月一日に決定して公布することを明らかにした。

これに対し保守系団体の「日本会議」は天皇一代に一つの元号とする明治以来の「一世一元」の制度を踏まえ、新天皇即位後の新元号決定と公布が「本来の在り方だ」と批判を展開した。

また、二月九日にはソウルから日本の国民感情を逆なでする発言が飛び込んできた。共同通信によると、韓国国会議長の文喜相《ムンヒサン》が米ブルームバーグ通信とのインタビューで、慰安婦問題をめぐって、天皇陛下による謝罪を求めたのだった。

文は天皇陛下を「戦争犯罪の主犯の息子」とも表現した上で「高齢の元慰安婦の手を握り本当に申し訳なかったと言えば、これを最後に問題は解決する」と語ったのだった。

安倍は二月一二日の衆院予算委員会で、文発言に外交ルートを通じて韓国側に抗議した上で、謝罪と撤回を求めたことを明らかにした。

「本当に驚いた。直ちに外交ルートを通じ、甚だしく不適切な内容を含み極めて遺憾だと厳しく申し入れた」

また官房長官の菅義偉は記者会見で韓国側からの説明を明らかにした。

「早期の日韓関係改善を願う文氏の思いから出たものであり、報道のされ方は本意ではなかった」

歴史問題に絡んでは二〇一二年八月、当時の大統領李明博《イミョンバク》が、天皇陛下に謝罪を求めたことがある。

「(天皇陛下は)韓国を訪問したければ、独立運動をして亡くなった方たちを訪ねて心から謝罪してほしい。痛惜の念だとか、そんな単語一つで訪ねて来るなら、来る必要はない」

この発言の直前に李明博は韓国大統領として初めて竹島(韓国名・独島)に上陸しており、日韓関係の悪化にさらに拍車をかけたことを想起させた。ただでさえ韓国軍艦艇が自衛隊機に火器管制レーダーを照射したとされる問題が起きたばかりで、反日的な文在寅政権との溝が広がった。二月一五日にはドイツのミュンヘンで外相河野太郎と韓国外相の康京和《カンギョンファ》との日韓外相会談が行われたが、事態打開に向けたメッセージはなかった。

在位三〇年記念式典

そうした中で代替わりへの準備は着々と進んだ。元号をめぐってもその発表方法が話題となってきた。「平成」は竹下登内閣の官房長官小渕恵三が額に入れた墨書を掲げて発表した。新元号も制定に関しては平成を踏襲することが決まったが、発表については発表者を誰にするかが未定だった。平成の発表をめぐって竹下の親族はこんなエピソードを語っている。

「本当は竹下自身が発表したかったと思います。『小渕があまりに熱心だったから』と言っていました」

新元号の発表も官房長官の菅が担うのか、それとも首相安倍晋三が自らの手で行うのか両説が飛び交った。

その一方で新天皇即位後の最初の国賓を誰にするかについては早々に内定した。米大統領のドナルド・トランプだった。日本にとって最も重要な同盟国は米国。安倍との親密な関係から言っても他に選択肢はなかった。早々に五月二六日から、国賓として招くことが決まった。

天皇、皇后両陛下は残り少ない在位期間を惜しむかのように精力的に日程をこなされた。二月二〇日には、東京・上野の東京国立博物館を訪れ、中国の書を紹介する特別展「顔真卿　王羲之を超えた名筆」を鑑賞された。また次の天皇に即位される皇太子さまも同様に多忙を極め、その最中の二月二三日に皇太子さまは五九歳の誕生日を迎えられた。誕生日に際して行った記者会見で決意を語られた。

「両陛下から、さまざまな機会に、多くのお話を伺わせていただいていることも、今後公務に取り組んでいく際の大きな道しるべとなるものであり、大変ありがたいことと思っております」

そこには皇太子さまが目指す象徴天皇の理想像が「平成流」と言われた、父である天皇陛下であることが伝わった。夜には東京・元赤坂の東宮御所に両陛下や秋篠宮ご一家が集い、夕食を共にされた。

首相安倍晋三は皇太子さまの誕生日の前日、二二日に東京・元赤坂の東宮御所を訪れ、皇太子さまと約三〇分間面会した。天皇陛下に対して首相が国内外の情勢を報告することは「内奏」と呼ばれ、随時行われているが、皇太子さまへの報告は異例だった。この中で安倍は天皇陛下退位から新天皇即位までの流れについて報告したとみられた。

さらに天皇陛下の「在位三〇年」を記念する政府主催の式典が二四日午後、東京・国立劇場で開かれた。在位三〇年記念のお祝いというよりは天皇、皇后両陛下に対する「感謝の集い」と表現した方が正確だった。

出席された天皇陛下は、平成の時代を「戦争を経験せぬ時代」と指摘され、「これまでの務めを、人々の助けを得て行うことができたことは幸せなことだった」と国民に向けて感謝の意を示された。時折感極まったように声を震わせる天皇陛下のお言葉に、会場は静まり返った。

国内外から寄せられた祝意に深く感謝する。平成の三〇年間、日本は国民の平和を希求する強い意志に支えられ、近現代で初めて戦争を経験せぬ時代だったが、予想せぬ困難に直面した時代でもあった。災害に襲われ、高齢化、少子化による人口構造の変化から、経験のない社会現象に直面した。グローバル化する世界の中で、誠意を持って他国との関係を構築していくことが求められている。

即位以来、象徴としてどうあるべきか考えてきた。憲法で定められた象徴としての天皇像を模索する道は果てしなく遠く、私を継ぐ人たちが、次の時代、次の時代とあるべき姿を求め、先立つこの時代の象徴像を補い続けてくれることを願っている。

天皇としての務めを、人々の助けを得て行えたのは幸せだった。全ての仕事は、国の組織の同意と支持のもと、初めて行い得た。務めを果たせてこられたのは、統合の象徴であることに誇りと喜びを持てるこの国の人々と、この国の持つ民度のおかげだ。被災の地で悲しみに遭遇しながらも耐え抜いてきた人々、哀《かな》しみをわが事とし、さまざまな形で寄り添い続けた全国の人々の姿は、在位中の忘れ難い記憶の一つだ。

平成が始まってすぐ、皇后は歌を詠んでいる。
ともどもに平《たひ》らけき代《よ》を築かむと諸人《もろひと》のことば国うちに充《み》つ
平成は昭和天皇の崩御という悲しみの中に始まったため、この歌の「言葉」は声高に語られたものではなかった。しかし、この頃全国より寄せられた「私たちも皇室と共に平和な日本をつくっていく」という言葉を、私どもは今も大切に心にとどめている。

式典には首相安倍晋三ら三権の長、外国大使、各界の代表ら約一〇〇〇人が出席した。安倍は式辞で「国民に常に寄り添ってこられた両陛下のお姿を私たちは決して忘れることはない」と述べ、国民を代表して労いと感謝の思いを語った。

式典では沖縄県出身の歌手三浦大知《みうらだいち》による、天皇陛下が作った琉歌に皇后さまが曲をつけた「歌声の響《ひびき》」が披露された。苦難の歴史を刻んだ沖縄への天皇陛下の訪問は一一回を重ねた。歌は、天皇陛下が皇太子時代の一九七五年、初の沖縄訪問で訪れたハンセン病の国立療養所「沖縄愛楽園」(名護市)での出来事から生まれたものだった。

二月二五、二六日には皇居・宮殿で宮中茶会が催された。冬季五輪メダリストでプロフィギュアスケーターの浅田真央、ノーベル物理学賞の小柴昌俊、プロ野球ソフトバンクホークス会長の王貞治、元米大リーガーの野茂英雄ら一一九〇人が参加した。

沖縄県民投票と辺野古埋め立て工事

在位三〇年の式典と重なるように天皇陛下が心を寄せられた沖縄で重要な民意が示された。二月二四日、米軍普天間飛行場の名護市辺野古移設を巡って沖縄県民投票が実施されたのだった。

辺野古移設の賛否に絞って県民が直接審判を下すのは初めてだった。ただし、宮古島市や宜野湾市など五市が住民投票に不参加表明、住民投票の実施でも沖縄県の分断は進んでいた。

住民投票の結果について国に法的拘束力はないが、知事は結果を尊重しなければならず、首相と米大統領に通知すると定められている。政府は二〇一七年四月、埋め立てのための護岸工事に着手していたが、埋め立て予定海域東側の海底に存在する軟弱地盤が見つかった。「マヨネーズ状態」とも表現されるほどの軟弱地盤だった。

この対策として政府は、新たに造成する護岸の海底に、砂を締め固めた杭を約七万七〇〇〇本打ち込んで強化する方法の検討に入った。県は、地盤改良工事は当初の計画と異なるとして反発し、その後、政府は埋め立て工事の設計変更を申請することになる。既にこの時点で沖縄県は那覇地裁に工事差し止めを求め提訴し、国と沖縄県の対立は先鋭化していた。

この間に反対の先頭に立っていた沖縄県知事の翁長雄志が死去、後継者の玉城デニーがその遺志を継ぎ、埋め立ての承認撤回、工事中断を求めていた。住民投票では海の埋め立てに「賛成」「反対」「どちらでもない」の三つの選択肢が示された。このうち一番多い票が有権者の四分の一になれば、県知事はその意見を踏まえて日本政府などと協議することが決まっていた。

結果は辺野古沿岸部の埋め立てに「反対」が七二・二%に達した。住民投票の有効性を測る一つの目安とされた投票率は、五〇%を超えて五二・四八%だった。しかし、安倍は住民投票の結果を無視するように政府方針を繰り返した。

「沖縄に米軍基地が集中している。この現状は到底容認できない。沖縄の負担軽減は政府の大きな責任だ。今回の県民投票の結果を真摯に受け止める。これからも基地負担軽減に向けて全力で取り組む」

沖縄県知事の玉城デニーは三月一日、安倍を首相官邸に訪ね、投票結果を通知して、工事中止を要求した。しかし、安倍は移設の先送りはできないと要請を拒否した。その後、埋め立てをめぐっては裁判に持ち込まれ、最高裁は二〇二三年九月四日の上告審判決で、設計変更を不承認とした沖縄県の決定は「違法」との判断を示し、沖縄県の敗訴が確定した。しかし、辺野古への移設の問題は法的には決着しても沖縄の米軍基地が抱える根源的な問題が解決に向かう訳ではなかった。

メディアの「分断統治」

「二月逃げる」の言葉以上に二〇一九年の二月はあっという間に過ぎ去った。統計不正の表面化で審議難航が予想された二〇一九年度政府予算案も三月二日未明に衆院を通過、年度内成立が確定した。四月一日には新しい元号の発表が予定され、さらに四月の統一地方選挙が控えていたことが予算審議促進を後押ししたと言ってよかった。こうした出来事の中で日本社会は両親の虐待で命を奪われた一〇歳の少女に大きく心を揺さぶられた。沖縄県から千葉県に転居した少女は度重なる暴力を受けていた。傷害容疑で逮捕された父親は、冷水シャワーをかけ、「しつけのため午前一〇時から休ませずに立たせた」などと供述した。前年に行われた学校のアンケート調査で、少女は悲痛な叫びをあげていた。「お父さんにぼう力を受けています。先生、どうにかできませんか」。その後、少女は十分な食事や睡眠が与えられず二〇一九年一月二四日、短い生涯を閉じることになった。

この事件が政治を動かした。政府は二月八日、児童虐待防止に向けた関係閣僚会議を開いた。首相安倍晋三は一カ月以内に全ての虐待事案の緊急安全確認を行うことを表明した。

「子どもの命を守ることを最優先に、あらゆる手段を尽くすとの強い決意で総力を挙げて虐待の根絶に取り組んでほしい」

しかし、その後も幼い命が奪われる悲劇が後を絶たないのは周知の通りだ。

そして二〇一九年二月には安倍政権とメディアとの関係で深刻な問題が表面化した。その舞台となったのは毎日午前と午後に行われる官房長官菅義偉の記者会見だった。ここで「東京新聞の特定の記者」をめぐって官邸報道室長が内閣記者会宛てに文書で申し入れたのが発端だった。

文書は、「特定の記者」が事実誤認に基づく質問を繰り返し、東京新聞に対して何度も指導を要請したにもかかわらず一向に事態は変わらない、官房長官会見はインターネットなどを通じて動画配信が行われており、誤った事実認識を拡散させ、官房長官会見の意義が損なわれるとあった。その上で文書はこう記した。

「貴記者会に対して、このような問題意識の共有をお願い申し上げる」

つまり記者会側も官邸と同じ考えを共有し、できれば、「特定の記者」を排除して欲しいとも読み取れるものだった。もちろん文書には「会見における記者の質問の権利に何らかの条件や制限を設けること等を意図したものではありません」と付記されていたが、報道の自由、知る権利に対する介入と言われても仕方がない対応だった。

この問題は二月一二日の衆院予算委員会で奥野総一郎が取り上げ、「報道への干渉だと思います。取材の自由への干渉だと思います」として菅を追及した。

これに対して菅は「何回となく事実と異なる発言があったということも事実でありますので、実は新聞社には抗議をしている」と反論した。そこで筆者は翌日、二月一三日午前の官房長官会見をライブ中継でチェックしてみた。

会見はまず各社の政治部記者から質問が飛び、菅も淡々と答える。ところが「特定の記者」が質問を始めると、突然司会役の報道室長が質問にかぶさるように大声で「手短にお願いします」を繰り返した。この声で質問者が何を聞いているのか中身すらよく分からなかった。強い違和感を覚えたのはその後だった。この記者の質問は短時間で打ち切られ、会見そのものも終わった。そしてその他の記者たちは何もなかったかのように会見場を出て行った。

「特定の記者」は社会部記者だという。政治部記者とはアプローチが違うことは容易に想像できた。しかし、そのことで「特定の記者」を村八分的な状況に追い込むことを正当化できる理由にはならない。この記者会見をめぐる問題の核心は、官房長官と「特定の記者」ひとりの問題ではなかったことだ。大きな権限、権力を持つ政権に対してメディア全体がどう向き合うべきかが問われていた。

とりわけ不可解だったのは報道室長が会見を仕切っていたことだ。政府側も認めているように会見の主催者は内閣記者会だ。一九九〇年代の官房長官会見では司会者の存在はなかった。記者会見を主導したのはあくまでも記者会側。司会役は記者会加盟のマスコミ各社が順繰りに務める幹事社だった。幹事社の合図で始まり、「よろしいですか」の掛け声が終了の合図だった。

しかし、安倍が首相に返り咲いてから全く様相が変わってしまった。首相会見も安倍が長々と自説を述べた後、幹事社プラス二、三人の記者が内閣広報官の指名で質問する程度になった。安倍への個別インタビューも安倍が恣意的に決めるのが常態化した。

フランスの哲学者ヴォルテールは「言論の自由」の重みをこう説いた。

「私はあなたの意見には反対だ。だがあなたがそれを主張する権利は命をかけて守る」

しかし、メディアの「分断統治」の危うさは安倍退陣後の菅義偉、岸田文雄の内閣になっても変わらず、同じ方式での会見が続いている。

トランプ・金正恩の第2ラウンド

日本国内が代替わりに向けて最後の準備に入ったタイミングで再びトランプが動いた。予告通り二月二七日、トランプは空路ベトナムのハノイ入りした。北朝鮮の朝鮮労働党委員長金正恩との二度目の米朝首脳会談を行うためだった。その日の平壌の様子を平壌発の共同通信電はこう伝えた。

「平壌市内に張り出された朝鮮労働新聞の前には人だかりができ、市民らが米朝首脳再会談への期待を口にした。労働新聞の一面には、特別列車で中国を縦断した金正恩氏が二六日に国境を越えてベトナム北部ドンダン駅に着いた場面など計一三枚の写真を掲載。(中略)平壌駅前の広場では二七日、大型スクリーンに金正恩氏のベトナム到着を伝えるニュースが流され、市民らが見入っていた」

ハノイに到着したトランプはツイッターに「北朝鮮が非核化すれば非常に早く繁栄する。北朝鮮の潜在力はすごい」と書き込んだ。ホワイトハウスによると、両首脳の顔合わせは午後六時半(日本時間午後八時半)。一〇分程度あいさつした後、一対一で二〇分間会談した。その後、国務長官ポンペオらを交えた約一時間半の夕食会に臨んだ。本格的な会談は二八日だった。

日本では首相安倍晋三が衆院予算委員会の答弁に立っていた。

「核、拉致問題解決に向けた私の考えは、トランプ氏から間違いなく正恩氏に伝わると確信している」

しかし、鳴り物入りで始まった米朝首脳会談はあっけなく幕を下ろした。米朝首脳会談は事実上決裂した。トランプは予定を切り上げて二八日夕（日本時間同日夜）、会談場所のベトナムのハノイを離れ、ワシントンに向かった。そのタイミングに合わせたのか首相安倍晋三は首相公邸に歴代の外務事務次官経験者を集めて食事をともにしながら意見交換していた。

安倍の外交ブレーンでもある国家安全保障局長の谷内正太郎を筆頭に藪中三十二、佐々江賢一郎、斎木昭隆。谷内を除く三人はいずれもが、かつて北朝鮮問題を担当した外務省のアジア大洋州局長を経験した対北朝鮮外交のエキスパート。とりわけ斎木は二〇〇二年の拉致被害者五人の帰国に際して政府専用機で平壌まで出迎えに行った責任者。それ以前にも北朝鮮による核開発をめぐる六カ国協議に何度も出席、事務次官時代の二〇一四年五月には、北朝鮮に拉致被害者の再調査などを約束させたストックホルム合意をまとめたこともある。

無論、この四人は日朝に限らず、日ロ、日中、そして日米など安倍が掲げる「地球儀を俯瞰する外交」のすべてに関わってきた。安倍外交の裏も表も知り尽くした顔ぶれと言ってよかった。さらにこの会合には外務省出身の外交評論家岡本行夫、宮家邦彦も招かれていた。

たまたま会合中に、米大統領専用機「エアフォースワン」に搭乗中のトランプから電話が安倍に掛かってきた。安倍はここで会合を中座して首相官邸の執務室で電話首脳会談を行っている。会談を終えた安倍は公邸に戻る前にマスコミ各社の取材に応じた。

安倍コメントのポイントは二つ。一点は朝鮮半島の非核化をめぐって安易な譲歩を行わなかったトランプの決断を評価したこと。そして二点目は拉致問題について力を込めたことだ。

「次は私自身が金委員長と向き合わなければいけない」

安倍は三月四日から始まった参院予算委員会でも重ねて日朝首脳会談の実現に意欲を示した。

では、安倍が力説する直接向き合うための北朝鮮とのパイプはどこまで繋がっていたのか。安倍は参院予算委でこう答弁した。

「今までも大使館ルートなどを生かし、様々な接触を(北朝鮮側と)行っている。中身についての発言は差し控えさせていただきたい」

ここで引っ掛かったのが「大使館ルート」という言葉だった。日本政府は過去に二度、北朝鮮に拘束された日本人の帰国を実現させたことがあった。首相小泉純一郎による二〇〇二年九月の電撃訪朝と五人の拉致被害者の帰国。それ以前には一九八三年一〇月に起きた「第一八富士山丸事件」だ。日朝貿易に従事していた貨物船の船長と機関長がスパイ容疑で突然拘束された。北朝鮮兵士が同船に密かに乗り込んで日本に密入国したことからスパイ容疑とされたのだった。この二人の日本人は七年の歳月を経て自民党の実力者金丸信の訪朝を機に帰国を果たした。

注目すべきはいずれのケースとも突破口を開いたのは安倍の言う「大使館ルート」ではなかったことだ。拉致問題をめぐっては外務審議官の田中均が北朝鮮の「ミスターX」と呼ばれた北朝鮮中枢の人物と交渉を重ねた。その回数は二十数回に及んだと田中が後に記している。第一八富士山丸事件は外務省で北朝鮮を担当する北東アジア課長だった渋谷治彦(後のドイツ大使、故人)がたったひとりで、北朝鮮の固く閉ざされた扉をこじ開けた。北朝鮮が大使館を置く北京、ウィーン、ベオグラードなどに飛んで極秘接触を積み上げていた。

安倍が二度目の政権を担当して六年二カ月余。果たして田中、渋谷のように人知れずスコップ一本で〝地下トンネル〟を掘り続けていた人物がいたかどうか。

米朝首脳会談の決裂は日本にとっては好機到来と見る向きもあった。二月二八日夜の歴代事務次官経験者との会合でもその話題が出たようだ。小泉訪朝が実現した時も米朝関係が最悪の状況にあったからだ。当時の大統領ジョージ・ブッシュは九・一一米同時多発テロもあって北朝鮮をイラン、イラクと並んで「悪の枢軸」と名指しをして圧力を掛け続けた。

小泉はブッシュとは個人的信頼関係を確立しており、当時の北朝鮮の最高指導者、金正日は「小泉ルート」に活路を求めたと見られている。拉致被害者家族の年齢を考えれば一刻の猶予も許されなくなっていた。そもそも安倍を日本のトップリーダーに押し上げた大きな要因は拉致問題への積極的取り組みを国民世論が支持したことにあった。安倍に残された時間も少なくなっていた。

大阪ダブル選挙

一二年に一度の「亥年選挙」は早くも波乱含みの展開となった。第一九回統一地方選挙の先陣を切って三月二一日、一一道府県の知事選が告示された。北海道、神奈川、福井、三重、大阪、奈良、鳥取、島根、徳島、福岡、大分――。平成最後の統一地方選の投開票日は四月七日。そしてこの時の統一地方選の大きな特徴は選挙期間中の真っ只中の四月一日に平成に代わる新元号が公表されることだった。さらに統一地方選に合わせるように大阪維新の会が前代未聞の「大阪ダブル選挙」を仕掛けていた。大阪府知事の松井一郎と大阪市長の吉村洋文がダブル辞任して大阪府・市民に「大阪都構想」の信を問うことになったのだった。

また四月二一日投開票の統一地方選後半戦と同時に大阪一二区と沖縄三区の衆院補欠選挙が実施されることになっていた。

知事選では保守分裂が顕在化した。福井、島根、徳島、福岡の四県は候補者調整がつかないまま本番に突入した。中でも驚きは保守分裂とは無縁と思われていた島根県知事選だった。島根は元首相竹下登がまとめ上げた「竹下王国」。知事選もすべて竹下が仕切ってきた。候補者選びでもめることなど考えられなかった。竹下の元秘書の一人は「竹下先生が草葉の陰で泣いている」と語った。ましてや自民党最大派閥の細田派会長の細田博之と竹下の実弟で党内第三派閥竹下派会長の竹下亘の地元。竹下の後見人的立場の青木幹雄がいても混乱の収拾はできなかった。結局、島根県知事選は非竹下系の元総務省消防庁室長の丸山達也が当選した。地方の保守地盤に大きな亀裂が入ったのがこの年の統一地方選の象徴的な現象だった。これについて長く自民党の選挙に深く関わってきた元職員はこう分析した。

「県内をまとめる県議のボスがいない。県議団を抑え込める国会議員も不在。中央省庁も同じだ。霞が関にも調整役がいなくなった」

もちろん保守分裂知事選を許した背景には野党側にも問題があった。強い対立候補を立てられず、自民党側が負ける心配がなかったからだ。

大阪ダブル選は、都構想を推進する大阪維新の前大阪市長吉村洋文が府知事選で、前府知事松井一郎が市長選で勝利した。それぞれ自民推薦の元大阪府副知事小西禎一、元大阪市議柳本顕は敗退した。大阪府知事と大阪市長が〝入れ替わる〟大阪ダブル選はこれが二度目だった。前回(二〇一一年)は当時大阪維新の会代表で大阪府知事だった橋下徹が大阪市長の任期切れに合わせて任期を三カ月残して知事を辞職。自ら市長選に立候補する一方で同時に大阪維新の会幹事長で大阪府議の松井一郎を知事選に擁立した。橋下と松井がそれぞれ市長と府知事に当選して維新の会が府知事も大阪市長も押さえるという基盤を構築して「維新王国」を確立した。自民党と維新の全面対決の構図が生まれた。

この間、安倍も菅も沈黙を守った。国政政党としての日本維新の会は安倍が執念を燃やす憲法改正をめぐっては欠くことのできないいわゆる「改憲勢力」の一角を占める。安倍の改憲への行程表には「自公プラス維新」の結束が不可欠だった。そこに亀裂が入った意味は小さくはなかった。

4　新元号は「令和」

迫る新元号発表

「平成」に代わる新元号の公表予定の四月一日までちょうど一カ月となった一九年三月一日、新元号制定の責任者でもある菅義偉に定例記者会見で質問が飛んだ。

「新元号の絞り込み状況はどこまで進んでいるのか」

菅は木で鼻を括ったような答えを口にした。

「まだ行っていない。具体的な検討に入っていない」

しかし、菅の発言を額面通りに受け取った記者はいなかったに違いない。あり得ない答えだった。元号「平成」についてもかなり前から新元号の候補が絞り込まれていたからだ。そのことについて昭和から平成への代替わりを担った当時の首相竹下登が平成の決定から約一年後に内実を明かしたことがある。

「昭和五四(一九七九)年に元号法が制定されてから多くの学者に元号の候補を作ってもらい、官房長官室の金庫に密封しておいた」

天皇の代替わりに伴う新元号案についても菅が管理する官房長官室の金庫に収まっていると見るのが自然だった。そして元号名とともに、新元号を誰が発表するかという点にも政界の注目が集まった。

周知の通り「平成」は当時の官房長官小渕恵三が「平成」と書かれた書が入った額を掲げて国民に向かって発表した。それから三〇年経ってもこの時の映像が毎日のようにテレビで放映されていた。

平成の発表から約一カ月半後、竹下はこんな発言をしていた。

「俺は名前が残るが、小渕は顔が残る」

竹下の予言通り、発表当時から「平成おじさん」と呼ばれた小渕の「顔」は完全に定着した。

そこで新元号は首相安倍晋三が自ら発表するのか、それとも前例通り菅がやるのか――。そんな話題でも憶測が飛んだ。三月一八日の参院予算委員会ではこの発表方法についても質問が飛んだ。安倍の答弁は意味深長だった。

「発表方法は、発表者も含め現在検討中だ」

どちらが発表者でも国民にとっては関係のないことだが政治の世界では全く違う意味を持った。両者の関係性や安倍の政治家としての度量の大きさが試される場面になるとみられていたからだ。過去六年余に渡って黒子として安倍政権を支えてきた菅に花を持たせるのか――。ほとんど見えることがなかった安倍と菅が織り成した権力の内部構造の一端が見えてきたからだった。それほどデリケートな問題を孕んでいた。

「令和」の発表は分業制

二〇一九年四月一日、「平成」に代わる新元号発表の日がめぐってきた。事前に公表されていた時刻から一〇分ほど遅れて官房長官菅義偉が紺色のスーツに明るいブルーのネクタイ姿で現れた。午前一一時四〇分過ぎ。首相官邸一階にある記者会見場は水を打ったような静けさが醸し出す張り詰めた空気が支配していた。その静寂の中を官邸職員が布に覆われた盆を手に菅の後を追った。布の下には額が入っており、伏せられたまま菅に手渡された。だが、菅の手元が狂ったのだろうか、額に収められた墨書の一部が記者席から見えてしまった。その直後に静寂を破る菅の声が発せられた。

「新しい元号は令和であります」

この瞬間、会見場に「フー」とため息が漏れた。菅は一度右の肩上に「令和」を高く掲げた後、額を左右に二度カメラに向けて振った。そして演台の脇に置かれたテーブルの上に「令和」を置き、出典が万葉集だったことを明らかにした。

筆者は三〇年前、一九八九年一月七日の「平成」の元号発表を共同通信の政治部記者として旧首相官邸の記者会見場で取材した。この時は、未明に昭和天皇が長期にわたるご闘病後に逝去されたこともあって、記者会見場も極めて厳かな空気に覆われていた。それに比べて「令和」の発表は「慶事」の一環とみられ、和やかな空気が会見場を支配していた。ちなみに「平成」を額に掲げて発表するやり方は当時のＮＨＫ政治部の佐野謙三が小渕に進言したものだった。それが踏襲された。

菅の会見が終わると、少し間を置いて首相安倍晋三が現れ、「令和」の額を脇にして記者会見に臨んだ。どちらが歴史に残るワンショットになるかは明白だった。インパクトの強さは菅会見が圧倒していたからだ。現に新元号「令和」を伝えた四月二日付の朝刊各紙のうち安倍の写真で一面を飾ったのは読売新聞だけ。あとは「令和」を掲げる菅の写真を大きく掲載した。

「平成」を発表した元首相小渕恵三が三〇年余にわたって繰り返しメディアに登場したことを思え

ば、「令和」を語る時、菅は小渕同様に「歴史に顔が残る官房長官」になったと言ってよかった。

小渕は「平成」の発表から約九年後の一九九八年、首相の座に上り詰めた。首相在任中に脳梗塞で倒れ、政治生命を失い他界する。その小渕が倒れたのが奇しくも一九年前の二〇〇〇年四月一日だった。今度は官房長官の在任記録を更新中の菅が「令和」の発表で国民の多くに名前も顔も知られる政治家になった。ただし全てが前例踏襲ではなかった。「平成」は元号発表と同時に平成の出典、由来など首相談話も含めて小渕が読み上げたが、「令和」の発表は安倍と菅の〝分業〟となったからだ。安倍が発表した首相談話の全文は次の通りだった。

本日、元号を改める政令を閣議決定いたしました。新しい元号は「令和」であります。

これは、万葉集にある「初春の令月にして　気淑《きよ》く風和《かぜやわら》ぎ　梅は鏡前《きょうぜん》の粉を披《ひら》き　蘭は珮後《はいご》の香を薫らす」との文言から引用したものであります。そして、この「令和」には、人々が美しく心を寄せ合う中で、文化が生まれ育つという意味が込められております。

万葉集は、一二〇〇年余り前に編さんされた日本最古の歌集であるとともに、天皇や皇族、貴族だけでなく、防人や農民まで、幅広い階層の人々が詠んだ歌が収められ、わが国の豊かな国民文化と長い伝統を象徴する国書であります。

悠久の歴史と薫り高き文化、四季折々の美しい自然。こうした日本の国柄を、しっかりと次の時代へと引き継いでいく。厳しい寒さの後に春の訪れを告げ、見事に咲き誇る梅の花のように、一人一人の日本人が、明日への希望とともに、それぞれの花を大きく咲かせることができる。そうした日本でありたい、との願いを込め、「令和」に決定いたしました。文化を育み、自然の美しさをめでることができる平和の日々に、心からの感謝の念を抱きながら、希望に満ちあふれた新しい時代を、国民の皆さまと共に切り開いていく。新元号の決定にあたり、その決意を新たにしております。

　五月一日に皇太子殿下がご即位され、その日以降、この新しい元号が用いられることとなりますが、国民各位のご理解とご協力を賜りますようお願いいたします。政府としても、ほぼ二〇〇年ぶりとなる、歴史的な皇位の継承がつつがなく行われ、国民こぞってことほぐことができるよう、その準備に万全を期してまいります。

　元号は、皇室の長い伝統と、国家の安泰と国民の幸福への深い願いとともに、一四〇〇年近くにわたるわが国の歴史を紡いできました。日本人の心情に溶け込み、日本国民の精神的な一体感を支えるものともなっています。この新しい元号も、広く国民に受け入れられ、日本人の生活の中に深く根差していくことを心から願っております。


「令和」は「大化」(六四五年)から数えて二四八番目で、一九七九年制定の元号法に基づく元号としては「平成」に続いて二例目となった。改元は天皇一代に一つの元号とする「一世一元」制が採用された明治以降、天皇ご逝去に伴う皇位継承時に行われてきたが、初めて退位特例法に基づき、逝去によらない改元となった。

　政府関係者によると、選定手続きに示した原案は六案。日中双方の古典を典拠とした案がそれぞれ複数あった。アルファベットの頭文字で表示した際の「明治、大正、昭和、平成」との混同を避けるため、事前に「M、T、S、H」が頭文字となる案は除かれた。令和の頭文字は「R」。元号選定手続きは平成改元時を基本的に踏襲した。政府は新元号候補名の考案を依頼する専門家数人を「国文学、漢文学、日本史学、東洋史学」の分野から選び、三月一四日付で正式委嘱した。発表当日、ノーベル賞受賞者の京都大教授山中伸弥ら有識者九人による「元号に関する懇談会」を官邸で開いて意見を聞き、衆参両院の正副議長の意見も聴取して改元政令を閣議決定した。

元号懇のメンバーは以下の通りだった。（五十音順）

上田良一（ＮＨＫ会長）▽大久保好男（日本民間放送連盟会長）▽鎌田薫（日本私立大学団体連合会会長）▽榊原定征（前経団連会長）▽白石興二郎（日本新聞協会会長）▽寺田逸郎（前最高裁長官）▽林真理子（作家）▽宮崎緑（千葉商科大教授）▽山中伸弥（京都大教授）

政府は「令和」の考案者を公表せず、安倍首相は決定過程に関する公文書を三〇年間は非公開とする方針を表明した。ところが安倍は『回顧録』の中でかなり詳細に制定過程を明かしている。それによると、安倍は官房副長官の杉田和博と官房副長官補の古谷一之（現公正取引委員会委員長）に「選定を任せ」、その際に「国書からの引用も選択肢に入れてほしい」と伝えていた。そのうえで安倍はこう証言した。

「発表が近づいた三月二〇日、いくつかの元号案を見せてもらいました。私は、『これがいいね』という案が出てくるのだろうと思っていたのですが、大変申し訳ないが、どれもピンとこなかった」

「学者の皆さんにも、選定に携わった官僚にも大変申し訳なかったのですが、（中略）追加で新たな案を出してほしいと発注したのです」

ここで政務秘書官の今井尚哉が作業に加わり、今井が指針を示したという。

「ストーリーが湧いてくるもの、情景が浮かぶものが良い」

そして三月二七日になって新たな案が出てきたという。その中に「令和」があった。安倍は「(『令和』の)二文字をずっと見ていると、だんだんと『味があるじゃないか』と思い始めました」と述べている。

つまり、安倍は元号制定にあたって自身が主導したことをあけすけに語ったのだった。最終的に元号懇が決める段階では「令和」を含めて六案に絞り込まれていたことがその後明らかになった。「令和」のほか、「英弘《えいこう》」「広至《こうし》」「久化《きゅうか》」「万和《ばんな》」「万保《ばんぽう》」――。

伝統的な漢籍ではなく国書からの選定であることを含め、「令和」は安倍が決めた元号と言っていいだろう。「平成」についても筆者は当時の首相竹下登が決めたものと考えている。考案者は竹下が敬愛した在野の陽明学者、安岡正篤と思われる。安岡は昭和二〇年八月一五日の「終戦の詔勅」にも関与したとされ、自民党の「宏池会」の命名者としても知られる。

しかし、安岡は昭和天皇が逝去されたときは世を去っており、平成の代替わりを担った当時の官房副長官の的場順三は「亡くなられた方の案は使わない」との考えを示し、安岡説についても「あり得ない」と語っている。

ただし、筆者はそれでも安岡説が正しいと主張したい。竹下は筆者の取材に「たとえ死んでも、違う人に(同じ案を)出してもらう手もあるわな」と語っていたからだ。

安倍の『回顧録』は元号制定も最後は「首相の意向」だったことを明確にしたものとなった。安倍があえて菅の後に記者会見に登場したのも安倍の「令和」への強い思い入れの反映であろう。その一方で菅が発表会見を安倍に譲らなかったことに菅の「野心」を感じさせた。そこには首相と官房長官という上下関係を超越した政治家同士のプライドのぶつかり合いが浮かび上がった。

安倍と親しかった笹川陽平は二〇二三年一二月一二日付産経新聞朝刊の「正論」への寄稿の中で今井の話として最終段階の絞り込みの過程を明らかにしてこう記述した。

「令和の元号案が届いたのは、新元号を決定する四月一日の閣議のわずか五日前、薄氷を踏む展開だった」

元号発表直後に共同通信が実施した世論調査で「令和」に「好感が持てる」と回答した人は七三・三％に達した。やや下降線をたどっていた内閣支持率も五二・八％。前回調査（三月九、一〇日）の四三・三％から急上昇した。

安倍にとっては「令和特需」が訪れたかのようだった。この安倍への追い風を背に燻り続ける参院選に合わせた衆参同日選の可能性が取り沙汰された。同日選をめぐっては三月三一日のラジオ日本の番組で発した菅のひと言が波紋を呼んでいた。

「それ（衆参同日選）はない。ただ解散権は首相の専権事項だ。私も『ない』と一〇〇パーセントは言えない。『九九パーセント（ない）』とは言えるかもしれない」

菅が言及した九九％は政界では時として「解散あり」のメッセージにも変わり得る。一〇月に予定される消費増税についても菅は「引き上げる予定に変わりはない」と言いつつ、「リーマンショック級の出来事が起こらない限り」の留保条件付きだった。

平成になった一九八九年も夏に参院選が実施された年だった。しかし、首相竹下登の目の前には四月一日からの消費税導入とリクルート事件という二つの難題が横たわっていた。新しい元号になっても国民世論の空気は変わらなかった。結局竹下は消費税導入を確定させたうえで、参院選を待たずに首相退陣に追い込まれた。

「桜を見る会」の落とし穴

久しぶりに春らしい陽光が降り注いだ四月一三日午前、東京の新宿御苑で恒例の首相主催の「桜を見る会」が開かれた。招待客は約一万八〇〇〇人。首相安倍晋三が夫人の昭恵を伴って会場に現れたころには広場は招待客で埋め尽くされていた。そんな中で安倍があいさつに立った

「身を引き締めて(政権運営に)臨まなくてはならない。私たちが一丸となり、被災地の皆さんが安心できる生活を取り戻せるよう全力を尽くす」

安倍の念頭に前国土交通副大臣塚田一郎、前五輪相桜田義孝の失言による相次ぐ辞任劇があったからだ。ただし、桜を見る会での安倍の立ち居振る舞いを見る限り、「反省」の二文字は微塵も感じられなかった。桜を見る会が始まったのは大正時代。戦争が始まり中断になったが、戦後になって吉田茂が首相時代に復活した。その歩みをたどると、興味深い事実が浮かんできた。招待客の数が、第二次安倍政権が誕生してから年々一〇〇〇人単位で増えてきたことだった。復帰後最初の二〇一三年に初めて一万人を突破、そして二〇一九年は一万八〇〇〇人。さらに招待客にアイドルやお笑い芸人が多数呼ばれるようになったのも第二次政権からだ。自民党所属国会議員の後援会員も急増した。

この年の桜を見る会は統一地方選後半戦の告示を翌日に控えていた。そのためか、国会議員の出席者は少なかったが、逆に目に付いたのは驚くほどの芸能人の多さだった。まるでバラエティ番組に安倍が飛び入りで出演したかのような光景が繰り広げられた。芸能人との〝撮影会〟と言ってもおかし

くなかった。音響設備も悪く、多くの出席者は何が行われているのかがほとんど分からないままお開きとなった。一般招待者という初老の婦人は「何のための『桜を見る会』なのか」と強い不満を漏らした。

後にこの「桜を見る会」の招待客の多さが安倍政権の公私混同ぶりを白日の下にさらすことになる。ただし、この時点では安倍の「我が世の春」をプレーアップするための舞台装置だった。その安倍が主役の舞台で、異彩を放ったのが官房長官の菅義偉の存在だった。四月一日に新元号「令和」を発表して以来、その注目度は群を抜いていた。

もともと剛速球一本やりの政治家で愛嬌、愛想とは無縁の菅が「令和おじさん」と呼ばれたのだった。たった一枚のワンショットが菅の印象を一変させた。桜を見る会でも菅と一緒に記念写真を撮りたいという招待客が殺到した。菅の前に長蛇の列ができ、「四〇分待ち」の状態（菅の秘書）。菅の秘書は「一列に並んでください」と声を嗄《か》らした。中には「令和」と書かれたコピーを持参していた人もいた。菅も嫌がることなく、にこやかに応じた。

かつて「平成」を発表した竹下内閣の官房長官小渕恵三が「平成おじさん」と呼ばれて後に首相となった前例があるだけに、ポスト安倍不在の自民党内に波紋を広げた。四月一〇日発売の月刊『文藝春秋』五月号で自民党幹事長の二階俊博も菅に言及した。

「（総裁候補にも）十分耐えうる人材だとも思っています」

政界引退後も影響力を失わない自民党宏池会（岸田派）最高顧問の古賀誠もBS日テレの番組で二階発言を追認した。

「菅官房長官がポスト安倍の候補の一人であることは間違いない」

さらに古賀は政調会長で岸田派会長の岸田文雄について「必ずしもポスト安倍でなければいけないということもない」と語った。当の菅自身は「全くその気はない」と繰り返した。

ところが菅の注目度をさらに高める動きが浮上した。菅の訪米だ。五月九日から一二日までの予定でニューヨークの国連本部で開かれる拉致問題をめぐる会合に出席するのが主な目的とされた。

「過去にも拉致担当大臣が出席していた」

菅は訪米の理由をそう語っていたが、この「菅訪米」はそれだけに止まらない意味を持った。ワシントンに立ち寄り米副大統領のマイク・ペンスや前駐日米大使のキャロライン・ケネディら米政界の要人らと会談することが検討されていたからだ。菅は一五年に米領のグアムを訪問したことはあるが、これはあくまでも沖縄の米軍基地問題の延長線上にあった。まさに訪米は菅の「外交デビュー」と言ってよかった。ましてや「令和おじさん」として「ポスト安倍もあり得る」との状況の中での訪米は重みは格段に違った。米側が菅にどのような接遇をするかにも注目が集まった。

「安倍一強」と言われた安倍と、官房長官として安倍の下にいたはずの菅との力関係が交錯し始めたのが元号「令和」の発表後の首相官邸だった。

幕を開けた「令和」

平成から令和への代替わりを挟んで永田町は長い政治休戦の中にあった。首相安倍晋三が欧米六カ国の歴訪に旅立ったのは四月二二日。その後、天皇陛下が退位(四月三〇日)され、翌日(五月一日)、皇太子さまが新天皇に即位した。

平成最後の日となった四月三〇日夕。天皇陛下は皇居・宮殿「松の間」で、「退位礼正殿《せいでん》の儀」に臨まれた。八五歳の陛下は在位中最後のお言葉で「支えてくれた国民に、心から感謝します」と述べた。天皇の退位は、江戸時代の光格天皇以来二〇二年ぶりで、憲政史上初めて。天皇陛下一代限りの退位を認める皇室典範特例法に基づき行われた。

退位礼正殿の儀は、憲法が天皇の仕事と定める国事行為として執り行われた。皇族や三権の長、閣僚らが参列した。まず首相安倍晋三が国民の代表として挨拶した。

「天皇陛下は皇后さまとご一緒に、国民に寄り添い、明日への勇気と希望を与えてくださった」

これに応じるように天皇陛下がお言葉を述べられた。

「今日《こんにち》をもち、天皇としての務めを終えることになりました。ただ今、国民を代表して、安倍内閣総理大臣の述べられた言葉に、深く謝意を表します。

即位から三〇年、これまでの天皇としての務めを、国民への深い信頼と敬愛をもって行い得たことは、幸せなことでした。象徴としての私を受け入れ、支えてくれた国民に、心から感謝します。

明日から始まる新しい令和の時代が、平和で実り多くあることを、皇后と共に心から願い、ここにわが国と世界の人々の安寧と幸せを祈ります」

天皇皇后両陛下は、それぞれ新たな称号である上皇陛下、上皇后となられることが決まっていた。

こうして「平成」は静かに幕を下ろす時が来た。戦争はなかったものの、自然災害が多発した三〇年でもあった。被災地には必ず天皇皇后両陛下の足跡とメッセージが残された。貫かれた「平成流」に国民の多くは労いの拍手を送った。天皇陛下が退位のお気持ちを表明されたのは二〇一六年八月八日。多くの問題、課題を乗り越えてようやくゴールにたどり着いた。

日付が変わると「令和」の時代が幕を開けた。五月一日午前、皇居・宮殿松の間で「剣璽《けんじ》等承継の儀」が執り行われた。皇位のしるしとされる「三種の神器」の一部などを引き継ぐ儀式。新天皇陛下は、剣と璽《じ》(勾玉《まがたま》)、国の印「国璽《こくじ》」と天皇の印「御璽《ぎょじ》」を引き継いだ。ただ、この儀式に関しては国事行為での実施には政教分離の観点から反対論も根強かった。政府は早々に「前例踏襲」を盾に押し切ったが、将来に問題を先送りしたに過ぎなかった。またこの儀式に立ち会うのは成年の男性皇族に限られた。その結果、天皇陛下の両脇にいたのは秋篠宮さまと車いすに乗った常陸宮さまのみだった。国民の多くは皇室が置かれた厳しい現実を目の当たりにする機会となった。しかし、安倍政権では皇位継承をめぐって安倍自身が天皇は「男系男子」という伝統の維持に強いこだわりを見せ、議論が進むことはなかった。

「剣璽等承継の儀」を終えた新天皇陛下は安倍ら三権の長らを前に自らの即位を告げる「即位後朝《ちょう》見《けん》の儀」に臨んだ。黒の燕尾服に白のネクタイ姿で胸には大勲位菊花大綬章頸飾が輝く。白のロングドレスにティアラを着けた雅子皇后と一緒に入室した。両脇には皇嗣秋篠宮さまをはじめとする男女成年皇族が並んだ。首相安倍晋三や衆参両院議長など約二九〇人の参列者は天皇陛下の初めてのお言葉に耳を傾けた。

日本国憲法および皇室典範特例法の定めるところにより、ここに皇位を継承しました。

この身に負った重責を思うと粛然たる思いがします。

顧みれば、上皇陛下にはご即位より、三〇年以上の長きにわたり、世界の平和と国民の幸せを願われ、いかなる時も国民と苦楽を共にされながら、その強い御心《み》をご自身のお姿でお示しになりつつ、一つ一つのお務めに真摯《しんし》に取り組んでこられました。上皇陛下がお示しになった象徴としてのお姿に心からの敬意と感謝を申し上げます。

ここに、皇位を継承するに当たり、上皇陛下のこれまでの歩みに深く思いを致し、また、歴代の天皇のなさりようを心にとどめ、自己の研鑽《さん》に励むとともに、常に国民を思い、国民に寄り添いながら、憲法にのっとり、日本国および日本国民統合の象徴としての責務を果たすことを誓い、国民の幸せと国の一層の発展、そして世界の平和を切に希望します。

一節一節を丁寧に述べる天皇陛下。安倍が国民代表として「国民を挙げて心からおよろこび申し上げます」と述べて朝見の儀は終わった。話し終えると天皇、皇后両陛下がゆったりとした足取りで松の間を退出した。引き締まった表情の中にもかすかな笑みをたたえられていた。

皇位継承に伴う儀式はこれ以降も続き、政治・外交日程の組み立てにも大きな影響を与えることになった。

再燃した衆参同日選挙論

代替わりに伴う儀式・行事が立て込む中で、日本社会は経験したことがない超大型の一〇連休に突入した。何もかもが初めてという中で政治も約二〇日間にわたって機能を停止した。連休明けの政界はどんな状況、空気感が支配しているのか、連休前の空気をそのまま引き継ぐのか、それとも全く違う舞台の幕が上がるのか、予測不能と言ってよかった。政界の最大の関心事は再び燻り始めた「衆参同日選挙」の行方にあった。

それに関しては連休前に二つの大きなトピックがあった。一つは四月二一日に投開票された衆院大阪一二区と沖縄三区の統一補欠選挙での自民党の二敗だった。二〇一二年に安倍が政権に復帰してから衆参を通じて補選で敗退したのは初めてのことだった。選挙の翌日、記者団の前で安倍は敗戦の弁を述べた。

「地域の声に耳を傾けながら、政策に生かしていくという原点に立ち返り、参議院選挙に必勝を期していきたい」

いかにも紋切り型のコメントからは安倍の悔しさは伝わってこなかった。いずれも「負け戦」を覚悟していたというより、安倍に〝戦意〟を感じることがなかった。

自民党幹部はいずれの敗因についてもそれぞれの「特殊事情」を指摘した。しかし、これに対して反安倍の閣僚経験者は強く反発した。

「特殊事情を作り出したのは安倍政権だったということを忘れてもらっては困る」

確かに沖縄の米軍普天間飛行場の名護市への移設について安倍政権は繰り返される選挙で示された民意を無視し続けた。沖縄三区の補選ではついに安倍をはじめ沖縄の米軍基地問題を担当する官房長官の菅義偉ら政権幹部が街頭に立つことすらなかった。

大阪一二区についても、統一地方選前半戦の大阪府知事、市長のダブル選挙に圧勝した維新の会の勢いがそのまま補選に流れ込んだ。しかし、維新にその勢いを与えたのは安倍、菅の官邸コンビだったという疑念は消えなかった。地下水脈で維新の会と繋がる連携が続いていたからだ。大阪ダブル選で大敗した際、自民党幹事長の二階俊博が官邸に咬みついた。

「党があって政府がある。党が真剣にやっている最中にサボタージュがあったとすれば、けしからんことだ」

安倍は四月二〇日、つまり投票日前日になって大阪入りした。そこで三カ所で街頭演説を行ったが、想定外のサプライズがあった。安倍は街頭演説を終えると、大阪・中央区にある劇場「なんばグランド花月」で上演中の吉本新喜劇に飛び入り参加したのだった。安倍の選挙に対する真剣さに疑問符が付いた。大阪一二区の補選では野党側も選挙共闘の脆さを露呈させた。あえて衆院議員を辞めて立候補した共産党の宮本岳志に他の野党支持者の票がほとんど投じられなかったからだ。かつて旧民主党に所属した元総務相の樽床伸二に票が流れ、その結果、日本維新の会の新人藤田文武(現幹事長)が初当選した。

「長期政権のおごり」も指摘された。閣僚就任以来の不安定な国会答弁やパーティーでの失言が相次いでいた五輪担当相の桜田義孝が四月一〇日に辞任した。桜田は二月一三日の衆院予算委で「五輪憲章を読んでいるか」と問われたのに対してこう答えた。

「話には聞いているが、自分では読んでいない」

これだけではなく、危ない暴言、失言が続き、事実上更迭された。後任には鈴木俊一が就任した。また、国土交通副大臣塚田一郎は「忖度」発言で四月五日、辞任に追い込まれた。塚田は福岡県北九州市と山口県下関市を結ぶ「下関北九州道路」の国による直轄調査への移行に関し自ら安倍と麻生への忖度を口にしたのだった。

「私は物分かりがいい。すぐ忖度しました」

そして自民党にまたまた再燃したのが衆参同日選挙論だった。安倍側近でもある幹事長代行の萩生田光一が四月一八日、インターネット番組で消費増税をめぐって発言した。

「景気はちょっと落ちている。この先は危ないと見えてきたら、崖に向かってみんなを連れて行くわけにはいかない。その場合は国民の信を問うことになる」

二階が二二日の記者会見で苦言を呈した。

「増税は党で十分議論して結論を得ている。軽々に言及すべきではない。萩生田氏の個人的な見解だ。私の了解を得たわけではない」

ところがこの記者会見は実に奇妙なものだった。二階に注文を付けられた萩生田が二階の後ろに立っていたのだった。二階が本当に「けしからん」と思っていたのならば萩生田を会見に同席させていただろうか。政権運営に大きな影響力を持つ菅も同じだった。政府と政権与党の幹事長が衆参同日選について否定しながらあえて言及を続けていた。少なくとも大型連休明けまでは衆参同日選挙の可能性の火を灯し続ける意図が窺えた。常識的には補選二敗となれば、「解散回避」となるが、この時は全く様相を異にした。

同日選挙を逃せば、安倍が解散権を行使できるタイミングはほとんどなくなるからだった。予定通り消費増税が一〇月に実施となれば、衆院解散権の行使は、その後は二〇二〇年の東京五輪・パラリンピック後までは難しい。その時点で安倍の自民党総裁としての残り任期は一年を切る。安倍に解散権行使の体力があるかどうかは不透明。萩生田発言は増税延期によって解散権行使のフリーハンドを握ることにあったが、経済界を中心にした反発は尋常ではなかった。

「理解できない。もし短期的な状況で再度延ばすようなことがあれば、財政に大きな穴をあけることになる」（日本商工会議所会頭・三村明夫）

そして政権の内部構造に大きな変化が起きる事態が表面化した。五月一三日、参院自民党を仕切ってきた党参院幹事長の吉田博美が病気のため引退を表明したのだった。吉田は青木幹雄の側近であると同時に山口県出身ということもあって安倍が最も信頼する政治家の一人でもあった。一八年の総裁選では青木の命を受けて石破茂を支持した。吉田はその後、一九年一〇月に七〇歳で生涯を閉じた。石破は得難い理解者を失った。

菅の台頭

その一方で人知れず大型連休中に権力をめぐる駆け引きが始まっていた。新聞各紙が取り上げたのは元号「令和」を発表した官房長官菅義偉の活発な動きだ。菅自身が「驚いている」と語ったほど、知名度の急上昇ぶりは目を見張るものがあった。そんな菅を象徴したのが四月二八日、千葉市の幕張メッセで開催された「ニコニコ超会議二〇一九」への出席だった。過去には首相安倍晋三が二回出席したことがある。フェイスブックをはじめＳＮＳを使う安倍がネット世代と呼ばれる若者たちにアピールするためだった。

これに対して菅はネット世代とは全く無縁の存在とみられていたが、主催者が公開した写真にはコスプレイヤーらに囲まれた笑顔の菅が写っていた。菅自身の意向がどうであれポスト安倍の有力候補にカウントされる存在になったことは間違いなかった。さらに前述のように五月九日からの異例の訪米は菅の注目度をさらに押し上げた。訪米前に米副大統領マイク・ペンスとの会談がセットされたからだ。

菅が前駐日米大使のキャロライン・ケネディ、そして後任大使のウィリアム・ハガティと月に一回のペースで食事をしながら会談を重ねてきたことも大きかった。

菅の盟友になりつつあった二階も精力的に動いた。北京で開かれた中国国家主席習近平が掲げる巨大経済圏構想「一帯一路」に関する国際会議に出席した。習との親交が深い二階を中国側は国賓待遇で迎え、四月二四日、習との会談も実現した。安倍も長文の習宛ての親書を二階に託した。この中国訪問の期間中に二階は側近の幹事長代理林幹雄と一緒に上海に出向いている。習の側近から「重要な人物を紹介したい」との申し出を受けたからだった。この人物が上海市トップの李強(市共産党委員会書記)だった。李強はその後、二〇二二年一〇月の中国共産党第二〇回全国代表大会において七人の最高指導部に入り、習近平に次ぐ党内序列第二位に抜擢され、李克強の後の中国首相に就任した。中国指導部はこの二〇一九年の時点で、李強の人事を構想していたと見られ、引き続き二階に日本の対中窓口を委ねる方針だったことを窺わせた。二階も二〇二三年四月になって空席だった日中友好議員連盟の会長に就任、東京電力福島第一原発をめぐる処理水の海洋放出で悪化する日中関係改善に向け、二階の訪中時期が焦点となった。

こうした二人に対して解散権を握る安倍はどう動いたのか。一言でいうなら「外交三昧」の日々。連休前は米欧六カ国を歴訪した。帰国したのは四月二九日。G20の議長として、首脳会合成功への地ならしだった。フランス大統領マクロン、イタリア大統領マッタレッラ、ポーランド首相モラウィエツキ、スロバキア首相ペレグリニ、チェコ首相バビシュ、ハンガリー副首相バルガ、欧州連合(EU)大統領トゥスク、欧州委員長ユンケル、米大統領トランプ、カナダ首相トルドー。

米大統領トランプは五月末には令和になって最初の国賓として来日することが決まっていた。それでもワシントンを訪れたのは「予測不能のトランプのリスクをいかに減らすか」(政権幹部)に最大の目的があったからだった。しかし、トランプの気持ちは二〇年の米大統領選にあった。安倍がワシントンを離れた直後の遊説で安倍との会談の一端を暴露した。

「安倍晋三首相は、四〇〇億ドルを米国の自動車工場に投資すると話していた」

トランプがどこまで安倍をサポートするのか依然として見えなかった。また安倍は対北朝鮮外交で大きく舵を切った。「条件を付けずに金正恩氏と直接向き合う」（五月三日付産経新聞）と北朝鮮の最高指導者・金正恩に無条件での首脳会談の開催を呼び掛けた。これに対して北朝鮮は五月四日になって「新型戦術誘導兵器」とされる飛翔体の発射という挙に出た。六日夜、予定外の日米電話首脳会談がセットされた。飛翔体は弾道ミサイルの可能性が高かったが、その認定を先送りした。対話モードの維持を最優先したからだった。

日米間で貿易問題を抱えながら、金と向き合うためにトランプの協力を仰ぐという高難度の外交をどう展開するのか。安倍は難しい判断に迫られた。二階、菅はどう動くのか。安倍を軸にした「権力のトライアングル」が微妙に変形を始め、平成から令和への代替わりを経て、政治の流れも新たな地平に向かって動き出した。

勃発する米中経済戦争

「マーケットと投資家のしっぺ返しが心配だ」

経済産業省の幹部が強い懸念を示したことが現実のものになりつつあった。米大統領ドナルド・トランプが突き進む対中国強硬路線のことだった。すでにトランプは中国からの全輸入品のうち二五〇〇億ドルについて関税率を引き上げ二五％としたが、五月一〇日に米中協議が物別れに終わると、即座に残る三〇〇〇億ドル（約三三兆円）についても制裁関税を課す手続きに着手した。これが実施されれば一八年七月に半導体などの関税強化に踏み切ってから第四弾目になる。トランプはなぜここまで強硬だったのか。

「トランプの思考はすべて二〇年一一月の米大統領選に向かっている。中国と戦う姿勢が支持率を上昇させる」(日本政府高官)

しかし、中国の国家主席習近平も黙ってはいなかった。ニューヨークの株式市場の取引開始時間を見計らうように報復に出た。日本時間一三日午後九時、中国政府は六〇〇億ドルの米国製品にかけている関税を最大で二五%引き上げることを発表した。一三日のダウ工業株三〇種平均は急落、前週末比六一七ドル三八セント安の二万五三二四ドル九九セントで取引を終えた。

米中摩擦は日本にとって他人事ではない。中国の対米輸出製品の部品の多くは日本から輸入している。結果として日本の対中輸出が減少する。さらに米国市場が縮小すれば対米輸出にも大きな影響が出る。米中貿易戦争によって日本はダブルパンチを受ける。東京証券取引市場の日経平均株価(二二五種)は七営業日連続(五月一四日現在)で下げた。円ドル相場も円高に向かった。経産省幹部はこんな危惧を抱いた。

「米中摩擦が長期化するとなれば、日米を早く決着させるという圧力が強まるのは避けられないだろう」

現に四月下旬の首相安倍晋三との日米首脳会談でもトランプはいきなり直球を投げ込んできた。

「(日本の)農産物の関税をなくしたい。五月にも貿易協定を結べるかもしれない」

米側の要求は発効した環太平洋経済連携協定(TPP)の水準以上の関税引き下げ。これに対して日本側はTPPの関税率が「譲れないレッドライン」(経産省幹部)と位置付けた。参院選に深刻な影響が出かねないからだ。三年前の参院選ではTPP締結に厳しい見方を示していた東北地方で自民党が議席を得たのは秋田県だけに終わったことがそれを証明する。ただでさえ守りの選挙を強いられている自民党にとって農産品をめぐる関税率死守の〝公約〟は選挙戦の生命線と言えた。長期的にみてもTPPの水準を下回る農産品の関税率を認めてしまえば、米国がTPPに戻るメリットがなくなる。

結局、日米通商摩擦で日本側の答えは限られていた。

「農産品の関税を守り、自動車は数量制限には応じず米国での現地生産を増やす」(政権幹部)

そのトランプが来日する五月二五日が迫って来た。

「日本満喫ツアー」

やはりトランプ米大統領は「制御不能」だった。五月二五日から二八日まで三泊四日のトランプ訪日はまさしく「お祭り騒ぎ」。ゴルフに始まり、大相撲観戦、そして六本木の居酒屋の炉端焼きでのもてなし。外務省関係者ですら「大統領来日に備えた最大の仕事はどう接遇するかにあった」と漏らすほどの厚遇だった。もちろんそれには〝下心〟があった。

「大統領に気分よく過ごしてもらうことが日本にとってプラスになる」(元外務事務次官)

しかし、トランプは安倍に〝手心〟を加えてくるようなリーダーではなかった。自ら「ディーラー」を自任するトランプは正規の会談以外の場で自らの要求を突き付け、安倍に約束手形を切らせる。

一八年九月、ニューヨークで行われた日米首脳会談で合意した共同声明にもこう明記されている。

「日本としては農林水産品について、過去の経済連携協定(EPA)で約束した市場アクセスの譲許内容が最大限であること」

このEPAにTPPが含まれていることはいうまでもなかった。自らも農水相としてTPP交渉にかかわった自民党国対委員長の森山裕はトランプ来日前に力説した。

「TPPの合意は国民との約束だ。そこを譲るわけにはいかない」

しかし、トランプは馬耳東風。安倍との五月二七日の日米首脳会談後に行われた共同記者会見で安倍が答えている最中に割り込んできた。

「米国はTPPに縛られない。貿易交渉で八月に大きな発表ができる」

安倍は一瞬顔を曇らせたが有効な反撃ができないまま会見は終わった。このトランプ発言はほんの短時間だったが日米間に横たわる歴然とした力の差を見せつけた。

もともとこの時の訪日は、新天皇陛下即位後初の国賓として迎えるため、「日米同盟の強化」が最優先。そのため「日本満喫ツアー」(政権幹部)が企画された。まさしく〝接待漬け〟で実務的な話には深入りしない戦略だった。ところが米政府は当初の予定にはなかった米通商代表部(USTR)の代表ライトハイザーを急遽来日させた。経済財政担当相の茂木敏充との閣僚級協議が首脳会談の前日にセットされた。協議終了後、茂木は首脳会談で何らかの合意が得られることはないとの見通しを示した。

「現段階で日米の立場は一致していない」

政府関係者はこの閣僚協議で「ガス抜きができた」と語っていた。しかし、トランプは翌日の首脳ゴルフのプレー終了後にツイッター攻勢を始めた。

「七月の参院選挙後に多くの出来事が待っている」

明らかにゴルフのプレー中に安倍が何らかの言質を取られたことを窺わせた。その経過の一端が漏れてきた。安倍がトランプにこんな要請をしたというのだ。

「選挙が終わるまで待ってほしい」

「選挙」をめぐってトランプは「elections」と複数形で表現しており、参院単独ではなく衆参同日選が話題になったのではないかとの憶測も呼んだ。米国政治の専門家はこぞって「米国では選挙のことを複数形で表記するのが通例」と解説したことで「elections」問題は一件落着したが貿易問題はなお尾を引いた。

「大事な話はすべてゴルフ中に出ている」

政権幹部がこう語るほど、トランプが得意とするディールが展開されたとみるのが自然だった。なかでも「(参院選直後の)八月に大きな発表ができる」とのトランプ発言はその後の日米交渉のキーワードになった。もちろん日本政府がトランプ発言を肯定できるはずがなかった。官房長官の菅義偉は二七日の記者会見で微妙な言い回しをしている。

「交渉だからいろんなことを言われるんだろう」

しかし、トランプ発言が簡単に消えるとも思えなかった。日本の選挙が終わればトランプが全精力を傾ける来年の大統領選を睨んで安倍に対する要求を強めてくるのは火を見るより明らかだった。

トランプは日本滞在中も大統領選のことが頭から離れなかったようだ。野党民主党の有力候補と目される前副大統領のジョー・バイデンをツイッターで批判した。

「寝ぼけたジョー・バイデン」

共同通信電は二八日付のニューヨーク・タイムズ紙の記事を紹介している。

「訪日中、彼はその国にいないかのように振る舞った。最初から最後まで焦点は外交よりも国内政治だった」

恒例となった安倍とトランプの「日米首脳ゴルフ」は千葉県茂原市の「茂原カントリー倶楽部」が

舞台となり、プロゴルファーの青木功が一緒にラウンドした。ゴルフの後は両国国技館に向かい大相撲夏場所を揃って観戦した。トランプの観戦に備えて日本相撲協会は準備に追われた。升席には特別にソファが用意された。優勝は前頭の朝乃山。表彰式では安倍が内閣総理大臣杯、トランプは初めての米国大統領杯をそれぞれ授与した。警備の厳しさも想像を超えた。国技館内の売店で販売する瓶と缶の飲料は全て、カップへ移し替えてからしか席への持ち込みが認められなかった。

来日のハイライトだったトランプと天皇陛下との会見は二七日午前、皇居・宮殿「竹の間」で行われた。皇后陛下とトランプ夫人のメラニアも同席した。天皇陛下は「即位後最初の国賓としてお迎えできることをうれしく思う」と述べ、トランプは「お招きいただき光栄。日米は過去の戦争などさまざまな歴史を乗り越え、素晴らしい関係が構築されていると思う」と応じた。

この日の夜の宮中晩餐会で天皇陛下は若き日に米国を訪れた思い出に触れた。

「初めて長期に訪れた折には、レーガン大統領から温かくお迎えいただきました。マンハッタンの摩天楼、サンフランシスコやニューオリンズの街並み、グランドキャニオンの威容など、都市や自然のスケールの大きさと多様性に強い印象を受けたことが懐かしく思い起こされます。皇后も、幼少の時期をニューヨークで、また、高校、大学時代をボストン郊外で過ごしており、私どもは貴国に対し、懐かしさと共に、特別の親しみを感じています」

これに対してトランプは新元号「令和」にも言及した。

「日本の新しい元号は令和で、美しい調和を意味する。この言葉は、万葉集と呼ばれる日本古来の和歌集に由来していると伺っている。私たちは目の前に広がる無限の可能性を喜ばしく思う」

またトランプは二七日午後、東京・元赤坂の迎賓館で北朝鮮による拉致被害者家族と面会した。約一年半ぶりの再会。トランプは一人ひとりに声を掛けた。ただ具体的な成果に直結するものはなく拉致問題の困難さを再び再確認させられる面会となった。

第七章
終わりの始まり
（二〇一九年六月〜二〇二〇年一月）

G20 大阪サミットで握手し，すれ違う文在寅韓国大統領と安倍首相(2019 年 6 月 28 日，ロイター・共同)

1　最後の参院選

米・イランの狭間

二〇一九年一月に召集された第一九八通常国会は六月二六日、延長もなく淡々と閉幕した。通常国会は途中で代替わりがあり、法案も絞られていたが、会期末直前になって改正児童虐待防止法と改正児童福祉法が成立した。痛ましい子供たちの虐待が続いたためで親の体罰が禁止された。

政府は閉幕を受けて臨時閣議を開き、参院選を「七月四日公示、二一日投開票」とする日程を決めた。これにより燻り続けていた衆参同日選挙は完全に消えた。

この国会の閉幕直後に日本で初めての主要二〇カ国・地域（G20）首脳会議（六月二八日〜二九日）が大阪で始まった。その開幕の準備が続く中で政府に緊張が走った。六月一六日早朝、大阪・吹田市で交番襲撃事件が発生したからだった。襲われた警察官は重傷を負った上に実弾五発が入った拳銃が奪われた。政府は強い衝撃を受けた。政権幹部も「場所もタイミングも最悪」と声を落とした。

大阪府警による異例の画像公開で容疑者のスピード逮捕に至ったが、史上最大の警備体制を敷いている最中に起きた事件だけに政府のショックは大きかった。一難去ってまた一難。一八日深夜には新潟県村上市で震度六強を観測した強い地震が発生した。大きな被害がなかったものの首相安倍晋三は首相官邸に姿を現し陣頭指揮を執った。

被害規模によってはG20の開催にも影響が出た可能性があった。大阪に集結した顔ぶれは世界を動かすトップリーダーばかり。米大統領トランプ、ロシア大統領プーチン、中国国家主席習近平、韓国大統領文在寅、フランス大統領マクロン……。それを仕切ったのが安倍だった。米中貿易戦争、不協和音が続く米ロ関係などこじれ切った国際情勢の中で議長としての外交手腕がこれほど問われる場面はなかった。

それだけにG20に懸ける安倍の意気込みは想像以上のものがあったに違いない。G20が終われば参院選本番に突入する。G20が成功すれば、大きな実績になるが、躓けば〝大量失点〟に繋がりかねなかった。G20を視野に入れて取り組んできた外交課題、懸案はいずれも結果を出せずにいた。二五回も首脳会談を重ねた北方領土をめぐる日ロ交渉も、G20での「大筋合意」は遥か彼方に遠ざかった。安倍が呼び掛けた北朝鮮の最高指導者金正恩との日朝首脳会談は実現の見通しすら立たずにいた。そしてG20直前に世界が注目したのは六月の安倍のイラン訪問だった。国賓として来日したトランプとの会談で米国の了解を取り付けていた。そもそも米国と厳しい緊張状態にあるイラン訪問に意欲を示したのは安倍自身とされた。その狙いは「米国とイランの双方のメンツを立てつつ、対話の糸口を作る」(政府高官)ことにあった。

安倍も出発前にメディアのインタビューにその意欲を語っていた。

「日本とイランの伝統的な友好関係の上に、緊張緩和に向けて率直な意見交換を行いたい」

一二日にテヘラン入りした安倍は大統領ロウハニ、そして対外的な発信を避けてきた最高指導者ハメネイと会談した。外務省幹部は「この時期にイランを訪れ、ハメネイ師と会談したこと自体に意義があった」と語った。

「日本外交の〝財産〟がまだ中東で通用することを証明できた」(同省幹部)からだという。

安倍はイラン訪問でトランプの考えをイラン側に伝えた。ハメネイからは「核兵器を製造も、保有も、使用もしない、その意図もない」との発言を引き出したが、ハメネイは会談が終わるとツイッターでトランプに対して容赦のない言葉を浴びせた。

「トランプ氏はメッセージを交換するに値する相手ではない」

トランプも「(イランとの)交渉を考えることさえ早過ぎると思う」と発信した。「対話の糸口」とは程遠い「非難の応酬」が展開された。安倍はメンツを潰されたと言ってもよかった。それだけではない。安倍・ハメネイ会談にタイミングを合わせたかのように、日本へのエネルギー供給の生命線であるペルシャ湾のホルムズ海峡近くでタンカー二隻が攻撃される事態が発生した。そのうちの一隻は日本の海運会社が運航するタンカーだった。すかさずトランプは「イランがやった」と断言。これに対しイラン側は「根拠がない」と強く否定した。

安倍が目指した緊張緩和と米・イランの関係改善とは真逆に、安倍のイラン訪問を契機に緊張が高まりを見せた。安倍のイラン訪問の全体をみれば安倍は「トランプの使者」としか見えなかった。イランも安倍の訪問が終わると、ロウハニが中国の国家主席習近平、ロシア大統領のプーチンと相次いで会談した。安倍の口を通じて伝えられたトランプの考えを習やプーチンに伝えたとみるのが自然だった。

米紙ウォールストリート・ジャーナルの報道を共同通信が伝えた。同紙の見出しは痛烈だった。

「中東和平における初心者プレーヤーが痛みを伴う教訓を得た」

トランプは六月二四日になってハメネイを新たな制裁対象に指定した。

「G20」の主役

その一方で再び国際社会に一石を投じたのが米大統領のトランプだった。得意の「ツイッター外交」で北朝鮮の最高指導者金正恩との三度目の米朝首脳会談を実現させた。それも米ソ冷戦時代の象徴的な場所である板門店が次の舞台だった。トランプはG20直後に韓国を訪問し、翌日の六月三〇日、南北朝鮮を分ける軍事境界線を両首脳が行き来した。トランプは北朝鮮領内に初めて足を踏み入れた米大統領になった。外務省幹部もトランプの〝動物的勘〟には舌を巻いた。

「隣の町に行くからついでに会わないか」――。トランプの呼び掛けからはそんな気楽さが伝わった。この年の二月のハノイでの第二回会談が物別れに終わり、米朝対話は袋小路に入り込んでいた。普通はそれを打開するために事務レベル協議を積み上げていく方式がとられる。しかし、それでは時間がかかる。トランプ流は常に結論を急ぐ。トップ会談しか眼中になかったとみられた。日本政府関係者はトランプの呼び掛けを受けた金正恩の思いについてこう分析した。

「金委員長は会うか会わないかで相当迷ったのではないか。しかし、会わなければ、次に会うためのハードルはさらに高くなる」

少なくとも〝手ブラ〟で会えたのが今回の会談の最大のメリットだった。会談の結果、米朝の非核化協議はチームを作って二、三週間以内に再開することで合意した。協議再開の意味は大きかった。トランプにとって米朝交渉には「やってる感」に加え、「前進感」も重要なポイントだった。

しかもこのことがオープンになったのは全世界が注視したトランプと中国の国家主席習近平との米中首脳会談（六月二九日）の直前というのもトランプらしかった。習はG20を控え、国家主席に就任後初めて平壌を訪問、中朝首脳会談を行った（六月二〇日）。平壌で習は大歓迎を受け、その緊密ぶりを強くアピールした。明らかにトランプとの会談を意識したデモンストレーションと言えた。

そもそもトランプが金正恩にツイートした場所が、首相安倍晋三が初めて議長を務めた二〇カ国・地域（G20）首脳会合が開かれた大阪。そこでの疑念は日本政府がこの米朝の動きをどこまで知っていたのかという点だった。

「板門店・サプライズ」について日本側に一定の感触だけは伝わっていた可能性が高い。外務省関係者もこんな証言をした。

「ツイッターが公表された段階で外務省の担当者でビックリして卒倒した人間はいなかった」

しかし、詳細な情報はなく、日本が「蚊帳の外」に置かれた状況にあったことは間違いないだろう。日本側にとって三回目の米朝首脳会談に韓国の大統領文在寅が関与したこともショックだった。政府関係者も「文大統領がトランプに会談実現を強く働きかけた可能性がある」と語った。現に文は米朝会談に同席はしなかったものの板門店までトランプをエスコートした。

対韓国輸出管理の厳格化に踏み切る

その文は大阪での日韓首脳会談を強く要望していたが、元徴用工問題をめぐる韓国側の対応に不満を募らせた安倍は会談を事実上拒否した。ただ一度だけ両首脳が対面した場面があった。その映像をテレビで見ない日はなかった。首相安倍晋三に向かって進む韓国大統領の文在寅。二人は握手を交わすが、それだけ。安倍は即刻身振りで文の退席を促した。この映像ほど冷え切った日韓関係を象徴する映像はなかった。言葉を交わしたのはG20冒頭の挨拶だけ。時間にしてたったの八秒間。共同通信電によると韓国紙の朝鮮日報はこう報じた。

「韓日首脳は八秒握手した後、背を向けた」

G20が終了すると、文は静かに帰国し、トランプをソウルで出迎えた。時系列的に大阪での安倍、トランプ、習近平を軸にした個別会談を追うと、興味深い流れが浮かび上がった。

二七日　日中首脳会談

二八日　日米首脳会談　米ロ首脳会談　中印ロ首脳会談

二九日　米中首脳会談　日ロ首脳会談

これだけの重要会談が大阪を舞台に繰り広げられた。日中関係では安倍は習に対して二〇二〇年春の来日を招請した。習も快諾し、安倍は「日中関係は正常な軌道に戻った」と語った。これに対して日韓関係はさらに悪化に向かった。G20に出席した首脳で安倍が個別会談をしなかったのは文だけだった。まだG20の余韻が冷めやらぬ七月一日、日本政府は韓国向けに輸出される化学製品三品目について輸出手続きの強化を発表した。

安倍はG20の議長として「自由貿易」を強く訴える首脳宣言を発表したばかり。いきなり保護主義的な措置を韓国に対して発動した。確かに韓国の文政権は慰安婦問題をめぐる日韓合意の事実上の破棄や元徴用工裁判に関する対応など理不尽なことが多々あるのも事実だった。しかし、信頼関係は対話なくしては生まれない。この時の措置について日本政府内にも批判的な声が根強くあった。

「喧嘩を仕掛ける場合は落としどころ、着地点を見据えてやるものだが、今度の輸出規制強化はそれが見えない」

日本政府はさらに八月二日になって、政令を改正し、輸出管理を簡略化する優遇対象国（いわゆるホワイト国）から韓国を除外したのだった。ただ八月になって半導体製造に欠かせない化学薬剤の「レジスト」の韓国への輸出を許可する決定を行った。しかし、基本は韓国との関係改善への意欲は全くと言っていいほどなかった。

「安倍さんは大阪ではホスト役として理由なしで文在寅と会談できたはずだ」

日本勤務の経験のある韓国の元外交官も失望の色を隠さなかった。

官房長官の菅は七月二日の会見で韓国の対応を厳しく批判した。

「約束を破ってばかりの国を信頼することはあり得ない」

ところが菅は二〇二三年の韓国大使尹錫悦の来日を機に日韓議員連盟の会長に就任した。首相経験者という以外に会長になった理由は見つからなかった。

ハンセン病訴訟で「控訴せず」

G20が閉幕すると、参院選が七月四日に公示された。序盤戦から中盤戦に差し掛かった九日午前八時四〇分すぎ、首相官邸の玄関ホールに現れた首相安倍晋三をテレビカメラと記者団が取り囲んだ。安倍は嚙みしめるように話し始めた。

「今回の判決内容については一部に受け入れがたい点があることも事実だ。しかし、筆舌に尽くしがたい経験をされたご家族の皆さまのご苦労を、これ以上長引かせるわけにはいかない。その思いのもと、異例のことではあるが、控訴をしないこととした」

六月二八日、熊本地裁は元ハンセン病患者の家族に対して国の賠償を命じる判決を言い渡していた。控訴期限は七月一二日。控訴するかどうかの判断は所管官庁の厚生労働省や法務省レベルを超えて首相マターの重要案件に位置付けられた。ただ安倍はかなり早い段階で「控訴せず」を決断していたのではないか。参院選公示日の前日、七月三日に行われた日本記者クラブ主催の党首討論ではこんな発言をしている。

「患者、家族の皆さんは人権を侵害され、つらい思いをしてこられた。どういう対応を取るか真剣に検討し判断したい」

安倍の決断の背景には自身の体験が大きく影響していたのは間違いないだろう。安倍が官房副長官として仕えた首相小泉純一郎の決断だ。小泉が首相に就任してまだ約一カ月という二〇〇一年五月二三日夕、大方の予想に反して、同じ熊本地裁が出したハンセン病患者・元患者の原告勝訴判決に対して「控訴せず」を表明した。

小泉は二〇〇一年四月に実施された自民党総裁選で「自民党をぶっ壊す」など型破りの発言で圧勝。内閣支持率は八割を超える驚異的な〝ロケットスタート〟を記録した。さらにハンセン病訴訟の「控訴せず」は国民世論に衝撃を与え、小泉人気は不動のものになった。

二〇〇一年も七月に参院選が行われた。当時の外相田中真紀子とのコンビによるいわゆる「小泉劇場」は全国どこで遊説をしても有権者が押し寄せた。平成の時代に入ってから参院選では苦戦続きの自民党が六四議席を獲得、大勝した。

どう見ても安倍の「控訴せず」は一八年前の参院選と重なった。二〇一二年一二月の衆院選以来、国政選挙五連勝中の安倍がこの「勝利の方程式」を知らないはずはなかった。

大手メディアが報じた七月六日付朝刊の選挙情勢記事の主見出しを並べてみると、いずれも自民、公明の与党勢の堅調ぶりを報じていた。

ただし、この参院選では勝敗とは別の「勝ち方」の方が意味を持った。その反映で二つの数字が意味を持った。「一六二」と「八五」がそれだった。改選議席は一二四で過半数は「一六二」。自民党の選挙責任者でもある幹事長二階俊博も自民と公明を合わせたこの「六三」を目標に掲げた。

ちなみに六年前の一三年選挙は自民六五、公明一一の計七六議席。一六年選挙は自民五五、公明一四の計六九議席だった。ここ二回の参院選と比べれば一目瞭然の、極めて低いハードル設定と言ってよかった。

むしろ安倍にとって重要なのは、「八五」という数字だった。いわゆる「改憲勢力」と呼ばれる自公と日本維新の会と憲法改正に前向きな無所属候補を足し上げて「八五」。ここに到達すると、非改選の改憲勢力議員を加えて憲法改正に必要な参議院総定数二四五の三分の二に当たる一六四議席に届くことになる。安倍が二〇一七年の五月三日の憲法記念日に憲法改正についてビデオメッセージで語った「二〇二〇年を新しい憲法が施行される年にしたい」という自ら設定したタイムリミットが迫ってきていた。

「令和の時代は岸田さん」

第二五回参院選は七月二一日のゴールを迎えた。統一地方選と参院選が同じ年に行われる「亥年選挙」は各政党をはじめ有権者にも「選挙疲れ」が生じる。国政選挙史上最低の投票率を記録した九五年も亥年だった。四四・五二%という数字が選挙への関心が如何に低かったかを物語った。この一九年の投票率も四八・八〇%と五〇%を下回り、国政選挙としては過去二番目に低い数字になった。

自民党は伸び悩み、改選六六議席から九減の五七議席となり、再び単独過半数を失った。結果として「改憲勢力」は八一議席にとどまり、非改選七九と合わせた議席が国会発議に必要な三分の二(一六四議席)を割った。公明党は一四議席で、二〇〇一年の最多議席に並んだ。立憲民主党は一七、日本維新の会は一〇議席へそれぞれ伸ばした。これに対して国民民主党は六議席、共産党は七議席に議席を減らした。社民党は改選議席維持の一議席だった。

さらにこの選挙では政治団体「れいわ新選組」「NHKから国民を守る党」がともに比例代表で議席を獲得した。政党要件を持たない諸派が比例議席を得たのは現行制度下で初めてだった。れいわは比例で四・五五％、N国党は選挙区で三％程度の得票率。いずれも二％を上回り、公選法上の政党要件を満たした。

「れいわ新選組」や「NHKから国民を守る党」などの国政進出は永田町の政治に強い不満を抱く有権者が相当数いることを浮かび上がらせた。九五年の参院選以来の投票率五〇％割れは既成政党全体の敗北と言ってもいいかもしれなかった。自民党は比例代表で前回同様一九議席を獲得したが総有権者に対する得票率は一七％に止まった。野党多党化の〝恩恵〟に浴したに過ぎなかった。

参院選で結果を出せなかった野党側は内輪もめが続いた。

野党第一党の立憲民主党は改選九議席から一七議席に増やしたものの、〝勝てる選挙区〟で競り負けするなど党内からも不満が出た。

この結果、首相安倍晋三は歴代首相の誰も成し得なかった国政選挙六連勝を手に次のステージに向かった。安倍自身も二二日の記者会見で勝利宣言を行った。

「参院選で三回連続これだけの議席を得ることができたのは大平・中曽根総裁以来だ」

だが、新たなステージは登山にたとえるなら、さらなる高みの頂を目指す挑戦ではなかった。どうすれば無事に下山できるのかのいわば〝出口戦略〟が始まったと言ってよかった。

安倍の自民党総裁としての残り任期は二一年九月まで。「総裁四選」の可能性は残っていたが、その可能性よりも「辞め方」に焦点が移った。そこに向かう第一歩が内閣改造と自民党役員人事だった。六年前の二〇一三年参院選後には人事を見送っている。前年の政権復帰から約半年しか経っていなかったからだ。全員が続投となった。

三年前（二〇一六年）の参院選後は八月三日に内閣改造と自民党役員人事を行っている。ただしこの時は特殊事情があった。当時の自民党幹事長谷垣禎一が自転車転倒事故で重傷を負い入院、党の体制整備が急務だったからだ。谷垣の後任幹事長には総務会長の二階俊博が就任した。その二階の下で二〇一七年の衆院選で勝利を収め、また自民党総裁任期をそれまでの二期六年から三期九年とする党則変更が行われた。

このため一九年参院選後の最大の注目人事は二階が続投するかどうかの一点にあった。

その一方で、ポスト安倍を睨んだ政局の流れを展望すれば、幹事長に「新しい顔」を据えることで安倍が間接的に自らの「意中の政治家」はだれかということを提示する選択肢もあった。

そこで参院選前にポスト安倍をめぐって「岸田文雄禅譲説」が急浮上した。安倍が岸田を自らの後継者にすることを岸田に直接伝えたとの話がまことしやかに流れたからだ。「全くの流言飛語の類い」（自民党幹部）との声もあれば、「火のないところに煙は立たない」（公明党幹部）など憶測が乱れ飛んだが、それには理由があった。六月中に行われた二度の安倍と岸田の個別会談だ。最初は六月三日夜、安倍の私邸で約五〇分間。安倍が私邸で会う相手は副総理兼財務相の麻生太郎が定番だっただけにちょっとした〝事件〟と言えた。次いで六月一九日にはＡＮＡインターコンチネンタル東京にある日本料理店「雲海」で約二時間二〇分、二人だけの安倍・岸田会談が行われた。約二年前の一七年七月二〇日にも場所も同じ「雲海」で両者の会談が行われ、その直後の内閣改造で岸田は外相から自民党の政調会長に就任している。このためますます憶測が増幅されることになった。

そして選挙戦の最中に岸田の覚悟が試される場面があった。七月一四日に安倍が岸田の地元広島で応援のマイクを握ったことだ。普通なら何の変哲もない遊説だが、この時は事情が違った。二人区の広島に自民党が二人の公認候補者を立てたからだ。岸田派の幹部で現職の溝手顕正（二〇二三年没）は自民党候補者一人という選挙を重ね、当選五回。広島は与野党で一議席を分け合う事実上の〝無風区〟だった。

そこに自民党は安倍側近で自民党の総裁外交特別補佐・河井克行の妻案里を擁立した。その結果、野党統一候補の森本真治との三つ巴の激戦が展開された。過去の経緯を考えるなら〝殴り込み〟を受けた岸田が憤激してもおかしくなかった。ところが、岸田は怒りを抑えて両者の応援に安倍とともに立ったのだった。安倍もこれに応えた。

「令和の時代は岸田さんではないか」

選挙結果はベテランの溝手の落選。溝手だけでなくこの参院選挙で岸田派は他に三人の現職が落選しており、岸田の求心力に疑問符が付いた。さらにこの選挙はそれだけでは終わらなかった。後に河井夫婦による大規模買収事件が発覚、安倍政権全体の信用、権威を大きく傷つけることになった。

「令和おじさん」として知名度を一気に高めた官房長官の菅義偉も広島で河井の応援演説でマイクを握った。菅は全国を遊説したが、応援に入った一二人の候補者で当選者は河井を含めて三人にとどまった。この選挙でもポスト安倍が浮上することはなかった。

国会を変えたれいわ新選組

間違いなく国会の景色が変わった。八月一日召集の第一九九臨時国会の開会式は午後三時から参院本会議場で始まった。令和になって最初の国会は天皇陛下にとっても即位後初。筆者も参院本会議場に足を運んだ。令和になって初めての歴史的な開会式をこの目で確かめるためだった。天皇陛下は落ち着いた口調でお言葉を述べられた。

「当面する内外の諸問題に対処するに当たり、その使命を十分に果たし、国民の信託に応えることを切に希望します」

開会式を終えられると、天皇陛下は退席のため議長席に向かって左側奥の扉に向かって歩き始められた。おそらくその視線の先にこれまでにない光景を目にされたに違いなかった。議員席の最後列に大型の車イスで出席していた「れいわ新選組」の新人議員二人。難病の筋萎縮性側索硬化症（ＡＬＳ）患者の舩後靖彦と重度障がい者の木村英子が、それぞれの介助者に付き添われて出席していたからだ。参院選の投開票日から一〇日余。本会議場を中心に参議院のバリアフリー化が一気に進んだ証でもあった。

東京都知事小池百合子は二人の当選を高く評価した。

「二、三〇年分の議論を一気に進めた」

かつて車イス生活の元郵政相八代英太が国会議員に当選した際、国会にスロープができ、車イス用のトイレが新設された。八代は国会議員になると交通バリアフリー法の制定に尽力した。今では当たり前になった駅や空港のバリアフリー化が進んだのもこの法律が大きな役割を果たした。

二人の当選でクローズアップされたのは施設面だけではなかった。障がい者をめぐる制度面の議論が始まった。「重度訪問介護」の公的助成問題はその象徴だった。重度の障がい者で常時介護が必要な人に対し、ホームヘルパーが自宅を訪問し、入浴や排泄、食事など生活全般の手伝いや外出時の移動支援といった介護をすることになっている。当時の制度では「議員活動」は「就労」と同様に収入の発生する「経済活動」と見なされ、雇用主が負担すべきとの考えから公的補助の対象外となっていた。そこで参院の議院運営委員会は、二人の介護費用を当面参院で負担することを決めた。

れいわの得票は一躍二二八万票。代表の山本太郎は落選したとはいえ一〇〇万票近い候補者名票を獲得した。これは参院比例代表の立候補者中の最多得票でもあった。山本はその後、二一年の衆院選で当選(比例代表東京ブロック)した後、二二年参院選で鞍替えして現在は参院議員。山本が舩後らを、比例代表選に導入された特定枠を活用して当選させた発想はどの政党にもなかった。その発想力と発信力は侮れなかった。れいわの勢いが一過性に終わる可能性も指摘されたが、二一年衆院選では山本を含めて三人の当選者を出した。舩後、木村の存在が障がい者の処遇に関する問題を目に見える形で日本社会に突き付けた意味は大きかった。

五輪へのカウントダウン

東京五輪の開幕まで約一年。新国立競技場など施設建設も着々と進む。開会式までちょうど一年となった七月二四日には、JR東京駅前の丸の内中央広場に大型の「カウントダウン・クロック」が設置された。お披露目のイベントの主役は都知事の小池百合子だった。

「カウントダウン・クロックが刻む時を感じながら大会成功への準備を加速させ、都民、国民とともに盛り上げていきたい」

こう挨拶した小池にはもう一つのカウントダウンが始まった。二〇年七月三〇日に任期満了を迎える東京都知事選だった。公職選挙法によると、知事選は任期満了前三〇日以内に選挙を行うことになっている。五輪開会式への影響などを考慮して投開票日は七月五日。告示は六月一八日でほぼ五輪の最終準備と選挙戦が重なり合うことになった。小池の続投をめぐっては、なお三年前の二〇一六年都知事選のしこりが尾を引いた。むしろ確執は激しさを増していた。小池は三年前の知事選立候補に当たって自民党東京都連への事前の相談をしなかった。それどころか自民党都連を「ブラックボックス」とこき下ろした。ここから対立が始まった。都連は元総務相の増田寛也を擁立。結果、小池の得票数は約二九〇万票、増田は約一八〇万票。小池の圧勝に終わった。

小池と都連との戦いは都知事選だけで終わらなかった。翌年の二〇一七年都議選で小池が率いた「都民ファーストの会」が四九議席を獲得して大躍進。対する自民党は過去最低の二三議席に止まり、有力幹部も次々と落選した。さらに一七年一〇月の衆院選に際しては、小池が旧民進党の細野豪志(現自民党)と連携して安倍政権の〝転覆〟を狙い、「希望の党」を結成して再び揺さぶりを仕掛けた。この度重なるしこり、対立、怨念を抱えたまま二〇年の都知事選を迎えることになった。

この間に小池に援軍が現れた。自民党幹事長の二階だった。両者は九三年の細川護煕・非自民連立政権以来、長く行動を共にした気心の知れた〝戦友〟でもあった。小池は明確に立候補の意思は表明していなかったが、二階はそのことを百も承知のうえで小池の再選に向け既成事実を積み上げていた。

「小池知事が再選を目指して立候補することになれば、全面的に協力するのは当たり前だ。実績をみればわかる。有名だからと、俄かに出てきても政治の現実は厳しい」

二階がこう発言したのは、この年の三月四日。その後も二階は一貫して小池支持の姿勢を貫いた。

小池が出席する食事会も重ねた。これに対し、「小池憎し」で固まる都連は六月二七日になってようやく小池に対抗する独自候補を擁立するための選考委員会の初会合を開いた。しかし、めぼしい候補者がいるわけではなかった。それでも都連幹部は「絶対に候補者を立てる」と公言した。二階はこの動きに対しても苦言を呈した。

「遅きに失したとは言わないが、早いわけではない。もっと前から選考しないといけない」

名前が挙がった主な候補者だけでも元総務事務次官の桜井俊。桜井は人気グループ嵐のメンバー櫻井翔の父でもある。参院議員丸川珠代、スポーツ庁長官の鈴木大地ら……。それぞれ個性豊かな人材ではあったが、有権者が一〇〇〇万人を超える東京の選挙で勝ち抜くには決定打がなかった。

「東京五輪直前にバタバタするのはどうか」として自民党内にも小池の無投票再選を支持する声が根強くあった。さらに自民党にとって厳しい要素があった。公明党が都議会与党だったことだ。

「自民党の顔を立てるギリギリの選択と言っても自主投票まで」

公明党幹部も小池寄りのスタンスを取った。小池は参院選ではどの政党とも距離を置き、街頭にも立たずに局外中立を貫いた。ひたすら五輪関係のイベントに集中した。自民党内には都知事選に合わせて衆院選も行う「衆・都同日選」論もくすぶったが、最後は「五輪を前に大騒動になれば世界の笑い者になる」(二階)との声に沈黙を強いられた。小池にとって最善、唯一の〝選挙運動〟が五輪関連イベントに出席することだった。

2　消費税率一〇%時代に突入

「令和」最初の終戦記念日

参院選後の安倍政権はどこか落ち着きを失っていた。安倍が執念を燃やす憲法改正をめぐっても思わぬ発言が飛び出した。それも発信源は安倍側近の自民党幹事長代行の萩生田光一。衆院議長の大島理森の交代論に言及したのだった。

「今のメンバーで（改憲の手続きが）なかなか動かないとすれば、有力な方を議長に置き、改憲シフトを国会が行うのは極めて大事だ」

七月二六日夜にインターネットテレビでジャーナリストの櫻井よしこの質問に答えたのだが、官邸の意向を汲んだ発言ではないかとの臆測が広がった。

「改憲をするのは首相ではなく、国会だ。最終責任者は首相ではなく、議長だ。大島議長は立派な方だが、どちらかと言えば調整型だ」

議長交代は、衆院解散・総選挙後に実施されるのが通例。与野党から萩生田発言への疑問や批判の声が上がった。自民党元幹事長の石破茂は講演で批判を展開した。

「一党の幹事長代行が議長人事に口を出すとは恐ろしいことだ」

幹事長の二階俊博から注意を受けた萩生田は釈明した。

「ジャーナリストの発言を受けて議長の役割の重さを解説したが、言葉足らずで誤解を与えた」

萩生田は大島に対しても電話で詫びたという。そんなざわめきの中で首相安倍晋三は七月三〇日の自民党役員会で自民党議員の最大関心事だった内閣改造・党役員人事に触れた。

「八月中に行うことはない。英気を養ってほしい」

つまり、人事は党役員の任期が切れる九月に行うことを意味した。

そして令和の時代になって初めての終戦記念日を迎えた。政府主催の全国戦没者追悼式が開かれ、即位されたばかりの天皇陛下が参列した。注目のお言葉には「深い反省」が盛り込まれ、上皇さまの考えを継承された。

「戦後の長きにわたる平和な歳月に思いを致しつつ、ここに過去を顧み、深い反省の上に立って、再び戦争の惨禍が繰り返されぬことを切に願い、戦陣に散り戦禍に倒れた人々に対し、全国民と共に、心から追悼の意を表し、世界の平和とわが国の一層の発展を祈ります」

首相安倍晋三も式辞を述べたが、七年連続で近隣諸国への加害責任に触れなかった。安倍は靖国神社への参拝はせず玉串料を私費で奉納した。また安倍内閣の閣僚も三年連続で靖国参拝を見送った。中国との関係改善の流れを重視したものとみられた。

安倍は〝予告〟した九月の内閣改造と自民党役員人事までの約一カ月、広島(八月六日)、長崎(八月九日)の平和祈念式典に出席する以外は、地元山口県へのお国入りや山梨県鳴沢村の別荘で疲れを癒した。八月後半はフランス南西部のビアリッツで開かれた先進七カ国(G7)首脳会議(二四日〜二七日)に出席。帰国翌日には横浜で開催された第七回アフリカ開発会議(TICAD)への出席と、TICADに出席したウガンダ大統領のムセベニらアフリカ各国の個別首脳会談に臨んだ。

そして内閣改造、党執行部人事が間近に迫ってきたが、自民党内は一向に機運が盛り上がらなかった。安倍が改造後の政権で何を目指しているのかが見えなかったこともその一因とみられた。

自民党総裁としての安倍の残り任期は約二年。当面の焦点は二〇二〇年の東京五輪・パラリンピック前に衆院解散に踏み切るかどうかにあった。一時は年内衆院選挙説が流布した時期があったが、急速に萎んでいた。与党の公明党代表山口那津男も安倍を強く牽制した。山口は解散が困難な理由について外交日程や天皇陛下の「即位礼正殿の儀」(一〇月二二日)や「大嘗祭」(一一月一四日)などの皇室日程が立て込んでいることを挙げた。

「(過密スケジュールの)合間を縫って解散できるかどうか。東京五輪・パラリンピックも控え、難しいのではないか」

その一方で二〇二〇年七月三〇日に任期満了を迎える東京都知事選と衆院選挙を同時に実施する「衆・都ダブル説」は消えなかった。その背景には自民党内に存在する現都知事の「小池百合子憎し」の感情があった。もはやその感情は怨念と言ってよかった。

都知事選の投開票日はほぼ二〇二〇年の「七月五日」で決まっていた。その頃は五輪の聖火が全国を回っているはずだった。五輪ムードに水を差す選挙となれば、有権者の反発が政府与党に向かう可能性は否定できなかった。都連は未だに対立候補を決定できないまま。逆に早々に小池支持を鮮明にしている自民党幹事長の二階俊博は着々と「都連包囲網」を形成した。八月二〇日夜には小池氏を支援する政治団体「百乃会《ひゃくのかい》」セミナーに小池とともに講師として参加した二階は、「(小池は)政治力のある方だと敬意を払っている」と述べてエールを送った。

安倍が本気で「衆・都ダブル選」を考えるならこの人事で二階を交代させる必要があったが、否定論が大勢を占めた。

「二階さんの与野党に張りめぐらされた人脈は侮れない。下手に手を出すと大ヤケドしかねない」

「普通は選挙に勝った幹事長を交代させる理由はない」

中国、韓国、東南アジアに太いパイプを持つ二階の去就は近隣外交にも影響を及ぼす可能性があった。とりわけ二〇二〇年に国賓として来日が予定された中国国家主席習近平と二階との緊密な関係は無視できなかった。

そしてもう一つの注目点は、安倍の総裁四選問題をどう見るかにあった。安倍自身は原則論を繰り返した。

「党則で三選までと決まっており、四選は全く考えていない」

それならば、安倍が後継者像を提示しているかとなると、これまた全く逆だった。その片鱗すら窺えなかった。

安倍、二階の神経戦

内閣改造と自民党役員人事を目前にして首相安倍晋三と自民党幹事長二階俊博との間で「神経戦」が続いた。二人の間に不穏な空気が流れていた何よりの証拠はその面会の頻度だった。とりわけ参院選後の「すきま風」は容易ならざる事態を想像させた。

新聞の首相動静記事に二階の名前が出たのはわずか二回。しかも安倍と二階の二人だけの会談はなかった。つまり安倍と二階は選挙から一カ月以上も一度も腹を割って話し合ったことがなかった。

二階は幹事長として七月の参院選で自民党を勝利に導いた。実績を残した二階にしてみれば、「幹事長続投」は当然のことと言ってよかった。しかし、九月四日に安倍がロシア訪問に出発するまで人事をめぐって二階に対して安倍からの連絡や相談の申し出は皆無。メディアの人事報道も副総理兼財務相の麻生太郎と官房長官の菅義偉の留任は早々に報じられてはいたが、二階に関しては「処遇が焦点」で止まったままだった。

そんな二階を無視するかのように、安倍は八月三日午後、ポスト安倍の一人である岸田と首相官邸で改造をめぐって意見交換をした。岸田が会長を務める岸田派は参院選で現職四人が落選、岸田に関しては「選挙の顔」として疑問符が付いていただけに人事断行前の安倍・岸田会談は様々な憶測を呼んだ。岸田自身も安倍との会談後に思わせぶりな発言を残している。

「党務などいろいろな話をした」

安倍はポスト安倍の有力候補に岸田を考えている節があった。その岸田を温存するには何らかの処遇が必要だった。選択肢は三つ。「政調会長留任」「幹事長への昇格」、そして「外相への返り咲き、もしくは同格に近い重要閣僚への横滑り」——。少なくとも三日の会談には岸田を何らかのポストで処遇するという安倍のメッセージが込められていたとみてよかった。

岸田は官邸を訪ねるに当たって周辺に「岸田派所属議員の入閣要請」と語っていた。そこには当然ながら岸田自身の処遇も含まれていたに違いなかった。これに対して二階派は「今回は、閣僚推薦名簿は出さない」(幹部)ことを決めていた。

二階が安倍に対して強い警戒心と対抗意識を抱いたのは主要国首脳会議(G7サミット)が開かれたフランスのビアリッツで安倍が行った八月二六日の記者会見だった。安倍はここで内閣改造に当たっての基本姿勢を表明した。

「政治の継続性、安定性を重視しなければならない。新たな人材が力を発揮することもさまざまな課題に挑戦していく上で大切だ。安定と挑戦の強力な布陣としたい。わが党には老壮青、たくさんの人材がいる。そういう方々にも光を当てながら考えたい」

この安倍会見に二階派幹部が敏感に反応した箇所がある。「安定と挑戦」だった。このうちの「挑戦」の言葉を「二階外し」と受け取った。安倍会見を受けて二階は二七日の記者会見で「幹事長人事に全く興味はない」と語ったが、同時に安倍を強く牽制した。

「党の円満な運営に心を砕いて（人事を）実施してほしい」

「円満」という言葉から二階の決意、覚悟を感じ取った自民党幹部は強い危機感を口にした。

「ここで二階さんが幹事長を外れるようなことになると、党内に反主流派ができる」

二階の膨張作戦は参院選後も変わらなかった。新たに旧民進党から自民党に移った鷲尾英一郎（衆院議員・新潟二区）の二階派入りが決まった。二階派は四六人となり、岸田派と肩を並べる第四派閥になった。

「まだまだ入りたいのがいっぱいいる。こちらから頼んでいるんじゃない」

二階の鼻息は荒かった。

究極の派閥順送り人事

「結果としてこれが最後の内閣改造・自民党役員人事になるのではないか」――。首相安倍晋三の頭の片隅にはこんな思いが横切っていた可能性が否定できないだろう。二〇一九年九月一一日に発足した新内閣の顔ぶれを見ると、そうとしか考えられなかった。一九人の閣僚の内訳は初入閣が一三人に及んだからだ。さらに新閣僚は三つのカテゴリーに分類できた。「安倍のお友だち」「各派閥のベテラン」、そして官房長官菅義偉の意向が色濃く反映された「菅銘柄」だった。

〝お友だち〟はいずれも安倍側近として長く忠勤に励んだ面々だ。ともに官房副長官を務めた萩生田光一、西村康稔。首相補佐官からはベテランの衛藤晟一と江藤拓。河井克行は自民党の総裁外交特別補佐からの入閣だった。

その側近重用に対する自民党内の反発を抑えるためだったのだろう。各派閥が強く推したベテラン議員を次々と入閣させた。復興担当相の田中和徳、地方創生担当相の北村誠吾(二〇二三年没)ら。そして目立ったのが「菅銘柄」の新閣僚たちだ。菅支持グループの幹部は胸を張った。

「閣僚人事の大きな特徴は無派閥から六人が入閣したことで、菅長官が強く推した議員が大半だ」

代表格が環境相に就任した小泉進次郎。もともと安倍は、小泉が一二年の自民党総裁選で元幹事長の石破茂を推して以来疎遠な関係が続いてきた。安倍側近も参院選が終わった段階では「進次郎入閣」は安倍の念頭にはなかったと語る。

それが一転して入閣となったのには二つの契機があった。最初のきっかけは八月七日。小泉がフリーアナウンサーの滝川クリステルを伴って首相官邸を訪れ、安倍に結婚を報告したことだったという。この側近が証言する。

「あれで総理の進次郎さんに対する見方が変わった。それまでの肩肘張った印象から、肩の力が抜けた姿に好感を持ったようだ」

しかし、その後も閣僚候補に小泉の名前はなかった。だが、首相周辺が先回りして八月下旬になって「身体検査(身辺調査)」の対象に小泉を追加した。

その上で入閣が具体的に動き出したのは安倍がロシアのウラジオストクから九月六日夕に帰国してからだ。菅側近によると、経過は次のようなものだったという。菅がまず小泉を説得する。それと同時に安倍にも進言を行った。

「没交渉だった総理と進次郎さんの間にパイプを繋いだのは官房長官」(菅側近)

一方の安倍にとっても小泉の入閣の意味は大きかった。改造前日の一〇日は異例の人事報道が続いた。安倍が入閣予定者に次々と電話で入閣要請を開始、首相官邸から次々と情報が発信された。しかし、〝お友だち〟や〝派閥順送り〟が鮮明になってくるとメディアの中でため息に似た失望感が広がった。「滞貨一掃内閣」「攻めどころ満載内閣」――。そんな空気を一変させたのが小泉の入閣情報だった。テレビ各局は速報で伝え、その後もニュース枠で小泉入閣を大きく取り上げた。

「小泉さんは全閣僚の一九分の一に過ぎないはずだが、ニュースの扱いは一八人分に相当した」(大手メディア官邸担当)

ただ、これまで小泉は発信力、知名度などでは他の追随を許さなかったが、政治家としての実績は乏しかった。安倍側近によると、安倍は小泉の環境相登用に関して「国際性と試練」の二点を指摘したという。「国際性」は海洋プラスチックごみや地球温暖化対策など国際会議で果たすべき環境相としての役割。そして「試練」とは東京電力福島第一原発事故に端を発した汚染水(処理水)や使用済み核燃料の処理問題だ。東日本大震災の復興に取り組んできた小泉は政権と地元住民をはじめ国民世論との狭間で大きな決断を迫られた。

小泉に加え、菅銘柄と言えたのが外相から防衛相に横滑りした河野太郎だった。この二人は菅と同じ神奈川県選出で、菅はこの二人を競わせながら自らの政治力も維持、拡大させる狙いがあった。

この他の菅銘柄として、菅支持グループ筆頭格の菅原一秀は経済産業相に就任した。経産省は通商問題に限らず、日米、日韓などの外交面でもいまや外務省を凌ぐ勢いがあった。一〇月一日からの消費税増税実施に伴う反動減対策ではキャッシュレス化など財務省以上に前面に立った。つまり新内閣では経済・景気対策の主軸は「菅─菅原」の「菅・菅ライン」が握ったと言ってもよかった。菅原以外にも農相江藤拓も菅銘柄だった。その一方で菅と幹事長二階俊博、国会対策委員長森山裕との密接な関係は自他ともに認めるものとなっていた。この人事を経て政権内の影響力という点で菅は「派閥の名称なき派閥領袖」に位置づけられた。

安倍官邸の変質

この内閣改造では第二次政権の発足以来、安倍を裏で支えてきた官邸官僚に大きな異動があった。安倍官邸の変質と言ってよかった。中でも安倍外交を支えてきた国家安全保障局長の谷内正太郎が内閣を去った意味は小さくなかった。かつて佐藤栄作元首相の密使としてワシントンに飛び、沖縄返還を実現させた国際政治学者の若泉敬の薫陶を受け、古武士の風格が漂った谷内。安倍外交の基本戦略である「地球儀を俯瞰する外交」の青写真を描き、外交官時代から培った各国に広がる幅広い人脈を通じた交渉、調整力は群を抜く存在だった。

谷内の退任は当時七五歳という年齢の問題があったのも事実だが、それ以上に経済産業省出身の首相秘書官今井尚哉との路線の違いが背景にあったとみられていた。日ロ間の北方領土交渉や日中外交で意見の相違が表面化した。日ロ間の領土交渉で今井はガス田開発など経済重視路線を主張、一方の谷内はロシアの〝食い逃げ〟を強く警戒してブレーキ役を担ってきた。

今井は第一次安倍内閣でも首相秘書官を務め、安倍の信頼が極めて厚かった。第二次内閣で首相秘書官に就任してからは従来の「財務省主導」の政権運営を「経産省主導」に大きく転換させた。「政治家以上の官僚」「大臣三人分の存在感」(自民党幹部)との声も出るほどの辣腕を振るった。

そしてこの内閣改造を機に、今井がさらにパワーアップする人事が行われた。秘書官に加えて首相補佐官を兼務することになったのだった。政界では「小泉進次郎環境相に匹敵するサプライズ」とも言われた。首相補佐官は内閣法で「重要政策の企画立案について首相を補佐する」と明記され、政策決定にも関与する。「スーパー官邸官僚」の出現と言ってよかった。

谷内の後任の国家安全保障局長には内閣情報官だった北村滋が就任した。北村は警察官僚出身。第一次安倍内閣で首相秘書官を務めた今井とは「秘書官仲間」だった。内閣情報官として拉致問題を担当してきたが、外交・安全保障政策の総合調整を担うことになった。北村は米中が先端技術の開発で対立を深めてきたことを背景に経済面の脅威に国も備えなければならないとして「経済安全保障」の重要性を訴え、国家安全保障局に「経済班」を発足させることに尽力した。二〇二一年に岸田文雄内閣が発足すると岸田は、経済安全保障担当相を創設、経済安全保障推進法を制定した。

それはさておき、この二〇一九年九月の改造によって官邸内の主要な骨組みも大きく変わった。内閣の呼称は「第四次安倍再改造内閣」。その呼称からも安倍がいかに長く政権を担当していたかを物語った。一一日夜の初閣議で、内閣の基本方針を決めた。

「安定した政治基盤の上に、選挙で約束した政策を一つ一つ実現し、令和の時代の新たな国造りへの挑戦を果敢に進める」

安倍と二階との間で緊張が走った幹事長人事は二階の続投で収まった。二階は早速、安倍に牽制球を投げ込んだ。

「もし総裁が（四選を）決意したら、国民の意向に沿う形で党を挙げて支援したい」

二年後に三期目の任期を迎える安倍に進退の明確化を求めたのだった。

党の意思決定機関である総務会を取り仕切る総務会長は加藤勝信から元首相鈴木善幸の長男で麻生の義理の兄弟でもある鈴木俊一（現財務相）に交代した。選対委員長は党憲法改正推進本部長を務めてきた細田派幹部の下村博文。安倍がなお衆院解散を模索していることを窺わせた。国対委員長は安定感、調整能力を買われた森山裕が続投した。

第四次安倍再改造内閣の閣僚及び自民党役員は次の通り。

【内閣】

内閣総理大臣	安倍晋三
副総理兼財務大臣	麻生太郎
総務大臣	高市早苗
法務大臣	河井克行
外務大臣	茂木敏充
文部科学大臣	萩生田光一
厚生労働大臣	加藤勝信
農林水産大臣	江藤　拓
経済産業大臣	菅原一秀
国土交通大臣	赤羽一嘉（公明党）
環境大臣	小泉進次郎
防衛大臣	河野太郎

内閣官房長官　菅　義偉
復興大臣　田中和徳
国家公安委員長　武田良太
沖縄北方担当相　衛藤晟一（参院）
ＩＴ政策担当相　竹本直一
経済再生担当相　西村康稔
地方創生担当相　北村誠吾
五輪パラリンピック担当相　橋本聖子（参院）

【自民党執行部】
幹事長　二階俊博
総務会長　鈴木俊一
政調会長　岸田文雄
選対委員長　下村博文
国対委員長　森山　裕

政権の金属疲労

新内閣は発足と同時に大きく躓いた。

「危機管理は初動がすべて。これで失敗すれば、あとは何をやっても後手後手になる」

長く警察庁で危機管理を担ってきた幹部ＯＢは台風一五号による大規模停電をめぐる政府の対応のまずさを厳しく指摘した。猛烈な強風を伴う一五号が千葉県に上陸したのは九月九日午前五時前。この日、メディアが大々的に報じたのはＪＲの計画運休や成田空港のロビーが到着した利用客で埋め尽くされたことなど、公共交通機関が大混乱に陥ったニュースだった。しかし、台風の影響はそれだけではなかった。とんでもない事態が進行していた。千葉県での大規模停電の発生だった。

「千葉県停電五〇万戸、断水続く　高齢者二人死亡、熱中症か」（九月一〇日配信の共同通信ニュース）

一七日午後一〇時に東京電力が記者会見した段階でも約五万八〇〇〇戸が停電したまま。停電解消の見込みは九月二七日と発表された。首都東京の隣県で長期に、しかも広域にわたって「陸の孤島」が生まれたのだった。確かに東電の対応のお粗末さもあったが、ここまで被害が拡大すれば、一企業の対応能力を遥かに超えていた。政府の出番だったが、一向に動いた様子は見えなかった。その原因は一一日に行われた内閣改造にあった。改造前日の一〇日は千葉県で進行する深刻な事態は眼中になかったかのようだった。入閣する政治家の名前が次々と判明、政界、メディアは改造一色。千葉県の大規模停電は後景に追いやられてしまった。政権内に改造に「待った」を掛ける政治家はいなかったのか。官邸に駆け込む自民党の政治家も皆無だった。自民党のベテラン秘書が嘆いた。

「ハマコーさん（浜田幸一・千葉県選出の元衆院議員）が健在なら、泥のついた長靴を履いて官邸に怒鳴り込んだに違いない」

過去には前日になって改造を急遽延期した内閣があった。小渕恵三内閣だ。九八年七月の就任時には「ゼロからの出発」と自ら語ったほど厳しい状況から政権を担った小渕は、まず小沢一郎が率いた旧自由党との連立を取り付け政権の足場を固めた。これが一九九九年一月の「自自連立」。その上で小渕は公明党も参画する「自自公連立」の樹立に突き進んだ。ここで始まった「自公連携」は今も続く。三党はこの歴史的な内閣改造を九九年一〇月一日に行うことで合意した。ところが、改造の前日の午前、茨城県東海村の核燃料加工会社で事故が発生した。杜撰な作業方法が原因で作業員三人が急性放射線症を発症。このうち二人が死亡した。首相官邸に連絡が入ったのは約二時間後。当時の官房長官野中広務は小渕に進言した。

「明日の改造は延期しましょう」

小渕もこれを受け入れ、自自公連立政権は五日遅れで発足することになった。改造によって誕生した安倍内閣の新閣僚の顔ぶれを見ても野中のような「うるさ型」はいなかった。

改造作業によって停電対応に空白が生まれたことは否定できなかった。ただ新内閣の発足翌日の一二日になると、新閣僚がバタバタと被災地入りしたが、被災地の実情もわからず現地入りしても、混乱を招くだけだった。その後も官邸主導で政府が対応に動いた印象は薄い。一五号の千葉上陸から八日目の一七日午前、定例会見で官房長官菅義偉がようやく関係閣僚懇談会が開かれたことを発表した。

「今回の災害対応は、台風の上陸前から迅速かつ適切に行われた」

屋根が吹き飛ばされ、雨漏りに見舞われ、電気の来ない自宅で疲れ果てた老人の姿を見れば「迅速かつ適切」であったはずはなかった。安倍は改造直後の記者会見冒頭で千葉県の災害について若干触れただけ。一五号上陸から一週間たっても安倍がテレビカメラの前で被災者、被災地に向けて明確なメッセージを発することはなかった。

従来の安倍は自然災害については「これでもか」というほど官邸から発信していた。八月下旬に九州北部を襲った大雨被害に際して安倍は災害発生直後の八月三〇日に関係閣僚会議を招集して、こう挨拶した。

「現場のニーズをしっかり把握し、今後支援する。各位にあっては、引き続き、現場主義を徹底し、被災者の皆様に寄り添いながら、一日も早い被災地の復旧に全力を尽くしてください」

この時は国家公安委員長山本順三をトップとする政府調査団を八月三一日に現地に派遣している。この落差はどうしても理解できなかった。危機管理能力は「政権の体力」を示すバロメーターと言っていい。長期政権による「金属疲労」を大規模停電が暗示した。

消費増税

消費税が税率三%で初めて導入されたのは「平成元年」(一九八九年)。それから三〇年半、二〇一九年(令和元年)の一〇月一日から消費税は新たな領域に入った。税率が八%から一〇%に。さらに食料品や新聞などに軽減税率が適用され、初めての複数税率が始まったからだった。税の基本は「簡素、公平、中立」にある。しかし、この軽減税率の導入はどう考えても簡素とはほど遠い。テレビの報道番組で繰り返し食料品の課税について「これは八%、これは一〇%」の解説が行われたが、「要はやってみなければ分からない」(自民党幹部)というのが実情と言ってよかった。

さらに政府は「この機を逃すな」とばかりにキャッシュレス化の拡大に向けて、ポイント還元を実施した。低所得者と子育て世帯に限定したプレミアム商品券も発行。ただしポイント還元は二〇年の東京五輪直前の六月末まで、プレミアム商品券の発行は二〇年三月末まで。仕組みも期間も異なる消費税対策を一度に様々な形で実施した。

安倍は過去の消費税率アップに絡んで、二〇一六年六月一日の記者会見で増税延期後の新たな行程表を明らかにしていた。

「二〇二〇年度の財政健全化目標はしっかりと堅持する。そのため、ぎりぎりのタイミングである二〇一九年一〇月には消費税率を一〇％へ引き上げることとし、三〇カ月延期する。その際に、軽減税率を導入する」

しかし、財政健全化目標の達成は五年先送りされ、二〇二五年になった。もはやこれ以上の先送りはできず、かといって消費の縮小や増税前の駆け込み需要とその反動減も避けたいとの思いがこうした〝タコ足配線〟のような「あれもこれも」（立憲民主党幹部）の施策に結び付いたと言っていいだろう。

増税の日本経済全体への影響については両論あった。「消費マインドを冷やす」という見方もあれば、影響はほとんどないという専門家も多かった。霞が関の経済官庁の最高幹部も楽観論に立った。

「新たな仕組みを導入すれば、混乱はつきものだが、やがて落ち着くものだ」

総合的に判断して増税の経済への影響は限定的とみるのが政府内の大勢だった。しかし、消費増税を甘く見るととんでもないしっぺ返しを受ける。そのことは消費税をめぐって多くの政権が倒れた平成時代の政治が証明する。官房長官の菅義偉は経済に与える影響について注視する考えを示した。

「経済は生き物だから、情勢を見て必要であればしっかり対応していきたい」（九月二二日のＮＨＫ番組）

かつての「増税前夜」とは明らかに様相を異にした。「波静かな船出」と言ってよかった。

消費増税の実施を追いかけるように第二〇〇臨時国会が一〇月四日に召集された。だが、参院選で改憲勢力が三分の二を割り込んだため、安倍の改憲への意欲はトーンダウンした。逆に閣僚の不祥事など安倍に逆風が吹き付け、「試練の国会」となった。

原発マネーの闇

それは九月二六日深夜に共同通信が配信したニュース速報によって始まった。

「関電会長ら六人に計約一億八千万円」

間を置かずに二の矢が飛んだ。

「関電の八木会長、税務調査を認める」

電力業界で東京電力を凌ぐ大きな影響力を持つ関西電力の経営陣に「原発マネー」をめぐるスキャンダルが発覚したのだった。関電の高浜原子力発電所が立地する福井県・高浜町の元助役森山栄治(故人)から関電の経営首脳が多額の金品を受け取っていたことが金沢国税局の調査で分かったというものだった。関電社長の岩根茂樹は翌二七日午前、緊急記者会見を開いて謝罪した。

「コンプライアンス(法令順守)上疑義を持たれかねないと厳粛に受け止めている。深くお詫び申し上げます」

岩根は同時に事実関係の一部についても明らかにした。それによると、岩根に加え、関電の最高実力者とされる会長の八木誠ら二〇人が二〇一一年から一八年までの七年間に総額にして三億二〇〇〇万円の金品を受け取っていた。金品は現金をはじめ商品券、スーツの仕立券などに加え柿右衛門の陶器のような美術・工芸品も含まれていたという。

驚きは巨額の金品の受領だけではない。岩根の会見によって浮かび上がった関電側の不可解な対応だった。

「常識の範囲を超える金品は受け取りを拒んだり、返却を試みたりしたが、強く拒絶されたため一時的に個人の管理下で保管していた」

原子力発電所はいわゆる「迷惑施設」「忌避施設」とも言われた。社会としての必要性はあるが、立地地域にとっては不都合な施設としてしばしば反対運動が展開され、住民の合意形成が極めて難しいからだ。ゴミ焼却場などもこれに当たるが、原発の比ではない。このため原発の立地場所は過疎地が選ばれる。一方の立地自治体側も地域振興を理由に「原発マネー」を受け入れることになる。

ただし関電のケースでは理解しにくいことがあった。関電が地元関係者に金品を提供するのではなく、関電の経営陣が地元有力者から提供を受けている点だった。しかも一回限りではない。長年にわたり、恒常的にやり取りが行われていたようだ。そこからは原発マネーをめぐって「還流システム」の存在が窺われた。これがこの関電問題の核心と言ってよかった。

関電問題ではさらに大きな疑問が浮かび上がった。元助役は原発関連工事を請け負う建設会社の顧問を務める一方で、関電の子会社の顧問を長く務めていたと報じられていることだ。関電は国税当局の税務調査を受け、二〇一八年夏には社内調査を実施していた。しかし、そのことについては一切公表せず、不信感を増幅させた責任は大きかった。

こうした関電の対応に強い危機感を抱いたのが日本政府だった。

経済産業相の菅原一秀は「事実であれば言語道断。由々しき事態」としたうえで、電気事業法に基づく報告の提出を関電に命じた。八木や岩根らの経営責任に関しても「企業人として関電の方々が判断するものだと思う」と突き放し、事実上の〝引導〟を渡した。そこには関電問題がきっかけとなって原発再稼働をめぐる議論に発展することへの強い危機感がにじみ出た。

安倍政権がまとめたエネルギー基本計画には電源構成は二〇三〇年度で「原発二〇～二二%、再生可能エネルギーは二二～二四％にする」としていた。安倍も「原発ゼロは責任あるエネルギー政策とは言えない」と明言した。エネルギー基本計画でも原発について「社会的信頼の回復がまず不可欠」としていたが、その出発点が大きく揺らいだ。

八ッ場ダムの問題提起

ヘリコプターが捉えた地面に描かれた「水　食料」の文字――。宮城県丸森町の山間部で孤立した住民による「ＳＯＳ」の発信。今度は東日本を襲った台風一九号が大きな爪痕を残した。千葉県に強風による大きな被害をもたらした台風一五号の襲来から約一カ月。一九号は一〇月一一日夜、伊豆半島に上陸し、関東、甲信越、そして東北地方をすっぽりと覆いながら駆け抜けた。記録的な大雨を伴った大型台風によって甚大な洪水被害が発生した。一六日午前の時点で死者七五人、行方不明者は一二人。しかも全容はなお見通せず。

「もはや過去の経験則や常識は通用しない」

第二次安倍政権で国土交通相を務め、今の防災対策の基礎を構築した公明党の太田昭宏はこう語った。この時は長野県の千曲川や、福島、宮城両県を流れる阿武隈川をはじめ、東京と神奈川の境を流れる多摩川など七県の五二河川の七三カ所で堤防が決壊した。千曲川の堤防決壊ではＪＲ東日本の車両センターが浸水し北陸新幹線の車両が水没した。

こうした中で注目されたのが群馬県の八ッ場《やんば》ダムだった。「坂東太郎」の異名を持つ利根川の支流に建設中の多目的ダムで二〇二〇年三月に完成が予定されていた。その完工を前に一〇月一日から実際に水を貯めて安全性を確認するための「試験湛水《たんすい》」が開始された。そこに大雨が降り、一気に水位が上昇した。

一五日朝、自民党本部で開かれた「台風一九号非常災害対策本部」で八ッ場ダムの建設を推進してきた元経済産業相の小渕優子（衆院議員・群馬五区）が発言した。

「科学的にまだ実証されてはいないが、地元の住民からこれだけの雨が降ったにもかかわらず吾妻川の水位が低いとの声が寄せられた。肌感覚で言えば八ッ場ダムが一定の役割を果たしたと思う」

八ッ場ダムをめぐっては二〇〇九年九月に発足した旧民主党の鳩山由紀夫内閣が工事中止を決定したことがあった。民主党政権が掲げた「コンクリートから人へ」のスローガンを実行に移した象徴的な大型公共事業だった。その後、野田佳彦内閣で工事再開が決定されることになる。

八ッ場ダムの建設計画が発表されたのは一九五二年。戦後間もない一九四七年のキャサリーン台風による大雨被害がきっかけだった。工事が始まったのは一九九四年。計画発表から実に六八年の時間が費やされたことになる。

八ッ場ダムのように大型の公共事業は完成までに巨費と長い年月を要する。いざ完成しても「時代遅れの無用の長物」になる可能性も否定できない。政治とカネをめぐる議論の中でも「公共事業は悪」として槍玉にあがる。結果として続発する自然災害を契機に古くて新しい問題に火が付いた。

五輪マラソン札幌開催の波紋

「日本四強ならず」――。一〇月二一日付の東京発行の一般紙六紙のうち朝日を除く五紙の一面に全く同じ見出しが踊った。ラグビーW杯で史上初めてベスト8入りしたラグビーの日本代表の敗退を伝える記事だ。日本代表が敗れた対南アフリカ戦のテレビ視聴率は四一・六％（ＮＨＫ）を記録した。

日本代表の快進撃によって「にわかラグビーファン」が激増し、社会現象になった。そして多彩な出身国の選手たちが織り成したチームワークを一つの言葉が象徴した。

「ワンチーム」――。

ところが、ラグビーW杯の熱狂の裏側でもう一つのスポーツの祭典をめぐって想定外の事態が進行していた。翌年の二〇二〇年七月に迫った東京五輪のマラソンと競歩の二競技の会場を札幌に持っていくというのだ。ニュースは中東の産油国、カタールの首都ドーハから飛び込んできた。日本時間一六日午後八時前、共同通信が速報で伝えた。

「国際オリンピック委員会（IOC）は来年の東京五輪での暑さを懸念し、マラソンと競歩を札幌開催に変更する検討に入ったと発表した」

もともと真夏の東京開催をめぐっては暑さ対策が大きな課題ではあった。五輪のホスト役である東京都知事小池百合子も「暑さ対策」の先頭に立ってきた。マラソンコースの表面温度を下げるために「遮熱性舗装」の工事を進め、大型扇風機やミストの設置も検討中だった。スタート時間を午前六時に繰り上げるなど様々な知恵と工夫を凝らしていた。代表選手の選考も、五輪本番のコースで一発勝負の「マラソングランドチャンピオンシップ（MGC）」が実施された。その結果、男女各二人に代表の切符が手渡されていた。それがツルの一声ならぬ「バッハ（IOC会長）の一声」で一気に水泡に帰す事態となったのだった。

小池は一六日夜の段階で強い不快感を込めたコメントを発表した。

「唐突な形で発表され、このような進め方は大きな課題を残す」

さらに翌一七日の連合東京の会合で森らを痛烈に批判した。

「涼しいところというなら、安倍晋三首相も森会長もロシアのプーチン大統領と親しい。平和の祭典を北方領土でどうだ、と呼び掛けてみるのもありだと思う」

小池は数少ない理解者である自民党幹事長の二階俊博を党本部に訪ね、支持を要請し、あくまでも東京開催へのこだわりを見せた。

一方の森は小池発言に反発、札幌開催で押し通す考えで譲らない。

「(小池は)極めて無責任なことを言っている。他に案があるのか」

もっとも組織委員会関係者の中にもＩＯＣや組織委の荒っぽい運びに批判的な意見もあった

「口は出すけど実際の五輪運営にかかわった委員は少ない。バッハもバッハだ」(組織委幹部)。開会式まで三〇〇日を切ったタイミングでの発表に違和感は拭えなかった。札幌開催が正式に決まった場合の費用負担はどうするのか。既に売り出されたチケットの扱い、選手村の設営、ボランティアの確保……。解決しなければならない問題は山積した。

しかもマラソンをめぐる都と組織委の対立の背景に政治家同士の不信感が横たわる。小池は周囲に間接的表現ながら森への強い不満を口にした。

もともと二〇一六年の都知事選に小池が自民党の制止を振り切って立候補して以来、政府、自民党東京都連と小池との確執が続いた。それが東京五輪開催の最大の懸念事項と言ってもよかった。五輪開会式(七月二四日)と重なるように小池の都知事としての任期満了が巡ってくる。再選を目指す小池と、対立候補の擁立を模索する自民党都連などの反小池勢力の激突に再びマラソン問題がきっかけを与えた可能性は否定できなかった。

また東京を舞台にしたマラソンのない五輪が「東京五輪」と言えるのかという疑問が拭えなかった

のも事実だった。ラグビーW杯が大成功を収めつつある一方でメーンイベントの東京五輪が大きく揺らいだ。

失言続発、黄信号灯る

「辞任」「謝罪」「釈明」――。

安倍が内閣改造・自民党役員人事を断行したのが二〇一九年九月一一日。まだ二カ月も経っていないにも拘らずスキャンダル、失言が続発した。

まさしく安倍の任命責任が問われる事態だった。わずか一カ月半余で経済産業相の座を去った菅原一秀は、菅が推した「菅銘柄」の筆頭格だった。菅原は一〇年前にも週刊誌で取り上げられた選挙区の有権者に対する贈答品をめぐる疑惑を週刊文春で報じられ、国会で野党議員の集中砲火を浴びた。再び香典疑惑が浮上し、万事休す。自民党は文春報道の直後から顧問弁護団を交えて対応策を協議したが答えはすぐ出たという。

「弁護士的にはアウト」(自民党幹部)

文部科学相の萩生田光一による「身の丈」発言もその例外ではなかった。一〇月二四日のBSフジの番組だった。翌年度から始まる大学入学共通テストの英語で導入される民間検定試験をめぐるやり取りの中で飛び出した。新制度は家庭環境や居住地の違いで不利が生じるとして入試の大原則である公平性・公正性への疑義が指摘され、その是非が大きな問題になっていた。ところが萩生田の口から出たのは「自分の身の丈に合わせて頑張ってもらえれば」というものだった。萩生田は集中砲火を浴び、謝罪と釈明に追い込まれた。

「国民、特に受験生に不安を与えかねない説明だった。おわびしたい」

萩生田発言をきっかけに制度の延期論にも火が付いた。そして萩生田発言がクローズアップされている中で防衛相河野太郎が火だるまになった。二八日夜、東京都内で開いた自らの政治資金パーティーでのことだった。

「私はよく地元では雨男と言われた。私が防衛相になってから既に台風は三つ」

河野も慌てて「不快な思いをされた皆さまにおわびを申し上げたい」と陳謝したが、失言の代償は大きい。安倍は二九日、公明党代表の山口那津男と急遽会談した。

「閣僚の発言でいろいろご心配をお掛けして申し訳ない。これから引き締めて真摯に取り組んでいく」

3　音を立てて崩れる安倍一強

「菅銘柄」人事の蹉跌

二〇一九年一一月六日付の朝刊各紙の政治面にベタ記事が載った。

「自民党大会三月八日に」

記事は翌年の自民党大会が二〇二〇年三月八日に決まったことを報じただけだったが、それ以上に深い意味があった。現行の総裁任期は党則で「一期三年、連続三期まで」と決まっている。四選を可能にするには党則を変えなければならなかった。

安倍が三選を果たしたのは二〇一八年九月の総裁選。それまでは党総裁任期を「連続二期六年まで」と制限しており、「三期九年まで」に改正するための党則変更が必要だった。それを実現したのが二〇一七年三月五日の自民党大会。総裁選実施の約一年半前に当たった。当然のことだが、いきなり党大会に総裁任期を延長するための議案が提出されたわけではない。議論が始まったのはその前年の九月。つまり任期延長による総裁選の実施までに二年間を費やしたことになる。

さらに四選説がなおくすぶっていたが、二階自身が安倍四選に向けて積極的に動いた形跡はなく、党内の手続きが始まった話も聞こえてこなかった。それ以上に安倍及び安倍周辺からも安倍の「やる気」が伝わってこなかった。

安倍に近い自民党税制調査会長の甘利明は一〇月一八日、静岡市内の講演で安倍の気持ちを語った。

「三期を超えて(総裁を)務めるつもりは全くないと思う」

この党大会の日程決定はこうした流れの中で「安倍四選なし」をほぼ確定させる意味を持った。内閣改造人事でもその顔ぶれから安倍の〝情熱の衰え〟が伝わってきた。むしろ官房長官菅義偉に近い「菅銘柄」の登用や、二階派の優遇が目立ってはいたが、結果は早くも「失敗人事」の烙印が押された。経済産業相の菅原一秀は一〇月二五日、首相官邸で安倍と会い、辞表を提出した。安倍は「任命責任は私にあり、国民に深くおわび申し上げる」と記者団に述べた。

菅原の辞任から一週間も経たない一〇月三一日、今度は法相河井克行が安倍に辞表を提出した。妻の案里がこの年の七月に行われた参院選広島選挙区で初当選した際、いわゆる「うぐいす嬢」に法定額の二倍に当たる日当三万円を支払った公選法違反疑惑が報じられた。当初はよくある選挙違反事件とみられていたが、その後の東京地検特捜部の捜査が開始されると、単なる選挙違反事件に留まらない一大事件となっていく。河井夫妻は、地元の地方議員や自治体首長など約一〇〇人に約二九〇〇万円の資金を渡し、公選法違反（買収）容疑で逮捕、起訴された。それぞれ衆院議員と参院議員を辞職した。その後、夫婦ともに有罪が確定。案里の当選は無効となった。また参院選を巡り、候補者だった案里と夫の克行がそれぞれ支部長を務める自民党支部に自民党本部から計一億五〇〇〇万円の入金があったことが明らかになった。

この選挙で自民党は案里と現職だった岸田派重鎮の元国家公安委員長溝手顕正の二人を擁立した。野党系無所属現職の森本真治を含む三つ巴の激戦となり、溝手が落選した。溝手の落選は広島が地元の政調会長岸田文雄には大きな痛手だった。岸田は参院選では安倍―菅の圧力に屈した形になったが、結果として菅や二階が肩入れした案里をめぐる買収事件の拡大は岸田にはプラスに働いた。

ちなみに夫の克行の議員辞職は克行が当選していた衆院広島三区の候補調整をめぐって新たな現象を生むことになった。克行は公職選挙法違反（買収）で起訴された後、無罪を主張していたが、二〇二一年三月二三日の東京地裁での公判で買収を認め、二五日になって衆院議長の大島理森に辞職願を提出した。通常ならこの時期の議員辞職に伴う補欠選挙が実施されることになるが、衆院議員の任期満了日がこの年の一〇月二一日だったため、補選はなく衆院総選挙に吸収された。そこで河井が当選を続けてきた衆院広島三区に公明党が比例中国ブロックで当選していた斉藤鉄夫の擁立を決めたのだった。斉藤は衆院選挙直前に発足した岸田文雄内閣で国土交通相に就任しており、岸田が折れる形で広島三区を公明に譲ることになった。その後、二〇二三年になって自公の候補調整をめぐって不協和音が生じると広島三区と国土交通相ポストの両方で「自民党に戻すべき」（自民党幹部）との声が表面化した。

ただ、岸田は「斉藤鉄夫氏は広島の高校を卒業している〝広島人〟。斉藤さんがいる間は」と周辺に語り、選挙区も閣僚ポストも手を付けなかった。

二人が辞任した直後の後任決定は極めて早かった。経産相には元幹事長梶山静六の長男で元地方創生担当相の梶山弘志、法相には弁護士で元少子化対策担当相の森雅子の就任が直ちに決まった。自民党内には「あらかじめ〝補欠〟を決めていたのではないか」（ベテラン秘書）との声もあったほどだ。

「菅銘柄」の蹉跌は菅にとって大きな痛手だったが、菅と同じように苦難を乗り越えて政界を生き抜いてきた古賀誠は違う見方を示した。

「菅さんはこんなことでめげることはない。一時的に苦境に立つことはあっても、潰れるような柔《やわ》な政治家ではない。逆に新たな動きをするのではないか」

この辞任劇は国会の憲法審査会の審議日程を不透明にしたこともあり、安倍には大きな誤算だった。総裁四選も消え、人事で失敗した安倍にとって打つ手は見えなかった。ガラガラと音を立てて安倍一強が崩れ始めた。

「即位礼正殿の儀」

首相安倍晋三が内閣改造・自民党役員人事を終え、臨時国会を召集すると、天皇陛下の皇位継承を内外に示す重要な儀式である「即位礼正殿の儀」が待っていた。当日の一〇月二二日は朝から激しい雨に見舞われた。天皇陛下は午前八時すぎ、赤坂御所を出発、車で皇居に向かわれた。穏やかな表情を浮かべ、沿道の人たちに手を振られた。

儀式はかん高い鉦《しょう》の音で始まった。参列者が一斉に起立。黒い束帯姿の侍従が高御座《たかみくら》の帳《とばり》をゆっくりと開き、黄色がかった茶色の装束「黄櫨染袍《こうろぜんのほう》」をまとわれた陛下が、正面をまっすぐに見据えられた。中庭を囲んで豊明殿や長和殿が配置された宮殿には、国家元首ら海外から大勢の賓客が招かれていた。「即位礼正殿の儀」は諸外国の国王戴冠式や即位式に当たる。天皇陛下は午後一時一五分すぎ、国内外に即位を宣言された。

先に、日本国憲法および皇室典範特例法の定めるところにより皇位を継承いたしました。ここに「即位礼正殿の儀」を行い、即位を内外に宣明いたします。

上皇陛下が三〇年以上にわたるご在位の間、常に国民の幸せと世界の平和を願われ、いかなる時も国民と苦楽を共にされながら、その御心をご自身のお姿でお示しになってきたことに、改めて深く思いを致し、ここに、国民の幸せと世界の平和を常に願い、国民に寄り添いながら、憲法にのっとり、日本国および日本国民統合の象徴としてのつとめを果たすことを誓います。

国民の叡智とたゆみない努力によって、わが国が一層の発展を遂げ、国際社会の友好と平和、人類の福祉と繁栄に寄与することを切に希望いたします。

これを受けて首相安倍晋三の発声に合わせて参列者が「万歳」を唱えた。外では礼砲がとどろいた。安倍はツイッターでも祝意を表明した。

「朝から降り続いた雨が一転、澄明な陽光が差し込む中、即位を内外に宣明された」

「この歴史的な日に、凛とした雰囲気の中で深い感銘を覚える。本当に身の引き締まる思いだ」

「即位礼正殿の儀」は外交の重要舞台でもあった。その主役の一人は安倍だった。即位礼外交は前日の二一日から始まった。二五日までに安倍は約五〇カ国・地域の大統領らと会い、地域情勢などを巡って意見交換した。会談場所の迎賓館で約三〇分刻みの会談が続いた。ほとんどがセレモニー的な会談だったが、中には中国の国家副主席王岐山、韓国首相の李《イ》洛淵《ナギョン》、ミャンマーの国家顧問兼外相アウン・サン・スー・チー、パレスチナ自治政府議長のアッバス、ウクライナ大統領のゼレンスキー、ヨルダン皇太子のフセイン、ブラジル大統領のボルソナロ、ドイツ大統領のシュタインマイヤーらとの重要な会談も断続的に行われた。

また天皇陛下が国内外の賓客から祝福を受け、飲食を共にされる国事行為「饗宴の儀」は、「即位礼正殿の儀」が実施された二二日以降、計四回開かれた。皇族の負担軽減や儀式の簡素化のため、平成の代替わり時より規模を縮小された。それでも計二六〇〇人が参列した。

この後も天皇陛下の即位を披露する「祝賀御列の儀」(パレード)が一一月一一日。一四、一五日には、大嘗祭《だいじょうさい》が執り行われた。即位した天皇が初めて執り行う「新嘗祭《にいなめさい》」で、皇位継承に伴う重要な宮中祭祀。中心となる「大嘗宮《だいじょうきゅう》の儀」が、皇居・東御苑に建設された大嘗宮を舞台に執り行われた。祭服を着た天皇陛下がその年に収穫されたコメなどを神々に供え、自らも食して国と国民の安寧を祈り、五穀豊穣に感謝した。費用は国費で賄われた。平成の前回は、憲法が定める政教分離の原則に違反するとの議論が起こったが、政府は「公的な皇室行事」と位置付け、これを踏襲した。大嘗宮は大嘗祭を行うためだけに設営され、儀式が終わると取り壊される社殿。七月末に地鎮祭が行われ、工費は九億五七〇〇円。屋根は経費削減と工期短縮のため、平成時のかやぶきから板ぶきに変更となった。

一方、政府は、「即位礼正殿の儀」に合わせて一〇月一八日の閣議で比較的軽微な事件で罰金刑を受け、資格が制限された人を復権させる恩赦を決定した。対象は約五五万人。ただし公務員の懲戒免除は見送られた。「森友学園」に関する財務省の決裁文書改竄で、減給や戒告の懲戒処分を受けた元財務省幹部らが救済される可能性があったためで、政府は「国民の感情に配慮した」と説明した。

「レイムダック化」との闘い

一連の皇位継承に伴う行事は大きな山場を越えたが、その後も東京五輪・パラリンピックが待ち受けていた。その間には一月召集の通常国会、つまりこの間のほぼ一〇カ月間は一強と言われた首相安倍晋三の権力行使の証でもあった「日程の支配」が極めて難しい局面を迎えることになった。

しかし、「時間」は容赦なく流れた。安倍には二つの「任期切れ」が忍び寄っていた。それもほぼ同時期の「二〇二一年の秋」――。まず自民党総裁としての任期切れが二〇二一年九月末と決まっていた。それから間を置かずに一〇月二一日が衆院議員の任期満了だった。この重なり合うようにやってくる二つの任期を無風で迎えることができる保証は全くなかった。安倍が悲願として掲げた憲法改正が事実上消えることにも繋がりかねなかった。早くも安倍は自ら掲げた「二〇二〇年中の改正憲法の施行」について軌道修正した。一〇月一〇日の衆院予算員会で安倍は明言した

「(二〇二〇年の改正憲法施行は)あくまで希望だ。発議するのは国会で、私が述べたスケジュール通りになるとは毛頭、思っていない」

改憲議論促進の基本は野党側の理解を得ながら円満な議論を積み重ねることにある。ところが安倍のやっていたことは真逆だった。衆参両院の予算委員会で質疑中に安倍は質問者の野党議員にヤジを飛ばした。協調路線どころか野党への挑発行為と受け取られても仕方がなかった。

「桜を見る会」で火だるま

しかもこの年、二〇一九年四月に行われた政府の公的行事である「桜を見る会」をめぐって公私混同疑惑が浮上した。安倍の地元である山口県の支持者を多数招待しているとの疑いが発覚した。菅も招待者の基準や招待者数について苦しい立場に追い込まれた。

「政府として検討していく必要がある」

間接的表現ながら政権の対応が不適切であったことを認めたのだった。安倍は首相就任以来、官邸の玄関で記者団が声掛けをしてもほとんど質問を無視して素通りした。時折北朝鮮のミサイル発射の際など自ら発信の必要がある時だけマイクに向かう。しかも用意したコメントを発するだけ。味もそっけもない短時間のやり取りをして終わる。これが日常的に繰り返されたのが安倍官邸の取材風景だった。そこにはハプニングもサプライズもない。

その安倍が「桜を見る会」をめぐる問題表面化の後は全く異なる対応を見せたのだった。一一月一五日には午前と午後の二回にわたって取材に応じた。午後のインタビューに至っては二一分間に及んだ。さらに一八日にも追加取材に答えた。考えられないような〝サービス〟ぶりを多くのメディアが「異例の対応」と報じた。安倍の危機感の反映とみるのが自然だった。

一一月八日、参院予算委員会で共産党の田村智子が安倍を追及した。

「首相自身も地元後援会の皆さんを多数招待しているのではないか」

これに対する首相の答弁がその後の問題拡大に火を点けた。

「各省庁からの意見を踏まえて幅広く招待する。主催者としてのあいさつや接遇はするが、招待者の取りまとめはしていない」

ところが、安倍の地元事務所が「桜を見る会」への参加を組み込んだ旅行ツアーを募集していたことが発覚した。「招待者の取りまとめをしていない」と語った安倍の国会答弁との食い違いは明白だった。その後も「桜を見る会」の前日にホテルニューオータニで開かれた「前夜祭」の経費問題が指摘された。会費は一人五〇〇〇円。安倍自身が「出席者は八〇〇人」と語っていた。単純計算しても四〇〇万円の現金が前夜祭会場で支払われたことになる。それなのに領収書も経費の明細書もないという。そんな多額の現金がホテル側に直接支払われたのだろうか。

安倍が説明すればするほど、矛盾や問題点が膨らんだ。

野党側は厳しく国会での説明責任を追及した。官房長官の菅義偉は幕引きを急いだ。安倍も一一月一四日になって翌年の「桜を見る会」の中止を決断した。しかし、なぜ中止にするかの理由が不明のまま。そもそも「桜を見る会」は一九五二年に首相吉田茂が復活させた伝統ある政府の公的行事。中止にはそれなりの理由が必要だった。

安倍の異例のインタビューはこうした流れの中で行われた〝窮余の一策〟に違いなかった。ただし、森友問題や加計学園問題の時とは決定的に違う動きが出ていた。安倍の釈明とは別に政権幹部が次々と「桜を見る会」の運用上の問題点を明らかにした点だった。とりわけ菅は情報開示に積極的だった。二〇日午前の衆院内閣委員会では驚きの数字を明らかにした。一九年の「桜を見る会」招待客の推薦枠のことだ。

「自民党六〇〇〇人、首相一〇〇〇人」

この年の招待客、約一万八〇〇〇人の約半数に当たった。さらに内閣審議官の大西証史は安倍事務所が参加希望者を募る際、安倍夫人昭恵による推薦もあったと明らかにした。ことここに至っては安倍自身も頭を下げざるをえなくなった。

「これまでの運用は大いに反省すべきだ。予算や招待人数も含め、全般的な見直しを幅広く意見を聞きながら行う」

皮肉にも安倍が憲政史上最長の首相在任記録を持っていた桂太郎と肩を並べた一一月一九日の各紙朝刊には「桜を見る会」を追及する記事が並んだ。安倍の自民党総裁としての残り任期は二年を切っていた。

その頃、戦後第五位の長期政権を担った元首相中曽根康弘が一〇一歳の生涯を閉じた。一一月二九日午前七時すぎ。大往生だった。中曽根は自身が主催した「桜を見る会」で西行法師の和歌に心境を託したことがあった。

「願わくば　花の下にて　春死なん　そのきさらぎの　もち月の頃」

だが、中曽根はその桜の季節を迎えることは叶わなかった。その死とともに「戦後政治」も終わりを告げた。政治的遺言は「憲法改正」。側近によると、手首を骨折、入院してから急速に体力が衰えたという。中曽根を送る政府と自民党の合同葬は二〇二〇年三月一五日に決まり、案内状も関係者に送付された。しかし、実際に営まれたのは、二〇二〇年一〇月一七日。延期の理由は新型コロナウイルスの感染拡大だった。無論、中曽根が死去した当時にはこの感染症の存在は知る由もなかった。国立感染症研究所のホームページにはこう記載されている。

「新型コロナウイルスは、二〇一九年一二月以降中華人民共和国湖北省武漢市で発生した原因不明の肺炎患者から検出された新種のコロナウイルスである」

安倍も予期せぬコロナ禍との戦いに身を投じることになった。

4　退陣への序章

緊張感を欠いた二〇一九年末

第二〇〇臨時国会が閉会した二〇一九年一二月九日夕、恒例の首相記者会見が官邸で行われた。その模様はNHKで中継放送されたが、過去の会見と比較しても相当お粗末な部類に入る記者会見だった。首相安倍晋三と内閣記者会の双方から「国民の知る権利」に応えるという使命感、熱意が一向に伝わってこなかったからだ。政治部記者にとって首相会見はあらゆる会見の中でも格段の重みがある。ところが、テレビカメラが会見場全体を映した際に目に飛び込んできたのは驚くほどの空席の多さだった。安倍のように長期政権を担い、会見慣れした首相とまともにやり取りするには、会見場の記者席がびっしり埋まっていることも重要な要素だが、その意識もなかったようだった。臨時国会で浮上した「桜を見る会」をめぐる安倍の公私混同疑惑の解明は消化不良のまま。予定調和を絵にかいたような「セレモニー会見」に終始した。

一二月九日に閉幕した臨時国会では予算案の提出がなかったため、予算委員会が開かれたのは衆参それぞれ一回だけ。閉会翌日、一二月一〇日付の朝刊各紙の安倍会見を伝える見出しが興味深かった。政権に対するスタンスが二つに割れたからだ。

▽「桜を見る会説明従来通り」(朝日新聞)、「『桜』未解明のまま」(毎日新聞)、「『桜』名簿復元指示せず」(東京新聞)

▽「首相、憲法改正『私の手で』」(読売新聞)、「首相『改憲、必ず自分の手で』」(日本経済新聞)、「首

相、『改憲、私の手で』」(産経新聞)

ＩＲ汚職

その臨時国会の閉幕を待っていたかのように再び政治家に東京地検特捜部の捜査の手が伸びた。安倍政権が外国人観光客を呼び込むためのキラーコンテンツとして法制化を実現させたカジノを含む統合型リゾート施設(ＩＲ)事業への参入をめぐって自民党衆議院議員の秋元司が外為法違反容疑で事情聴取を受けたのだった。

秋元はＩＲ誘致の積極派で、内閣府と国土交通省の副大臣を務めた際はＩＲ担当だった。日本への参入に関心を寄せていた中国の企業関係者が一八年四月、国土交通省を訪れ、当時副大臣だった秋元と面会、参入への協力を求めていたことが判明した。暮れも押し詰まった一二月二五日、秋元は中国企業側からの数百万円の収賄容疑で逮捕された。

その後、秋元は起訴され、立件額は合わせて計約七六〇万円となった。安倍政権が成長戦略の目玉としたＩＲ整備法の正当性が問われる事態と言えた。

令和最初の正月

令和の時代になって初めての新年が明けた。皇居では恒例の新年祝賀の儀が行われた。天皇陛下は一日午前、皇族や首相安倍晋三ら三権の長らから新年のお祝いを受け、「国民の幸せと国の発展を祈ります」と応じられた。ただ、上皇ご夫妻は参加せず、住まいの吹上仙洞御所で皇族や宮内庁職員らのあいさつに応じた。

また二日には令和初となった新年一般参賀が皇居で実施された。天皇、皇后両陛下が午前三回と午後二回の計五回、宮殿長和殿のベランダに立ち、集まった人々から祝賀を受けられた。秋篠宮さまご夫妻ら皇族も並ぶほか、上皇ご夫妻も午前中だけ出席された。代替わり後、天皇陛下が上皇さまと一緒に国民の前で公に姿を見せたのは初めて。約六万八〇〇〇人が訪れた。

一方、首相安倍晋三は一日付で年頭所感を発表した。

「国のかたちに関わる大きな改革を進める。その先にあるのが憲法改正だ」

年頭所感で改憲に直接言及するのは二〇一四年以来だった。改憲に懸ける意欲は一月七日の自民党本部で開かれた新年仕事始めの際も同じだった。

「私たちに課せられた大きな責任でもある憲法改正に向けて、大きな歩みを進めていこう」

そして翌二〇二一年九月の党総裁任期を念頭にこう語った。

「桃栗三年、柿八年の先は、柚子《ゆず》は九年の花盛り。柚子までは責任を持って大きな花を日本に咲かせたい」

通常国会召集前の外国訪問では、サウジアラビア、アラブ首長国連邦（UAE）、オマーンの中東三カ国を訪問した。期間は一月一一日から一五日まで。そして第二〇一通常国会が二〇日に召集された。

首相安倍晋三の施政方針演説など政府四演説は二〇日に行われた。衆参両院での各党の代表質問は二二日から二四日。補正予算案を審議する衆院予算委員会は二七日からで、安倍と野党の論戦が本格化した。会期は六月一七日までの一五〇日間。ただし二〇二〇年は国会閉幕後に超ビッグイベントが控えていた。国会会期末翌日の一八日は東京都知事選告示。七月二四日はいよいよ東京五輪の開会式が待ち構えていた。国会の会期延長はあり得なかった。このため政府は提出法案を通常国会では過去最少の五二本に絞り込んだ。五輪の後はパラリンピックが控えていた。

この間には安倍が国賓として招待した中国国家主席、習近平の来日が予定された。五輪の聖火は三月二六日に東日本大震災の被災地でもある福島県楢葉町と広野町にまたがる「ナショナルトレーニングセンター・Jビレッジ」をスタート、全国を巡る予定が組まれていた。

結局、二〇二〇年の政治のメーンステージはパラリンピック後の一〇月以降に絞られてくると見るのが常識だった。「解散は早くて二〇二〇年一〇月」と政府高官も明言した。衆院議員の残り任期が一年を切るタイミングでもあった。

ただし、大きな疑問が残されていた。「誰が衆院を解散するのか」――。安倍の「東京五輪花道論」が絶えず取りざたされていたからだった。その一方で「安倍四選論」も燻った。しかし、安倍は一向に腹の中を見せようとしなかった。

誰を後継者にするか

安倍花道論の根拠は政権の長期化に伴う〝金属疲労〟に加えて、退陣後の安倍の政治的影響力を維持するための有力な選択肢という点にあった。連続在任日数では最長の記録を持つ佐藤栄作は七年八カ月の長期政権を維持したが、自ら登用した田中角栄と福田赳夫との激しい「角福戦争」の影で影響力を失った。これに対して中曽根康弘は安倍晋太郎、竹下登、宮澤喜一のいわゆる「安竹宮」を競わせ、最後は「中曽根裁定」に持ち込み、竹下を後継者に指名して影響力を保った。

安倍も退陣後も影響力を残すため、キングメーカーの座を狙っていたとみて間違いなかった。

二〇一九年の内閣改造が行われたころから、安倍が思い描く後継者は自民党政調会長の岸田文雄であることは党内の共通認識と言ってよかった。しかし、地方党員票で岸田が安倍に挑戦した石破茂を凌駕できる保証はどこにもなかった。そこで浮上したのが「退陣─両院議員総会」による決着だ。これなら国会議員の人数で圧倒的な人数を占める安倍の出身派閥である細田派と安倍の盟友、副総理兼財務相の麻生太郎が率いる麻生派が岸田支持でまとまれば岸田派を加えて岸田優位の状況が生まれるからだ。

しかし、同時に新たな流れが出始めた。岸田派名誉会長の古賀誠が公然と官房長官の菅義偉を支持する考えを表明していたからだ。

「首相を継ぐのは菅義偉官房長官がふさわしい」

古賀の事務所には古賀の孫を抱く菅の写真が飾られている。

元号「令和」の発表後、「令和おじさん」として急速にポスト安倍候補に躍り出た菅は台風の目となる可能性が出てきた。菅の浮上は党内のパワーバランスに変化が生じていることを窺わせた。「安倍一強体制」から反安倍の石破派に加え、新たに石破でも安倍でもない中間勢力の形成が始まったと見てよかった。

菅が臨時国会で「桜を見る会」の問題をめぐって厳しい追及を受けたのも、菅が「時の人」になりつつあることの裏返しであると言えた。しかし、中間勢力が菅擁立で固まっているわけではなかった。菅の他にも環境相小泉進次郎、防衛相河野太郎、外相茂木敏充、厚生労働相加藤勝信、元総務相野田聖子らの名前がポスト安倍候補として上がった。ただし安倍との距離感はまちまちで誰も決定打がなかった。結果としてなお安倍四選論が消えずに残ることになった。中でも二階は繰り返し四選に触れた。

「『四選どうぞ』と言うのは当たり前だ」

ただし、二階側近ですら「問題は安倍さんがどう考えているかだが、全く見えない」と語った。その上で四選を決める場合の党則変更については「任期満了半年前の二〇二一年三月の党大会で決めればいい」と指摘していた。

さらに安倍四選論に絡んで新たな要素として出てきたのが「トランプ・ファクター」だった。二〇二〇年一一月に行われる米大統領選でトランプが再選された場合安倍しかいないという訳だった。甘利明はその点を指摘した。

「強烈な指導者をうまくつなぎ、世界全体をまとめていく役割を一番期待されている」

こうした四選論が消えない中で安倍が公言した二〇二〇年中の改正憲法の施行は事実上達成不可能となった。それだけでなく今後の改憲スケジュールも全く見通しが立たない状況が生まれていた。改憲には一般的に「三国会が必要」とされる。①各党の改憲案討議②改憲原案の絞り込み③国会発議——の三段階の流れが想定されるからだった。

この状況ではどんなに早くても安倍の任期中には国会発議が精いっぱい。任期中に国民投票まで漕ぎつけることはほぼなくなったと見てよかった。

新型コロナウイルス感染者の確認

二〇二〇年の政治状況はパラリンピックが閉幕する九月まで事実上の「政治休戦」になることがほぼ確定しつつあった。最大の焦点は「安倍の去就」——。これが二〇二〇年一月時点の政局見通しだった。しかし、現実に起きたことはこれらの見通しの全てを木端微塵に吹き飛ばした。それこそが「新型コロナウイルス」の感染拡大だった。政治、経済、外交などに限らず国民生活を根底から大きく揺さぶった。

初めての日本国内での感染者の確認について厚生労働省はホームページで公表した。

新型コロナウイルスに関連した肺炎の患者の発生について（一例目）

一月一四日、神奈川県内の医療機関から管轄の保健所に対して、中華人民共和国湖北省武漢市の滞在歴がある肺炎の患者が報告されました。この方については、一月六日にご本人が医療機関を受診した際に、武漢市の滞在歴の申告があり、その後、原因が明らかでない肺炎等の患者に係る、国立感染症研究所での検査制度（疑似症サーベイランス）に基づき報告されたものです。

当該患者の検体を国立感染症研究所（村山庁舎）で検査したところ、昨日（一月一五日）二〇時四五分頃に新型コロナウイルス陽性の結果が得られました。新型コロナウイルスに関連した肺炎の患者の発生が国内で確認されたのは初めてです。

しかし、コロナウイルスの感染拡大がとてつもない事態を招くという危機感はまだどこにもなかった。

第八章　コロナとの戦い（二〇二〇年一月〜六月）

新型コロナウイルス特措法に基づく緊急事態宣言全面解除を表明する安倍首相(2020 年 5 月 25 日)

1　コロナの直撃

「五輪史上初の衛星生中継。世界が見守る中、聖火を手に、国立競技場に入ってきたのは、最終ランナーの坂井義則さんでした」

これは結果として首相安倍晋三にとって最後となった施政方針演説の冒頭の部分だ。この二〇二〇年の七月に予定された東京五輪・パラリンピックへの強い決意と期待感が伝わった。そこにはコロナの片鱗もなく、安倍は「全世代型社会保障制度」を目指して改革を実行する決意を表明。さらに悲願の憲法改正に関し、各党に具体案を提示するよう呼び掛けた。

これに対して野党側は「桜を見る会」をめぐる安倍の公私混同や参院広島選挙区を舞台にした公職選挙法違反事件、IR汚職など政権の不祥事、さらに海上自衛隊の中東派遣などを厳しく追及した。

二月一二日の衆院予算委員会には立憲民主党の辻元清美が質問に立った。辻元も「桜を見る会」や森友、加計学園問題など政権不祥事に触れて、安倍に退陣を迫った。

「鯛は頭から腐る。社会、国、企業の上層部が腐敗していると残りもすぐ腐る。ここまで来たら頭を代えるしかない」

こう述べて質問を終えた辻元に委員会室の自席から安倍がヤジを飛ばすというハプニングが起きた。

「意味のない質問だよ」

野党側が激しく反発する中で、次の質問者の逢坂誠二に、安倍はヤジを認めた上で反撃した。

「（辻元質問は）罵詈雑言の連続で、私に反論の機会が与えられなかった。ここは質疑の場だ。これでは無意味じゃないか、と申し上げた」

立民国対委員長の安住淳は、自民党の国対委員長森山裕との会談で安倍の謝罪と発言の撤回を要求した。「断じて容認できない」として安倍に対する懲罰動議の提出を検討する考えを表明した。ここまで来ると強気の安倍も旗を巻かざるを得なくなった。

「不規則な発言をしたことをお詫びする」

一七日午前の衆院予算委員会の集中審議は異例の首相安倍晋三の陳謝から始まった。安倍はそれまでも国会答弁で窮地に追い込まれると、しばしば総理大臣席からヤジを飛ばして審議を混乱させてきた。この時も野党側が集中砲火を浴びせていた「桜を見る会」をめぐってホテルニューオータニで開かれた安倍の後援会を対象にした「前夜祭」が槍玉にあがった。これに対する安倍の答弁は誰が見ても破綻していた。公明党代表の山口那津男もさすがに苦言を呈さざるを得なくなった。

「国会の議論の中で挑発的な言動があったとしても、冷静に真摯に対応することを一貫して心がけてもらいたい」

ヤジ騒動で野党側は安倍に対する懲罰動議の提出で一度は一致したが、急速に方向転換した。そのきっかけは森山裕と安住淳との与野党国対委員長会談にあった。森山は安倍のヤジについて遺憾の意を表明した上で、安住に〝警告〟を発した。

「首相に対する懲罰動議の提出は内閣不信任案提出と同じ意味を持ちますよ」

衆院解散権を握っていたのは安倍だ。一月一二日のＮＨＫインタビューでも「（解散は）本当に考えていない。頭の片隅にもない」と述べつつ、同時に必ずこの一言も忘れなかった。

「解散すべき時が来たと思えば、解散することに躊躇はない」

官房長官菅義偉が一貫して「内閣不信任案の提出は衆院解散の大義名分になり得る」との立場を表明していたことも野党側を大きく揺さぶった。かつて吉田茂が野党議員の質問に「バカヤロー」とつぶやき、そのまま衆院解散に突き進んだ「バカヤロー解散」があった。

立憲民主党代表の枝野幸男もそのことを口にした。

「(バカヤローに)匹敵する暴言であり、議会全体に対する侮辱だ」

そのことは安倍が握る解散権に対する警戒感の裏返しでもあった。しかし、基本的に安倍は「守り」を強いられていた。

急落する内閣支持率

多くのスキャンダルを抱えて防戦一方の安倍に劣勢挽回の方途は見当たらなかった。

それを象徴したのが共同通信の世論調査だった。調査日は二月一五、一六日。内閣支持率は八・三ポイントも下落して四一・〇%。内閣不支持率は四六・一%で支持と不支持が逆転した。さらに政党支持率で安倍を追及した立憲民主党が久しぶりに一〇・九%で二桁を回復した。

他方で、安倍政権というより、日本社会がこれまで経験したことのない危機が忍び寄っていた。新型コロナウイルスの猛威だった。

既に感染者が一月の段階で確認されていたとはいえ、現実の脅威となるにはまだ時間がかかった。ただ、一月二三日になって中国湖北省の大都市である武漢市から伝わったニュースは衝撃的だった。新型コロナウイルスによる人から人への感染が確認され、肺炎患者が多発していた。ついに武漢市は航空便と列車の乗り入れを停止し、事実上封鎖した。次いで中国政府は海外への団体旅行を禁止した。

中国の国家主席、習近平は一月二〇日になってようやく新型コロナウイルスの制圧を指示した。新型肺炎流行の震源地とみられた武漢市の日本人社会に動揺が広がった。

中国各地の日本人学校は、春節（一月二四〜三〇日）明けの授業再開の延期を決めるなど在留邦人の日常生活が脅かされた。一月二六日になって安倍は武漢市に滞在する邦人について、チャーター機などで希望者全員を帰国させる方針を示した。中国国営テレビの中央電視台は武漢市の海鮮市場から大量の新型コロナウイルスが検出されたと伝え、売られていた野生動物が感染源だったと報じた。

一月二九日午前、邦人二〇六人を乗せた日本政府の全日空チャーター機が武漢から羽田空港に到着した。退避帰国の第一陣だった。このうち四人に発熱や咳の症状があり、東京都大田区の都立荏原病院が受け入れた。また、帰国した邦人は政府の要請で千葉県勝浦市の「勝浦ホテル三日月」（現三日月シーパークホテル勝浦）に収容された。安倍はホテルの決断を称賛した。

「たくさん当たったが、二の足を踏むところが多かった。日本人としてやらなければいけないということで、大きな判断をされた」

同ホテルには一月二九日以降、最大一九一人が滞在した。帰国者は滞在中、原則として部屋から出られず、地元住民が和太鼓で励ますなどした。退去後は、客室のほか、滞在者が使用していない大浴場や宴会場まで消毒作業を実施した。この時点で中国本土の死者は一三二人を数えていた。ひたひたと新型コロナウイルスの脅威が迫って来た。安倍も一月三〇日の参院予算委員会で決意を表明した。

「政府の最大の使命は国民の生命を守ることだ。しっかりと拡大防止に向けて全力を尽くす」

この日、新型コロナウイルス感染症対策本部が設置され、国会内で初会合が開かれた。安倍は「やるべきことは躊躇なく決断していきたい」と述べた。

時を同じくして世界保健機関（ＷＨＯ）は一月三〇日、新型コロナによる肺炎について「国際的に懸念される公衆衛生上の緊急事態」に該当すると宣言した。これを受けて日本政府も動く。翌三一日、入国申請時から一四日以内に武漢市など湖北省に滞在歴のある全外国人の入国を拒否する方針を表明した。湖北省発行の中国旅券所持者も入国禁止の措置が取られた。

そして日本社会が新型コロナの脅威を実感する大きなきっかけの一つになったのがクルーズ船「ダイヤモンド・プリンセス」の乗客から感染者が出たことだった。当時八〇歳の男性で、横浜から香港まで同船に乗り、香港で下船後に感染が確認された。

そのクルーズ船は二月三日夜、横浜港に入港し、厚生労働省は大黒埠頭沖で停泊中の船内で大規模な検疫を実施した。厚労省によると、クルーズ船は二月一日に寄港した那覇でいったん検疫を終えていたが、その後に感染が確認されたため、改めて横浜で検査を実施する異例の対応を取った。

既にこの時点で七人が体調不良を訴え、入院の措置が取られた。厚労省は残りの乗客や乗員に一四日間は船内にとどまってもらう方針を明らかにした。

日本人初の死者

これに先立って厚労相の加藤勝信は一月一七日の閣議後会見で初めて新型コロナウイルスに触れた。「検疫所の水際対策や、患者が発生した際の早期探知の体制をしっかり取ることが必要だ」

ただ持続的な人から人への感染については、明らかな証拠はないとして「過剰に心配することなく、手洗いなどの通常の感染対策を取っていただきたい」と呼び掛けただけにとどまった。

日本でも感染の拡大が続いた。東京都は二月一三日、都内在住の七〇代の個人タクシー運転手の男性が新型コロナウイルスに感染したと発表した。この運転手は発症前の一四日以内に、中国に渡航したり、羽田空港に行ったり、海外の訪日客を乗せる機会はいずれもなかったと話していた。

さらに一三日には、感染した神奈川県在住の八〇代の日本人女性が死亡した。国内で死者が出たのは初めてだった。女性は死亡後に感染が確認された。死亡した女性は最近の海外渡航歴はなかったが、感染が確認されたタクシー運転手の義理の母親だった。

一四日になって事態が新展開を見せた。都内で新たに二人の感染者が判明、二人ともタクシー運転手の濃厚接触者だった。濃厚接触者とは陽性となった人と一定の時間の接触がある人と定義される。都によると、タクシー運転手は一月一八日に都内の屋形船で開かれたタクシー組合の新年会に妻と参加した。感染者の一人は屋形船の従業員で武漢からの旅行者を接客しており、船で感染が広がった可能性があった。もう一人は、運転手が加入する組合の従事者の女性で、新年会には参加していなかったが、運転手とは都内の組合事務所で、接触があった。タクシー運転手の濃厚接触者は、新年会に参加した別の運転手や家族（約八〇人）、屋形船の従業員、組合従事者など計約一〇〇人おり、発熱などの症状を訴えていた人が約一〇人いた。この事実は新型コロナウイルスの感染力の強さを日本社会に強く印象付けることになった。このほかにも和歌山県の五〇代の男性外科医が感染した。

この頃からテレビ各局はワイドショーなどでこぞって新型コロナウイルスの問題を取り上げ、感染症の専門家がコメンテーターとして続々と登場するようになった。政府は二月一三日、緊急対策の第一弾を取りまとめた。安倍は感染防止のため、品薄のマスクの増産を支援し、月産六億枚超の供給力を確保すると表明した。二月一四日の閣議で一九年度予算の予備費一〇三億円を含む総額一五三億円の対応策を実行すると明らかにした。感染の疑いのある人を外来で診察する医療機関を各都道府県に設置するよう要請し、財政支援を行うことになった。

しかし、ウイルスの猛威は人知を遥かに超えていた。二月一五日の時点で、クルーズ船の感染者は三五五人に達していた。その後も感染者は増え続け二日後の一七日には乗客三九八人、乗員五六人の計四五四人。さらに船内で連絡調整などの業務に従事していた厚労省の男性職員の感染が確認された。客室に隔離すれば感染拡大は封じられるとの政府の判断はもはや説得力を持たなくなっていた。

観光地ではホテル・旅館などの宿泊施設の予約キャンセルが相次ぎ経営にも深刻な影響が出始めた。

危機意識薄かった政権中枢

コロナ禍が忍び寄る中で安倍は二月一三日夜も、東京・平河町の中国料理店「赤坂四川飯店」で、自民党細田、麻生両派の衆院当選三回議員らの懇親会に出席していた。会合には細田派会長の細田博之、副総理兼財務相の麻生太郎も同席しており、政権中枢の感染拡大に対する危機意識は極めて希薄だった。クルーズ船の対応をめぐっては海外の不満も高まった。まず米国人乗船者が、米政府のチャーター機二機で二月一七日までに帰国した。米政府は「乗船者はリスクが高い状況に置かれている」と判断、チャーター機を手配して退避させることを決めたのだった。

カナダや香港、イタリア、イスラエル、オーストラリア各政府も自国・地域の乗客らを航空機で帰国させる準備を進めた。米政府は一月下旬以降、新型ウイルスによる肺炎が最初に報告された中国湖北省武漢市にチャーター機を相次ぎ派遣し、米国人八〇〇人以上を退避させた。

「日本政府が無症状の乗客乗員らを船内に二週間閉じ込め続けたことに疑問の声が出ている」

米紙ウォールストリート・ジャーナルは世界保健機関（WHO）関係者の話を伝え、日本政府の対応を批判した。安倍が強調してきた「水際作戦」が事実上破綻した。二〇〇九年の新型インフルエンザの際に危機管理を担った専門家もこう指摘していた。

「あの時の教訓が全く生かされていない。当時も感染者の全数把握をやろうとして最後はギブアップした。今やることは、発症者の治療に全力を挙げることだ」

危機管理の基本は、「最悪の事態を想定して最大の準備をすることにある」（警察庁幹部OB）。そのためには国民に対して、ましてや国境を超える問題では国際社会に対して明確な説明責任を果たすことが求められた。しかし、問題が表面化して以来の安倍政権の対応は官僚の思考の範囲を超えられずにいた。安倍が折りに触れて発する発言も抽象的な表現が目立った。

「事態は時々刻々と変化しており、より包括的で機動的な水際対策を講じることが不可欠だ。先手、先手で対策を総動員して欲しい」（一二日の感染症対策本部）

こうした中でのクルーズ船の感染者拡大は国際社会での日本の信頼性に大きな傷をつけるものだった。米政府が日本政府の決めた隔離期間を待たずに米国籍の乗員乗客をチャーター機で退避させたのはその象徴だった。表向きは「日本の医療制度の負担軽減」としていたが、本音は日本不信にあったと見てよかった。

クルーズ船問題については、その検証を行うとしていたが、三年以上を経ても一向に検証結果が明らかにされていない。

検査をめぐる綱引き

クルーズ船をめぐっては新たな議論を誘発した。乗客乗員全員の検査をするかどうかという問題だった。厚生労働相加藤勝信は二月一〇日午前の記者会見で全員検査を検討する方針を打ち出した。「国民の不安や懸念にしっかり対応したい。やりたいと思うが、できると断言できる状況にない」

これに対して官房長官菅義偉は同日午後の会見で「現状においては厳しいものがある」と述べ、全員検査に難色を示した。検査態勢のキャパシティーには限界があるというのが官邸側の判断だった。全員検査の必要性に関しては、専門家の間でも見方が分かれた。

この時期になると、今では当たり前のように使われる「PCR検査」や「クラスター(感染者の集団)」の専門用語が登場しつつあった。

しかし、政府には新型コロナとどう向き合うかの大原則、大戦略が定まっていなかった。

厚生労働省は二月一七日、感染したかどうかを判断する大まかな目安を公表した。それによると、風邪の症状や三七・五度以上の発熱が四日以上続くか、強いだるさや息苦しさがある人は、全国の保健所に設けられた帰国者・接触者相談センターに相談するようにというものだった。

軽症者が医療機関に殺到して診療機能が損なわれるのを防ぎながら、重症者を早期に見つけて治療につなげるのが狙いだった。厚労相の加藤勝信は検査の能力を一日当たり三〇〇〇件に増やすことを明らかにしたが、感染拡大のスピードには到底追いつけるものではなかった。

ダイヤモンド・プリンセスで感染者が確認された二月三日、厚労省は未知のウイルスに立ち向かうため専門家助言組織である「新型コロナウイルス感染症対策アドバイザリーボード」の発足を決めた。メンバーは全部で一二人。この中には国立感染症研究所所長の脇田隆字、そしてコロナ対応では安倍や菅以上に影響力を持つことになる尾身茂（地域医療機能推進機構理事長＝当時）がいた。尾身は伊豆諸島などの地域医療を担った後、世界保健機関（WHO）に二〇年間勤務経験のある感染症対策のエキスパートだった。尾身は早くから新型コロナウイルスの手ごわさを指摘していた。新型コロナは「潜伏期間中や無症状の人も他の人に二次感染させる」からだった。

このメンバーはそのまま二月一四日に設置された「専門家会議」に移行した。専門家集団は「アドバイザリー・ボードメンバーからの新型肺炎対策（案）」をまとめ、二月一三日に政府に提出した。しかし、政府の反応は鈍かった。尾身は著書『一一〇〇日間の葛藤』（日経BP）の中でこう記述している。「非公開提言書を提出してから一週間以上たっても、政府から新型コロナ対策の全体像は示されなかった。私たちの危機感とフラストレーションが高まっていった」

この専門家会議は当初から基本方針を決めていた。それは「ゼロコロナ」ではなく、「できる限り感染のレベルを抑え、重傷者や死亡者の数を少なくすること」にあった。そして尾身によると、専門家集団は三つの役割を担った。

①感染状況の分析とリスク評価、②リスク評価をもとに求められる対策案の政府への提言、③政府からの諮問についての意見具申――。

そして尾身は自著で専門家の役割と政府との関係について「役割分担が不明確であった」と率直に指摘している。最終的に専門家集団が提出した提言書は一〇〇を超えたという。感染症の専門家による「新型コロナウイルス対策分科会」や「基本的対処方針分科会」は二〇二三年八月末をもって廃止されたが、日本社会全体を大きく変えた新型コロナウイルスという感染症に立ち向かった専門家集団が残した功績は、日本の歴史にとって特筆されるものがあったと言っていいだろう。

2　判断を鈍らせた二つの課題

初めての安倍会見

尾身茂らが早くから指摘した懸念、危惧は間を置かずに現実のものとなった。コロナ禍によって政治の潮目ははっきりと変わりつつあった。一月三〇日に設置された新型コロナウイルスの政府対策本部は連日首相官邸で開かれた。しかし、最高責任者だった首相安倍晋三が国民に直接語り掛けることはなかった。

新型コロナウイルスの感染問題が表面化してからほぼ一カ月半、安倍が初めて記者会見を開いた。二月二九日午後六時過ぎ。首相官邸の記者会見場に姿を見せた安倍は延々と釈明、説明を繰り返した。

「首相として国民の生命と暮らしを守る大きな責任を果たすため、先頭に立ってなすべきことは決断する」

「政治は結果責任だと言ってきた。逃れるつもりはない」

安倍はこう言い切ったが、本当にその覚悟があったのか――。記者会見と言いながら、質問者を無視するかのように会見を一方的に打ち切った。

安倍はなぜコロナ問題に消極的だったのか。与党内にはいくつかの見方があった。安倍に厳しいスタンスを取る自民党幹部は「政府内にコロナウイルスはそれほど強いウイルスではなく、感染しても発症しないケースも多いと事態を甘くみていた可能性がある」と述べた。

加えて安倍の判断を鈍らせた特別の事情があったのは間違いないだろう。①四月上旬に検討されていた中国の国家主席習近平の国賓来日、②七月に迫った東京五輪・パラリンピックへの影響——の二つだ。習来日については外務省内にも年明けから延期すべきとの意見があった。中国で最も重要な政治的イベントである年に一度の全国人民代表大会（全人代）の延期が決まったのは二月二四日のことだ。この時点で習来日延期を決めるのが常識的な判断だった。最終的に来日は延期されたが、あまりに多くの時間が空費された。

東京五輪もカナダの古参ＩＯＣ委員のディック・パウンドが口にした「やるかやらないかの最終判断は開会式の約二カ月前の五月末」との発言によってある種の〝相場観〟が形成された。東京五輪の組織委員会の関係者も「五月にはコロナウイルスが収まったという状況になっていないと開催は難しい」と語った。この問題の難しさは日本政府の判断だけでは決着できないことにあった。感染拡大が地球規模に広がっていれば、議論の余地はないが、厄介なのはＩＦと呼ばれる国際競技団体がどう出るかが不明な点だった。例えば、国際陸上連盟（ＩＡＡＦ）、国際水泳連盟（ＦＩＮＡ）など五輪開催に大きな影響力を持つ団体ごとに開催是非の判断も違ってくるからだった。

危機感なき基本方針

政権運営の基本セオリーは「重要課題は分散処理」——。難題が団子状態になればなるほど解決は難しくなるからだ。安倍はコロナ問題への対応では初動で躓き、この出遅れが混乱に拍車を駆ける結果になったと言っていい。

さらに追い打ちを掛けたのが二月二五日に発表された政府の基本方針だろう。「何を今さら」（自民党幹部）と言われても仕方がないほど遅すぎた。さらに内容にも批判が集中した。発表前夜の二四日には感染症対策を検討する政府の専門家会議が緊急会見を行っていた。

「ここ一、二週間が瀬戸際」

この提言について尾身は「ルビコンを渡った」とふり返っている。政府の諮問に対する答えに止まらず全体の戦略や考え方を示す強い警告だった。ところが発表された基本方針には専門家会議の危機意識がほとんど反映されていなかった。

「専門家チームの言っていることと基本方針の内容があまりにずれている。基本方針は厚労省の医療関係技官の問題意識の枠内で終わっている。国家の危機管理の視点が欠落している」(経済省庁幹部)

政府が二〇二〇年二月二五日に決定した「新型コロナウイルス感染症対策の基本方針」の要旨は次の通りだった(共同通信の要約)。

- 方針の趣旨

国内では感染経路が不明な患者が散発的に発生しているが、大規模な感染拡大が起きている地域はない。感染者の集団が次の集団を生むことを防止するのが極めて重要。

- 把握している事実

季節性インフルエンザよりも重症化しやすく、高齢者や持病がある人はリスクが高い。治療薬はないが、他のウイルスへの薬で治療効果を得られる可能性がある。

- 対策の目的

重症者の発生を食い止め、社会や経済への影響を最小限にとどめる。

- 情報提供

むやみに医療機関を受診すると、かえって感染の危険を高めることになる。企業には、熱などの症状がある職員の休暇取得や在宅勤務、時差出勤を呼び掛ける。イベント自粛は求めないが、主催者に改めて必要性の検討を要請する。

・検査

ウイルス検査は感染者の把握ではなく、入院する肺炎患者の診断用に移行する。

・拡大防止策

患者集団を把握し、関係施設の休業やイベント自粛などの対応を要請する。患者数が増え続けている地域では、外出の自粛を広く求めていく。学校の臨時休業実施も都道府県などに求める。

・医療態勢

症状が軽ければ自宅で療養する。高齢者らの継続的医療では、医療機関に行かず、電話の診療だけで処方箋を発行する態勢も構築する。

・その他

マスクや消毒液の増産と供給を事業者に要請し、過剰在庫を抱えないよう呼び掛ける。

この基本方針がいかに実態とかけ離れていたものだったことはやがて明らかになっていく。結果として場当たり的な決定が次々と下されていくことになった。この間にもコロナウイルスの感染者の数は増え続け、複数のメディアの世論調査で内閣支持率が急落した。その一方で北海道知事の鈴木直道、大阪府知事吉村洋文や千葉市長の熊谷俊人（現千葉県知事）ら若き〝物言う首長〟らが先頭に立って、「先手先手」で新型コロナウイルス対策に立ち向かう姿がテレビを通じて全国に報じられた。とりわけ鈴木は全道の小中学校の臨時休校をいち早く決断した。

「この一、二週間が非常に大切な時間。保護者の負担など総合的に判断した」

さらに鈴木は立て続けに「緊急事態宣言」を表明した。いわば「地方主導型の国難対応」の印象を与えた。安倍は鈴木らに煽られたかのようにイベントの中止、延期に続き、二月二七日夕には、突如として全国すべての小、中、高、支援学校に関して「三月二日から春休みまで臨時休校の要請」を表明した。

「ここ一、二週間が極めて重要な時期だ。何より子どもたちの健康、安全を第一に考え、多くの子どもや教員が日常的に長時間集まることによる感染リスクに備える観点から、全国全ての小学校、中学校、高校、特別支援学校について、三月二日から春休みまで臨時休校を行うよう要請する」

安倍の決断を察知した安倍の最側近と言えた文部科学相の萩生田光一ですら、首相官邸に乗り込み、休校要請の取り止めを強く求めた。萩生田は混乱回避のため調整期間の必要性を訴えた。しかし、安倍は聞く耳を持たず、そのまま休校要請を貫いた。ただし、休校要請に法的根拠はなく、対応は各自治体などに委ねられた。文部科学省は翌二八日、各都道府県教育委員会などに要請する通知を出したが、予想通り教育現場は混乱した。休校に伴い仕事を休まざるを得ない家族の収入が減るなど別の問題も生じた。政調会長の岸田文雄は、「国民との意思疎通を図りながら、丁寧に進めなければならない」と政府に注文を付けた。

安倍は二六日に、全国的なスポーツや文化イベントについて「今後二週間の中止や自粛」を要請したばかり。場当たり的な対応は逆に政権の信頼性を毀損することに繋がっていく。「なぜ」「どのように」など具体的な説明がなく、「初めに決定ありき」の印象を与えたからだ。政権幹部ですら、突然の休校要請に関して「内閣支持率の急落など政治的背景があったのではないか」との見方を示した。安倍自身も三月二日の参院予算委員会で「直接専門家の意見を伺ったものではない」と語り、科学的根拠のない政治決断だったことを認めた。尾身も一斉休校を知らなかったと著書に記述した。

安倍は記者会見で、休校に伴って休職を余儀なくされる保護者への助成金制度の創設、第二弾の緊急対応策の策定などを示したが、あくまでも総論に止まった。一斉休校について『回顧録』ではこう語っている。

「走りながら考えたのです。（中略）マスコミからは、メチャクチャなことをやっていると言われましたが、国民に危機感を持ってもらう上では、今でもあの判断は正しかったと思います」

世界同時株安や経済の失速懸念も広がった。自民党内からも安倍のコロナ対応に懸念が広がった。

安倍が新型コロナウイルスの対策で最初に具体的に語ったのは二月一七日の衆院予算委員会。新型コロナウイルスによる肺炎への対応に関し、テレビCMでの注意喚起を同日から始めると表明した。

「正確な情報発信は極めて重要だ。私自身が先頭に立ち、国民の不安解消に全力を挙げていきたい。さまざまな手段を考えている」

しかし、安倍をはじめ政府の危機感は伝わってこなかった。政府の専門家会議副座長の尾身茂は二四日の段階でこう語っていた。

「国内は、感染の拡大を抑えられるかどうか、正念場にある。これまで政府に意見をしてきたが、市民に直接見解を伝えるのが専門家としての責務だと考えた。すべての感染を防ぐことはできないが、最悪の状態を回避するため、熱があれば外出を控えるなど、みんながそれぞれ、やるべきことをやってほしい」

不評を買った〝アベノマスク〟

新型コロナウイルスは地球規模で様々な形で深刻な影を落とした。長く国際政治・経済を見てきた専門家は「現代社会が経験したことがないクライシス（危機）になるかもしれない」との見方を示した。確かに東京都内で視界に飛び込んでくる光景からも異常事態が進行中であることは一目瞭然だった。通行人の姿がまばらな商店街、空席が目立つ飲食店、プロ野球の開幕延期……。日本経済が急降下中であることは肌感覚で伝わってきた。マスク不足は常態化し、薬局でもない飲食店が店頭にマスクを並べて売る光景が随所で見られた。

マスク不足や一斉休校など国民生活への影響が深刻さを増すだけでなく経済活動への打撃も甚大だった。ニューヨーク市場に端を発した世界同時株安は三月九日（現地時間）に衝撃的な株価を記録した。ニューヨーク市場では一時的に下げ幅が二〇〇〇ドルを超え、初めて、株価が急変動した際に取引を一時中断させる「サーキットブレーカー」が発動された。

問題はこうした危機的な状況に首相安倍晋三が率いる日本政府が的確に対応していたのかという点だった。政府はコロナ禍が拡大する中で「適切」と「躊躇なく」の言葉を連発した。しかし、自民党内からも批判がくすぶった。目の前で起きている現象と安倍の言葉に乖離があったからだった。

前述の通り、政府の対策本部に設置された専門家会議が「ここ一、二週間が瀬戸際」と警告を発したのが二月二四日。その翌々日になって安倍が突如としてイベントの中止、延期を要請。さらに二七日には全国の一斉休校要請、その後も中国、韓国からの入国制限措置の発表と矢継ぎ早の決断を連発した。しかし、その決断に至るまでの決定プロセスが見えず、根拠も不明確なことが混乱を招いた。

中韓両国からの入国規制に関しても政府の専門家会議から意見を聞かずに決定した。「後手、後手」と言われた安倍がいきなりアクセルを踏み始めた。そこで浮き彫りになったのが、安倍以外の閣僚の存在感が極めて薄いことだった。政権幹部ですら不満を漏らした。

「閣僚は発言せず、首相の周辺にいる非議員の側近たちに首相が引きずられている印象だ」

非議員とは官僚出身の側近たちだった。この関係者はあえて氏名は伏せてはいたが、首相補佐官の今井尚哉、内閣広報官の長谷川榮一らを指していることは容易に想像がついた。

政治家でも安倍が重用するのは側近ばかりの印象だった。そのひとりが経済再生担当相の西村康稔だった。安倍が与野党党首会談で成立に協力を要請した特別措置法の制定をめぐる「特別措置法改正担当相」に指名した。

その西村は専門家会議が感染症拡大防止のため、「立食パーティーの回避」を求めた翌日の二月二五日に、東京都内で開かれた自民党衆院議員のパーティーに出席、野党側に追及されたばかりだった。首相補佐官の秋葉賢也に至っては安倍がイベントの自粛を全国に要請した二月二六日に地元の仙台で出版記念パーティーを開催した。

外相茂木敏充も安倍がコロナウイルス問題で初めて記者会見を開いた二月二九日に友人とゴルフをしていたことを『週刊文春』に報じられた。〇八年のリーマンショックと〇九年の新型インフルエンザの流行を首相として経験していた副総理兼財務相の麻生太郎もコロナウイルス問題では積極的な発言はなし。ニューヨーク株の大暴落を受けても麻生の発信は当たり障りのないものだった。

「株式市場は神経質な動きが見られている。先進七カ国（G７）が金融政策や財政政策などいろいろなやり方で、各国が適切に対応する」

政府が三月一〇日に発表した緊急対策の第二弾も新味がなかった。その後づけが網羅されただけ」「矢継ぎ早の首相決断に行政が追いついていけなかった」

政権幹部がこう語るほど、政権内の指揮、命令系統がはっきりせず混乱を続けた。コロナウイルス問題をめぐっては感染症の学者らが出席する専門家会議に加え、毎日必ず首相官邸で安倍を中心に開かれる中央省庁の事務次官クラスによる連絡会議、中韓両国に対する入国規制では国家安全保障会議（NSC）の緊急事態大臣会合が開かれた。会議の乱立は逆に政府のメッセージの弱さにつながった。

しかし、安倍政権は「奇妙な安定」を維持した。かつて二〇一一年の東日本大震災に遭遇した当時の首相菅直人が震災対応を背景に首相の座を維持したことを想起させた。マスコミ各社の世論調査で内閣支持率と自民党の支持率の両方が低下傾向にある中で衆院解散も当面は考えにくかった。「首相退陣なし、解散なし」の状況は「奇妙な安定政権」を生んだ。

根拠なき政治決断によって始まったイベントの自粛の解除は当面先送りされた。「出口戦略なき政治決断」の行方は一層不透明になった。

感染の蔓延に伴い多くの言葉が日常的に使われるようになった。中でも国民生活に多大な影響を与えたのは「行動変容」の言葉だろう。新型コロナウイルスの拡大防止策を検討する政府の専門家会議（座長・脇田隆字）が三月九日に発表した新見解の中で、「感染集団（クラスター）の早期発見・早期対応」「医療体制の強化」と並んで三本柱の一つとして「市民の行動変容」を促すことが含まれた。

欧米や中国では政府がロックダウン（都市封鎖）を行い、コロナを封じ込める方針で臨んだが、日本ではあくまでも「要請」による手段がとられ、その呼び掛けが「行動変容」だった。具体的には外出の抑制が求められた。その結果、感染予防対策で多くの企業で「在宅勤務・リモートワーク」が採用された。ＪＲ東日本が四月七日に発表した利用客状況によると、二月初旬と四月初旬の平日を比較した場合、東京の山手線では朝の通勤ラッシュの輸送量は六五％まで落ち込んだ。新幹線は三月の利用客は前年比四七％となった。

急いだ特措法改正

コロナに翻弄され、政治が迷走する中で政府は法整備を急いだ。安倍は三月二日の参院予算委員会で、二〇一三年施行の新型インフルエンザ等対策特別措置法を改正する方針を明らかにした。その上で安倍は超党派による議員立法を目指し、与野党党首会談を呼び掛けた。野党側も応じて三月四日に党首会談が開かれた。ただし、与野党の党首が一堂に会するのではなく個別の会談がセットされ、公明党代表の山口那津男が同席した。

野党側で法案成立に協力を約束したのは国民民主党代表の玉木雄一郎と日本維新の会共同代表の片山虎之助だった。立憲民主党代表枝野幸男、共産党委員長志位和夫、社民党党首福島瑞穂は否定的な考えを示した。しかし、新型コロナウイルス対策の法案に採決で反対すれば世論の反発を招きかねないとの不安からだろう。野党側で反対に回ったのは、れいわ新選組だけ。改正特措法は審議日数わずか三日で成立した。

成立した改正特措法は、新型インフルエンザなど重大な被害を与える新感染症が、全国的かつ急速にまん延する恐れがあると判断した場合、①政府対策本部長を務める首相が緊急事態を宣言する②二年以内の期間と区域を定める――が柱。このほか都道府県知事は不要不急の外出自粛や、学校など人の集まる施設の使用制限の要請が可能となったほか、臨時の医療施設用に土地や建物を強制使用することなども規定された。これに従わなかった場合の罰則規定も盛り込まれた。

しかし、緊急事態宣言の判断基準については「全国的かつ急速なまん延」で「国民生活、国民経済に甚大な影響を及ぼす恐れ」がある場合としか定められていない。私権制限と要件の曖昧さの問題は残ったままになった。また、その後、焦点となった新型コロナの法的位置付けについての議論はこの時点ではあまり検討対象にはならなかった。


感染症は感染症法に基づき、感染力や症状の重さに応じて原則1〜5類に分類される。1類が最も危険度が高い。新型コロナウイルス感染症は当初、結核や重症急性呼吸器症候群(SARS)と同じ2類に相当する対応がとられた。この結果、国や自治体は入院の勧告や就業制限を求めることができるが、検査・治療は全額公費負担で感染者についても全数報告となった。ただ、既存の類型では対応が難しくなり二〇二一年二月、幅広い措置が可能な「新型インフルエンザ等感染症」という新たな分類に組み入れられた。これは3類とされ、発症すれば、厳しい制約が生じていたが、ワクチン接種の拡大や重症化率の低下などから、二〇二三年五月、季節性インフルエンザと同じ5類に移行し、特措法の適用対象外となった。ところがウイルスは変異を繰り返し、二〇二三年夏には再び感染の拡大傾向がみられるようになった。「ウイルスとの闘い」は一筋縄ではいかないことを証明している。

揺れる東京五輪開催

新型コロナウイルスは地球規模で人類全体を脅かしつつあった。新型コロナウイルス問題による経済的混乱への対応の難しさに関して政権幹部はこう分析した。

「ウイルスの侵入を防ぐために各国とも国境の壁を高くしている一方で、経済では国境を越えて協調しなければならない」

その「国境の壁」を前に日本が直面したもう一つの難題があった。七月二四日に開会式が予定された東京五輪の開催問題だ。東京五輪組織委員会の会長森喜朗は繰り返し「予定通り開催」を強調してきた。しかし、世界保健機関（WHO）の事務局長テドロスが三月一一日、新型コロナウイルスに関して「パンデミック（世界的大流行）」と表明したのを境に状況は一変した。中でも米大統領トランプの発言は大きかった。

「（予定通りの開催は）不可能かもしれない。無観客は考えられない。一年間延期した方がいいかもしれない」（三月一二日）

既に組織委員会理事の高橋治之が三月一〇日付の米紙ウォールストリート・ジャーナル電子版のインタビューで一、二年の延期が現実的との考えを示していた。これに対して森は「とんでもないことをおっしゃった」と強く反論してみせた。

高橋発言をめぐっては森と高橋の関係を考えれば、「森さんと高橋さんは何らかの話をしている可能性がある」と五輪に深くかかわる自民党幹部は話した。むしろこの期に及んで会長と理事の間で最も重要な問題での見解が分かれている方が問題だった。もはや「予定通りの開催は難しい」という〝相場観〟が組織委内に出来上がったと見るのが自然だった。

安倍自身の発言も微妙に変わっていた。三月一五日の記者会見で安倍は明確に言い切っていた。「感染拡大を乗り越えて、（五輪を）無事予定通り開催したい」

ところが、安倍はオンラインによるG7首脳会談で「完全な形での開催を目指したい」と発言したことを明らかにした。「予定通り」の発言は消え、「完全な形」での開催に言及した。素直に読み解けば「延期開催」を意味した。

国際オリンピック委員会(IOC)会長のバッハは安倍発言に先立って「(五輪の開催是非については)世界保健機関(WHO)の助言に従う」と語っていた。主催者の東京都知事小池百合子も一三日の段階で「中止はあり得ず、無観客での開催もあり得ない」と語っており、「開催延期」の流れが醸成されつつあった。現にギリシャで行われた聖火の採火式は無観客で実施され、ギリシャ国内の聖火リレーは中止を余儀なくされた。フランス大統領のマクロンは三月一六日、「私たちは(ウイルスとの)戦争状態にある」として一五日間フランス全土で人々の外出を制限すると表明した。

安倍が繰り返してきた「予定通りの開催」と現実とのギャップは広がるばかりだった。各メディアの世論調査でも国民の多くは「予定通りの開催」に疑念を抱いていた。政権幹部は本音を吐露した。「トランプが良い口火を切ってくれた。このままだと日本は空気が読めない国と言われかねない」

当然、延期もしくは中止になった場合は膨大なコストとリスクが伴う。組織委関係者は「仮に延期となれば、数千億円単位の資金が必要になる。それが負担できるのは日本しかない。最後は首相決断にかかる」と指摘した。

安倍は一六日、短時間だが、森と会談した。当時の日本経済は二〇一九年一〇月に実施した消費税増税の影響で一九年一〇―一二月期の実質GDP(国内総生産)が年率換算で前期比マイナス七・一%という衝撃的な数字を示していた。消費増税と感染拡大が重なった。経済官庁のトップクラスの幹部は危機感を隠さなかった。

「次の重要なポイントは五月の終わりに出る一―三月のGDP速報値だが、これを見てからでは間に合わない。だから今のうちにドカーンと大きな経済対策をまとめておかねばならない」

この景気の落ち込みの〝救世主〟となるはずの東京五輪が延期もしくは中止となると、安倍が描いた経済運営は根底から大きく崩れる。警察官僚OBの危機管理の専門家はこう指摘した。

「政治家が危機管理に際して最もやってはいけないことは、国家や社会の危機管理と自らの政治家個人の危機管理を混同することだ」

東京五輪一年延期

迷走を続けた東京五輪・パラリンピックの開催問題は「一年程度の延期」で決着した。三月二四日夜、首相安倍晋三と国際オリンピック委員会（IOC）会長のトーマス・バッハによる電話会談を受けて安倍が発表した。いかにも急転直下の方針転換に見えたが、IOCは早い段階から三月二六日が、予定通りの開催の是非を判断する〝締め切り期限〟と見ていたようだ。二六日は国内の聖火リレーが始まる日だったからだ。日本のIOC関係者はこう語っていた。

「聖火リレーは五輪の理念と伝統の象徴で、それを途中で止めることはあり得ない。その前に判断があるだろう」

そのギリギリのタイミングで安倍は大きく舵を切った。「一年程度の延期」の理由について安倍は新型コロナウイルスの感染拡大の中で「選手や観客への配慮」を強調したが、もうひとつ隠された理由があったと見るべきだろう。安倍は翌二〇二一年九月に自民党総裁としての任期切れを迎える。その前の開催へのこだわりだ。会談後に行われた安倍のインタビューにその思いがにじんだ。

「遅くとも二一年夏までの開催で合意した」

ただし感染拡大が一年後に終息を迎えているという保証はどこにもなかった。「一年程度の延期」

はあくまでも暫定的な合意でしかなかった。二度目の延期は考えられないとすれば、「ＴＯＫＹＯ２０２０」は安倍の手で終わることになる。森は安倍に「二年延期がいい」と進言したが、安倍が一年にこだわったという。しかし、実際は安倍の首相退陣により、一年後の開催も安倍の手から滑り落ちたのだった。五輪延期の報に自民党の選対幹部はこう語った。

「これで安倍総理の下での衆院解散はなくなったのではないか」

パラリンピックの競技日程まで含めると、二〇二一年九月までは大きな政治空白が生まれる。しかし、感染拡大をめぐって「瀬戸際の状態」（安倍）が続く中で、いつ緊急事態宣言が発動されるとも限らない。むしろ専門家の間では厳しい認識が示されており、とても衆院選挙を行えるような状況になるとは思えなかった。自民党長老も同じ見方を示した。

「来年の延長五輪後まで政治は真空地帯に入る。進まず、後退せずだ」

その結果、二一年九月に迎える安倍の自民党総裁としての任期と、一〇月二一日が満了の衆院議員の任期がほぼ重なることになった。この流れは安倍の「五輪花道論」を浮上させた。自民党幹部も同じ見方だった。

「首相はコロナを克服して五輪も終えれば、退陣に向かうだろう」

つまり、次の自民党総裁選は就任直後に事実上の任期満了選挙の先頭に立つ、安倍に代わる「選挙の顔」を選ぶことになった。これは従来のポスト安倍をめぐる〝選考基準〟が大きく変わることを意味した。党内の派閥力学を超えた議員心理の軸が動く。

「選挙に勝てるのはだれか」――。

二〇〇一年四月のポスト森喜朗を争う総裁選では国会議員の勢力では圧倒的に優位だった元首相の

橋本龍太郎が、「自民党をぶっ壊す」と声を張り上げた小泉純一郎に惨敗した例もある。その点では安倍を除くポスト安倍で取り沙汰される顔ぶれのうち、世論調査で最も高い支持を受けるのは元幹事長の石破茂だった。これに対して安倍の支援を取り付けたとされた自民党政調会長岸田文雄は依然として低迷した。自民党選対幹部はこんなエピソードを披露してくれた。

「岸田さんにはもっと発信しろと言っている」

安倍が岸田にこう助言したというのだ。これに対して官房長官の菅義偉も「令和おじさん」と呼ばれた頃の勢いに陰りが見えた。その理由は安倍との間に生じたすきま風にあった。菅は孤立感を深めていた。そこで元自民党幹事長の古賀誠が菅にエールを送った。『文藝春秋』四月号のインタビューで以下のような老獪な一球を投げ込んだ。

「菅氏と岸田氏が組めば強い。何としても岸田氏を総理・総裁にして保守本流政治を担ってもらう。菅氏は幹事長か官房長官か。力を国政で生かして欲しい」

五輪延期に伴い政権内部の力関係、構造変化は避けられなくなった。

東京五輪の開催一年延期に限らず、感染拡大の影響は他のスポーツやイベントなどにも広がっていた。プロ野球は三月二〇日に予定されていたセ・パ両リーグの公式戦開幕の延期を決め、三月八日に初日を迎えた大相撲春場所（大阪）は声援や拍手がない無観客で実施された。

春の風物詩にもなっていた選抜高校野球大会は日本高野連の臨時運営委員会で中止を決定した。結局プロ野球の開幕は六月一九日までずれ込んだ。しかも無観客だった。オールスターゲームも中止。二月下旬から中断していたサッカーのＪリーグの再開は七月四日まで待たなければならなかった。

感染拡大が続く中で新型コロナウイルス特措法に基づく政府対策本部（本部長、安倍晋三）は三月二八日、クラスター（感染者の集団）対策の強化や爆発的な患者の急増に備えて病院のベッド（病床）を確保することなどを盛り込んだ基本的対処方針を決定した。日本の現状を「大規模流行につながりかねない」と分析し、増加する海外からの「輸入症例」への警戒も呼び掛けた。

対処方針策定に関わった尾身茂は、感染源が追えない例が増加していることに言及し、「求められる行動変容が理解されていないのではないか」と分析。クラスターの新たな発生源として「東京の夜に接客する店でも感染があることが分かってきた」と警戒を呼び掛けた。

尾身は感染拡大防止にはクラスターの連鎖を防ぐ対策が欠かせないとして、基本方針には専門家の確保や保健所の体制強化が盛り込まれた。感染者の発生状況、クラスターの規模などの情報を迅速に公開。感染爆発の予兆がみられる地域では、都道府県は期間を示した上で外出自粛などを要請した。

患者が爆発的に増えると病床が足りなくなるため、これまで対応に当たってこなかった一般の医療機関でも、患者の入院治療を受け入れることなどで不足を補うことになった。治療は重症者に重点を置き、軽症者は自宅療養とし、状態が変わればかかりつけ医に相談した上で受診する仕組みを整えた。また、不足するマスクや消毒液、食料品などの増産や供給を事業者に要請するなど、必要な物資を政府が確保し、医療機関や介護施設などに優先的に配布するとした。密閉空間、密集場所、密接場面という三条件が重なるような集まりは自粛を求めた。いわゆる「三密」との言葉で警告を発したのだった。「三密」は国際的にも「3Cs」として広まったようだ。

この他にも学校での集団発生など、国内の流行を監視する仕組みを作るほか、迅速に診断ができる簡易検査キットの開発も促進することになった。

緊急対策は、新型肺炎による予約キャンセルが相次ぐ宿泊施設の資金繰り対策も重視し、業績が悪化した旅館などの経営者に通常と別枠で融資。中小企業を支援するため日本政策金融公庫などに五〇〇〇億円規模の緊急貸し付けや保証枠を確保するとした。

経営が苦しくても雇用を維持する企業に、従業員向けの休業手当などを補助する「雇用調整助成金」の支給要件を緩和した。マスク増産の設備投資には、一社につき三〇〇〇万円を上限に補助金を出した。また、中国からの部品調達が滞るサプライチェーン（部品の調達・供給網）の混乱を回避するため、設備投資や販路開拓に取り組む事業者も優先的に支援した。

こうした新型コロナ対策関連予算は二〇二〇年度だけでも七七兆円に達した。この傾向はその後も続き、国家財政を圧迫する大きな要因となっていく。

志村けんの死

タレントの志村けんが新型コロナウイルスによる肺炎で急死した。七〇歳だった。三月三〇日昼前、ＮＨＫが速報し、韓国の聯合ニュースも報じた。

「日本で志村さんのような有名人がコロナ感染で死亡したのは初めて」

三月二五日に東京都知事小池百合子が「感染爆発　重大局面」と書かれたフリップを掲げて危機意識を訴えたばかりだった。

志村の死は日本社会にコロナウイルスの恐ろしさについて強烈なインパクトを与えた。次の焦点は安倍の改正特措法に基づく緊急事態宣言の発動の是非に移った。しかし、「国民の命と健康を守る」という大目標を達しながら「社会経済活動の維持」をどこまで貫けるのかの狭間で政治判断も揺れ動いた。

日本医師会の常任理事でコロナウイルスに関する政府の専門家会議のメンバーでもある釜萢敏《かまやちさとし》は三〇日の記者会見で政府に緊急事態宣言の発動を強く促した。

「個人的にはもう発出し、それに基づき対応する時期ではないかと思う」

これに対し、日本政府はなお慎重だった。公明党幹部は政府が最終判断を下せない理由について解説した。

「医療体制、介護施設の現状、スーパーなど物流の確保など宣言を出した場合のシミュレーションをやっているが、まだ詰まっていない」

宣言に踏み切るに当たっての「数的裏付け」については何も示されておらず、政権幹部もその点に関しては極めて慎重な姿勢を崩さなかった。

「感染者数や死者数といった具体的条件は設定されていない」

ただ、おおよその基準については、「東京都で一日の感染者数が三桁に達した場合は政府が判断をしなければならなくなる」（与党幹部）との見方もあった。小池は志村けんの急死が発表された三〇日の夜、臨時の記者会見を開き、平日夜の外出自粛を呼びかけた。とりわけ若者には「カラオケ、ライブハウス」、中高年には「バーやナイトクラブなど接待を伴う飲食店」を挙げ、「夜の街」が感染を広げる場になっているとの認識を示した。

志村けんに続いて二〇二〇年四月だけでも女優の岡江久美子（享年六三）、外交評論家岡本行夫（同七四）ら著名人が相次いで新型コロナウイルスに感染して死去した。改めてコロナの脅威を実感させた。コロナで重症化すると完全に隔離され、死後も面会はできない。遺体は納体袋に収容され、そのまま火葬された。その後、二二年になって厚生労働省の指針が改訂され、納体袋の使用は不要となったが、コロナ禍は人間の尊厳にかかわる葬儀の在り方をも変えてしまった。

緊急事態宣言の発動

「もはや時間の猶予はない。国民生活や国民経済に甚大な影響を及ぼす恐れがあり、緊急事態宣言を発出することとした」

首相安倍晋三は四月七日午後七時過ぎ、記者会見で国民に向けてこう呼びかけた。会見の模様をNHKだけでなく民放全局も生中継で伝えた。この日の記者会見は、やり方も異例づくめだった。共同通信政治部によると、会見場はいつもの官邸記者会見室ではなく、広い大ホールで開催された。その一方で参加できる記者を一社一人に限定し、マスク着用を求め座席の間隔も約二メートル。記者席は三〇に制限された。内閣記者会に常勤する社は一九社あり、これ以外の地方新聞や外国メディア、フリーランスの記者らはクジ引きで決められたという。

また会見に政府の諮問委員会の尾身茂が同席した。専門家としての医学的見地に立った説明のために専門家が必要として、官邸側の要請があった。

宣言発令は二〇二〇年四月八日午前零時。戦後七五年で、日本が初めて経験する「緊急事態宣言下」の日常が始まった。宣言発令の直接のきっかけは五日に東京都内の新たな新型コロナウイルスの感染者一四三人を確認、二日連続で三桁、一〇〇人を超えたことにあった。ただ、果たして安倍が積極的にゴーサインを出したかとなると、なお疑問が残った。一四三人の感染者確認が報告された直後ですら政府高官は宣言発令にむしろ消極的だった。

「懸念すべき数字ではあるが一気に感染爆発につながるとは考えていない」

自民党も直ちに緊急事態宣言に向かうとは考えていなかったようだ。安倍が宣言発令に消極的な理由について三点が指摘されていた。①日本経済に深刻な悪影響を与える②宣言を発令しても事態はそれほど変わらず期待外れの批判が出かねない③政府の専門家会議内の意見が分かれている――。

しかし、宣言発令を求める〝安倍包囲網〟は日を追うごとに狭められていた。その急先鋒が東京都知事小池百合子だった。五日午前に出演したＮＨＫの番組『日曜討論』で小池は感染症問題担当相の西村康稔、厚生労働相加藤勝信、さらに政府の諮問委員会会長の尾身茂を前に言い放った。

「いざというときの特別措置法であり、今が『いざ』ではないか。都としても態勢を整えている」

連日のようにメディアに露出する小池は存在感という点では安倍を凌ぐ勢いがあった。この日は無症状や軽症で入院中の感染者について都が借り上げたホテルなどの宿泊施設に移す方針も発表した。既に日本医師会は「医療危機的状況宣言」を発表、メディアの世論調査でも宣言発令を求める意見が八割を占めた。もはやここまで来ると安倍は「決断できないリーダー」の烙印を押されかねない状況に追い込まれていた。安倍VS小池のコロナ対策をめぐる政治の主導権争いの様相すら垣間見えた。

東京での感染症拡大の危機感が広がった三月以降で感染症問題に関して安倍・小池会談が行われたのはわずか三回に過ぎなかった。国の最高責任者と首都を預かる都知事が会う意味は大きい。危機管理の専門家は「常設の協議機関をつくるべき」と主張していた。そこでやることは決まっていた。「情報の共有」と「対処方針の一致」だ。「要するにワンチームでウイルスに立ち向かう」（同専門家）ことだった。しかし、現実は休業を要請する対象施設について国と都で調整が難航した。

安倍と小池の溝

四月四日夕、安倍は官邸の執務室で副総理兼財務相の麻生太郎と長時間にわたって話し込んでいる。この席ではコロナ対策もさることながら、当面の政局運営をめぐる話題に多くの時間が割かれたようだ。麻生側近によると、両者の間で「希望の党」の言葉が飛び出したという。「希望の党」は二〇一七年九月、安倍が衆院解散に踏み切った際に小池が旧民進党を離党した細野豪志らと結成した新党で、一時は安倍の足元を揺るがすほどの勢いを示した。以来、安倍と小池との間に生まれた溝は深い。

その小池はこの年の七月五日に予定された東京都知事選に向けて自民党幹事長二階俊博の後押しも受けて再選をほぼ確実なものにしていた。東京五輪の一年先送りも決まり、小池には怖いものなしの状況が生まれた。キャスター出身の小池にとってメディア対応は得意技。五輪先送りが決まった翌日から一気にエンジンを全開させた。小池をテレビで見ない日はなくなった。

「おそらく小池さんは緊急事態が終わる五月の連休明けまで毎日メディアに登場してそのまま都知事選になだれ込む戦略を描いている」

小池と友好関係を維持する公明党幹部はこう指摘した。これに対して安倍に小池を凌駕するカードは見えてこなかった。安倍は宣言発令と合わせるように一〇八兆円を超える経済対策を発表したが、与党内の評価は芳しくなかった。例えばコロナ禍で収入が大幅に減った家庭に対しての一世帯三〇万円の現金給付案だ。給付の目的は本当に生活に困っている人にスピーディに金が届くことだった。ところが、実際はどのくらいの数の家庭に届くのかが分からなかった。連合の幹部も厳しい評価を下した。

「一番心配なのはスピード感だが、日本の伝統は申請処理方式。これは時間がかかり過ぎる」

別の視点から三〇万円給付に自民党税調幹部は疑問を呈した。

「具体的なことは何一つ決まっていない。給付金を渡す相手をどう特定するのか。どう渡すのか。

手続きの窓口となる地方自治体には大変な負担がかかる」

確かに「突然出てきた構想で財務省と総務省の間ですり合わせがほとんどできていない」（政権幹部）というのが実情だった。さらにモラルハザードの懸念もあった。

「悪知恵を働かせて不正受給する輩が必ず出てくる。手続きができないお年寄りを助けるように見せ掛けて給付金をだまし取る連中がはびこる可能性は否定できない」（党税調幹部）

もともと給付金制度に関しては公明党が全国民に一律一〇万円を主張したのに対し財務省が条件付きの二〇万円給付を主張。そこで安倍と自民党政調会長の岸田文雄との会談で、減収世帯に三〇万円給付で合意した。

「三〇万円という金額があるだけで、中身について我々は何も知らされていない」

自民党の執行部ですら安倍の決定に強い不満を抱いた。しかも安倍が自らの後継者と想定しているとされる岸田に「花を持たせるような決定」（自民党内の反安倍勢力）として強く反発する声も出た。「伝家の宝刀」（特措法担当相西村康稔）である緊急事態宣言は「鎖国と閉門蟄居」（政府関係者）によってウイルスを封じ込める〝荒療治〟だったが、政府内の混乱は続いた。

「戦力の逐次投入」

二〇二〇年四月一三日の衆院決算行政監視委員会で無所属の江田憲司（神奈川八区・現在は立憲民主党所属）が政府側をこう追及した。

「戦力の逐次投入は一番の失敗の原因だ」

確かに政府の方針には一貫性がなく、その都度対応が変わってきた。例えば品薄状態が続くマスクの供給はその象徴だった。当初は六億枚の提供を公言した。しかし、一向に問題が解決しない状態が続くと首相安倍晋三が四月一日になって突如として口を開いた。

「再利用可能な布マスクを全世帯に二枚ずつ配布する」

見積もられた経費は四六六億円。〝アベノマスク〟と揶揄する声も出たが、官房長官の菅義偉は強く反論した。

「洗濯により平均二〇回使われれば、使い捨てマスク二〇億枚分の消費を抑えられる」

ところが、効果を疑問視する声もあった上、サイズが小さめで使い勝手が悪く、不良品も出て「アベノマスク」と揶揄された。その後、市販のマスクが出回ると、大量在庫が問題になった。配布から二年後、首相の岸田文雄が希望者に配った上で処分すると表明した。政府の答弁書によると配送可能な在庫は約七一〇〇万枚。希望は約二億九〇〇〇万枚分あったが、届け先が不在などの理由で配れず約六〇〇万枚が余った。配布などにかかったコスト全体は約五億円に上った。

こうしたズレが最も鮮明に浮かび上がったのが緊急事態宣言に伴う対応をめぐる安倍と小池の相違だった。経済への影響を懸念する政府と、感染拡大の抑止を最優先に置く小池との主導権争いの様相を呈した。具体的には企業や個別店舗への休業要請をめぐる対応の違い。政府は緊急事態宣言の対象とした東京、大阪、千葉、埼玉、神奈川、兵庫、福岡の七都府県に対して休業要請の発令を二週間程度見送ることを打診した。その根拠となったのが、政府がまとめた基本的対処方針だった。

「外出自粛要請の効果を見極めた上で施設の使用制限要請、指示をする」

しかし、小池は政府側の窓口だった新型コロナウイルスに関する特別措置法の担当相である西村康稔とのトップ会談で都が独自に休業要請を行うことで政府側を押し切った。政府と合意後の小池の四月一〇日の記者会見は事実上の〝勝利宣言〟と言えた。

「国からは外出自粛の効果を見極めてからの休業要請という話もあったが、とてもそこまで待つことはできない。私は現場を預かる知事だ」

さらに小池は政府を痛烈に皮肉った。

「(自分は)代表取締役社長だと思っていたら、天の声があって、中間管理職になったようだった」

政府が直前になって基本的対処方針に「都道府県は国と協議のうえで対策を実施する」との一項目を加えたからだった。小池は休業要請に応じた中小企業に支払う「感染拡大防止協力金」についても素早い対応を見せた。協力した事業者には業種を問わずに単独店舗の場合は五〇万円、複数店舗を持つ事業者には一〇〇万円が支給されることになった。支給日についても五月七日から順次支給する方向で準備に着手した。緊急事態宣言の効力は五月六日まで。その翌日には支給するというわけだ。

「うちで踊ろう」

東京五輪・パラリンピックの延期が決まるまでは北海道知事の鈴木直道らに比べて動きが鈍かった小池が果敢に前に出てきた。小池周辺は「あくまでも国と協力しながらやること」と語っていたが、実態は首相安倍晋三に対するライバル心むき出しの動きと見てよかった。「安倍一強」と言われ向かうところ敵なしと見られていた安倍が明らかに小池の迫力とスピード感に押されている印象だった。なぜ小池が優位に見えたのか。小池の戦略目標が明確だったからだろう。自民党の閣僚経験者も明快に言い切った。

「今回は、細かい点をのぞいて都知事の方が正しいと思わざるを得ない」

戦略目標は「医療崩壊の防止」。政府で長く危機管理の要職にあった専門家もこの局面での小池支持を鮮明にした。

「今回のコロナショックはリーマンショックを遥かに超える。そして危機の本質が違う。命の危機を抑止できる近道はないか。それが最大の課題だ」

これに対して政府はなお迷走した。感染症の拡大に伴い収入が減った世帯などへの三〇万円の給付制度に関しても渡す対象や、渡し方が定まらなかった。四月一四日になって菅が支給対象者の範囲を広げることを表明したが、自民党本部には一般国民から多くの批判の声が寄せられた。

この直前に安倍は外出自粛を求めるためとして自宅でくつろぐ自身の様子を動画にしてツイッターに投稿した。動画は二分割構成でシンガー・ソングライターの星野源の楽曲「うちで踊ろう」が流れる中で、安倍が読書をしたり、愛犬とじゃれあったりしてくつろぐ様子が配信された。そこにはこう書きこんだ。

「みんなが集まって笑顔で語り合える時がやってくる。その明日を生み出すために、今日はうちで……」

これは星野が、この楽曲を自身のインスタグラムで公表し、「誰か、この動画に楽器の伴奏やコーラスやダンスを重ねてくれないかな？」と呼び掛けたもので、多くの著名人が呼応し、反響を呼んだ動画だった。ところが、安倍の動画には批判が殺到した。その多くは「外出自粛で生活苦に直面した国民の痛みを首相は理解していない」というものだった。官房長官の菅は釈明に追われた。

自民党内にも懸念が広がり、公明党幹部は二階側近にこうささやいた。

「『マスク、三〇万円、動画』は悪評三点セットだ」

異例の補正予算組み替え

安倍がこだわったのはコロナウイルスによる景気の急落で減収となった世帯に限った三〇万円の給付だったが、大転換に追い込まれた。もともと自民党内には全国民に一律一〇万円支給論が根強く存在したが、二〇〇八年のリーマンショックに首相として遭遇した副総理兼財務相の麻生太郎は、自らの経験から一律一〇万円の給付に強く抵抗した。

このため政府としても減収世帯への一世帯二〇万円給付でまとまる。さらに安倍と自民党政調会長の岸田文雄との協議で三〇万円に上方修正された。

「一世帯三〇万円支給にするべきであると（安倍に）申し上げた。総理と意見、認識が一致した」

岸田は胸を張った。安倍にも国民向けのアピールと同時に、前述のようにポスト安倍の候補者とされる岸田に「花を持たせる」（政権幹部）という思惑があったに違いない。

だが、落とし穴があった。安倍の政権運営を支えてきた自民党幹事長の二階俊博、官房長官菅義偉、そして公明党代表山口那津男の三人が蚊帳の外に置かれていたからだ。安倍は一気に三〇万円の現金給付に必要な約四兆円を含む総額約一六兆九〇〇〇億円の補正予算案を閣議決定した。

しかし、安倍にとって「不都合な真実」が徐々に姿を見せつつあった。各メディアの世論調査だった。「安倍政権は二つの数字に支えられてきた」（自民党幹部）と言ってよかった。株価と内閣支持率だが、株価は二万円台を割り込んだまま回復の兆しは見えず。その一方で底固いものがあった内閣支持率でも、多くの世論調査で支持率と不支持率の逆転現象が起きたのだった。〝アベノマスク〟など、国民感情と乖離した施策が反発と不評を買ったものとみられた。共同通信（支持四〇・四％、不支持四三

％）をはじめ読売（同四二％、四七％）、産経（同三九・〇％、四四・三％）など。

この支持率低下と符節を合わせるかのように自公両党の幹事長・国対委員長会合が一四日に開かれた。この場で政権の先行きに対する懸念、不安が噴出した。

「安倍さんの評判が悪い。政権は持つのか」（公明党幹部）

確かに自民党本部には電話やメールで三〇万円給付を撤回して全国民への一律給付を求める意見が殺到していた。こうした国民の間に広がる空気に敏感な二階が反応した。

「一律の現金給付に強い要望が集まっている。速やかに実行に移すよう政府に強力に申し入れたい」

その日の午後、記者団のインタビューに応じた二階は一律一〇万円給付に言及したのだった。ただし、この時の二階の考えは、まず減収世帯に対する三〇万円の給付を実施した後に第二次補正予算を編成して一律一〇万円を実現するという二段階方式だった。ところが「一律一〇万円」の反響は大きく、とりわけ公明党は色めき立った。

偶然とはいえ、この日の午後、自民党の幹事長代行稲田朋美と筆頭副幹事長の高鳥修一が安倍と面会していたことが公明サイドの疑心暗鬼を増幅させた。「公明党は稲田代行が二階幹事長と打ち合わせの上で官邸に行ったたと思い込んだようだ」（自民党幹部）。実際は、二階側近によると、二階は安倍にすら連絡せずに一方的に発言したという。そこで注目を集めたのは安倍との間に〝すきま風〟が吹いているとされた菅に、二階サイドから事前連絡があったかどうかという点だった。二階側近は「事前に官房長官に伝えてある」と明言し、官邸内にも「三〇万円給付に否定的だった官房長官の逆襲だ」との見方が存在した。

公明党は大混乱に陥った。「全国民に一律一〇万円給付」は公明党が繰り返し主張してきた考え。

幹部が創価学会本部に呼びつけられ、厳しい叱責を受け、非難の矛先は山口に向かった。翌四月一五日の朝、山口は官邸に駆け込んだ。

「このままでは閣僚を引き上げ、閣外協力に転じることもある。私は代表を辞める覚悟でここに来た」

政権の危機を察知した安倍は「方向性を持って検討する」と答え、根拠のない方針転換に踏み切った。一度は閣議決定された補正予算案が組み替えられた。それだけではない。一律一〇万円給付に続いて政府はこれまで一貫して難色を示してきた地方自治体に配る一兆円の臨時交付金についても、休業した事業者に対する「支援金、協力金」などへの活用を容認した。自民党長老は二転三転する安倍の方針転換を厳しく批判した。

「今回の方針転換は、国家の危機というより安倍政権の危機突破のためだ。この政権にはこの国をどうするのかという政策体系がない」

ただ、一律一〇万円給付が決まった後に実施された朝日新聞と毎日新聞の世論調査では内閣支持率と不支持率がほぼ拮抗する結果が出た。安倍にとって世論対策という点では一定の効果を挙げたと言ってもいいかもしれなかった。四月二〇日、一〇万円給付などが盛り込まれた二〇年度補正予算案は総額二五兆六九一四億円。七日に一度決定した予算案から約八兆八八〇〇億円増となった。予算案の閣議決定のやり直しは極めて異例だった。

しかし、政権を支える柱とも言える自公両党のトップの突き上げで安倍が方針転換に追い込まれた意味は小さくなかった。安倍政権は前年九月の内閣改造以降、「非議員の官邸官僚」(菅に近い党幹部)による政策決定方式が定着し、自民党内にも強い不満が鬱積していた。

「首相に近い参院議員が官邸官僚に電話でああしろ、こうしろと何かと注文や指示を飛ばしているようだ」(自民党最高幹部)

一連の現金給付をめぐる迷走は政権の中枢で起きた〝与党の反乱〟が原因なだけに深刻な影響が残ると見るべきだった。権力は必ず内部の乱れから求心力を失っていく。自公連立政権成立から二〇年余——。「安倍一強」「官邸主導」と言われた歴代最長政権は大きな曲がり角に立った。

ステイホーム週間

首相安倍晋三が緊急事態宣言を発令したのは四月七日。さらに安倍は、宣言の期間を「五月六日までの一カ月に限定する」として〝短期決戦〟への国民の協力を呼び掛けていた。

「人と人との接触を七割から八割削減することが前提だ」

しかしこの目標は想定以上にハードルが高かった。感染者の増加の勢いが止まらなかったからだ。四月一六日には岩手県を除く四六都道府県で感染者が確認され、累計で一万人を超えた。この間に厚生労働省のクラスター対策班のメンバーである北海道大学教授の西浦博が衝撃の推定を発表した。全く感染防止対策を行わなかった場合、四〇万人が死亡するというものだった。西浦には強く警鐘を鳴らす狙いがあったとみられるが、「四〇万人死亡」という数字のインパクトは大きかった。

宣言から一〇日後の一七日になって宣言対象区域が当初の東京、大阪、千葉、埼玉、神奈川、兵庫、福岡の七都府県から四七都道府県に拡大された。大きな人と流れが生まれる大型連休を睨んでの追加的措置だった。小池百合子は大型連休を「ステイホーム週間」と位置づけ協力を呼び掛けた。

内閣官房のコロナ対策のホームページには主要駅の人出データが掲載された。確かに東京の新宿駅や大阪の梅田駅周辺の人出は七割を超える減少率を示したが、全体として目標を達成しないまま大型連休に突入した。四月二七日現在の累計感染者数は一万三六一一人で、死亡者は三九四人を数えた。

とりわけ評価が難しかったのが東京都の取り扱いだった。感染者数は四〇〇〇人に迫り、死者も一〇六人で他の道府県と比べると突出して高かった。官房長官の菅義偉は「コロナウイルスの感染症問題は東京問題になりつつある」と指摘した。さらに病院内で発生する院内感染や感染経路不明の事例が多いのも東京の特徴だった。その東京の感染者は四月一七日に二〇一人を確認したのをピークに、二六日が七二人で一三日ぶりに一〇〇人を下回り、翌二七日は三九人、一日当たりの人数が五〇人を切ったのは三月三〇日以来。ますます判断が難しくなった。

議論が続いたのは、宣言解除のための条件は何か、という点だ。安倍の発言は極めて慎重だった。「宣言解除の可否は、専門家の提言もいただきながら判断したい」としか言わなかった。

ただ、政府関係者は「安倍首相周辺は経済、経済。経済への影響を憂慮している」と証言した。宣言期間の長期化は経済に決定的なダメージを与えるとの危機感が極めて強いというわけだった。総務省が発表した三月の完全失業率は二・五％で二カ月ぶりに悪化するなど経済は加速度的に後退を続けていた。

善意頼みの感染対策

しかし、その一方で「命あっての経済」との意見も説得力を持っていた。こうした両論のせめぎあいが続く中で政権幹部の一人は政府内で取り沙汰された宣言解除の条件についてこう指摘した。①一日の感染者の増加分が一桁②医療現場が落ち着く③諸外国の前例――。それではこうした条件はいつごろ整うのだろうか。政府関係者は「常識的に考えるなら三カ月。うまく行けば一カ月半」と語った。その上で同時に重要なポイントを示した。

「日本政府の感染症対策は国民の善意に頼むところが大きい。だからこそ宣言解除には国民が納得できるしっかりしたデータを示す必要がある」

米国内で最大の被害が出ていたニューヨークでは外出制限措置を五月一五日の期限以降も一部地域を除き延長した。それほど新型コロナウイルスの「出口戦略」を決定するのは容易ではなかった。出口戦略なき緊急事態宣言が〝袋小路〟に入った。

大阪府知事の吉村人気

東京都知事の小池百合子が「ステイホーム週間」と名付けた大型連休中に政界勢力図に〝異変〟が起きていた。連休明けに報道されたメディアの世論調査の政党支持率で日本維新の会が立憲民主党を抜いて野党第一位に躍り出たのである。毎日新聞では維新一一％、立憲民主九％、共同通信は維新八・七％、立憲民主六・九％、産経新聞は七・四％の維新に対して立憲は五・九％だった。単純に比較ができないが、維新が支持を伸ばしていることは否定できない事実と言ってよかった。

なぜ維新が急速に支持を集めたのか――。その理由について政界関係者の多くは異口同音に維新出身の大阪府知事吉村洋文の存在を挙げた。新型コロナウイルスの感染症の拡大とともにテレビで吉村の姿を見ない日はなかった。発信力と行動力は群を抜いていた。緊急事態宣言の解除をめぐって特措法担当相の西村康稔と激しい火花を散らした。

首相安倍晋三は五月四日の記者会見で、五月六日に期限を迎える緊急事態宣言について五月三一日までの延長を表明した。しかし、その際にどのような条件が揃ったら宣言を解除するかについてほとんど言及しなかった。ここに国民世論の不満、批判が集中した。そこで吉村が痛烈な一言を発した。

「緊急事態宣言からの出口戦略は政治の責任、国が示さないなら僕が大阪モデルを作る」

これに対して、西村は営業自粛要請などの権限は知事にあることを指摘した上で吉村に反発した。

「何か勘違いをされているんじゃないか」

確かに、法制上の政府と知事との役割分担に関しては西村の反論に理があったかもしれないが、新型コロナウイルスの対策で後手後手を繰り返した政府に対する不満を背景に、吉村への支持は衰えを見せなかった。

その「吉村人気」を裏づけたのが五月八日付の毎日新聞が報じた世論調査の結果だった。新型コロナウイルス対策で「最も評価している政治家」について、断トツの一位が吉村。回答者数約四〇一人のうち一八八人が吉村を挙げた。二位は東京都知事の小池の五九人。首相安倍晋三は三四人に止まり三位に甘んじた。四位は北海道知事の鈴木直道。安倍を除くといずれも知事という共通項が浮かび上がった。調査方法が異なるが、日本経済新聞が実施した感染者の多い九都道府県の知事の評価でも圧倒的一位が吉村、次いで小池、鈴木と続いた。

大阪の民放テレビ局幹部によると、吉村が画面に登場すると、確実に視聴率が上がったという。メディアの対応でも政治の師とも言える元大阪府知事の橋下徹の手法を引き継いで時間制限なしの会見にも応じた。例えば、「大阪モデル」では「陽性率七％未満」など三つの指標を示し、目標の達成状況を大阪のシンボルである通天閣と万博記念公園の「太陽の塔」をライトアップした色の違いで分かるようにして、「見える化」を実践した。

西村とのバトルでも吉村はトコトンやりあうことなく、むしろ西村の「（措置の）解除は知事の権限」という発言を逆手に取った。

「知事の出口戦略に国は口を挟まないことが明確になった。大阪の責任で進める」

その上で吉村は西村に対して電話で「ご迷惑を掛けました」と〝謝罪〟の意思を伝えたようだ。こうした老獪とも言える振る舞いの背景には松井に加え、松井と太いパイプがある官房長官の菅義偉の存在があると見られていた。松井、吉村には大阪が抱える最大のテーマである大阪都構想の実現や、二〇二五年の大阪万博など政府と良好な関係を維持しなければならない課題があったからだった。

この吉村と共に注目を集めたのが北海道知事の鈴木直道だった。コロナ対策では国に先んじて学校の一斉休校や北海道独自の緊急事態宣言を発令した。大きな白いマスクを着けて直接道民に語り掛ける姿も強い印象を与えた。

「道民の命を守る観点からお願いした。やり過ぎだと笑われても私が責任を取ればいい話だ」

鈴木は東京都の職員から財政再建団体に指定された北海道夕張市に出向し、その後市民の支持を受けて市長に就任。二〇一九年四月の北海道知事選では圧勝した。鈴木の後ろ盾は官房長官の菅であることは公知の事実。菅と同様、鈴木も働きながら法政大学を卒業した叩き上げの政治家で、菅は「見どころのある若者」と高く買っていた。

九三年に三八年間続いた自民党一党支配時代にピリオドを打った首相細川護煕と官房長官の武村正義はそれぞれ熊本、滋賀の県知事経験者だった。中央政界が混乱してリーダーの輩出機能を失った際には必ず新しいリーダー像の模索が始まる。若き吉村、鈴木に注目が集まったのも中央政界の人材払底の反映でもあった。

「#検察庁法改正案に抗議します」

緊急事態宣言下で国会は終盤を迎えていた。そこで再び注目法案としてクローズアップされたのが検察庁法改正案だった。「再び」というのは、この年の通常国会召集直後に安倍が断行した検察庁の幹部人事への批判が再燃したからだ。一月三一日、政府は異例の検察庁人事を閣議決定した。二月七日に六三歳の定年を迎える東京高検検事長の黒川弘務の定年を八月七日まで半年間延長したのだった。

検事総長はおおむね二年が任期で、現職の検事総長が自身の退任時期と後任を最終的に決めるのが慣例となっていた。このため法務省は二〇一九年の段階で二〇年七月に検事総長在任二年となる稲田伸夫の意向を踏まえ、二月七日に定年となる黒川を一月に退官させ、名古屋高検検事長林真琴を東京高検検事長に充てる人事案を首相官邸に伝えた。検事総長は東京高検検事長から昇格するのが慣例で次期検事総長に林を推すことを意味した。

ところが、官邸は了承せず、法務省の官房長、法務事務次官として与野党や他省庁との調整役を長く務めた黒川の検事総長への昇格を検討していた。改正前の検察庁法では、検察官の定年は検事総長が六五歳、それ以外は六三歳。国家公務員法は、退職で公務運営に著しい支障が生ずると認められる場合、一年未満の範囲で期限を定め、勤務を延長できるとしている。そこで黒川を定年後も東京高検検事長として残し、稲田の後任検事総長候補となるよう国家公務員法の定年延長を適用する方途を考えたものと見られた。法務検察行政に通じた黒川は「政権の守護神」と言われたことも批判を増幅させた。検事長の定年延長は前例がなく、検察トップの次期検事総長人事を見据えた異例の措置だった。

検察官も国家公務員ではあるが、検察庁法が特別にその定年を定めていた。双方に関わる問題は検察庁法が優越するという考え方が法律学の通説だ。時として権力の中枢に捜査のメスを入れる検察人事への介入は法の支配の原則にも触れる問題に発展した。

衆院予算委で検察官出身でもある立憲民主党の山尾志桜里の厳しい追及に矛盾が露呈する。安倍も思わず「法解釈を変更した」と答弁した。定年延長の閣議決定後に、後付けで法解釈変更によるつじつま合わせをした疑いが濃厚だった。元検察幹部も反対の狼煙を上げ、政調会長の岸田文雄も政府に注文を付けた。

「検察官への信頼は何よりも大事。信頼を確かなものにするため説明してもらわなければいけない」

その後、政府は検察官の定年六三歳を六五歳へ引き上げる検察庁法改正案を国会に提出した。ところが、大型連休明けに改正案が審議入りすると抗議の意思を示す市民や野党議員、著名人のツイートが相次ぐことになった。大型連休明けには約三八〇万以上を記録したとされた。きっかけとなったのは一本のツイッターだった。

「#検察庁法改正案に抗議します」

演出家の宮本亜門、女優の小泉今日子ら多くの著名な文化・芸能人がツイッターで次々に反対の意思を表明した。衆院内閣委員会の審議の模様を伝えるインターネット中継はアクセスが困難になるほど高い関心を呼んだ。さらに五月一五日になって元検事総長の松尾邦弘ら幹部ＯＢも立ち上がった。その声明文には安倍の一強政治に対する厳しい批判の言葉が溢れた。

「フランスの絶対王政を確立し君臨したルイ一四世の言葉として伝えられる『朕は国家である』との中世の亡霊のような言葉を彷彿とさせるような姿勢であり、近代国家の基本理念である三権分立主義の否定にもつながりかねない危険性を含んでいる」

自民党内にもあくまでも法案成立を急ぐ官邸の姿勢に批判的な声が渦巻いた。

「強行突破すれば、自民党にとって得るものは少なく、失うものはとてつもなく大きい」（閣僚経験者）

一五日には法案審議の担当閣僚である行政改革担当相武田良太に対する不信任案が提出され、一八日から始まる週内の採決は全く見通しが立たなくなった。この間に首相官邸が蚊帳の外に置かれたままシナリオが進行した可能性は否定できなかった。もはや出口のないトンネルに突入する前日の一七日、二階のブレーンが動いた。

「幹事長出番です。一日も早く国会を正常化して、国民の立場に立ってこの難局を乗り切るしかありません」

こういう場面になると、二階の決断は早かった。

「法案を諦めるしかないじゃないか」

既に一八日朝刊に掲載される朝日新聞の世論調査の結果が政府与党内に伝わったようだ。内閣支持率は四〇％を大きく割り込んで三三％。これに対し不支持率は四七％に跳ね上がった。一七日夕、首相執務室に官房長官の菅義偉が入った。時間にしてわずか五分間、ここで官邸の最終決断が行われた。安倍は「党にお任せする」と言う外なかった。二階周辺によると、すべての関係者への根回し、調整が終わったのは一七日深夜だったという。

五月一八日昼、二階は官邸に向かう前に改めて国会内で幹事長代理林幹雄、自民党国対委員長森山裕を伴って衆院議長の大島理森と最後の調整を行った。その後、二階が側近の林と首相官邸に現れ、そのまま安倍との会談に臨んだ。結論は早かった。

「国民の理解なしに前に進めることはできない」

安倍・二階会談を受けた自民党の手際の良さも驚くほどのものがあった。二階は直ちに公明党幹事長の斉藤鉄夫と会談して安倍との合意内容を伝えた。それだけではない。森山が立憲民主党の国対委員長安住淳に伝達した。

「(検察庁法改正案は)再三断念すべきと言ってきたので、与党の対応は了としたい」(安住)

これを受けて野党四党は衆院に提出していた行政改革担当相の武田良太に対する不信任案を取り下げた。一気呵成に事が動いた。流れるような運びに周到な準備と根回しがあったことを窺わせた。

安倍に二階が引導を渡したのはこれが二回目。新型コロナウイルスによる感染拡大に伴う給付金をめぐるドタバタ騒ぎが記憶に新しかった。もともと新型コロナウイルスへの対応で国民に対して外出自粛など一致した行動を求めておきながら、世論を分断する可能性のあった検察庁法改正案の提出になぜ踏み切ったのか。世論の動向、反応についてどこまで検討をしていたのかという疑問は消えなかった。官邸サイドの認識はあまりに甘かった。一〇万円給付金に続き安倍官邸は連敗に終わった。

ところが、この過程で思わぬ事態が明るみに出た。次期検事総長候補として事実上内定したとも言えた黒川がコロナの感染防止のための緊急事態宣言の発令中に新聞記者らと賭けマージャンに興じていたことが発覚したのだった。黒川は訓告処分を受けて東京高検、検事長の辞表を提出した。結局、稲田の後任の検事総長には林真琴が就任した。

インパクトを欠いた安倍会見

感染が拡大するにつれて国民の多くも感染者数の動向に強い関心を抱くようになる。このためテレビ各局は毎日、全国ニュース番組で都道府県別の感染者数を全国地図を使って伝え始めた。たとえばＮＨＫの場合は、都道府県別の感染者の数を地図上に記入した。さらに地図とは別に感染者数、死亡者数、累計の感染者、死亡者、重傷者などの人数を日替わりで放送した。

新型コロナウイルスの感染拡大が始まってから首相安倍晋三の記者会見は九回行われた。ただし、その会見ではほとんどサプライズはなかった。八回目となる五月二五日の会見も緊急事態宣言の発令を解除するという重要な節目だったが、事前に内容が報道されており、新味を欠いた。そしていまひとつインパクトがなかったのは、安倍会見がパターン化、形式化しているためだった。

四月七日の緊急事態宣言を発令した時の会見を除いて他の七回すべての開始時間は午後六時。ＮＨＫだけでなく民放もニュース番組の枠内で生中継した。感染症問題への国民の関心の高さも反映して視聴率も跳ね上がった。安倍会見はまずプロンプターを使った冒頭発言から始まった。おそらく秘書官らの手によるものと思われる用意された原稿を延々と読み上げた。ほぼ二〇分から三〇分は安倍の〝演説〟が続いた。ちなみに五月二五日の会見では二三分間が安倍の冒頭発言に充てられた。

毎度のことながら午後六時四二分を過ぎると、ＮＨＫの中継放送は突然スタジオ解説に切り替わった。

結局、多くの視聴者は安倍の冒頭発言と幹事社二社とプラス二、三人のやり取りしか聞けないのが実情だった。しかも個々の記者の質問が長く、意味のない時間を空費した。最後は広報官が決めごとのように会見の終了を宣言した。

「七時一五分から対策本部がありますので、これで最後にします」

「初めに解除ありき」

五月二五日の緊急事態宣言解除会見翌日の新聞朝刊の一面トップ記事に際立つ特徴があった。東京発行の六紙のうち朝日新聞を除く五紙はそろって「全面解除」の四文字を見出しに使ったことだ。しかし、冷静に見ればワクチンがなく集団免疫が形成されていない状況では「全面解除はあり得ない」と専門家は指摘した。

「ようやくここまで来ました、さらに前に進めるために国民の皆様の協力をお願いしますというべきで、客観的には『一時解除』だ」

確かに五月二五日の解除発表も「初めに解除ありき」の疑問が拭えない。明確な科学的根拠が示されていなかったからだ。宣言解除の目安とされた「直近一週間の新規感染者数が人口一〇万人当たり〇・五人程度以下」に関しても、北海道と神奈川県はこの目安をクリアしないまま「総合的判断」を理由に解除された。しかし、国民の多くは解除を慎重に受け止めていたようだった。

各メディアの報道を見ても「人出は徐々に」(毎日新聞)が実態に近かった。むしろ政権の揺らぎを窺わせる兆候が顕在化していた。その象徴は安倍内閣の支持率の急落だ。毎日新聞が二七%(不支持率六四%)、朝日新聞も二九%(同五二%)。危険水位とされる三〇%を割り込んだ。直接的な要因は前東京高検検事長の黒川弘務をめぐる検察人事問題にあるとみられたが、注目は、黒川問題を通じて図らずも安倍と検察側との間に新たな緊張関係が生じていたことだった。

賭けマージャンが発覚して辞任に追い込まれた黒川に対する「訓告」という甘い処分(五月二一日)をめぐる政府と検察当局との食い違いが背景にあったとみられた。安倍は検事総長が行った処分と説明した。ところが共同通信が報じたのは「首相官邸が黒川を国家公務員法による懲戒処分にしないことを決めた」というものだった。共同通信は「複数の法務・検察関係者が共同通信に証言した」としており、検察サイドの官邸への「物言い」と解釈できた。安定した内閣支持率と官僚支配は「安倍一強」を支える大きな柱でもあった。そこに見えた揺らぎの予兆は無視できなかった。それでも安倍に近い自民党最高幹部の一人はなお強気だった。

「感染症に伴う国民全員への一〇万円の給付金が行き渡れば内閣支持率は自ずと戻ってくる」

ただし安倍に批判的な自民党の閣僚経験者の言葉も説得力があった。

「意外に早く新規感染者の拡大があればその時点で政権は正当性を失う」

小池再選の流れ

「東京アラートを発動いたします」

六月二日夜、グリーンとグレーのツートンカラーの防災服に身を包んだ東京都知事の小池百合子は記者会見で都民にこう呼び掛けた。この日に限らず小池をテレビで見ない日はなかった。新型コロナウイルスの感染症をめぐって必ず日に一度は何らかの形で発信を続けた。官房長官の菅義偉が「コロナウイルス問題は東京問題」と語ったように東京都は感染者数と死者数ともに他の道府県に比べ突出しており、小池の判断と方針決定が日本社会全体に影響を与えた。

ただし感染症問題が広がった当初、小池はほとんど目立たない存在だった。むしろ独自の緊急事態宣言を打ち出した北海道知事の鈴木直道ら若い地方の首長が大きな流れを作っていた。その小池がギアチェンジをしたのは三月二三日の記者会見だった。テレビのニュースキャスターの経験がある小池は会見や会議でフリップを多用する。この日も何枚かのフリップを手にしていたが、そのうちの一枚が社会に大きなインパクトを与えた。

「ロックダウンを避ける」

感染症の拡大を防ぐため、都市を封鎖したり強制的に外出を禁止したり生活必需品以外の商店を閉じさせる強硬措置がロックダウン。日本の法制上は強制的なロックダウンはできないことになっているが、小池が口にした「ロックダウン」という言葉が独り歩きを始め、日本全体に危機感が広がった。この会見を契機に小池は露出度を格段に増やす。四月に入るとテレビＣＭにも登場した。

「東京都知事の小池百合子です。都民一丸となってこの難局を乗り越えましょう」

小池の発信は加速した。「オーバーシュート」「東京アラート」「ｗｉｔｈコロナ」……。カタカナ語を駆使しながら存在感を示した。

小池はなぜ三月二三日の会見で大きく舵を切ったのか――。ふり返ると、この頃コロナウイルス問題と並行して小池をめぐる二つのドラマが進行していた。東京五輪開催の可否と七月五日投票の都知事選をめぐる自民党内の動きだった。

東京五輪については三月一二日にギリシャのオリンピアで行われた聖火採火式が無観客で行われたことで、「中止」もしくは「延期」の流れが加速した。そして安倍は二四日夜、ＩＯＣ会長のバッハとの会談で「一年程度延期」で一致した。ここで小池は当面とはいえ、東京五輪という〝肩の荷〟を下ろした。さらにこの五輪延期と重なるタイミングで、四年前の都知事選以来、小池と激しい確執を続けていた自民党東京都連が小池に対抗して独自候補を立てるのを断念した。

この動きの背景には自民党幹事長二階俊博の存在があった。二階が小池支持を最初に表明したのは驚くほど早い。二〇一九年三月四日の記者会見だった。

「小池知事が再選を目指して立候補するのは当たり前だ。実績を見れば分かる」

党内からも反発の声が漏れたが現職幹事長の発言は重い。以来、二階は一貫して「小池支持」の旗を降ろすことはなかった。

「悔しかったら候補者を出せ。文句があるなら直接言ってこい」

二階はしばしば周辺にこう漏らしていた。その一方で二階は側近の幹事長代理林幹雄を伴って着々と根回しを続けた。当時も都政に隠然たる影響力を保持していた「都連のドン」と称された内田茂と何度も会合を重ねた。決定打は二〇二〇年の三月二五日、都議会予算特別委員会で三年ぶりに自民党が小池の編成した都予算に賛成したことだった。この時点で自民党は独自候補を諦め、都知事選では事実上の自主投票に向かうことになった。それでもなお都連の内部には不満がくすぶった。

「小池なんてとんでもないという雰囲気に満ち満ちている」（都連幹部）

確かに小池に二〇一六年の知事選で惨敗した自民党は翌二〇一七年七月の都議選でも、小池が率いた地域政党「都民ファーストの会」に第一党の座を奪われた。反小池感情は「恨み骨髄」と言ってもよかった。このため「勝ち負けは別として候補者を立てろ」との声もあったが、小池支持は群を抜いていた。都知事選の告示は六月一八日。五月二五日の緊急事態宣言解除後も東京都内の感染は収束の気配が見えなかった。むしろ六月二日には三四人の新規感染者を確認、初めての「東京アラート」が発動された。しかし、飲食店などに対しての休業の「再要請」は困難とみられた。

延期が決まった東京五輪は翌二一年七月二三日に開会式が行われることとなったが、直面する諸問題はほぼ手付かずの状態だった。むしろＩＯＣからは中止説も聞こえていた。東京五輪関係者も気をもんだ。

「日本側の体制がワンチームになっていない。国、組織委員会、東京都の三者がバラバラだ。これでは計算高いＩＯＣには太刀打ちできない」

突然の地上イージス配備中止

新型コロナウイルスの感染拡大という未曽有の事態と遭遇した通常国会は会期末の六月一七日を挟んで海流がぶつかり合ってできる渦潮のように、様々な事象が起こり、それが政権を巻き込んでいった。それに対応する安倍の決断、判断はバタバタ感がつきまとった。

六月一五日夕、防衛相河野太郎が防衛省で緊急記者会見を行った。そこで河野が口にしたのは安倍と菅の官邸ツートップの地元である山口県と秋田県で建設が予定されていた地上配備型迎撃システム「イージス・アショア」の導入停止の発表だった。

「イージス・アショアはコストと配備時期に鑑みて配備プロセスを停止する」

ブースターと呼ばれるミサイルの推進力を維持する装置を切り離した後に、自衛隊の練習場内など安全な場所に落とせないという技術的問題が分かったためとされた。しかし、この技術的問題は以前から指摘されていたことだったため、突然の発表のタイミングについての疑問が残った。河野が説明のために官邸に足を運んだのは一二日夕。まず河野は菅に説明した後、菅と一緒に首相執務室に向かっている。河野自身も会見でこの時に「報告し、了承を得た」と話している。しかし、この発表に一番驚いたのが身内の防衛省幹部らだった。

「私たちが知ったのも世の中の人たちと同じぐらいのタイミングだった」

「ここで計画をやめてしまえば、全国の基地問題に波及する」

米軍普天間飛行場の移設問題を抱える沖縄県知事の玉城デニーが政府を痛烈に批判した。

「辺野古の方がより無駄な工事ではないか」

防衛省の地元対応も杜撰だった。候補地のひとつの秋田市内にある陸上自衛隊新谷《あらや》演習場が東日本で「唯一の適地」とした防衛省の調査報告書のデータで、お粗末な誤りが見つかった。グーグルの衛星写真のデータを流用して山の標高を誤表記したことが地元の秋田魁新報に暴露されたからだ。また、住民説明会では防衛省職員の居眠りが発覚するなど、防衛省の信用は地に墜ちた。

もともと地上イージスは安倍と米大統領トランプとの日米首脳会談で安倍が購入を約束したのが発端だ。「初めに導入ありきだった」と自民党の防衛関係議員は率直に認めた。防衛関係議員はもとより、幹事長の二階俊博が安倍への強い不快感を周辺に漏らした。

「官邸は党と一緒になって考えるという発想がない」

これまでも燻っていた官邸と自民党の関係に新たな火種を持ち込んだ。ところが、事態は計画停止を契機に新たな局面に入った。安倍が国家安全保障戦略の練り直しに意欲を示したからだ。安倍は国会閉幕を受けて行われた六月一八日の記者会見で自ら切り出した。

「日本を守り抜いていくために安全保障戦略のありようについて、この夏、国家安全保障会議で徹底的に議論して新しい方向性を打ち出し、速やかに実行に移していきたい」

憲法上は許されるとしながらも、専守防衛の観点から「政策判断」として保有しないとしてきた敵基地攻撃能力の保有が念頭にあるとみられた。地上イージスの計画停止決定が先なのか、それとも敵基地攻撃能力保有が先にあったのかは判然としないが、新しいこの安保戦略の策定が別の政治的臆測を呼んだ。それこそが衆院解散だった。国会閉幕と同時ににわかに早期解散説が浮上していた。安倍も解散風を煽るように六月二一日夜のインターネット番組で解散に触れた。

「政治家はある種の闘いの中で生きており、解散というものを常に意識している」

ただし、解散断行には重要な条件を欠いていた。解散の大義名分だ。加えて内閣支持率の低迷で、解散権の行使すら困難になる可能性が否定できなかった。むしろ安倍が吹かせた解散風は当面の窮地脱出のためのブラフだった可能性が高かった。安倍の足元はグラついていた。地上イージスをめぐる混乱はその象徴でもあった。

河井夫婦の逮捕と追及続く「森友問題」

前法相河井克行と妻の参院議員河井案里をめぐる公職選挙法違反容疑の捜査からも目が離せなくなっていた。既に三月三日、公選法違反容疑で案里の公設秘書ら陣営関係者三人が逮捕され、東京・永田町の議員会館にある夫婦の事務所が家宅捜索を受けていた。同時に夫婦に対する事情聴取も行われた。通常国会会期末の六月一七日、夫婦は自民党に離党届を提出、受理された。そして翌一八日、東京地検特捜部が夫婦を公選法違反(買収)容疑で逮捕した。克行は安倍の首相補佐官などを務めた側近の一人。また官房長官菅義偉を慕う無派閥議員らでつくるグループ「向日葵《ひまわり》会」の中心的存在だった。参院選当選後、案里は二階派に所属した。夫婦側には参院選前に自民党本部から一億五〇〇〇万円が送金され、党内からも使途について説明を求める声が高まっていた。

特捜部は克行の自宅などから現金配布先を記載したとみられるリストを押収。夫婦の逮捕後、現金授受を認める広島県内の首長や議員らが続出した。一部の首長は辞職した。安倍政権の中枢を直撃した事件であり、政権へのダメージは大きかった。

学校法人「森友学園」の国有地売却問題をめぐる政治責任追及も続いた。売却事務を担当して自ら命を絶った元財務省近畿財務局職員赤木俊夫の妻雅子の代理人弁護士が六月一五日、第三者委員会による調査を求める電子署名約三五万筆を首相安倍晋三宛てで内閣官房に提出した。副総理兼財務相麻生太郎や衆参両院議長にも発送した。

雅子は安倍らに宛てた自筆の手紙で切々と調査を訴えた。

「夫の死が無駄にならないためにも私は真実が知りたいです」

雅子は三月一八日、赤木が元国税庁長官佐川宣寿の指示で決裁文書改竄を強制され自殺に追い込まれたとして、国と佐川に損害賠償を求め大阪地裁に提訴していた。

大阪地裁は二二年一一月二五日の判決で、佐川が改竄の方向性を決定づけたと認定したが、佐川個人の賠償責任については否定し、雅子の請求を棄却した。一方、国は「認諾」をして請求を受け入れた。訴訟では改竄の経緯を自殺した俊夫が生前に書き残した「赤木ファイル」は開示されたが、認諾によって掘り下げた事実解明は封印された。雅子はこの一審判決を不服として大阪高裁に控訴したが、高裁は雅子が求めていた佐川や財務省職員らへの尋問を認めず、二〇二三年九月一三日、即日結審した。雅子の「自死の真相が知りたい」という素朴な思いは踏みにじられたままだ。

森友問題は国会審議の過程で表面化して拡大したが、その国会の国政調査権は機能せず、「国権の最高機関」（憲法四一条）の権威を自ら毀損したことで将来に大きな禍根を残すことになった。

第九章
退陣へ
（二〇二〇年六月～九月）

記者会見で辞意を表明する安倍晋三首相(2020 年 8 月 28 日)

1　退陣の兆候

八方塞がりの安倍外交

新型コロナウイルスの感染拡大を受け、日本政府は計一一一カ国・地域への渡航中止を勧告し、事実上の「鎖国状態」にあった。しかし、貿易立国の日本がいつまでも鎖国状態を続けるわけにはいかなかった。官房長官の菅義偉も六月一日の記者会見で入国制限の緩和を検討する考えを示した。

「途上国を中心に警戒が必要な状態が続いているが、国際的な人の往来の再開に向けた検討も重要だ。適切なタイミングで総合的に判断していきたい」

この背景には経団連をはじめ、往来再開を求める経済界の強い要望があった。経団連幹部は「海外にある現地法人の駐在社員や出張者が困っている」と語った。日本企業と密接な関係にある中国との往来再開への要望は特に強く、航空業界関係者によると、中国便が再開された場合の座席を確保するため、相当数のキャンセル待ちが発生していた。

ただし入国緩和に関しては相互主義の原則があり、「日本と同程度の感染状況の国との往来を再開させる」(外務省幹部)というのが基本だった。さらに往来者には優先順位が設定されていた。第一陣はビジネスマン、次いで留学生、そして最後が旅行客だった。

もちろん、経済界が最も往来再開を望んでいたのは密接な関係にある中国と韓国だった。しかし、この両国については他国とは違う「政治的要因」が横たわっていた。中でも中国に関して言えば、延期されていた中国国家主席習近平の国賓来日問題が尾を引いた。

その後も日本政府は来日そのものについて方針変更はなく、日程を再調整する考えを繰り返した。ところが、安倍は徐々に慎重な姿勢に転じていく。国賓としての習来日に関して強く反発してきた自民党内の保守系議員が激しく安倍を突き上げていたからだ。自民党外交部会と外交調査会は連名で習来日についての決議文を官邸に提出した。

「再検討も含め、政府において慎重に検討することを要請する」

沖縄・尖閣諸島周辺で中国艦船が領海侵入を繰り返すことに加え、香港に国家安全法制を導入する中国の動きが党内保守派を強く刺激した。こうした動きを安倍も無視できなくなったようだ。

六月九日の衆院予算委員会の答弁で日程調整は当面は行わない考えを示した。

「日中間で意思疎通を続けるが、少なくとも今は具体的な日程調整をする段階にはない」

コロナ禍によって米中関係も極めて厳しい状況になっており、安倍の答弁は「習来日は無期限延期」(政府関係者)と受け取られた。韓国についても慰安婦や徴用工など歴史問題をめぐる軋轢を背景に往来回復は消極的だった。経済的な繋がりの深い隣国との距離がますます広がった。安倍にとって重要な政権浮揚の手段でもあった「安倍外交」は身動きが取れなくなった。

安倍は二〇二〇年一月のサウジアラビアなど中東三カ国歴訪以降、半年以上、外遊ゼロが続き、七月中旬の段階で首相が外国訪問をしない期間が歴代最長となった。ただ安倍にとっては避けて通れない悩ましい問題が横たわっていた。約一年後に迫った東京五輪・パラリンピック。中韓両国との往来回復がなければ五輪そのものが成立しなくなるからだった。コロナ禍によって八方塞がり、手詰まり状態の安倍外交に活路は見えなかった。

六月に入ると、首相安倍晋三は精神的にかなり追い込まれた状況にあったようだ。父晋太郎の秘書時代から安倍をよく知り、相談相手でもあった経済人は「この頃から再び持病が出てきた」と証言する。安倍の持病は難病に指定されている潰瘍性大腸炎。二〇〇七年九月、第一次政権の際も同じ持病の悪化が原因で退陣の決断をしていたが、この六月の時点で安倍が苦悩を深めていることを知る由もなかった。

コロナ禍で初めての第二〇一通常国会は六月一七日に閉幕した。野党側は感染症対策に備えるための会期の大幅延長を要求したが、与党側は拒否した。立憲民主党代表の枝野幸男は党両院議員総会で「国会を閉じるのは大変不本意であり、逃げるなと言いたい」と述べ、政府与党を厳しく批判した。ただ自民党の二階俊博と立憲民主党の福山哲郎の両幹事長が会談し、閉会中審査を衆院では七月末まで水曜日ごとに、参院では木曜日ごとに開催することを決めた。

二階の蠢き

安倍は国会閉幕を受けて六月一八日、内閣記者会との会見に臨んだ。ポスト安倍について問われた安倍は意味深長な言葉を残している。

「後継者は育てるものではなく、育ってくるものだ。地味に成果を出す人もいれば、うまく発信している人もいる。国のために全力を尽くした結果、そういう立場に立っていくと思う」

そして衆院解散に関しては「頭の片隅にもないが、信を問うべき時が来れば躊躇なく解散を断行する考えに変わりはない」と述べた。しかし、安倍の解散権行使については懐疑的な受け止めの方が支配的だった。むしろポスト安倍への蠢動が国会閉幕と同時に始まった。最初に一歩を踏み出したのは二階俊博だった。国会閉幕日の一七日夜、二階は早速官房長官の菅義偉と会談した。場所は東京・東麻布の中国料理店「富麗華」。国対委員長森山裕と幹事長代理林幹雄が同席した。この四者はやがて始まるポスト安倍をめぐる政局で中心的な役割を演じていくことになる。

菅は二階との会食の翌日、自民党本部の幹事長室に二階を訪ねている。会食のお礼にわざわざ足を運んだのだった。二階は一八日夜には公明党幹事長の斉藤鉄夫ら公明党幹部と懇談した。同席者には公明党側からは前代表の太田昭宏、二階の相談相手でもある公明党顧問の漆原良夫。さらに漆原とも親密な関係にある衆院議長の大島理森も加わった。二階側には森山と林が同席した。

この週の二階は驚くほど精力的に会合を重ねた。一六日には麻生派と二階派の幹部同士の会合で珍しく麻生太郎と懇談した。一九日の自民党国会対策委員会の慰労会にも二階、林、森山が揃って出席した。こうした一連の会談を重ねたことで二階が政局の流れを決定づけるキーマンになりつつあった。

心揺れる安倍晋三

二階の動きに触発されたのか、六月一九日夜、安倍を中心に副総理兼財務相麻生太郎、官房長官菅義偉、そして自民党税制調査会長の甘利明の四人が食事を取りながら懇談した。場所は東京・虎ノ門の「虎ノ門ヒルズ」の最上階、五一階にあるホテル「アンダーズ東京」のレストラン「ザ・タヴァングリル＆ラウンジ」。

この四者は二〇一二年一二月に安倍が首相の座に返り咲いた際の中核メンバー。三年前の「国難突破解散」のシナリオも同じ顔触れの四者会談から始まった。このため今回も四者会談が衆院解散の起爆剤になるのではないかとの臆測が飛び交った。しかし、実態は全く様相を異にしたようだ。菅は会談後に周辺にこう漏らしている。

「昔話ばかり。解散のかの字もなかった」

むしろ、会談の核心は政権が抱える〝地雷〟となった安倍と菅の「不仲説」の払拭にあったのではないか。両者の不仲説は六月一一日の参院予算委員会で国民民主党の増子輝彦から指摘されるほどだった。もちろん安倍はこれを否定したが、どこか自信のなさがにじみ出た答弁でもあった。

「官房長官とは一心同体で、心を一つにして対応している。（安倍が）どう答えるか興味を持って聞いている人も我が党にいるかもしれないが、全く一致協力してやっているということだ」

六月一九日は新型コロナウイルスの感染拡大に伴って要請された外出自粛が全面的に解除された初日。安倍がいかにこの四者会談を重視していたのかの証左でもあった。裏を返せば安倍と菅の関係がそれだけ深刻な状況にあったことを示唆した。

確かにコロナ禍への政府の対応をめぐっても、菅が外される事例が頻発した。「アベノマスク」の配布、全国の小中高校の一斉休校、さらに一律一〇万円の特別定額給付金の決定でも両者間の齟齬が表面化した。もっとも安倍と菅の関係悪化は首相補佐官と秘書官を兼務する今井尚哉ら安倍側近の官邸官僚が惹起した可能性が高かった。

ただ、安倍側近の独断による失政続きとその反映でもある内閣支持率の低下に伴い、再び菅が存在感を高め始めたことも事実と言えた。今井主導で経済産業省が消費喚起策の一環としてまとめた「Go To キャンペーン」の所管は菅の指示で、観光は国土交通省、飲食は農林水産省、イベントは経産省に分割された。不透明な巨額の事務委託費問題など、経産省主導の矛盾に菅が断を下したのだった。その菅の後ろ盾が二階だった。

二階は党則を変更して首相の自民党総裁としての三選の道を開いた功労者。こうしたこともあって二階はあくまでも安倍とは対等だという自負があった。それだけに両者の間にはいつも微妙な空気が流れていた。

前年九月の内閣改造・党役員人事をめぐっても安倍・二階会談が行われたのは一度だけ。場所も味も素っ気もない党本部の総裁室。当時の安倍は政調会長の岸田文雄の幹事長起用を目指していたとされ、二階との確執が続いていたからだ。結果的には二階を敵に回すのは得策ではないとの判断から二階の幹事長続投が決まった。これを進言したのが菅である。九月に内閣改造・党役員人事が想定され、再び焦点は二階の去就にあったが、早々に安倍から二階に会談の申し入れがあった。それも六月一九日。二階側近によると、こんな申し入れだった。

「首相公邸ではなく外でお会いしたい。場所は幹事長にお任せする」

二階は行きつけの東京・赤坂の日本料理店の「たい家」を指定した。会談は林も同席する形で二四日夜、行われた。林によると、「衆院解散や人事の話は全くなかった」。ただ二階が口火を切って実現した一律一〇万円の特別定額給付金について、安倍が「幹事長のおかげでうまく行った」と感謝の気持ちを表して会談が始まった。

時間にして約二時間。口数の少ない二階を前に安倍が次々に話題を提供した。安倍には二階との関係整備に加えて別の隠された思惑があったと見られていた。二階の元幹事長石破茂への接近阻止だ。安倍にとって石破は最も目障りな政治家と言ってよかった。

その石破が再び各マスコミの世論調査で「次期首相にふさわしい政治家」の第一位となった。しかも、安倍に水をあけた一位。石破もこの傾向に自信を深め、安倍に対する物言いもより鋭角的になっていた。元法相の河井克行逮捕に関しても安倍に厳しい注文を付けた。

「なぜ適材適所でベストな人材だと判断したのか。誤っていたならそう言うべきだ」(TBSのCS番組収録)

安倍から見れば、石破は「絶対に後継総裁にしたくない政治家」(安倍側近)だった。ただ石破は決定的な弱点を抱えていた。党内基盤だ。石破派所属の議員数は一九人。総裁選立候補に必要な推薦人二〇人にも届かなかった。

そんな石破が頼みとしたのが二階だった。九月一七日に予定した石破派のパーティーで石破は二階に講師を依頼した。二階は快諾するだけでなく、石破を持ち上げた。

「(石破は)高みを目指してほしい期待の星の一人だ」

石破は雑誌『文藝春秋』二〇二〇年七月号で共感できる政治家に二階、菅、そして二年前の総裁選で石破を支援した竹下派会長の竹下亘の名前を挙げた。キーワードは「地方」だった。これはそのまま石破が描く政権構想と願望を込めた支持勢力の構造を意味すると言ってよかった。このうち竹下は前年二〇一九年一月に食道癌の手術を受けたが、寛解に至らず、コロナ禍も重なって外出を控え、三〇分ほど自宅周辺を散歩する程度の日々を送っていた。

竹下とともに前回総裁選で参院竹下派をまとめて石破支援に回った元自民党参議院議員会長の吉田博美は既にこの世にいなかった。その二人に背後から「石破をやれ」と指示した「参院のドン」と呼ばれた青木幹雄がどう動くかも石破にとって大きな意味を持っていた。

菅も石破とは疎遠というより、むしろ安倍と同程度の「石破嫌い」の部類に入っていたが、同時に岸田への評価も厳しかった。二階も岸田とは肌合いが合わず、石破を受け入れた要因の一つと言えた。二〇二一年九月の総裁選の前哨戦が早くも始まったと言ってよかった。そこに石破にとっても予期せぬ〝ライバル〟が出現してきた。防衛相の河野太郎だ。地上イージスの建設撤回で河野の注目度は一気に上がった。既に「次は出る」と総裁選出馬の意思を明らかにしており、石破側近も困惑を隠さなかった。

「河野さんが厄介な存在になるかもしれない。菅さんも(ポスト安倍が)河野さんならＯＫだろう」

その上で河野の「何を発言するか分からない」という意外性を警戒した。二階もそのひとりだった。

「今なら単純でいいが、政治的な駆け引きを覚えたら面倒臭い存在になる」

元総務相の野田聖子も「頑張る。三度目の正直だ」とポスト安倍に名乗りを上げた。これで総裁選への意欲表明は岸田、石破、河野、野田の四人。約七年半にわたって権力を独り占めしてきた「安倍晋三の時代」が終わりつつあることを意味した。

その後、二〇二一年の総裁選では石破を除く三人が立候補した。石破は二〇二〇年の総裁選で敗退し、二一年総裁選では河野の支援に回った。いずれにせよ、ポスト安倍に向け舞台が回り始めた。

「疲れました」

そして六月二四日夜の安倍、二階による「たい家会談」が次の政局の幕開けを告げることになった。安倍が発した一言が政治の流れを決定づけたからだ。安倍は思わず二階に本音を吐露したという。

「疲れました」

二階はこの安倍の一言を聞き逃さなかった。「安倍退陣」の四文字が二階の頭に浮かんだ。政治潮流は変わり大きく蛇行を始めた。そう読んだ二階は着々と手を打ち始めた。

六月二二日付朝刊から開始された日本経済新聞の連載企画は刺激的だった。タイトルカットは

『ポスト安倍』始まる」。初回の見出しは「弱まる求心力　進む流動化」。安倍は二二日夜、東京・丸の内のパレスホテル東京内の日本料理店「和田倉」で自民党元幹事長細田博之と久しぶりに会食した。細田は安倍から党内最大派閥の細田派を預かる身。しかしながら、細田派には総裁候補が不在の上、内部統制も利いていなかった。安倍が不安に駆られても不思議ではなかった。

二階と菅は七月一日夜、安倍・二階会談が行われたばかりの「たい家」で再び林を交えて会食した。二階の頭の中にはポスト安倍に菅がはっきりと浮かんでいた。

小池再選

安倍の足元が揺れ始める中で七月五日、東京都知事選の投開票が行われた。結果は現職の小池百合子の圧勝だった。得票総数は三六六万一三七一票。史上二番目の得票数だった。一夜明けた六日、小池は〝古巣〟とも言える永田町に凱旋した。まず首相官邸に首相安倍晋三を訪ね、その後、東京五輪組織委員会会長の森喜朗、公明党代表の山口那津男、そして夕方には小池圧勝の立役者である自民党幹事長の二階俊博を自民党本部に訪ねている。四年前の都知事選で小池と激しく争った自民党本部や自民党東京都連は候補者を擁立できずに終わった。いわば〝消化試合〟の観を呈した。次点の弁護士の宇都宮健児ですら、大台の一〇〇万票に達せず、小池以外の二一人の候補者全員の得票を足し合わせても小池の得票には遠く及ばなかった。

小池の選挙戦は極めて巧みだった。感染症対策を理由に街頭演説は一切なし。テレビの地上波では六月一八日の告示後の候補者同士の討論は一度もなかった。ところが、小池は現職の都知事だ。通常は選挙本番となればメディアも候補者の扱いに細心の注意を払う。テレビの場合で言えば、同じVT

Ｒの中で取り上げる映像の使用時間を候補者ごとに秒単位まできっちりと管理する。しかし、現職都知事として都民の最大関心事である新型コロナをめぐる記者会見を行うとなるとニュースとして報じないわけにはいかなかった。ましてや一度収まったかに見えた感染状況が大きく変わり始めた。連日トップニュースで扱わざるを得なかった。

ただでさえ知名度の高い小池が益々露出度を高める結果になった。東京都内の感染者数は告示後にむしろ悪化の傾向を強めた。とりわけ選挙戦最終盤には新規感染者数が三桁の日が連続した。本来なら小池による「コロナ対策は失敗」（自民党幹部）との批判が出てもおかしくない状況だった。現に一二四人の感染者が確認された七月三日の記者会見は厳しい質問が飛んだ。

「夜の街対策は失敗だったという認識はあるのか」

これに対して小池はかすかに戸惑ったような表情を見せたが、すぐさま反論した。

「別に失敗しているということは言えない。それだけ難しい部分もあろうかと思う」

そこでも小池はお得意のフリップを持ち出した。

「〝夜の街〟要注意」

五月二日以来の三桁になった七月二日の会見でも「感染拡大要警戒」のフリップを使い、記者会見というよりは〝ワン・ウーマンショー〟に持ち込んだ。自民党の選対幹部も小池への流れを止めるのは不可能だったと総括した。

「目の前のコロナに関心が集中して他の政策については争点すら見えなかった」

過去四年間の任期中の小池の実績の総括もなければ、以後四年間の公約についてもほとんど議論が深まらないまま選挙戦は終了のゴングが鳴った。小池は自信満々で七月五日の投票日を迎えた。投票日二日前には小池サイドからこんな要請が自民党本部に行われた。

「投票日の翌日に二階幹事長に挨拶をしたい」

「挨拶」とは言っても「当選のお礼」であることは明白だった。早々に六日午後五時に小池が党本部を訪ねる日程が固まった。投開票日の当日には二階も想定外の動きをした。地元和歌山から東京に戻った二階はそのまま党本部の幹事長室に入った。小池は自民党の推薦を断っており、二階は都知事選の当事者ではなかったはずだったが、二階にとっては〝身内の選挙〟だった。

二階が一人で幹事長室に現れたとの連絡を受け、二階派幹部で元官房長官の河村建夫が駆けつけた。さらに熊本県の球磨川で発生した豪雨非常災害対策会議に出席していた同じ二階派の防災担当相武田良太が合流した。静まり返った党本部の幹事長室で二階ら三人がＮＨＫの都知事選特番に見入るという奇妙な光景が展開された。午後八時過ぎ、早々に小池の当選確実が出ると、二階は携帯電話で「当選おめでとう」と小池に祝意を伝えた。

このため六日の小池の自民党本部訪問は二番煎じのセレモニーと言ってよかった。小池を迎えたのは二階と二階側近の幹事長代理林幹雄。林は小池と厳しく向き合った自民党東京都連と党本部との調整役だった。小池には一人では持ち切れないほどの大きな花束が手渡された。

「コロナ対策と東京五輪とパラリンピックの成功に向け、しっかりやっていきたいと思います。三六六万票には大きな責任を感じると同時に大きな勇気をもらいました」

これに対し、二階は「しっかりやったらいい」とエールを送った。この瞬間、四年前の都知事選をめぐる小池の造反劇は事実上帳消しになったかに見えた。しかし、ことはそれほど単純ではなかった。二一年七月には都議会議員選挙が予定されていた。小池が都知事選で自民党の推薦を受けなかったのは小池が率いた都議会第一党の都民ファーストの会の議員を多く抱えていたからだった。ここが小池の次の勝負どころと言えた。当選が決まった五日夜、テレビ東京の番組でジャーナリストの池上彰に「任期を全うするのか」と問われた小池は真正面からの回答を避け、「自分自身の健康をしっかり守っていきたい」と述べている。再選直後からその去就が注目される知事は前例がないだろう。語尾を濁した小池の思惑に再び関心が集まった。

コロナ禍の自然災害

日本社会が恐れていたことが現実のものとなった。「コロナ禍での自然災害」だ。中でも七月四日、熊本県南部を流れる球磨川は記録的な大雨で「暴れ川」となり、多くの人命と流域住民の家屋や生活を奪った。着の身着のままで避難した住民らが身を寄せ合う避難所も、感染防止のため「三密」の回避に力点が置かれるなどこれまでとは運営が大きく異なった。ところが災害応援で派遣された香川県高松市の男性保健師が新型コロナウイルスに感染していたことがわかり、避難住民がＰＣＲ検査を受けるという思わぬ事態も発生した。

その一方で豪雨災害と重なるように、七月九日から都内の感染者は四日連続で二〇〇人を超えた。多くの専門家が「気温と湿度が高くなればウイルスの感染力は弱まるのではないか」と指摘していたのとは正反対のことが起きていた。しかし、東京都も政府も動きが鈍かった。知事選で再選を果たした知事の小池百合子は感染者数の増加は「ＰＣＲ検査を増やした結果」としか語らず、一向に有効な手が打てずにいた。首相安倍晋三も根拠のない楽観的な認識を示していた。

「四月（のピーク時）と比べて重症者は大きく減っており、医療提供体制は逼迫した状況ではない」

もはや小池が繰り返してきた東京・新宿区歌舞伎町や豊島区池袋の歓楽街に限定された〝夜の街〟が新型コロナウイルスの温床との見方も説得力を失っていた。徐々に市中感染への拡大が否定できなくなっていたからだ。

そこに再び小池と官房長官菅義偉との不協和音が表面化した。きっかけは七月一一日に菅が北海道千歳市で行った講演にあった。

「(コロナ禍は)圧倒的に『東京問題』と言っても過言でないほど東京中心の問題になっている」

菅はもともと感染拡大が始まった当初から東京都と二三ある特別区との連携が円滑ではないとして不満を募らせていた。その思いが東京都の感染者急増と都知事選が終わったことを受けて一気に噴き出したようだ。これに対して小池も負けずに舌戦を挑んだ。政府が開始する観光業者を支援するための消費喚起策「Ｇｏ　Ｔｏ　キャンペーン」を引き合いに政府批判を展開した。

「冷房と暖房の両方をかけることにどう対応すればいいのか、整合性を取るのは国の問題だ」

菅と小池は四年前の知事選をめぐって激しく対立した過去があった。その〝遺恨試合〟の様相を呈した。この〝小競り合い〟を公明党代表の山口那津男がバッサリと切り捨てた。

「国のせいだ、都の問題だと言い合っている状況ではない」

自民党内にも批判の声が燻った。

「船頭同士のいざこざが起きては船が前に進むはずがない。迷惑を受けるのは国民、都民だ」

この時点では感染拡大の第二波が始まったと見るべきだった。

「予兆があれば、それに備えるのが危機管理の基本だが、何の対策も打たれていない。第一波に続き、第二波でも初動に失敗している」

政府の危機管理に長く携わってきた専門家は怒りと失望が入り混じった感情を隠そうとしなかった。現に次々と失政と言ってもいい事案が続出した。新宿区内の劇場で開催された舞台では出演者や舞台関係者だけでなく観客も含めて約八五〇人もの濃厚接触者が出た。都内ではPCR検査で陽性が判明した所在不明者がいることも明らかになった。第一波の経験から見えてきたのは自粛要請に象徴される「国民の善意に頼る日本流の限界」（危機管理の専門家）だった。それを法的、制度的にどうカバーするのかを考えるのが政治家だ。とりわけトップの責任は大きかった。

むしろ、政府の姿勢で際立ったのは経済重視だった。既にプロ野球は七月一〇日から観客を入れてのゲームが行われていた。それに続いたのが政府肝いりの「Ｇｏ　Ｔｏ　キャンペーン」と言ってよかった。しかし、この全国一律のキャンペーン展開が新たな軋轢を生む。地方自治体の首長が次々と反対の「むしろ旗」を掲げた。霊場「恐山」で知られる青森県むつ市長の宮下宗一郎が声を上げた。

「感染が拡大すれば人災以外の何物でもない。市民の我慢をぶち壊すのか」

それ以降も全国から反対の声が続々と届いた。

「首都圏での新型コロナウイルス感染状況や各地の豪雨災害を踏まえると、この時期のスタートはいかがなものか。地域の実情に合ったやり方を地方に任せてほしい」（山形県知事・吉村美栄子）

もともと「Ｇｏ　Ｔｏ　キャンペーン」は四月に成立した第一次補正予算に盛り込まれた当時から強い批判があった。自民党の有力幹部からも異論が出ていた。

「感染拡大の中で旅行に行きたい人がどれほどいるのか。インバウンド（外国人観光客）が壊滅して困っている観光業界を助けるなら他の方法がいくらでもあるのではないか」

しかもキャンペーンをまとめたのは観光行政を所管する国土交通省ではなく経済産業省。前述のように中小企業支援の一環で決まった持続化給付金の経産省による不明朗な事業委託をめぐる問題が表面化したのをきっかけに、官房長官の菅が所管官庁を分割させた。観光は国交省（「Go　To　トラベル」）、飲食は農林水産省、イベントを経産省が担当することになった。

その反映でキャンペーンのスタートが遅れていたのも事実だった。国土交通相の赤羽一嘉がキャンペーン実施を発表したのは七月一〇日。割引の開始は当初八月の予定だったが「できるだけ早く、特に夏休みを対象とするよう要望が寄せられた」（赤羽）ため、「七月二二日開始」に前倒しされた。しかし、既に感染拡大が再燃していた。なぜ発表を遅らせることができなかったのか。特別給付金の方針が二転三転したのと同じ状況になりつつあった。

司令塔不在、沈黙の安倍

ところが安倍は沈黙したまま。通常国会の閉幕に当たって記者会見して以来、一度も国民に向けてきちんとしたメッセージを発していなかった。「司令塔不在」がますます事態を混乱させた。安倍は自ら本部長を務める新型コロナウイルス感染症対策本部の会合への出席はともかく、目立った公務は熊本・球磨村の豪雨災害で現地視察をした程度。コロナ禍で落ち込んだ経済回復の目玉だったはずの観光支援事業「Go　To　トラベル」が洒落にもならない「Go　To　トラブル」と揶揄された。

「ウイルスは人とともに動く」――。この大原則からすれば急速に感染者が増加する中でなぜ「Goサイン」を出したのかは理解できなかった。

政府は「Go　To　トラベル」で観光需要の回復に弾みをつけようと七月二二日からの開始を決めていた。国内旅行を対象に一人当たり一泊二万円を上限に宿泊・日帰り旅行代金の二分の一相当額を支援するものだった。経済再生担当相の西村康稔は七月一五日の衆院予算委員会の閉幕中審査で予定通りの実施を表明した。

「東京を中心に再び感染が増える中、やるべきでないと地方に心配する声がある。一方で地方の旅館、ホテル、観光地が厳しい思いをしている中、進めてほしいとの声も聞いている」

しかし、共同通信が一七～一九日に実施した世論調査の結果によれば、支援事業の対象から東京都発着の旅行を除外した政府の対応について、「全面的に延期すべきだった」との回答が六二・七％。さらに政府のコロナ対応全般に対する評価でも「評価しない」は五九・一％に上った。

もともと「Ｇｏ　Ｔｏ　トラベル」は八月からの実施で準備が進んでいたが、七月二三日（海の日）、二四日（スポーツの日）が絡む四連休にホテルなどの宿泊予約が増えたため、「わずかの違いで割引を受けられない人が出るのはおかしい」（政府筋）との理由で二二日からの「前倒し実施」の方針が固まった。観光庁がこの方針を発表したのが七月一〇日。その時点で東京都の新規感染者数が再び増加に転じていた。前述したとおり、全国の知事ら自治体首長から一斉実施や一律適用に否定的な声が上がった。その一方で、政府、自民党には予定通りの実施を求める声が根強くあった。

「今やらなければ実施するタイミングを失う」（政府高官）

その中でも大きな存在感を示したのが自民党幹事長の二階俊博と官房長官の菅義偉だった。二階は日本旅行業協会の会長を長く務め、日本の観光振興の旗振り役で、数千人規模のツアーを引き連れて何度も中国や韓国を訪問するなどその実績では右に出る者はいない。「Ｇｏ　Ｔｏ　トラベル」の生みの親でもあった。菅もインバウンドによる「観光立国」を目指し、着々と実績を重ねてきた。二〇二〇年には当面の目標だった「訪日外国人客数四〇〇〇万人」達成も時間の問題と見られていた。それが新型コロナウイルスの感染拡大により四月時点で前年同月比マイナス九九・九%というあり得ない落ち込みを記録した。菅は七月一五日の記者会見でも「(予定通り)実施の方向だと聞いている」と答えている。

地方から沸きあがる慎重論と二人の実力者を軸にした推進派の狭間で困り果てたのが赤羽一嘉を国土交通大臣に送り出している公明党だった。党の最高幹部の太田昭宏も苦しい胸の内を語った。

「何らかの形で手を打たないと地方の旅館は倒れてしまう。そうした中で赤羽が悪者になっている。何とか救い出さないといけない」

公明党内では代表の山口那津男、観光行政に精通する国交相経験者の太田昭宏らが国交省の幹部を交えて知恵を絞った。

一六日夕、首相執務室に安倍を中心に赤羽に加え、感染症担当相の西村康稔、観光庁長官田端浩らが集まり、結論を急いだ。

「東京からの発着や東京を目的とする旅行を対象から外し、予定通り二二日から実施する」

ところが、結論を出した後に新型コロナウイルス感染症対策分科会が開かれるなど、順序逆転のドロ縄的な対応が再び繰り返された。

しかし、混乱は落着とはいかなかった。翌一七日の赤羽会見が物議を醸す。〝東京外し〟の理由が分かりにくかったのに加え、既に予約した都内の宿泊や、都民による宿泊先のキャンセル料をどうするかの問題が表面化した。赤羽が国による補償について「考えていない」としたことに反発が噴出したからだ。

東京都は公明党にとって「国政以上に大事な地域」(党幹部)とされ、東京の業者をめぐるキャンセル料問題に敏感に反応した。公明党政調会長の石田祝稔が「キャンセル料は国が若干考えていく必要がある」と口火を切った。これを受けて「旅行会社ごとに判断してもらう」と述べ、政府による補償に否定的だった菅も「実態把握をしたうえで、必要な対応を行う」と方針転換に向かった。公明党が必死に対応していることに自民党幹部は極めて冷ややかだった。

「二一年七月には東京都議選があり、一年三カ月以内には必ず衆院選がやって来る。創価学会を中心にした支持固めだろう」

ところが不可解なのは、二階に対して公明党がほとんど働き掛けをしていなかったことだった。二階の沈黙は右往左往する公明党や業界に対する怒りの表明と言ってよかった。これに関して安倍は一四日夜、「現下の感染状況を高い緊張感をもって注視している」と記者団に語っただけ。そこには覇気が感じられなくなっていた。

頻度をあげた二階・菅会談

ただ一日だけ〝特異〟な日があった。それは七月二二日の夜のことだった。共同通信の「首相動静」を引用する。

六時三〇分、東京・銀座のステーキ店「銀座ひらやま」。自民党の二階俊博幹事長、林幹雄幹事長代理、プロ野球ソフトバンクの王貞治球団会長、俳優の杉良太郎氏、政治評論家の森田実氏、洋画家の絹谷幸二氏らと会食。

安倍を除けば全員が「二階人脈」だった。中でも「世界の王」の存在はひと際目を引いた。二階と王との交友関係は約三〇年にわたる。王が米メジャーのホームランバッター、ハンク・アーロンと始めた「世界少年野球大会」を物心両面で支えたのが二階だった。途上国の少年野球チームの移動や宿泊などを二階が細々と支援した。王も会合の後にこう語っている。

「後援者からのお声が掛かったら来ないわけにはいかない」

この日の会合は特別意味があったわけではなかった。緊急事態が終わり、暑気払いを兼ねた会食で安倍が来る理由はなかった。理由があったとすれば二階の方だった。二階は六月二四日に安倍との「たい家会談」で安倍の心境に変化が起きつつあることを察知した可能性があった。二階は安倍と会うことによってその変化を確認したかったのではないか。

二階が執念のように安倍に声掛けして実現したのが、「ひらやま」での会食だった。

二階側近はこう解説した。ただし安倍は出席したものの、他の出席者を残して一時間半ほどでそそくさと「ひらやま」を後にしたのだった。この二階との会食は安倍にとって七月になって初めての政治家を交えての懇談だった。〝早退〟した安倍の対応は二階が感じていた「健康不安説」を補強した。

「世界の王さんが来るのに総理といえども断るわけにはいかない」

一方で二階は菅との会談を重ねていた。国会閉幕後の二階・菅会談は判っているだけで三回。六月一七日、一八日、そして七月一日だった。中でも七月一日の会談はポスト安倍をめぐって生々しい発言が飛び出した。同席した政治評論家の鈴木棟一（二〇二一年没）から二階はこんな問いをぶつけられた。

「幹事長は石破茂と接近しているように伝えられているが、本当は嫌いでしょう。それ以上に岸田文雄が気に入らない。結局、菅さんを推すのではないか」

二階も菅も黙って聞くだけで否定も肯定もしなかった。二階、菅が信頼を寄せ合うようになったのは第二次安倍政権の発足以降、官房長官の菅を折りに触れて二階が党内外の豊富な人脈を駆使してサポートしてきたことにあった。菅に近い議員が二階派に入会するケースも多かった。

発信を強める菅

一時は首相補佐官の今井尚哉ら安倍側近の官邸官僚との確執で出番が封じられていた菅が再び積極的な発信を始めた。そのことがはっきりと見えたのが七月一九日のフジテレビ番組『日曜報道　ザ・プライム』での発言だった。新型コロナウイルス特別措置法の改正や感染拡大の〝温床〟と名指しをされたホストクラブなどに、風営法に基づく立ち入り検査を進める意向を表明した。

そしていつもは慎重な菅が驚くほど明快に自らの続投に言及したのだった。

「安倍政権をつくった一人だから、そこは責任を持っていきたい」

二階も菅とのバランス論から言っても幹事長続投は動かなくなっていた。さらに政界のだれもが驚いたのが三〇日のTBSのCS番組収録だった。

「(解散は)なかなか難しいのではないか。コロナ対策に専念し、これ以上の拡大は何としても避けて欲しいというのが国民の声だろう」

ここまで官房長官が言い切るのは極めて異例のことだった。これだけの自信に満ちた菅の発言の背景には確たる根拠があったと見るのが自然だった。安倍から「解散なし」を直接聞かされている可能性だった。そして二階についてこう語った。

「政局観、政治観がずばぬけている。内閣として本当に頼りになる幹事長で、安倍首相も感謝している」

安倍は八月二四日に首相の連続在職日数が大叔父の佐藤栄作を超えて歴代一位になることが見えていた。一方の二階も九月八日に政治の師でもある田中角栄が作った自民党幹事長の最長在任記録を超える。そこで二階はあるプランの実行を側近に指示した。

「お互いに記念日超えに当たってはお祝い会を開く」

「菅さんは有力な候補の一人」

「今年の八月は例年とは違う夏になるが、コロナ対策を緩めてはいけない」

新型コロナウイルスの感染拡大が止まらない東京都の知事小池百合子が記者会見でこう呼び掛けたのは七月三一日。まさに小池の指摘通り、政界も「例年とは違う夏」となった。同じ三一日、立憲民主、国民民主、共産、社民の野党四党は憲法五三条に基づく臨時国会召集の要求書を衆院議長大島理森に提出した。しかし、安倍は首を縦に振ることはなかった。流石に自民党内からも安倍の姿勢に批判的な声が上がった。大島も動いた。森山裕、高木陽介の自公両党の国対委員長を呼び苦言を呈した。

「コロナ禍での国会の在り方を考えてもらいたい」

大島はちょうど一年前、森友学園問題をめぐる財務省の決済文書改竄などを指摘し、安倍政権に対して注文を付ける異例の所感を発表したことがあった。

「民主主義の根幹を揺るがす問題だ。立法府の判断を誤らせる恐れがある」

大島は「国権の最高機関」である国会の形骸化に強い危機感を抱いていたが、安倍の反応は冷ややかだった。安倍の意向を踏まえたのか、森山も「国会を開いても審議案件がない」との理由で野党側の要求を拒否した。英国のEU離脱に伴う日英間の新たな経済連携協定（EPA）交渉が合意した場合、国会承認が必要となる。そのための臨時国会召集の必要性は認めてはいたが、「早くても一〇月下旬」（自民党幹部）との認識だった。七月二一日発売の月刊誌『Hanada』は安倍インタビューの記事を掲載した。

「（菅はポスト安倍の）有力な候補の一人であることは間違いない」

安倍がここまで率直に語ったことはなかった。

乱れ飛ぶ健康不安説

八月に入ると、首相安倍晋三の健康問題をめぐる憶測が乱れ飛ぶようになった。

「八月九日の長崎の原爆の式典での挨拶は声の張りがなかった」

「マスクを小さな〝アベノマスク〟から大きめのマスクに変えたのは顔色が優れないからではないか」

確かに安倍は原爆忌など特別な行事に出席する日を除けば、午前中は私邸で過ごし、午後に官邸入り、夕方には東京・富ヶ谷の私邸に帰宅する日が続いた。

こうした中で八月一五日の「終戦の日」から事態は大きく動き出した。安倍は東京・北の丸公園の日本武道館で開かれた全国戦没者追悼式に参列して式辞を述べ、献花した後、東京・富ヶ谷の私邸に直行した。八年連続で靖国神社への参拝はせず、自民党総裁として玉串料を私費で奉納した。参拝したのは安倍政権発足後では最多の四閣僚。総務相の高市早苗、文部科学相萩生田光一、沖縄北方担当相の衛藤晟一、環境相小泉進次郎――。

安倍が私邸に戻ると、副総理兼財務相の麻生太郎が安倍を訪ねた。麻生は二〇〇七年九月、安倍が病気で第一次政権退陣を表明した時の幹事長だった。麻生が安倍の健康を気遣っての訪問であることを強く示唆した。麻生の来訪には伏線があった。安倍、麻生の二人と近い自民党税制調査会長の甘利明が一二日に安倍と会っていたからだ。甘利から麻生に安倍の様子が伝えられた可能性が高かった。

そして甘利が八月一六日のフジテレビ番組『日曜報道 ザ・プライム』で衝撃の発言を行った。

「(安倍には)ちょっと休んでもらいたい。責任感が強く、自分が休むことは罪だとの意識まで持っている」

政界の常識からすれば、政治家の健康問題に触れるのはタブーと言っていい。ましてやトップリーダーの健康問題について側近が持ち出すことはまず考えられないことだった。甘利発言の翌日の一七日になって事態が大きく動いた。午前一〇時過ぎ、私邸を出た安倍を乗せた首相専用車はそのまま東京・信濃町にある慶応義塾大学病院に向かった。官邸側は「日帰り検診」と説明し、健康悪化説を否定したが、同病院を訪れたのは六月一三日に人間ドックを受診して以来、約二カ月ぶり。確かにコロナ禍に遭遇して以来、安倍は六月二〇日まで一四七日間、一日も休むことなく連続で執務していた。病院での滞在時間が約七時間半に及んだことも憶測を増幅させた。安倍は「体調管理に万全を期すため、検査を受けた」と述べ、病院側は「六月に行った健康診断の追加検査」と説明した。

ところが、検診報道を受けた安倍側近でもある自民党幹事長代行の稲田朋美のメディア対応が物議を醸すことになった。安倍の病名に触れたからだ。

「首相は潰瘍性大腸炎という持病をお持ちだ。それ自体が厄介な病気だ。しっかり検査していただければいい」

潰瘍性大腸炎は第一次政権の退陣の引き金となった難病だった。その後の忍耐強い病魔との戦いを克服して政権に返り咲いた安倍だが、この残像が消えることがなかった。それだけに稲田発言は再び深刻な事態の訪れを想起させた。安倍は私邸に戻った際、記者団の問いかけに「お疲れさま」とだけ答えた。

安倍は検診の後、一日だけ私邸で静養しただけで一九日午後には官邸に姿を見せた。それでも憶測が収まらなかった。むしろ政治の舞台は回り始めた。一七日夜のＢＳ日テレの報道番組に出演した政調会長の岸田文雄がポスト安倍に意欲的な姿勢を示した。

「政治の世界は何が起こるか分からない。その緊張感は持たなければならない」

翌日の一八日には元幹事長の石破茂と官房長官の菅義偉の二人も民放のＢＳ番組に出演した。安倍の健康不安説と重なるように「菅・岸・破」の有力後継候補三人が表舞台に姿を現したのだった。政治が大きく転換する局面に入った。

第一回目の検診から一週間が経った八月二四日午前、安倍は再び慶応義塾大学病院に入った。この時の病院滞在時間は前回より短くなったとはいえ約四時間。政府関係者は「検査プラスアルファ」があったと述べていた。「検査だけでなく何らかの治療が行われたのではないか」との見方が広まった。安倍自身は二度目の通院後にこう語っている。

「先週の検査結果を詳しく伺い、追加検査を行った」

さらに安倍は検査内容や結果について「またお話をさせていただきたい」と述べ、その言葉通り安倍自身が二八日に記者会見を行うことになった。

安倍が二回目の検診を受けた二四日は、奇しくも安倍の連続在職日数が歴代単独一位となった日でもあった。健康不安説を打ち消すように安倍は、二五日午前一〇時過ぎからの定例閣議を皮切りに久しぶりに約八時間の執務をこなした。記者会見を含めて一連の言動は「治療をしながら公務を続ける」という安倍の意欲表明と言ってよかった。

仮に安倍が人事断行を決断するとなれば、九月一五日の自民党役員会で、いったん役員全員の辞表を取りまとめ安倍への一任を取り付けることが必要だった。「安倍の進退」をめぐって最大のヤマ場が訪れた。

2　最長政権に幕

二〇二〇年八月二八日午後一時二五分過ぎ、首相官邸で開かれていた政府の新型コロナウイルス感染症対策本部の会議が終わった直後だった。首相官邸から自民党幹事長室に電話が入った。声の主は首相秘書官兼補佐官の今井尚哉だった。

「総理が午後二時に党本部に向かいます。二階俊博幹事長と林幹雄幹事長代理にお会いしたい。ついては総裁室の鍵を開けておいてもらいたい」

二八日は安倍が記者会見を行うことになっており、筆者も自民党本部四階の幹事長室周辺で情報を求めて取材をしていた。二階側近の幹事長代理林幹雄と国対委員長の森山裕も早くから幹事長室に詰め、顔を寄せ合って情報交換を繰り返した。朝から奇妙な緊張感とざわめきが混在した空気が支配していた。午前一一時過ぎになって林が二階に声を掛けた。

「突然、東京都知事がお見えになりました」

二階は「つい先日会ったばかりじゃないか」と言いながら都知事の小池百合子と面会した。小池は一年延期となった東京五輪・パラリンピックの支援の要請などいつもながらの要望を二階に伝えたが、本当の狙いは違った。小池の口からは驚くような要請があった。

「菅官房長官を紹介してください」

小池が菅を知らないはずはなかった。知らないどころか、長く確執を続けてきた〝天敵〟とも言える関係にあった。今さら小池に二階が菅を紹介する必要もなかった。なぜ小池はわざわざ党本部まで足を運んで二階に会い、菅の紹介まで要請したのか。安倍の進退をめぐる動きを察知して、次期首相が菅になるかどうかを確認するためという以外に理由は見つからなかった。小池の嗅覚には驚くばかりだった。小池が予想した通りの展開が直後から始まった。

今井の連絡通り、首相安倍晋三は多数の警護官に囲まれて自民党本部四階の総裁室に入った。そこには二階と林が待っていた。安倍は初めて首相退陣の意向を二階と林に伝えた。その後、長く国対委員長として安倍を支えた森山裕とも会い、感謝の意を伝えた。そして緊急招集した午後三時からの自民党役員会で退陣を正式に表明したのだった。

「病気で正しい判断ができなくなる。責任を果たすのが難しくなった」

出席者によると、その場にいた二階ら役員全員の目からは涙があふれ、安倍は一人ひとり、役員全員と握手をして役員室を後にした。その後は国会内で公明党代表の山口那津男にも同様の意向を伝えた。副総理兼財務相の麻生太郎には午前に開かれた閣議後に退陣を伝えていた。一三年前の第一次政権の退陣劇と同じく最初に意向を伝えたのは麻生だった。麻生は安倍を強く慰留した。

「通院しながら職務を続ければいいじゃないですか」
岸田は講演先の新潟から急いで帰京した。

舞台はポスト安倍へ

二〇二〇年八月二八日午後五時過ぎ、首相安倍晋三の記者会見が始まった。

「病気と治療を抱え、体力が万全でない苦痛の中では、大切な政治判断を誤る。首相の地位にあり続けるべきではないと判断した。首相の職を辞することとする」

会見は五分足らずで終わった。会見を終えると、安倍は官邸で自民党政調会長の岸田文雄と会談した。「安倍の意中の人は岸田かもしれない」――。こんな憶測を呼んだ。安倍は岸田と会うと、午後七時過ぎには私邸に帰った。第一次政権と合わせて八年八カ月に及ぶ歴代最長の「安倍晋三の時代」は事実上の幕を下ろした。

しかし、政治に小休止はない。安倍の無念の思いを無視するかのように、その夜の内に「次への舞台」の幕が静かに上がった。既に元幹事長の石破茂、政調会長岸田文雄らが次々と立候補に意欲を示していた中で〝本命視〟されながら沈黙を続けていたのが官房長官の菅義偉だった。菅は自らの意欲を否定し続けた。現職の官房長官がいつどんな形で立候補の意思を示すのか。ハードルは高かった。

二階の舞台回し

ところが、この難題をいともあっさりとクリアさせたのが二階だった。安倍の会見が終わると二階は菅と極秘に会談する段取りを整えた。八月二九日の土曜日の夜、安倍退陣の余韻が残り、いわば自民党内は真空状態にあった。その虚を突くように東京・赤坂の衆院議員宿舎の会議室に四人が集結した。菅義偉、二階俊博、林幹雄、森山裕のいつもの顔ぶれが揃った。口火を切ったのは二階だった。

「私は、ポスト安倍は安倍と思ってきたが、その安倍首相が退陣を表明した。安倍さんを継承するとなれば、一緒に政権を支えてきた官房長官しかいない」

この二階発言を受けて菅がすっくと立ち上がった。

「九月一日の総務会で総裁選の日程が確定したら立候補を表明したいと思います」

二階が答えた。

「頑張ってください」

後に二階はこの菅の決意表明についてこう語っている。

「事前に安倍さんから、次をよろしくと頼まれていたに違いない。そうでなければ即答はできるはずがない」

いずれにしても、「沈黙の菅」が出馬の意思を明確にした瞬間だった。翌日の日曜日、菅の出馬をメディアが一斉に報じた。「菅待ち」の状況は一変した。二階は日曜日にもかかわらず、党本部の幹事長室に現れた。メディアを引き付けるためのデモンストレーションだった。政治部記者を通じてこの情報を耳にした元官房長官河村健夫、防災担当相の武田良太の二階派幹部が駆けつけた。非公式ながら即席の二階派幹部会が開かれた。会議を終えた河村が「待ってました」とばかりにテレビカメラの前に現れた。

「二階派では菅支持の流れができつつある」

「陰の主役」に見えた菅が他の候補者の誰よりも早く飛び出した。水際立った二階派の対応で総裁選は一気にクライマックスを迎えた。使い古された永田町用語がある。

「幕が上がった時には芝居は終わっていた」

菅は最長政権の押しも押されもせぬ実力官房長官だったとはいえ、派閥に属さない無派閥議員。二階派は党内第四派閥。自民党の長い総裁選の歴史の中で無派閥議員と中小派閥が総裁選の流れを決定付けた例は他にはないだろう。

この日を境に候補者のいない最大派閥細田派を筆頭に麻生派、竹下派、二階派、石原派の五派閥が次々に菅支持に雪崩を打った。二階は菅と違って安倍から体調を知らされていたわけでもなければ後事を託されていたわけでもない。それでは二階はいつその気配を感じ取ったのか。あえて言うなら前述した六月二四日夜、林を交えて安倍と食事をした際の安倍のひと言だった。

「疲れました」

この安倍の言葉を耳にして以来、二階は党内の有力者のほぼ全員と会食を重ねた。もはや両院議員総会を待たずに菅の新総裁就任は確定的になった。二階は次期総裁を決める手続きも早々に決めた。「ことを為すには一気呵成に」という二階の手法通りだった。党総裁選は九月八日に告示し、一四日に両院議員総会を開いて投開票を行う段取りで固まった。その後は臨時国会を一六日に召集して首相指名を行うことで野党側の了承を取り付けた。

しかし、同時に「勝ち馬現象」は新たな問題を生んだ。岸田派を除く五派閥の国会議員票は既に過半数を大きく超え、バスで言うなら定員オーバーの状態にあった。菅後継の流れができた直後の九月二日、麻生派会長の麻生太郎、細田派会長の細田博之、竹下派会長の竹下亘が揃って記者会見を開いた。表向きは「菅支持」の表明だったが、実態は「反二階」のアピールの印象を与えた。この席に総裁選を主導した二階派と菅政権樹立の立役者である国対委員長の森山裕が所属する石原派が排除されていたからだ。二階派会長代行の河村が細田にクレームを付けた。

「なぜ五派閥一緒にやらないのか」

細田は河村にこう答えている。

「今度ばかりは麻生さんに付き合わなければならなかった」

二階に出し抜かれた麻生が持ち掛けた鬱憤晴らしの会見とも言えた。これに対し二階もこうした麻生の動きを早くから想定していた節がある。二階は党員投票を省略した簡易方式の総裁選実施など、次々と菅が優位になる手を打ち続けた。石破茂に近い政調会長代理田村憲久が「党員の意向を確認しなくてもいいのか。郵便投票は時間をかけずにできる」と投票方式に異論を唱えたが、黙殺された。

二階は九月一日の段階で周辺に事実上の「勝利宣言」を口にした。

「これで終わったな」

もっとも菅側近は「二〇人の推薦人名簿にだれを載せるかが難しい」と頭を悩ませた。席の奪い合いが政権内の軋みを生み出す。関心は早くも「菅政権」の人事に移っていたからだ。新政権の幹事長はこれまでの経緯から二階の続投は動かなくなっていた。九月一日午後、菅に続いて岸田、石破も出馬を表明した。

無派閥首相の誕生

自民党は九月一四日、党大会に代わる両院議員総会を東京・港区のグランドプリンスホテル新高輪で開き、総裁選を実施した。予想通り官房長官菅義偉が、政調会長岸田文雄、元幹事長石破茂を破って圧勝し、第二六代総裁に選出された。菅は三七七票、岸田八九票、石破六八票だった。その後、菅は九月一六日召集の第二〇二臨時国会で第九九代首相に指名された。長い自民党の歴史の中でも初めての「無派閥首相」の誕生だった。

そのサクセスストーリーのシナリオライターだった二階俊博は八一歳という高齢ながら自民党幹事長に再任された。さらに二階にとって〝助さん・角さん〟の役割を担う国対委員長森山裕、幹事長代理林幹雄も続投。菅を頂点にした「カルテット体制」が維持された。その一方で菅は総裁選を争った岸田、石破の二人にポストを与えることをしなかった。このことが一年後の三年に一度巡ってくる正規の総裁選で岸田の急襲を受けて菅が退陣に追い込まれる素地となったとみられている。

菅に代わる官房長官には加藤勝信が起用された。厚生労働相としてコロナ対策を担当、安倍の信頼が篤く、菅の下で官房副長官を務めたことなどが決め手になった。これに対して「安倍離れ」を鮮明にしたのが官邸内の陣容一新だった。菅は安倍官邸では官房長官の菅と比肩するほどの権勢を誇った首相秘書官兼補佐官今井尚哉を頂点とする「経済産業省支配」を一掃した。内閣広報官として首相会見の司会を担当していた経産省出身の長谷川榮一も官邸を去った。後任は菅が能力を買っていた前総務審議官の山田真貴子。新しい首相秘書官には菅の官房長官秘書官全員が持ち上がった。その上で長く経産省出身の秘書官が担当してきた広報担当も外務省出身の高羽陽が担当することになった。政務秘書官は今井に代わって菅事務所の新田章文。ただし、今井は内閣官房参与として残った。

官房長官時代から信頼を寄せていた官房副長官の杉田和博と菅の懐刀と言っていい首相補佐官の和泉洋人（国土交通省出身）の腹心二人も続投させた。

立憲、国民の合流新党

自民党で安倍からのバトンタッチの流れが生まれるのとほぼ同時に野党側にも新たな動きが出てきた。二〇二一年一〇月の衆院議員の任期切れが迫ってきたことが最大の理由だった。六月一七日の通常国会会期末を控えて、しばらく鳴りを潜めていた国民民主党の小沢一郎が声を上げた。小沢は一五日、国会内で野党の衆参当選一回生議員向けに講演した。

「国民のための権力を得るには選挙に勝つ以外ない。野党が結集して、政権の受け皿にならなくてはならない」

前年の参院選以来、確執が続いていた立憲民主党と国民民主党の参院議員に苦言を呈した。

「好きとか嫌いとか、情緒的なもので判断すべきではない。このまま選挙になればほぼ全滅する」

小沢に限らず、両党の一本化は衆院選に向けた態勢づくりの一環として具体化しつつあった。七月一五日になって立民幹事長の福山哲郎は国民幹事長の平野博文と会談し、両党が解散して新党を結成する「新設合併方式」の合流を提案した。立民の新提案は、立民を存続政党とするとの従来の主張から対等合併を求める国民に譲歩するという方針転換だった。

ただ消費税減税や原発などエネルギー政策を巡る両党間の相違について、福山が「入り口のところでの議論より、まずは合流を決めることだ」と述べたことも合流への抵抗を増幅させた。国民は代表の玉木雄一郎ら合流慎重派と推進派に分かれていた。加えて元外相の前原誠司は日本維新の会へ接近した。野党連携を巡る動きは複雑な展開を示した。結局、玉木は八月一一日、記者会見し、意見集約ができなかったとして、賛成派と反対派で党を分割する「分党」を行う考えを表明した。自身の合流新党への不参加も明らかにした。

玉木は合流に慎重姿勢を貫いてきたが、衆院側を中心に広がる積極論に抵抗できなかった。新党の綱領に関する協議も玉木抜きで進み「外堀」を埋められた形だった。一方、立民と対立する国民の参院側では逆に反対論が強まり、国民は結党から二年余りで事実上、分裂した。

合流新党の代表選は九月一〇日投開票の日程で実施、同時に党名を決める投票も行うことが決定した。代表選は立民代表の枝野幸男と国民の政調会長泉健太との一騎打ちとなり枝野が当選した。また党名も投票の結果「立憲民主党」に決まった。

合流協議の結果、立憲民主党の結党大会と国民民主党の設立大会がそれぞれ、九月一五日午後に東京都内のホテルで開かれた。合流による新「立憲民主党」は衆参一五〇人の勢力でスタートした。衆院一〇七人、参院四三人。野党第一党が衆院で一〇〇人を超えたのは、二〇一二年に政権復帰を果たす前の自民党以来、約八年ぶりだった。

立民代表だった枝野が初代代表に就任。幹事長に立民の福山哲郎、政調会長に国民の政調会長だった泉健太を充てた。国民の幹事長だった平野博文は代表代行兼選対委員長とし、国対委員長には立民の国対委員長安住淳を起用した。

しかし、自民党総裁選とほぼ同時並行で行われたため、メディアの報道でも埋没感は否めなかった。これにより次期衆院選は「菅VS枝野」の構図が確定したと思われたが、菅は「仕事がしたい」として衆院解散を先送りした結果、解散のタイミングを失い、菅政権はわずか一年で終焉を迎えた。最終的に事実上の任期満了選挙で「岸田VS枝野」の構図で激突することになった。

安倍の「遺言」

首相安倍晋三の最後の執務は九月一六日の内閣総辞職のための臨時閣議だった。安倍は約七年八カ月にわたった第二次内閣発足以降を振り返った。

「経済再生、国益を守るための外交に一日一日、全力を尽くしてきた。全ては国民の皆さんのおかげだ。感謝申し上げる」

盟友の副総理兼財務相麻生太郎は安倍への敬意と感謝の言葉を贈った。

午後〇時一〇分すぎ、安倍は官邸エントランスに現れ、女性職員から受け取った花束を抱え、盛大な拍手の中で首相官邸を後にした。見送りの中心にいたのは次期首相に内定していた官房長官菅義偉。安倍が向かったのは菅を次期首相に指名するための衆院本会議場だった。安倍の首相在職日数は第一次内閣から通算で三一八八日。平成から令和への橋渡しを担った安倍は自らの内閣の幕を引いた。

ただし、安倍の頭の中には首相は辞めても「政界引退」の四文字はなかったに違いない。記者団に対して語った言葉の中に政治への衰えぬ意欲がにじみ出た。

「（持病は）薬の効果もあり、順調に回復している。一議員として、菅政権を支えたい」

その意欲の証が九月一一日に発表した「安全保障政策に関する談話」だった。

「今年末までに、あるべき方策を示し、わが国を取り巻く厳しい安全保障環境に対応していくこととする」

相手領域内で弾道ミサイルを阻止する「敵基地攻撃能力」の議論を今後の政権に促したのだった。辞め行く首相が安全保障をめぐって「遺言」を残したと言ってもよかった。しかし、談話は閣議決定の手続きを経ない形式を取っており、正統性に疑問符がついた。「拘束力のない所感」とも言えたが、菅はこれを受け入れる考えを表明、菅を引き継いだ岸田文雄は真正面から「敵基地攻撃能力」の検討に入った。

安倍は退陣から一年後の自民党総裁選では安倍に近い元総務相の高市早苗を擁立した。結果として岸田が勝者となったが、高市の善戦ぶりは改めて安倍の「底力」を再認識させた。さらに安倍は二〇二一年の衆院選で一〇選を果たすと、党内最大派閥の「清和政策研究会」(現安倍派)の会長に就任した。首相経験者にして最大派閥のリーダーと言えば、元首相田中角栄を想起させた。「敵基地攻撃能力」の問題を岸田が真剣に検討せざるを得なかったのは政界最大の実力者としての安倍の存在を無視できなかったことにあったとみて間違いない。

安倍に「なぜ高市早苗を擁立したのか」を直接聞いたことがある。安倍はこう答えた。

「私が引いた後の自民党は保守層への配慮が足りないとの声があったので、私たちはあなた方を忘れていませんというメッセージだ」

それも一つの理由だったかもしれないが、安倍の本心は自らの「再々登板」にあったのではないか。安倍の古くからの親しい知人はそのことを認める。

「高市さんを一度首相にさせてそれを引き継ぐシナリオがあったと思う」

確かに退陣後の安倍は大所高所から一歩引いた視線で現政権に注文、意見具申するというよりは個別具体的な政策決定に深く関与するスタンスを維持し続けていた。その情熱と迫力は衰えることはなかった。安倍が事務所を置いた衆院第一議員会館の一二一二号室は窓から眼下に首相官邸が見下ろせる。玄関に出入りする人物を識別できるほどの近さだ。安倍の政権への思いは益々募ったに違いない。各メディアは現職首相並みに「安倍番記者」を配置した。

確かに安倍は憲政史上最長の政権を担ったが、二度とも政権の終わりは病気による退陣だった。このため「終わり良ければすべて良し」とはならなかった。しかも安倍が政権を担当した最後の約八カ月は未曽有の新型コロナウイルスの感染拡大に遭遇し、外交、内政をはじめ安倍が手を付けた問題の多くは未完のまま残されることになった。

そして派閥会長として初めての国政選挙である参院選がめぐってきた。安倍への応援依頼は殺到した。安倍はこれに応えて東奔西走。選挙戦最終盤の二〇二二年七月八日。安倍は奈良市に向かい、近鉄大和西大寺駅前で小さな台に乗って演説を始めた。午前一一時半すぎ、二発の銃声の後、ノーネクタイの白いワイシャツに濃紺のスーツを着た安倍晋三がマイクを握ったまま崩れ落ちた。まだ六七歳だった。

終　章

安倍晋三の棺を乗せた霊柩車がゆっくりと首相官邸の玄関に横付けされた。二〇二二年七月一二日午後三時過ぎ。玄関にはマスク姿の首相岸田文雄が出迎え、頭を垂れて手を合わせた。官邸に向かう霊柩車には位牌を手に沿道に向かって何度も頭を下げる安倍夫人の昭恵の姿があった。

この日の午後、東京・芝公園の増上寺で安倍の葬儀が営まれ、それを終えて霊柩車が安倍の政治活動の舞台だった永田町に別れを告げるため訪れた。官邸近くの沿道には大勢の人が詰めかけ、車に向かって合掌する姿が続き、「ありがとう」の声も飛び交った。

官邸に程近い自民党本部には献花台が設けられ、花束を手にした人の列は地下鉄永田町の駅に延びた。この人波は安倍が凶弾に斃れた七月八日から途切れることはなかった。

安倍は首相在任中に内閣支持率の動向に極めて敏感だった。高い支持率は政権を安定させ、政策遂行に推進力を与えた。これは安倍の揺るぎない確信でもあった。安倍自身が公言した「岩盤支持層」はその支持率を支えたコアを形成した。安倍の内閣支持率は三〇％を切ることは稀だった。安倍の死はこうした支持層の存在を改めて可視化させたと言ってよかった。

安倍は死の約一カ月前、参院議員の石井準一のパーティーでこんな発言をして波紋を呼んだことがあった。

「私はまだ六七歳。もう五年は表舞台で活躍したい」

安倍が口にした「表舞台」は三度目の首相への復活と見るのが自然だった。それを裏付けるように二〇二二年七月一〇日に投開票が実施された参院選では首相当時を彷彿とさせる遊説日程をこなしていた。その安倍が不幸な事件に遭遇したのは七月八日午前一一時半過ぎ。奈良市内の近鉄大和西大寺駅前だった。もともとこの日は長野県への遊説日程が組まれていたが、選挙情勢の変化に伴い、自民党本部の要請で急遽日程が変更され、奈良と京都に向かうことになった。しかも遊説の主目的は京都だったが、時間に余裕があったため奈良遊説が加わったのだった。そこに警備体制の不備などが重なり不幸な事件に繋がった。

安倍は一〇〇人を擁する自民党最大派閥の清和政策研究会(安倍派)の会長だった。影響力は日本の内政、外交全体に及んだ。その安倍が忽然とこの世から消えた。安倍の死によって生まれた「政治の空洞」が一朝一夕に埋まるはずはなかった。政界全体が思考停止に陥った。安倍の死が政治の混乱と流動化を呼び込んでも不思議はなかった。

そのことに一番敏感だったのは首相の岸田と言ってよかった。岸田が率いる岸田派(宏池会)は党内第四派閥に過ぎない。群を抜いた政治力を有し、岸田に親和的な安倍の存在が政権の安定をもたらしていた。加えて岸田にとって大きな救いは危機的な局面で投票日を迎えた参院選で自民党が勝利したことにあった。ここで敗退していたなら直ちに「岸田降ろし」が表面化してもおかしくはなかった。

この局面で岸田は大きな決断に踏み切った。七月一四日午後六時から行われた参院選後最初の記者会見だった。岸田は冒頭で自ら切り出した。

「今秋に安倍晋三元総理の国葬儀を行う」

この短いフレーズの中に岸田の渾身の思いが込められていた。岸田にとって安倍は一九九三年の衆院選でともに初当選をした同期であり、長く安倍政権下で政治活動を共にした同志への友情があったことは否定できなかったが、激しい反対論が出るのは百も承知の上で安倍の葬儀を「国葬」にしたのである。国民世論の反対よりも安倍派の反発、離反を招かないことを最優先させた結果と言ってよかった。一〇〇人の国会議員を擁した安倍派が混乱すれば、党内第四派閥の岸田派を背景にした岸田政権が一気に求心力を失う可能性は否定できなかったからだ。

戦後になって国葬が営まれたのは元首相の吉田茂ただ一人。サンフランシスコ平和条約、日米安全保障条約の締結など、敗戦後の日本再建への業績が高く評価された。また、吉田は死去した時には既に政界を引退しており、一定の評価が定まっていた。

これに対して沖縄の本土返還を実現、ノーベル平和賞を受賞した佐藤栄作は、国葬ではなく内閣、自民党、国民の有志らによる「国民葬」が営まれている。確かに安倍は憲政史上最長の政権担当者であったことは事実だが、政治的業績となると長期政権以外に吉田に比肩できるものは見当たらない。そこで岸田は①国際社会から高い評価を得ている②暴力に屈せず民主主義を断固として守り抜く決意を示す③安倍に寄せられた「幅広い追悼の意」を勘案した結果と説明した。

しかし、いずれの理由も抽象的で国葬の条件を満たしていると言うには説得力を欠いた。普通に考えれば大平正芳、小渕恵三と同じ「内閣・自民党合同葬」が妥当なところだった。ちなみに竹下登は遺族の強い意向で内閣や自民党などが主催する葬儀を行わなかった。その点でも安倍の国葬は異例のものと言えた。しかも岸田は安倍の国葬に関して国会の議論も経ずに閣議決定だけで推進した。この点についてては安倍の葬儀が「国葬」に価するかどうかではなく別の議論を招来した。野党側だけでなく自民党内からも注文が付いた。元衆院議長の伊吹文明もその中の一人だった。

「せめて国葬の閣議決定の前に国会で議決しておくべきだった」

安倍とは特別な関係を維持してきた日本維新の会代表の松井一郎は「国葬」に一定の理解を示しながらも複雑な思いを口にした。

「反対ではないが、賛成する人ばかりではない。批判が遺族に向かわないことを願っている」

しかし、岸田はこうした異論を無視するかのように国葬の実施に向けて突き進んだ。長い自民党の歴史を紐解けば、安倍の急死と重なる状況が一例ある。「田中支配」と呼ばれた元首相田中角栄の病気入院だ。一九八五年二月、自民党最大派閥の田中派(木曜クラブ)を率いていた田中は派内の実力者だった当時の蔵相竹下登(後の首相)との権力闘争の最中に突然、政治の表舞台から姿を消した。田中は一三〇人を超える田中派に君臨し、当時の首相中曽根康弘も田中の影響下にあった。その点では安倍を失った安倍派の状況と酷似した。

この時も有力な後継者とみられた竹下は直ちに動くことはなかった。田中が入院加療中という状況が作用したことも大きい。「田中の意志」「目白の意向」など目には見えない影響力が所属議員の判断に迷いを生じさせたからだ。結局、竹下が田中派の大勢を手中に収め、経世会(竹下派)を旗揚げするまでには約二年五カ月の時間を必要とした。竹下の「熟柿作戦」と言われた。

これに対して安倍派には竹下のような衆目が一致する後継候補はいなかった。後継者不在はさらなる復権を胸に秘めていた安倍の思いの反映でもあったとみていいだろう。結果的に安倍派分裂の芽が生まれることはなかった。同時に所属議員は「党内最大派閥」が持つ「数のメリット」を享受していたに違いなかった。

さらに安倍亡き後も派内の求心力を維持させたキーワードがあった。「安倍の遺志」だ。それをどう感じているかはまさしく「百人百様」。安倍への思いの深さも関係性も議員個々人によって大きな差があっても不思議はないが、それを一つに包み込んだのが「安倍の遺志」と言ってよかった。

岸田もそこに着目したのではないか。「安倍の遺志」に報いることを形で示す上で安倍の葬儀を「国葬」とすることは最も効果的な岸田の危機管理だった。これにより安倍派議員だけでなく安倍を支持してきた全国の保守層を納得させ、当面の危機を回避できたのも事実だった。

加えて岸田は国葬の日取りについても記者会見で「今秋に」と発表した。実際に安倍の国葬は二〇二二年九月二七日に営まれることになったが、それまでの間は事実上の「服喪期間」を設定したのと同じだった。服喪期間となれば「権力闘争」は封じられた。これを機に岸田政権発足以来、何かにつけて岸田の政権運営に注文を付けてきた自民党の右派議員が沈黙した。

安倍元首相の国葬で追悼の辞を述べる岸田首相(2022年9月27日)

安倍派五人衆

岸田にとって安倍亡き後の安倍派を安定させるに当たって「国葬」は一つの有効な

選択肢ではあったが、それだけでは十分とは言えなかった。より重要だったのは参院選の結果を受けた内閣改造・自民党役員人事と言ってよかった。しかし、岸田が安倍派内の人間関係、〝派内事情〟に精通しているはずはなかった。そこで岸田が頼ったのが安倍の政治の師でもあった元首相森喜朗だ。人事面での助言を仰いだのだった。

八月三日夜、東京・虎ノ門のホテル「The Okura Tokyo」の日本料理店「山里」で岸田は森と元自民党参院議員会長の青木幹雄らと会食をした。この帰り際に森が安倍派の五人の名前を口にした。

官房長官松野博一、経済産業相西村康稔、自民党政調会長萩生田光一、国会対策委員長高木毅、自民党参院幹事長世耕弘成――。いわゆる安倍派の「五人衆」である。岸田は森のアドバイスをそのまま人事で実行したのだった。この五人は二三年九月の人事でも全員が留任、さらに、安倍派の組織運営でもこの五人が新設された常任幹事会のメンバーに名を連ね、集団指導体制の骨格を担うことになった。

結果として安倍の死という危機的な状況を経ても安倍派が反岸田的な動きを見せていないことは森のアドバイスのお陰という面も否定できなかった。

ただ、安倍派そのものは安倍の死後一年以上を経ても後継会長を決められず、メディアも「安倍派」の呼称を維持している。つまり日本の政治全体が「安倍の遺志」という目に見えない言葉の呪縛から抜け出せずにいたと言ってもよかった。

国葬の挙行

賛否の意見が交錯する中で国葬の日が巡ってきた。九月二七日午後一時半過ぎ、非業の死を遂げた安倍晋三の遺骨が住み慣れた東京・富ヶ谷の自宅を出発した。出発に際して海上自衛隊の隊員約二〇人による儀仗が行われた。遺骨は夫人の昭恵に抱かれ国葬が執り行われる東京・北の丸の日本武道館に向かった。途中、車列は東京・市ヶ谷の防衛省に立ち寄った。多くの防衛省職員が車列を出迎えた。首相在任中に防衛庁を防衛省に格上げするなど安保・防衛政策に精力を注いだ安倍の思いを汲んだ昭恵の要請ともいわれた。

武道館の正面玄関では首相岸田文雄、官房長官の松野博一らが遺骨を出迎えた。遺骨が式場に運ばれるまでの間、二〇秒間隔で一九発の弔砲が撃たれた。

国葬では葬儀委員長の岸田が弔辞を読み、こう語りかけた。

「あってはならないことが起きてしまいました。あなたは、まだまだ長く生きていてもらわなければならない人でした。痛恨の極みであります」

友人代表の前首相菅義偉は追悼の辞を読み、天皇陛下の勅使らの拝礼後、出席した秋篠宮ご夫妻ら皇族の供花に続き喪主の昭恵をはじめ衆参両院議長、最高裁長官の三権の長と国会議員、都道府県知事ら参列者、約三〇〇〇人が献花した。

外国の要人では米副大統領ハリス、インド首相のモディ、オーストラリア首相のアルバニージーら約七〇〇人が出席した。立憲民主党は執行役員が欠席し、共産党などは党として参列を見送った。

政界最大の実力者と言えた安倍が凶弾に斃れるという悲劇を受けて警視庁は最高警備本部を設置して約二万人の警察官らを配置した。日本武道館の近くの九段坂公園には献花台が設置された。当日の報道によると、献花に訪れた人は約二万三〇〇〇人とされ、献花を待つ人の列はＪＲ四ツ谷駅まで続いた。

その一方で、「国葬は憲法違反」などと書かれたプラカードを掲げた抗議デモや集会が開かれた。安倍の国葬挙行をめぐって二分された正反対の光景は、安倍による長期政権の過程で生み出された二極化そのものを投影した。

旧統一教会の影

安倍の国葬から一夜明けた二〇二二年九月二八日、立憲民主党や日本維新の会など野党六党は国会対策委員長会談を開き、実施に至るまでの経緯を国会で検証する必要があるとの認識で一致した。一方、首相岸田文雄も同日午前に都内で行った講演でこう語った。

「今後の議論に資するためにどういった根拠で国葬を行ったか記録に残していくことは大事だ」

官房長官の松野博一はこの日の定例記者会見で、「検証のスケジュールを含め具体的な進め方を今後検討する」と述べ、政府として検証作業を進める方針を明らかにした。

戦後一例だけの吉田茂の国葬に関しては、当時の総理府が記録集をまとめている。その中では式次第、警備体制、参列者選定の経緯がまとめられ、国葬から約五カ月後に公表されている。安倍の国葬の検証に関しては、二二年一〇月二〇日、国葬を検証する各派協議会を衆院議院運営委員会に設置することで合意し、検証作業が始まった。その結果は一二月一〇日に報告された。

「国葬実施が世論の分断を招いたとの共通認識の下、国会関与が必要だと大方の意見が一致した」

ただし、国葬の法的根拠を「閣議決定」とした政府の対応については賛否両論が記述された。さらに国葬の対象者のルール化を巡っても意見が分かれた。「基準を設けることは国民の理解に資する」

集約されずに終わった。

　この各派協議会とは別に政府の検証作業も行われ、一二月までに有識者に対するヒアリングも行われた。しかし、氏名の公表に有識者が強い難色を示し、報告書のとりまとめも大幅に遅れることになった。対象となった有識者は憲法や行政法、外交などの専門家二一人とされたが、氏名は公表されていない。意見表明が「政治家安倍晋三」および「安倍政治」の評価に直結するためとみられた。

　結局、国葬に関して政府が記録集を取りまとめたのは国葬から約一年後の二三年九月。しかし、岸田が口にしていた「首相経験者の国葬実施についてどのような手順を経るべきか、一定のルールを設けることを目指す」とした点に踏み込むことはなかった。唯一と言ってもいい決定事項は「国葬実施前後の国会報告」だけに止まった。

　議論の核心ともいえた国葬対象者の基準、手続き、形式などほとんどが棚上げされた。これらの点に触れることで安倍の国葬の是非という論争に再び火をつけることを懸念したとも言えた。

　安倍の国葬実施をめぐって激しい対立が表面化した背景にはもう一つの大きな要因があった。安倍を狙撃して現行犯逮捕された山上徹也が逮捕直後に語ったとされる供述内容がメディアによって報じられたことだ。それが安倍と世界平和統一家庭連合(旧統一教会)との関係だった。

「母親が宗教団体(旧統一教会)にのめり込み、恨みがあった。団体と安倍晋三元首相がつながっていると思ったから狙った」

　その後、山上は約半年間にわたる鑑定留置の結果、刑事責任能力を問えると判断され、奈良地検は二〇二三年一月、奈良地裁に山上を起訴した。山上の安倍狙撃に至る動機などの解明は法廷の場に移った。この山上供述の政治への影響は大きく、旧統一教会の関連団体主催の会合への出席など関わり方に濃淡はあっても関係議員は国民世論から厳しい指弾を受けた。

自民党は二〇二二年九月八日、党所属国会議員三七九人中、所属議員の半数近くに及ぶ一七九人に、旧統一教会側と何らかの接点が確認されたとする調査結果を明らかにした。このうち会合出席などを認めた一二一人については氏名を公表した。一二一人を派閥別で見ると、安倍派が三七人で最多を占めた。以下、麻生派二一人、二階派一六人、岸田派一五人、茂木派一四人、森山派三人。無派閥は一五人だった。

調査対象には党派離脱中の衆院議長細田博之と参院議長の尾辻秀久を含めていなかったが、細田に関しては旧統一教会との密接な関係を示すビデオ映像が残され、後の立憲民主党による議長不信任案の提案理由にもなった。細田は二〇二三年一〇月、体調不良を理由に議長を辞任し、その後一一月一〇日に死去した。経済再生担当相の山際大志郎は後に辞任に追い込まれた。旧統一教会問題はその後の衆院選挙を睨んだ公認調整にも影響を与え、自民党内に大きな影を落とした。

旧統一教会は、故文鮮明《ムンソンミョン》が一九五四年に韓国で創設し、六〇年代に日本へ進出した。反共産主義を掲げる教団の政治団体「国際勝共連合」の活動に、自民党の元首相で安倍の祖父岸信介が賛同した経緯から、教団と自民党の関係が脈々とつながってきたようだ。しかし、日本国内では霊感商法で高価な壺や印鑑を買わされるなどの被害の訴えが相次ぎ、社会問題化した。その一方で熱心な選挙運動への支援、協力などで自民党を中心に日本の政治家との関係は維持されてきたとされる。

調査結果を受けて岸田は党総裁として決意を表明した。

「社会的に問題が指摘されている団体との関係を持たないことを党の基本方針として、それをしっかり担保するチェック体制を強化することを徹底したい」

公表後に記者会見した自民党幹事長茂木敏充は教団側との関わりを断つ党方針を守れない議員については「同じ党で行動できない」と改めて訴えた。また党と教団との組織的関係はないと繰り返した。その後も旧統一教会への信者による高額献金、被害や、いわゆる「宗教二世」をめぐる虐待問題がクローズアップされ、二二年一二月悪質な寄付勧誘規制を柱とした被害者救済法が成立した。さらに二三年一〇月、文部科学省は旧統一教会の解散命令請求を東京地裁に申し立てた。裁判は長期化するとみられ、山上の刑事裁判と解散命令請求という二つの審理は引き続き、政治へのインパクトを与え続けることになるのは必至と見ていいだろう。

「選挙至上主義」

二〇一二年一二月二六日、安倍晋三が二度目の首相に返り咲いた際、憲政史上最長の超長期政権を担うとはだれが想像しただろうか。しかも、その政権の終わり方が、約一年の短命で幕を引いたのと同じ病気による退陣劇だったことも想定外だった。その結果、安倍は自らの政権の総括をしないまま表舞台を降りた。さらに安倍が退陣した二〇二〇年は、新型コロナウイルスの脅威に日本全体が直面した年でもあった。日本国民の日常の営み、価値観が激変する中で安倍長期政権が迷走したこともあって政権の全体像は輪郭すらぼやけたまま今日に至る。

二度目の政権の座に就いた安倍は、しばしば第一次政権の蹉跌に学んだことに言及していた。わずか一年の短命で終わった反省から、安倍がもっとも意を用いたのは選挙で勝ち続けることだった。そこで安倍が駆使したのが「小刻み選挙」という戦略だった。悪く言えば「選挙至上主義」だ。

現に安倍が政権復活を果たしてから退陣するまでの七年九カ月の間に国政選挙だけでも、衆院選二回(二〇一四年一二月、一七年一〇月)、参院選は三回(二〇一三年、一六年、一九年)、さらに全国規模で行われる統一地方選も二回(二〇一五年、一九年)。要するに安倍は「常在戦場」の状況をつくり長期安定政権を実現させた。

この「小刻み選挙」は与党側が圧倒的に優位に立つ〝禁じ手〟に近い。議員の頭数によって交付される政党助成金と日本最大のシンクタンクである霞が関の官僚群を有していれば政権交代はますます難しくなるからだ。

二〇一二年一二月、自民党が政権復帰を果たした衆院選を安倍は野党の自民党総裁として指揮を執った。この野党から政権与党への返り咲きは安倍にとって極めて幸運な巡り合わせだった。その前の二〇〇九年衆院選で自民党は多くの議席を失って野党に転落した。結果として多くの候補者不在の選挙区が生まれた。その空白の選挙区を埋めるため公認権を握った安倍は多数の新人候補を擁立した。いわゆる「安倍チルドレン」だ。新人候補たちは追い風に乗ってこの選挙で議員バッジを付け国会に登場した。この新人たちは派閥を超えた〝親衛隊〟的な存在となっていく。その数は国政選挙を重ねるたびに増え、安倍の政権基盤は益々強固なものになった。

二〇一二年の衆院選を機に政界を引退した実力者が多かったことも安倍にとってプラスに作用した。この選挙で引退した前衆院議員は与野党合わせて四三人。このうち首相経験者森喜朗、福田康夫、民主党は羽田孜、鳩山由紀夫。この他にも元幹事長の古賀誠、中川秀直、無所属でも与謝野馨ら一家言を持つ〝うるさ型〟が一斉に姿を消した。とりわけ森、福田の首相経験者は清和政策研究会(現安倍派)出身で、現役を続けていれば安倍にとって厄介な存在になっていた可能性があった。現に森は安倍亡き後の安倍派を事実上差配する影響力を持った。

二極化・分断の政治

こうした有形、無形の変化が「安倍一強」と言われる政治構造を生んだ要因と言っていいだろう。さらに内閣人事局の創設に伴う霞が関支配と相俟って全ての権限が首相官邸に集中した。しかし、この政治構造の質的変化は国権の最高機関であり、なおかつ国の唯一の立法機関と憲法で規定される国会の権威と議論が失われることに繋がった。格安の国有地払い下げが発覚した森友学園問題は、安倍への過度な忖度の反映と言え、公文書の改竄や財務官僚の虚偽答弁を呼び込んだ。

しかし、森友問題では文書改竄をめぐって公務に忠実な公務員が自殺に追い込まれるという悲劇に遭遇しても、安倍や副総理兼財務相の麻生太郎は一切の責任を負うことはなかった。その一方で保守派と呼ばれる岩盤支持層が揺らぐことなく政権を下支えした。

安倍は大きな選挙の街頭演説のフィナーレはＪＲ秋葉原駅前で行うことを決めていた。ところが、この安倍演説の場はいつしか安倍の支持者と反安倍の有権者がやり合う〝舞台〟となった。二〇一七年の東京都議会議員選挙では安倍がこう言い放って物議を醸したこともあった。

「こんな人たちに負けるわけにはいかない」

この敵と味方を峻別する安倍の姿勢は選挙に限らず、あらゆる分野、領域にも広がった。中でも安倍のメディア対応は露骨と言ってよかった。親和性のあるメディアには積極的に登場し、安倍に批判的なメディアは遠ざけることに全く躊躇がなかった。メディア側の責任も免れないが、メディアの持つ「権力の監視」という役割が大きく損なわれる事態を招いたのも第二次安倍政権になってからだ。こうした安倍の政治姿勢は「社会の分断」という深刻な状況を招いた。

政策面でも安倍の存在感は死後も消えない。安倍が二〇二〇年九月の首相退陣の際に〝遺言〟のように残した安全保障をめぐる「敵基地攻撃能力の保有」は岸田の手によって一気に進んだ。岸田は二〇二二年一二月、国家安全保障戦略、国家防衛戦略、防衛力整備計画のいわゆる安全保障関連三文書を閣議決定し、敵基地攻撃能力の保有を明記した。これも安倍が目指したもので、二三年度から五年間に必要な防衛費を四三兆円程度とすることになった。

一方で安倍の死の前後から、国際情勢は激変した。二〇二二年二月のロシアによるウクライナ侵攻、二〇二三年一〇月に起きたイスラエルとパレスチナ自治区ガザを拠点とするハマスとの激しい衝突は米国の影響力の低下を浮き彫りにしている。その米国は二〇二四年一一月に大統領選が予定され、そこではトランプの復活が囁かれる。トランプと言えば安倍との親密な関係は国際社会からも一目置かれていた。安倍を継いだ菅、岸田はともに首相就任以来、現大統領バイデンとの信頼関係を基礎に外交を展開してきたが、日本外交にトランプという大きな壁が立ちはだかる可能性がある。

しかし、その安倍とトランプとの蜜月を含めて安倍外交についてきちんと総括されたとは言えない。それは外交に限らない。アベノミクス、大規模金融緩和、日本社会に生じた格差など手付かずのまま〝放置〟されている。

安倍派は安倍の死後一年以上を経ても後継会長を決められず、メディアも「安倍派」の呼称を維持してきた。しかし、「安倍一強」を支えた政治資金パーティーをめぐる裏金疑惑が発覚。首相岸田文雄は内閣から安倍派の閣僚を一掃した。安倍が口にしていた「築城三年、落城一日」が現実のものとなった。安倍の負の遺産が次々と姿を現した。岸田政権も大きな打撃を受け、日本の政治は再び混迷、混沌の隘路に入り込んだ。安倍と安倍政治の検証と総括は始まったばかりだ。

（了）

あとがき

昭和最後の日のことは今も鮮明に蘇る。一九八九(昭和六四)年一月七日。早朝に自宅の電話が鳴った。共同通信政治部の先輩記者からだった。

「天皇陛下の侍医長がお嬢さんの運転する車で皇居に向かった。すぐに官邸に来るように」

筆者は政治部で小渕恵三官房長官を担当していた。大急ぎで身支度を整えて首相官邸記者クラブに駆け込んだ。今思い出しても鳥肌が立つような時間が流れた。午前七時四六分、先輩記者の堀水享氏(現旭川実業高校理事長)が渾身の速報を放った。

「天皇陛下は七日午前六時三三分崩御しました」

速報は瞬時に世界を駆け巡った。小渕官房長官の正式会見より九分も早かった。CNNが速報し、AP、ロイターなど国際通信社が次々と共同電を転電した。この結果、日本国内より世界の人々が先に昭和天皇の逝去を知るという逆転現象が生まれたのだった。

午前九時過ぎ、竹下登首相をはじめ各閣僚は昭和天皇に最後の別れを告げるため皇居に入った。天皇陛下のご遺体は皇居・吹上御所一階の御文庫と呼ばれる部屋の中央に安置されていた。竹下氏によると、昭和天皇は胸まで真っ白い布で覆われ、静かにお休みになっているようでもあったという。

天皇陛下のお側には皇太子(現上皇陛下)ご夫妻が侍立され、各閣僚は両殿下に一礼した後、昭和天皇に向かって深々と頭を垂れた。最年長閣僚だった原田憲経済企画庁長官は声を上げて号泣した。その声がまた深い悲しみを誘い、嗚咽が広がったという。

これ以降は新天皇の皇位継承のための儀式が続き、午後二時三五分過ぎ、小渕官房長官が新元号の「平成」を発表した。すべてを終えた小渕氏は夕刻になって自民党本部に足を運び安倍晋太郎幹事長をはじめ自民党幹部に協力を感謝した。そしてこの場にいた全員とともに「昭和終章」の色紙に署名して「昭和」に別れを告げた。小渕、安倍の両氏ほか伊東正義総務会長、渡辺美智雄政調会長、橋本龍太郎幹事長代理ら。既に全員が鬼籍に入っている。「昭和は遠く」を実感させる。

こうして竹下首相は、日本国憲法の施行後初めての代替わりという失敗が許されない一大事業の中心に身を置いた。しかし、竹下氏が直面したのは代替わりだけではなかった。前年の一二月二四日、クリスマスイブに成立した消費税導入の八九年四月一日からの実施が迫っていた。日本の税制市場初めての大改革に向けて解決しなければならない実務上の多くの課題が残っていた。ところが八八年に発覚したリクルート問題が広がり、首相としてその日を迎えることができるかどうかが危ぶまれるほどの状況にあった。

リクルート社から多額の資金が多くの自民党の実力者に提供され、「濡れ手で粟」と揶揄され、政治の混迷は制御不能を思わせた。前年の一二月には宮澤喜一副総理兼蔵相が辞任、さらに年末の内閣改造後にも長谷川峻法相、原田経企庁長官が相次いで辞任した。政治改革は不可避となり、竹下首相自身が選挙制度改革の必要性に初めて言及した。これが長く続いた衆院選挙制度であった中選挙区制から現行の小選挙区比例代表並立制への移行に繋がっていく。しかし、この選挙制度改革をめぐって党内の対立が生まれ、ついに自民党の分裂に発展した。一九九三年の衆院選挙で自民党は初めて野党に転落、非自民の七党一会派による細川護熙連立政権が誕生した。

その出発点が「平成」が始まった一九八九年だった。この年から導入された消費税と九四年に成立した衆院小選挙区比例代表並立制は今も政治の流れを決定付ける不動の座標軸となっている。

この八九年は国際社会も激動した。六月四日に中国で学生らの民主化運動を戦車で弾圧した天安門事件。一一月には戦後の国際秩序を形成した米ソ冷戦構造を象徴したドイツの「ベルリンの壁」が崩壊した。民主化の動きはソ連の影響下にあった東欧諸国にも波及した。ついに九一年一二月ソビエト連邦の瓦解に行き着いた。しかし、新たな秩序の構築はできず、国際社会は混沌の時代に入った。

経済でも八九年一二月二九日、東京証券取引所の「大納会」での日経平均株価は過去最高値の三万八九五七円を付けた。それ以降、これを超える株価は一度もなく日本のバブル経済はあっという間に崩壊に向かった。長いデフレ経済に突入し、そこから「失われた三〇年」は今も続く。

平成の時代は天皇陛下（現上皇陛下）が自ら退位を表明されたことにより、三〇年余で幕を下ろした。平成の時代は、昭和の時代に生じた様々な懸案、課題に対して答えを出す時代として期待された。しかし今なお未完のまま残されたテーマは多い。日ロ間に横たわる北方領土問題は安倍晋三首相とロシアのプーチン大統領との首脳会談が二七回も行われながら一ミリも動かず。戦中戦後を通じて苦難の歴史を歩んできた沖縄の米軍基地問題も普天間飛行場の移設をめぐって日米間の返還合意（一九九六年）から四半世紀以上経過しながらもなお日本政府と沖縄県との対立が続く。昭和に起きた事件でもある北朝鮮による拉致問題も帰国を果たした拉致被害者は小泉純一郎政権下の五人だけ。横田めぐみさんらの帰国が実現しないまま時間だけが流れる。むしろ北朝鮮の核・ミサイルの脅威が年ごとに強まるばかりで日朝首脳会談すら実施していない。

それは二〇一九年五月から令和の時代が幕を開けても変わることがない。この政治の停滞はなぜ続くのか。大きな要因の一つに首相がくるくる変わったという点が見逃せない事実と言っていい。昭和から平成への橋渡しをした竹下登氏から平成から令和への代替わりを担った安倍晋三氏まで平成の時代、約三〇年間に登場した首相は一八人に上る。このうち二度の首相を経験した安倍氏は令和の時代を除くと在任期間は七年三カ月に及んだ。次いで小泉純一郎氏の五年五カ月。両氏だけで約一三年間の日本政治の舵取りを担ってきた。残る約一七年間を一六人の首相が政権を担当した計算だ。つまり両氏以外は平均すると一年強しか政権を担当していない。これでは中長期の課題に結果を出せるはずがなかった。

わずか六五日しか首相の座にいなかった羽田孜首相は九四年五月、訪欧した際にドイツのコール首相からこんな質問を受けたことがあった。

「私が会った日本の首相はあなたで何人目ですか」

コール氏は一六年間も政権を担い、日独首相会談を行った首相は一〇人を数えた。羽田氏は七人目の日本の首相だった。コール首相を継いだメルケル首相も在任はコール氏とほぼ同じ約一六年間、日本の首相は一〇人を数えた。二〇二三年にドイツは日本を抜いて国内総生産(GDP)世界第三位になった。その背景に政権の安定も大きな要因としてあったことは否定できないだろう。

平成が終わるタイミング(一九年三月)で、共同通信が平成の時代について国民の意識を探った世論調査を実施している。その中で「平成の時代の歴代首相の中で業績を評価する首相(三人まで複数回答可)」を問うている。トップは小泉氏の七八%、二位は安倍氏の三八%、そして三位は竹下氏で二二%だった。小泉、安倍の両氏は長期政権を担ったことが大きな要因だったことは容易に想像が付く。これに対して竹下氏が三位というのは意外だった。リクルート事件もあって在任中の内閣支持率が一桁を記録することもあったからだ。しかし、時を経て消費税の導入など厳しい政策の推進が逆に評価につながったことを窺わせた。

その竹下氏に消費税導入から満一〇年を迎えるに当たって一九九九年三月にインタビューをした。そこで竹下氏は最後にこう語っていた。

「老兵は消え去るのみと思う一方で、体で覚えた体験を語り継ぐ『平成の語り部』となるか。とつおいつ考えつつもいまだ結論に達せざるの心境だ」

竹下氏はこのインタビューから約一カ月後に入院、その後、一度も退院することなく翌二〇〇〇年六月この世を去った。まだ七六歳だった。この竹下氏が口にした「平成の語り部」の響きはその後もずっと筆者の耳の奥に残り続けた。むしろ時を経るとともに自分自身も「平成政治」の変遷を何らかの形で書き残したいという思いに駆られるようになった。気が付けば竹下氏が生涯を閉じた年齢が目睫の間に迫ってきていた。

一九八二年五月、筆者は共同通信で政治部に配属され、政治取材の現場に立った。以来、砂被《かぶ》りで日本の政治を見続けた。政治記者は「九割以上、運が左右する」というのが妙な確信である。だれを担当するか、そしてどのような場面に遭遇するかによって記者人生が大きく変わるからだ。その点では四〇年を超える取材経験は「天の配剤」としか表現できない「強運」の連続と言っていいかもしれない。鈴木善幸氏の首相番記者に始まり、中曽根康弘首相、田中角栄元首相が率いる自民党田中派担当となり、田中氏の病気入院に遭遇した。倒れる直前に東京・目白台の私邸で会った田中氏が握手をしながら別れ際に発した言葉は今も胸に突き刺さる。

「顔ではニコニコ笑っていても心の中は竹下だろう」

その後の竹下派結成、竹下首相誕生への権力の攻防劇を目の当たりにした。竹下内閣誕生と同時に首相官邸に配置換えになり、官房長官の小渕恵三氏を担当する官房長官番として昭和から平成への代替わりを経験した。それから約三〇年後の二〇一九年四月一日、再び天皇陛下(現上皇陛下)の退位に伴う「平成」から「令和」への代替わりに際しては新元号発表を首相官邸の記者会見場で取材することができた。僥倖というほかはない。

そんな平成の時代の政治状況を生身の政治家の息遣いとともに記録できないかと着想したのが本書である。その着想のベースにあったのが二人の大先輩だった。一人は読売新聞政治部出身の戸川猪佐武氏。氏が残した『小説吉田学校』(角川文庫)は駆け出しの政治部記者時代の指針でもあったからだ。小説ではあったが、筆者が政治部記者になる以前の政治状況、人間関係、政局の見方を学んだ。そしてもう一人は池田勇人首相の首席秘書官を務めた伊藤昌哉氏だった。先輩記者の紹介で何度かお会いしたが、西日本新聞の政治記者から政権の中枢に入った当事者が描いた『自民党戦国史』(朝日ソノラマ)は実に説得力があった。

もちろん執筆への意欲、思いだけでは事が成就するはずはない。そんな大胆な希望を叶えてくれる理解者が現れた。岩波書店の編集者で旧知の伊藤耕太郎氏である。安倍氏が政権に返り咲いて間もない二〇一三年春のことだった。当時、自民党の総裁任期は二期六年まで。安倍氏の第一次政権はわずか一年で終わっており、恥ずかしながらこれほどの長期安定政権を実現するとは全くの想定外だった。しかも総裁任期が三期九年に延長されたこともあって、「安倍政権が終わってから」という出版計画は大幅に狂うことになった。さらに第二次安倍政権を対象にした第四巻、第五巻の執筆中に安倍氏が凶弾に斃れるという俄かに信じられない事態に遭遇した。結局、全五巻を脱稿するまで約一〇年を費やした。

こうして兎にも角にも「ドキュメント平成政治史」を形にすることができたのは取材の現場に立ち続けることができたからに他ならない。言うまでもなく政治取材の現場は国会、首相官邸をはじめ自民党など各政党、中央省庁など、あるいは主要国首脳会議(G7サミット)や外交交渉など極めて特殊な場にある。取材対象は政治家、官僚、党職員、議員秘書の人たち。そこへのアクセスができることがすべての取材の出発点と言っていい。その点で筆者は感謝してもし切れないほどの機会を与えてもらった。

前述した通り筆者は共同通信の政治部に所属した組織ジャーナリストとして、実に多くのことを経験させてもらった。中でも二〇〇六年一〇月、共同通信が開設した北朝鮮の平壌支局の開所式への出席は生涯忘れることはないだろう。開所式を行った一〇月八日、北朝鮮が初めて核実験を実施したからだ。その日は就任したばかりの安倍晋三首相が中国を訪問した日でもあった。平壌市内の高麗ホテルで北京に到着した安倍首相の模様をNHKの国際放送で見るとは夢にも思わなかった。

それから一年後の二〇〇七年一〇月、筆者は共同通信を離れることになったが、退社後も客員論説委員として共同通信が配信する記事のデータベースの利用を許可してもらっている。このことがなければ提灯を持たずに闇夜を歩くのと同じ。とっくの昔に道に迷い、挫折していたに違いない。加えてかつての先輩、同僚、後輩からの支援、協力は今に至るまで変わることなくいただいている。

フリーに転じてからはテレビ、ラジオの報道番組の出演と、また新聞・雑誌の連載記事の執筆で新たな機会を手にすることができた。これがモチベーションとなり日々の取材の積み重ねに直結した。とりわけテレビは政治記者の枠を超える経験をさせてもらった。TBSテレビの『NEWS23』のキャスターとして二〇〇七年一二月の李明博氏が当選した韓国大統領選挙、米国民主党のバラク・オバマとヒラリー・クリントンの両氏が大統領候補を争った二〇〇八年の米大統領選挙の予備選、さらに二〇〇八年開催の北京五輪をめぐって中国を取材したが、いずれも政治記者ではあり得ないことだった。『NEWS23』のプロデューサー津村昭夫氏(現BS-TBS、TBSラジオ監査役)はテレビ現場のイロハを懇切に教えてくれた恩人だった。

その後も多くの番組に出演した。TBSでは『THE NEWS』でアンカー、フジテレビの『知りたがり!』、テレビ朝日の『グッドモーニング』『報道ステーション・サンデー』『報道ステーション』のコメンテーター。そして忘れられないのが大阪の毎日放送(MBS)のワイドショー『ちちんぷいぷい』だった。月に一度は大阪に足を運んだ。ちょうど大阪維新の会が国政進出を目指し始めたころで、維新の会をめぐる大阪の政治風土を肌で感じることができた。二〇一〇年の参院選前に、山口県下関市内の私邸で安倍晋三氏に単独インタビューしたことがある。参院選の選挙特番用の取材で、第一次政権を退陣後、メディアにほとんど露出しなかった安倍氏の久しぶりの登場だった。しばらく会わなかった安倍氏の変貌ぶりに驚かされたことを思い出す。これもMBSの企画だった。いくつかの選挙特番にも出演したが、各党党首が一堂に会する中でやり取りできる機会はテレビならではのことだった。

『報道ステーション』のコメンテーター時代も印象深い。毎週月曜日から木曜日までスタジオ入りした。この出演に備えて本番直前まで電話で取材を繰り返した。それは国内政治だけではない。例えば東京五輪の開催をめぐる動きがあった。東京都知事に小池百合子氏が就任してからは競技会場の問題に始まり、最後は新型コロナウイルスの感染拡大に伴う開催延期など多くの問題が生起した。ここで目から鱗の情報、アドバイスを提供してくれたのが共同通信の論説委員室で机を並べた運動部出身の竹内浩氏だった。国際オリンピック委員会(IOC)の前会長だったジャック・ロゲ氏とも親しくIOCプレス委員会の委員を務めた。竹内氏からは事実関係もさることながら、IOC独特の文化や考え方を懇切、丁寧に教えて頂いた。安倍首相が二〇二〇年七月に決まっていた五輪を予定通り開催するかどうかの局面で竹内氏の示唆に富むアドバイスを得た。

「五輪の聖火はオリンピック・ムーブメントの象徴だ。リレーが始まれば途中で止めることはできない」

竹内氏の指摘通り、スタート地点の福島県のJビレッジを聖火リレーがスタートする直前に安倍氏は「一年延期」の断を下した。五輪に限らず、門外漢だった国際ニュースを広く知ることができたのも『報道ステーション』のお陰だった。毎晩のようにスタジオで現地からの映像を見続け、さらにゲスト出演の専門家の分析、見方を知り得たことで国内政治と重なるように国際ニュースが記憶のページに映像とともに収まった。

二〇一六年五月二七日、米国のオバマ大統領が、米大統領として初めて被爆地・広島を訪れ、広島平和公園で安倍晋三首相とともにスピーチを行った。この記念すべき出来事を富川悠太氏、小川彩佳氏の両報道ステーションキャスターと一緒に現地から生放送するという機会に恵まれた。長い記者生活の中でも特別な経験だった。オバマ氏の広島訪問に限らずプロデューサーとしてお世話になったテレビ朝日の鈴木大介氏(現テレビ朝日・報道局ニュースセンター長)には実に多くの経験をさせていただいた。

ラジオ出演では、文化放送の『後藤謙次のＰｏｉｎｔ　ｏｆ　Ｖｉｅｗ』(毎週月曜日)がある。そしてテレビ出演とともに取材の両輪と言えたのが雑誌・新聞のコラムの執筆だ。中でも週刊ダイヤモンドで連載中の「永田町ライヴ！」は二〇一〇年の連載開始から通算六五〇回を超えた。本書もこのコラムをベースに肉付け、再取材をして書き上げたものだ。「ライヴ」と銘打ったコラムだけに現在進行形の動きは外せない。週刊ダイヤモンドと並行して新潟日報、北國新聞、静岡新聞、徳島新聞の各紙の定期コラムがあり、日々の取材の原動力となった。関係者には改めて感謝を申し上げたい。また執筆に当たり経済評論家の林健二郎氏には金融経済の分野について逐一教えを乞うた。元同僚の川上高志・共同通信特別編集委員からは内政外交の両面で多大のアドバイスをいただいた。白鷗大学（栃木県小山市）の上岡條二理事長には大学で教壇に立つチャンスを与えていただき、若者たちから政治取材では得ることができないエネルギーをもらった。このほかここでは書き尽くせない数多くの方々の協力、支援なくしては本書を世に送り出すことはできなかったことを申し添えたい。巻末には本書執筆に当たり示唆と教示を受けた参考文献をまとめて掲載させていただいた。もちろん参考文献以外にも、実に多くの著作に学んだことも付け加えさせていただきます。改めて感謝申し上げます。

二〇二三年一一月

後藤謙次

主要参考文献

『イージス・アショアを追う』秋田魁新報取材班、秋田魁新報社
『菅義偉とメディア』秋山信一、毎日新聞出版
『自由と繁栄の弧』麻生太郎、幻冬舎
『安倍晋三回顧録』安倍晋三、中央公論新社
『美しい国へ』安倍晋三、文春新書
『日本の決意』安倍晋三、新潮社
『女帝小池百合子』石井妙子、文藝春秋
『官邸二六六八日――政策決定の舞台裏』石原信雄、NHK出版
『政治家の責任　政治・官僚・メディア』老川祥一、藤原書店
『自民党幹事長室の三〇年』奥島貞雄、中央公論新社
『一一〇〇日間の葛藤――新型コロナ・パンデミック、専門家たちの記録』尾身茂、日経BP
『偽りの「都民ファースト」』片山善博・郷原信郎、ワック
『安全保障戦略』兼原信克、日本経済新聞出版
『検証　政治改革　なぜ劣化を招いたのか』川上高志、岩波新書
『税の攻防――大蔵官僚　四半世紀の戦争』岸宣仁、文藝春秋
『日本に自衛隊が必要な理由』北澤俊美、角川ONEテーマ21
『「改憲」の系譜――九条と日米同盟の現場』共同通信社憲法取材班、新潮社
『令和の胎動』共同通信取材班、共同通信社
『自民党大乱――権力者・最前線の攻防』共同通信政治部、アイペック

『村山富市―その軌跡と使命』清原芳治、大分合同新聞社
『「単純化」という病　安倍政治が日本に残したもの』郷原信郎、朝日新書
『後藤田正晴――二十世紀の総括』後藤田正晴、生産性出版
『日本への遺言』後藤田正晴、毎日新聞社
『政権交代――民主党政権とは何であったのか』小林良彰、中公新書
『父・金正日と私――金正男独占告白』五味洋治、文藝春秋
『都知事――権力と都政』佐々木信夫、中公新書
『憲法政治――「護憲か改憲か」を超えて』清水真人、ちくま新書
『首相の蹉跌――ポスト小泉　権力の黄昏』清水真人、日本経済新聞出版社
『消費税　政と官の「十年戦争」』清水真人、新潮社
『いまだに続く「敗戦国外交」――「衆愚」の時代の新外政論』鈴木美勝、草思社
『北方領土交渉史』鈴木美勝、ちくま新書
『平成政権史』芹川洋一、日本経済新聞出版社
『国境の日本史』武光誠、文春新書
『外交の力』田中均、日本経済新聞出版社
『国家と外交』田中均・田原総一朗、講談社
『安倍総理のスピーチ』谷口智彦、文春新書
『公明党に問うこの国のゆくえ』田原総一朗・山口那津男、毎日新聞出版
『ウクライナ戦争の嘘』手嶋龍一・佐藤優、中公新書ラクレ
『日本共産党――「革命」を夢見た一〇〇年』中北浩爾、中公新書
『天地有情――五十年の戦後政治を語る』中曽根康弘、文藝春秋
『沖縄戦後史』中野好夫・新崎盛暉、岩波新書

主要参考文献

『戦後70年談話の論点』21世紀構想懇談会(編)、日本経済新聞懇談会
『政権』日本経済新聞社編、日本経済新聞出版社
『民主党政権失敗の検証――日本政治は何を活かすか』日本再建イニシアティブ、中公新書
『民主の敵――政権交代に大義あり』野田佳彦、新潮新書
『私は闘う』野中広務、文春文庫
『体制維新――大阪都』橋下徹・堺屋太一、文春新書
『半島へ、ふたたび』蓮池薫、新潮社
『福島と原発2――放射線との闘い+一〇〇〇日の記憶』福島民報社編集局、早稲田大学出版部
『原発危機　官邸からの証言』福山哲郎、ちくま新書
『内訟録――細川護熙総理大臣日記』細川護熙、日本経済新聞出版社
『令和改元の舞台裏』毎日新聞「代替わり」取材班、毎日新聞出版
『聞き書　野中広務回顧録』御厨貴・牧原出(編)、岩波書店
『安倍・菅政権VS.検察庁――暗闘のクロニクル』村山治、文藝春秋
『小沢一郎VS.特捜検察　二〇年戦争』村山治、朝日新聞出版
『官邸官僚――安倍一強を支えた側近政治の罪』森功、文藝春秋
『「普天間」交渉秘録』守屋武昌、新潮社
『私の履歴書――森喜朗回顧録』森喜朗、日本経済新聞出版社
『新聞が見つめた沖縄』諸見里道浩、沖縄タイムス社
『証言　民主党政権』薬師寺克行、講談社
『村山富市回顧録』薬師寺克行(編)、岩波書店
『亡国の安保政策――安倍政権と「積極的平和主義」の罠』柳澤協二、岩波書店
『国家の命運』藪中三十二、新潮新書

『民主主義へのオデッセイ――私の同時代政治史』山口二郎、岩波書店
『小泉純一郎の「原発ゼロ」』山田孝男、毎日新聞社
『国境の島が危ない』山本皓一、飛鳥新社
『喧嘩の流儀　菅義偉、知られざる履歴書』読売新聞政治部、新潮社
『戦後70年　保守のアジア観』若宮啓文、朝日新聞出版

『10代に語る平成史』後藤謙次、岩波ジュニア新書
『竹下政権・五七六日』後藤謙次、行研出版局
『日本の政治はどう動いているのか』後藤謙次、共同通信社
「永田町ライヴ！」『週刊ダイヤモンド』後藤謙次、ダイヤモンド社
「永田町　天地人」『新潟日報』後藤謙次
「ニュース九十九折」『徳島新聞』後藤謙次、徳島新聞社
リレーコラム「北風抄」『北國新聞』後藤謙次、北國新聞社
リレーコラム「論壇」『静岡新聞』後藤謙次、静岡新聞社

『文藝春秋』文藝春秋
『世界』岩波書店
『中央公論』中央公論新社
『選択』選択出版社
朝日新聞、毎日新聞、読売新聞、日本経済新聞、産経新聞、東京新聞、共同通信配信ニュース

後藤謙次
1949 年生まれ．1973 年早稲田大学法学部卒業．同年共同通信社入社．自民党クラブキャップ，首相官邸クラブキャップ，政治部長，論説副委員長，編集局長，TBS『NEWS 23』キャスター，テレビ朝日『報道ステーション』コメンテーター等を歴任．現在はフリーの政治ジャーナリストとして活躍．共同通信客員論説委員．白鷗大学名誉教授．著書に『日本の政治はどう動いているのか』(共同通信社)，『ドキュメント 平成政治史 1〜4』(岩波書店)，『10 代に語る平成史』(岩波ジュニア新書)などがある．

ドキュメント 平成政治史 5
安倍「超長期政権」の終焉　（全 5 巻）

2024 年 1 月 30 日　第 1 刷発行

著　者　後藤謙次《ごとうけんじ》

発行者　坂本政謙

発行所　株式会社 岩波書店
〒101-8002 東京都千代田区一ツ橋 2-5-5
電話案内 03-5210-4000
https://www.iwanami.co.jp/

印刷・三陽社　カバー・半七印刷　製本・牧製本

ISBN 978-4-00-028180-5　Printed in Japan

ドキュメント 平成政治史（既刊）

後藤謙次

1 崩壊する55年体制
——竹下内閣から橋本内閣まで
電子版 定価二五三〇円

2 小泉劇場の時代
——小渕内閣・森内閣・小泉内閣まで
電子版 定価二五三〇円

3 幻滅の政権交代
——第一次安倍内閣から民主党政権を経て、第二次安倍内閣まで
電子版 定価三〇八〇円

4 安倍「一強」の完成
四六判五一〇頁 定価二九七〇円

10代に語る平成史　後藤謙次
岩波ジュニア新書 定価 九九〇円

戦後政治史 第四版　石川真澄 山口二郎
岩波新書 定価一二五四円

民主主義へのオデッセイ
——私の同時代政治史
山口二郎
四六判四五四頁 定価三四一〇円

岩波書店刊
定価は消費税10% 込です
2024年1月現在